레이디
크레딧

레이디
크레딧

성매매,
금융의 얼굴을 하다

김주희 지음

현실문화

추천의 말

왜 성산업은 그토록 여성들 가까이에 있는 것일까? 그리고 왜 여성들은 다른 곳보다 성산업에서 쉽게 돈을 벌 수 있다고 생각하는 것일까? 이런 궁금증을 가져본 사람이라면 이 책을 읽어보기를 추천한다. 이 책 『레이디 크레딧』은 '여자'와 '이자'의 장사로 알려진 성매매 산업의 작동과, '여자', '욕망', '필요'라는 성경제 담론에 포섭된 자본주의적 가부장제의 권력관계를 날카롭게 분석하는 도전적인 책이다.

페미니스트 정치경제학 연구서인 이 책은 신자유주의의 금융화 맥락에서 성산업에 종사하는 여성들이 거대한 성경제를 구축하는 원초적인 잉여의 출처가 되는 과정, 그리고 성매매 여성이 부담하는 고리대 이자를 통해 성경제의 자본축적이 이루어지는 방식을 촘촘하게 보여준다. 또한 성산업에 관한 심층적인 민족지 자료들을 이윤을 발생시키는 부채 관계의 메커니즘과 연결하면서, 성매매 여성의 부채에 내포된 불평등성이 경제체제 내로 포섭되어 은폐되고 여성들이 이 부채 부담을 채무자의 도덕으로 수용하게 되는 과정을 이론적으로 규명한다. 이 책은 '성매매는 돈에 관한 것이고, 돈은 여성에 의해 만들어지는데, 왜 그 돈은 여성에게 남아 있지 않을까'라는 구체적이고 현실적인 질문에 대한 이론적·비판적 응답이다.

김주희는 신자유주의 금융화 국면에서 페미니즘이 성매매에 대해 이제까지와는 다른 방식으로 비판해야 한다고 주장한다. 돈을 둘러싼 생산과 흐름이 성산업 조직과 성매매 여성 주체(성)를 만들어내는 방식에 대한 직접적이고 도전적인 질문이 필요하고, 페미니스트 연구는 그 메커니즘을 탐구해야 한다는 것이다. 그러므로 성매매에 대한 페미니스트 비판과 운동은 성별 불평등에 기반한 여성의 몸에 대한 착취가 거대 규모 자본의 기초가 되는 성경제 체제에 도전하는 것이어야 한다.

『레이디 크레딧』은 성매매에 대한 저자의 오랜 관심과 심층 연구 그리고 강한 비판의식에서 나온 귀한 연구물이다. 더욱 도전적이고 급진적인 성별정치에 대한 비판적 상상력이 필요한 시점에서 페미니스트들에게 일독을 권한다.

—김은실(페미니스트 인류학자)

추천의 말

　기지촌에서부터 티켓다방, 빈곤 산업으로 기능하는 현대 성매매 산업까지 김주희는 누구보다 성실하게 한국 성산업을 여성주의적으로 사유하고 균열의 지점을 모색해온 연구-활동가다. 현장에 필요한 언어와 운동의 방향을 제시하는 성매매 연구를 찾기가 쉽지 않은 상황에서, 우리는 막막할 때면 김주희의 글을 찾는다. 현장 접근성도 낮고 거칠게 이분화되어 있는 성매매 담론에서 '둘 중 하나'가 아닌 의견을 내려면 용기도 필요하다. 김주희는 이 어려움을 뚫고 기꺼이 자신의 통찰력을 내준다.

　저자가 분명히 지적하고 있듯 업주, 부동산, 일수업자부터 은행까지 전 사회가 성매매 산업에 공모하고 있다. 그렇기에 반성매매 운동의 목표는 여성의 탈성매매가 아니다. 성매매 경제를 변화시키기 위한 실천은 한국 사회의 탈성매매를 향해야 한다. 우리에게 그러했듯이 이 책이 독자들에게 성매매를 자신의 문제, 우리의 문제로 고민하는 데 길잡이가 되리라 믿는다. 김주희가 열어놓은 길 위에서 더 많은 이들과 함께 이 복잡하고 어려운 '성매매' 문제를 이야기할 수 있게 되어 진심으로 반갑고 기쁘다.

—반성매매인권행동 이룸

책을 펴내며

이 책의 제목 '레이디 크레딧Lady Credit'은 『로빈슨 크루소』로 유명한 영국 문필가 대니얼 디포Daniel Defoe가 18세기 초에 쓴 글들에서 빌려온 것으로, 굳이 우리말로 번역한다면 '신용 부인'이라고 할 수 있다. 당대의 정치와 경제에 큰 관심을 가졌던 디포는 이 위험한 여자를 어떻게 다루어야 하는지 신사들에게 가르쳐주기 위해 많은 글에서 이 여성 캐릭터를 활용한다. 300년 전 영국에 살던 머니Money의 여동생 크레딧은 변덕스럽고 새침한 성격을 가지고 있다(Clément and Desmedt, 2009: 122). 디포는 금융인이 레이디 크레딧의 유혹 때문에 분수에 넘치는 생활을 하다가 빚더미에 올라앉는 작태를 비난하면서, 모름지기 신사는 경제적으로 절약하고 성적으로 자제해야 한다고 강조했다. 크레딧이 필요 없는 듯 구는 남성만이 오직 그녀를 소유하고 정복할 수 있다는 메시지다(de Goede, 2000). 그 밖에도 자본주의 여명기 많은 서구 문학작품이 신용을 여성으로 의인화하며 경제인homo economicus을 위해 신용의 유혹을 잘 다스리는 법을 제시하고 있다.

2000년대 이후 한국 성매매 산업을 중심으로 신용이 활용되는 방식을 다루는 이 책은 시공간을 넘어서는 자본주의 경향의 지속성과 그것에 감춰진 젠더 정치학을 드러내고자 '레이디 크레딧'이라는 제목을 붙였다. 그러나 동시에 특정 시공간에 중대한 변화가 목격되기도 한다. IMF 경제위기 이후 금융적 축적이 확대되면서 신용 체계의 말단에 있던 이들에게까지 신용이 부여되었고, 이를 통해 신자유주의 체제는 가속화되고 있다. 페미니스트 연구자로서 나는 이러한 변화가 특히 큰돈이 도는 성매매 산업에 종사하는 여성들을 적극적으로 포섭하며 이루어지는 점에 주목했다. '성매매, 금융의 얼굴을 하다'라는 부제는 이러한 연유에서 채택되었다.

페미니스트 정치경제학 연구자들은 간단한 숫자로 세계를 설명해온 주류 경제이론에 비판적으로 개입하면서 그 이면에 감춰진 젠더 정치학을 드러냈다. 이들은 여성의 존재와 노동을 사랑, 보살핌 등으로 자연화하면서 자본의 축적과 성장이 이루어졌으며, 동시에 자본주의 체제가 가진 내재적 위기를 극복하고자 다시금 성별 규범성이 강화되어왔음을 밝혔다. 간단히 말해 자본주의는 가부장제의 성적 분업 없이 작동하지 않는다는 점을 설득한 것이다 (Fortunati, 1997[1995]: 51~59). 이러한 성별 규범성은 때로는 내면화된 규율 권력으로, 때로는 망신 주기, 협박, 모욕, 처벌 등 다양한 폭력의 형태로 여성들에게 부과되고 있다. 다양한 제도와 실천이 여기에 개입하는데, 의도치 않았겠지만 NGO의 '선한 활동'도 종종 포함된다.

'빈민들에게 적게라도 돈이 주어진다면 이들이 그 돈으로 사업을 해서 가난을 스스로 극복할 수 있을 것이다!' 방글라데시의 그라민은행으로 대표되는 마이크로파이낸스(소액 대출) 정책의 모토와 성과는 이렇게 알려져 있었다. 그라민은행의 설립자 무함마드 유누스는 빈곤퇴치에 앞장선 공로로 2006년 노벨평화상을 받았다. 98%라는 비현실적인 대출 회수율은 소액 대출의 주된 수혜자였던 가난한 농촌 여성들의 성실성과 도덕성 덕분이라고 알려져왔다. 하지만 방글라데시 태생의 인류학자 라미아 카림Lamia Karim은 '수치의 경제economy of shame'라는 개념을 통해 세계 최빈국 방글라데시 농촌에서 이루어진 소액 대출 사업이 성공을 거둔 비밀을 드러냈다.

그라민은행의 대출은 주로 남편이 아니라 아내에게 제공되는데, 연체가 발생하면 이들 여성에게 망신을 주는 다양한 수단이 동원된다. 카림은 관습상 집안의 여자를 모욕하는 것이 곧 남자를 모욕하는 것임을 지적하며 방글라데시 농촌 사회에서 이루어지는 '여자 망신 주기'의 다양한 방식을 포착하고 이를 고발했다. 정작 대출금을 사용하는 이들은 집안의 남성들일지라도, 여성에게 대출을 해주면 가족과 연체자 여성은 망신을 피하고자 집안의 물건을 팔거나 다른 곳에서 돈을 빌려와 대출금을 상환했다(Karim, 2015[2011]: 157~171). 그라민은행은 이익을 실현하기 위해 젠더화된 수치심을 적극적으로 이용했다. 이 은행의 성공을 보장한 여성들의 성실성과 도덕성은 사실 이들에게 부과된 성별 규범성 그 자체이며, 그라민 은행은 의도치 않았을지라도 이를 통해 자본주의적 세계화에 적극적으로 복무했다.

최근 우리 사회를 들썩이게 한 텔레그램 n번방 사건으로 눈을 돌려보자. 사건 초기 언론은 조주빈을 비롯한 가해자 일당이 (어린) 여성들을 성적으로 노예화하고 피해 촬영물을 통해 수익을 얻은 과정에 대단한 최첨단 기술이 개입된 양 호들갑을 떨었다. 하지만 이들이 성착취 영상을 확보한 수법은 단 하나였다. 집요한 협박. 이들은 '일탈계(자신의 신체 노출 사진을 게재한 익명 SNS 계정)'를 운영한 여성들에게 신상을 폭로하겠다고 지속적으로 협박했다. 가해자 일당이 피해 여성들에게 신상 공개의 공포심을 자극한 후 전달한 악성코드는 통칭 '스케어웨어(불안 소프트웨어)'라고 불린다. 자신의 실제 삶의 영역, 면식 관계의 커뮤니티에서 성적 모욕을 입을까 봐 불안한 여성들은 익명의 남성 커뮤니티의 성적 학대에 동의하는 모양새를 취할 수밖에 없었다. 조주빈 일당은 여성의 공포심을 이용해 적게는 1억 3000만 원, 혹은 32억 원, 많게는 100억 원의 수익을 달성했다. 카림식으로 이야기해본다면 n번방 사건과 같은 디지털 성범죄는 '불안의 경제'라고 할 수 있을 것이다.

혹자는 디지털 시대에는 남성들도 '몸캠'의 피해자가 된다면서 n번방 사건을 페미니스트 관점에서 다루는 데 반대한다. 그러나 남성 피해자의 촬영물은 범죄 집단에 의해 협박의 수단이 될 수는 있을지라도 그 자체로 수익을 내지는 못한다. 피해 영상을 보기 위해 기꺼이 입장료를 지불하는 무수한 익명의 가담자 네트워크가 없기 때문이다. 그러므로 '성착취물'이라는 명명은 '남성 가담자 네트워크'와 관계된 '여성의 피해 촬영물'을 지칭하는 것으로 보는 게 옳으며, 이는 페미니스트들이 분석한 세계에 기반한 단어이다. n번방 사건을 통해 '보통의 어린' 남성들이 여성에 대한 성적 학대의 시장성을 충분히 인지하고 있으며, 기존의 인프라를 조합해 그 시장을 구체적으로 설계할 수 있음이 드러났다. 이러한 상상력은 물론 기성세대 남성들로부터 체계적으로 계승된 것이다. 한국에서는 "2000년 전후 닷컴 기업들이 활로를 찾는 과정에서 '포르노'의 쓸모가 더욱 분명해졌다"고 지적된 바 있다(권김현영, 2020: 75). 여성이 겪는 억압과 종속에 대한 이야기를 넘어 성착취에 대한 정치경제적 분석이 필요한 시점이다.

사회주의 페미니스트인 마리아 미즈Maria Mies는 여타 마르크스주의 또는 사회주의 페미니스트들이 여성 문제를 논할 때 착취에 대해 말하길 주저했던 것을 날카롭게 지적했다. 나아가 착취가 생물학적이거나 심리적인 것이 아니라 역사적 범주라면 그 기초에 남녀 관계가 자리한다면서, 성별 관계에서의 착취라는 개념어를 자본주의 현실을 분석하기 위한 장으로 적극 소환했다(Mies, 2014[1986]: 106~107). 한국 성매매 산업의 구성과 작동 방식을 분석하고자 한 이 책 역시 젠더화된 '착취exploitation의 경제'에 주목한다.

8조 7000억 혹은 13조, 때로는 30조 규모로 추산되곤 하는 한국 성매매 산업은 그간 주로 성판매자 여성, 알선자, 성구매자 남성 간 피해—가해의 정치 문제로만 다루어졌을 뿐, 자본주의 경제 운동의 관점에서 본격적으로 다루어지지 못했다. 이 책은 성산업이 여성에게 부과하는 부채를 중심으로, 업소 창업 자금, '화대', 술 값, 여성들의 수입, 꾸밈 비용, 생계비 등 돈의 흐름 속에서 여성들이 즉각적으로 화폐화 가능한 존재가 되는 방식을 분석한다. 말하자면 여성이 성산업을 거쳐 상품이 되는, 상품화 과정에 대한 분석이라 볼 수 있다. 성매매 산업은 여성에게 낙인을 찍는 동시에 거래 가능한 '매춘 여성'으로 만들어 이익을 실현한다. 대면 관계로 이루어진 전통적인 성매매 집결지를 상상해보면 쉽게 이해할 수 있듯이, 성산업에서 여성은 전통적으로 '황금알을 낳는 거위' 취급을 받는 한편 공고한 성적 낙인 또한 찍힌다. 나아가 이러한 낙인과 혐오가 성산업으로부터 탈주하고자 하는 여성들을 협박하고 옭매는 수단으로 손쉽게 동원되는 장면을 이 책에서도 빈번하게 목격할 수 있다. 성산업의 시스템이 여성을 '성매매 여성'으로 만들지만, 그 시스템을 벗어나도 여성들은 매매 가능성을 내재화했다고 가정되기 때문이다.

나아가 이 책은 착취뿐 아니라 '수탈expropriation의 경제'에도 관심을 기울인다. 이는 신용과 부채를 중심으로 확대되는 오늘날 자본주의의 질적 변화, 금융화의 메커니즘을 설명하기 위한 개념이다 (Lapavitsas, 2009). 그라민은행이 노동자가 아니라 '마을의 여성'이라는 조건에 기반해 돈을 빌려준 사례가 여기에 해당할 것이다. 물론 착취와 수탈은 현실에서 명확하게 구분되지 않은 채 착종되어 있지만, 자본주의의 금융적 전환 이후 성산업 내에서 착취를 넘어 여성들의 삶 자체가 이윤의 원천으로 징발되는 변화가 목격되고 있다. 특히 한국에서는 2004년 성매매특별법이 제정되었음에도 비슷한 시기에 소위 '기업형 성매매'라고 불리는 대형화된 성매매 업소가 폭발적으로 늘어났고, 이들의 영업 전략 아래서 성매매는 합리적 소비 실천이 되었다. 이 같은 역설이 가능했던 이유는 이 시기 성매매 업소에 대규모의 대출금이 제공되었기 때문이다. 그러므로 '성매매 여성'이라는 정체성은 이제 대면 관계 안에서 부여되는 것이 아니라 연쇄적인 대출로 작동하는 금융화의 맥락 안에서 만들어진다고 볼 수 있다. 이렇듯 이 책은 수탈을 통한 축적의 가장 중요한 인구집단으로 성산업에 종사하는 여성들에 주목하고 있다. 이제 성판매 여성에게 따라붙던 기존의 낙인은 채권추심의 영역에서 여성들에 대한 협박과 결합하게 된다. 다소 거칠게 구분하자면, 과거 탈주 불가능했던 여성들은 이제 파산 불가능한 존재가 되었다.

그라민은행의 98%라는 성공적인 대출 회수율, 조주빈의 1억 3000만 원 혹은 32억 원 혹은 100억 원이라는 디지털 성범죄 수익, 나아가 8조 7000억 혹은 13조, 때로는 30조 원으로 추산되는 성매매 산업 규모. 페미니스트 정치경제학은 이러한 숫자가 의미하는 성별정치에 대해 질문하면서, 동시에 성적 분업을 통해 달성된 세계의 경제 질서에 대해 질문하는 것이다. 앞서 언급한 '수치의 경제', '불안의 경제', '착취의 경제', '수탈의 경제'는 그저 이 체제 작동의 비밀을 드러내고자 하는 하나의 개념적 시도일 뿐, 핵심은 현실의 자본주의 체제가 여성에 대한 착취와 수탈을 통해 확대재생산된다는 점이다. 그저 변화하는 기술과 제도, 문화적 차이에 따라 그 조합과 외양이 조금씩 달라지고 있을 뿐이다. 나아가 '신용의 민주화'와 같이 모두에게 균등한 기회가 제공되는 듯한 착시 효과를 통해서도 문제적 현실은 옹호된다. 과거 '신용불량자'였던 여성들은 이제 성매매 산업을 경유하며 제공되는 신용을 통해 스스로 재무 상태를 관리하는 경제인으로 거듭났다는 자기 인식을 갖게 되기도 한다.

이처럼 변화한 경제적 현실에서 과거 그저 지하경제라고 간주되었던 성매매 산업은 어떤 역할을 하고 있으며, 여성들이 그러한 현실에 참여하도록 하는 경제적 요인은 무엇인가. 또한 이들은 변화한 성산업에서 어떤 주체화 과정을 경험하고 있는가. 이 책은 이러한 문제의식에서 시작됐다. 거대한 규모의 성산업을 둘러싼 복잡한 현실의 문제에 모두 답변할 순 없겠지만, 다만 자본주의적 가부장제의 성적 분업에 맞서 투쟁하는 페미니스트로서 단일 쟁점 운동은 불가능하다는 점을 상기하는 데 보탬이 될 수 있다면 만족스러울 것 같다. 나아가 신자유주의 금융화 역시 성별화된 실천으로 구성된다는 점, 그러므로 바로 여성들이 혁명적 변화의 출발점에 설 수 있다는 점도 다시금 환기되길 바란다.

이 책은 크게 4부로 구성된다. 1부에서는 성산업의 경제적 현실을 분석하기 위해 담론적 쟁점을 일별하고, 이 책이 분석의 도구로 삼는 이론적 프레임을 제시한다. 2부에서는 전통적인 성매매에서 여성들에게 강제되거나 제공되는 '소득' 또는 '부채'라는 설명 방식이 포주와 여성 간 일대일의 예속 관계는 설명할 수 있을지라도 여성들이 성매매 업소를 이동하며 살아가는 '여정'의 역동성을 설명하기에는 부족하다는 점을 주장한다. 그 대안으로 '부채 관계'라는 분석틀을 통해 여성들이 교환 가능한 몸으로 만들어지는 과정을 분석한다. 부채의 조절, 차용증 채권의 순환을 통한 성매매 여성들의 몸 이동을 '부채 관계'라는 개념을 통해 드러내 여성들이 자발적인 동시에 강제적으로 성매매에 참여하게 만드는 힘의 구성 양식을 살펴본다. 3부에서는 시중 은행에서 '유흥업소 특화대출' 상품이 만들어지고 대규모 대출이 일어나게 된 과정을 살펴본다. 이를 통해 최근 여성들이 성매매에 참여하도록 만드는 경제적 요인이 변화되어 작동하는 것을 확인할 수 있을 것이다. 나아가 이러한 변화가 최근 신자유주의적 금융화의 확산, 새롭게 고안된 금융적 테크놀로지와 밀접하게 연관된다는 것을 밝힌다. 금융화된 경제는 여성들의 집결을 요구하면서 성매매 업소의 형태까지 변화시키고 있다. 대형화된 성매매 업소가 출현하고, 각각의 성매매 업소는 여성의 '몸 가치'를 세분화해 줄 세우는 방식으로 위계화되고 있다. 이처럼 여성의 위계적 몸 가치를 '증권화'하는 방식을 통해 금융자본이 증식하는 과정 속 경제적 실천으로서 성매매가 합법화되고 합리화되는 양상에 대해 분석한다. 4부에서는 여성들이 왜 계속 채무자로 남으면서 성매매 산업에 참여하는지 살펴본다. 성매매 산업의 '부채 관계'가 변하면서 여성들이 성매매 산업에서 기회와 자유를 획득하는 것이 가능해졌다고 계산하는 방식에 대해 분석하고, 그것이 성공하거나 좌절되는 원인을 밝힌다. 자유를 획득하려는 여성들 스스로의 의지와 담보물 역할을 요구하는 자본의 명령이 함께 작용해 형성되는 주체성을 '자유로운' '파산 불가능한' 주체라고 명명하고, 그 메커니즘을 설명한다.

이 책은 내가 이화여자대학교 여성학과 박사학위논문으로 제출한 글을 단행본에 맞게 다듬은 것이다. 논문을 마무리한 직후 페미니즘의 대중화라는 배경에서 성매매와 관련된 담론장에서도 여러 관점들이 각축했지만, 그 이전과 비교할 때 논쟁의 양상에는 큰 변화가 없다고 판단해 새로운 사실과 정보를 많이 추가하지는 않았다. 무엇보다 이 책은 1987년 이후 제도화된 '진보적' 여성운동이 힘과 지혜를 결집해 2004년 제정한 성매매특별법의 효과와 이 시기를 전후로 한 한국 성산업의 변화, 한국 사회의 정치경제적 변화를 거시적 관점에서 교차적으로 사유하고자 했다. 박사학위논문 챕터는 이후 《한국여성학》, 《여성학논집》, 《아시아여성연구》, 《경제와 사회》 등의 학술지와 단행본 『더 나은 논쟁을 할 권리』에 수정을 거쳐 발표했지만, 이 책은 가급적 박사학위논문의 흐름과 틀을 유지하고자 했다.

이 책을 출판하기까지 도움을 주신 많은 이들을 모두 나열하기는 어려울 것이다. 누구보다 지도교수이셨던 김은실 선생님께 깊은 감사의 말씀을 올린다. 선생님은 20여 년간 한결같이 페미니스트로 사유하고 개입하는 용기를 일깨워주셨으며, 진지한 토론과 가

르침을 통해 부족한 제자를 이끌어주셨다. 선생님이 아니었다면 이 책을 시작할 수 없었을 것이다. 더불어 논문을 심사해주신 선생님들께도 감사드린다. 김현미 선생님은 성경제라는 문제 설정을 통해 논의를 확장하도록 시각을 열어주셨다. 서동진 선생님은 대학원생 시절부터 지금까지 변함없이 헌신적으로 지식을 나누어주고 격려해주셨다. 장필화 선생님은 연구의 여성주의적 효과에 대해 각별히 강조해주셨고, 조순경 선생님은 연구 초기부터 마무리까지 의욕을 북돋워주시며 질문을 다듬는 과정에 큰 도움을 주셨다.

서강대학교 트랜스내셔널인문학연구소 동료 선생님들의 따뜻한 격려 덕에 책을 차분하게 마무리할 수 있었다. 임지현 소장님은 역사적 전환이 갖는 의미의 복잡성에 대해 다시 사유하는 계기를 제공해주셨다. 부족한 연구에 과분한 평가와 지지를 보내주며 공부하는 일상을 함께해준 배주연, 이헌미 선생님께도 특별히 감사를 전한다. 이 글을 미리 읽고 출간을 채근해준 다정한 친구들, 선후배들에 대한 고마움이야 이루 말할 나위가 없다. 가장 가까이에서 기꺼이 읽고 토론해준 권김현영, 항상 날카로운 질문을 던져준 강유가람, 매일의 지적 자극이 되어준 무물당 동무들에게 감사드린다. 반성매매인권행동 이룸의 전현직 활동가들 덕분에 보잘것없는 연구를 세상에 내놓을 엄두를 낼 수 있었다. 항상 먼저 안부를 챙겨주는 '이태원 언니들'께도 진심 어린 감사를 전한다. 읽고 쓰는 일에만 매달릴 수 있도록 뒤를 봐준 부모님과 기수연에 대한 감사도 빼놓을 수 없다. 긴 시간 동안 잊지 않고 원고를 독촉해준 현실

문화의 여러 편집자 선생님들과 김수기 사장님께 죄송함을 전하며, 인내심을 발휘해 거친 문장을 다듬고 많은 오류를 바로잡아 책의 모양새를 갖춰준 허원, 강정원 선생님께 깊은 감사 인사를 드린다.

각종 '출신'을 따지는 좀처럼 적응하기 힘든 세상에서 예외적으로 가장 반가운 딱지는 '활동가 출신'이라는 것이었다. 이는 동시에 현장과 동떨어지지 않은 연구를 내놓아야 한다는 긴장감으로 이어졌다. 때로 기존의 여성운동 담론을 비판할지언정 활동가의 입장에서 성찰하는 것임을 이해해주길 바라며, 글을 읽고 격려해준 많은 현장 활동가들에게 연대와 경외의 마음을 보낸다. 나의 이러한 '출신'을 모르는 사람들에게 가장 흔하게 받는 질문은 어떻게 연구참여자들을 만날 수 있었는지, 즉 현장 접근성에 대한 것이었다. 성매매 연구는 여성에 대한 낙인의 크기만큼 비밀스럽고 충격적인 이야기로 가득 차 있다. 면접이 끝날 때마다 비록 부족할지라도 과장하지 않는 연구를 하겠다고 항상 다짐하곤 했다. 이 책이 이들에게 감히 큰 도움이 되지는 못해도 누가 되지 않기를 바라는 마음이다. 마지막으로 나를 믿고 자신의 일상과 경험을 진솔하게 나누어준 15명의 여성들에게 고마움과 함께 이 책을 바친다.

2020년 여름

김주희

차례

1부

성경제를 들여다본다는 것

2부

'부채 관계'의 탄생과 부채의 전략

성경제를
들여다본다는 것

여성 교환을 친족의 근본 원리로 간주했던 레비스트로스가 옳다면, 여성 억압은 섹스/젠더가 조직되고 생산되는 관계들의 산물로 볼 수 있다. 여성에 대한 경제적 억압은 부차적이고 파생적인 것이다. 하지만 섹스/젠더의 '경제학'이 존재하며, 우리에게는 성적 체계들의 정치경제학이 필요하다. 우리는 섹슈얼리티의 특정한 관습들이 생산되고 유지되는 정확한 메커니즘을 규명하기 위해 각각의 사회를 연구할 필요가 있다.

– 게일 루빈, 「여성 거래: 성의 '정치경제'에 관한 노트」, 『일탈: 게일 루빈 선집』, 임옥희 외 옮김, 현실문화, 2015, 114쪽.

1장

'소득', '부채'의 이분법을 넘어

현재 한국에서 성매매는 불법임에도 성매매 산업의 규모는 축
소될 기미가 보이지 않는다.[1] "온갖 위험을 무릅쓰고 성산업에 발
을 들여놓는"(Bindman, 2012[2002]: 343) 수많은 여성이 있다는 증거다.
이 책은 성매매 산업에 여성들이 계속 참여하도록 만드는 실제적
원인에 대한 관심에서 출발했다. 성매매 산업을 중심으로 여성들의
참여를 만들어내는 사회적 관계, 성역할 규범, 성산업 테크놀로지,
성적 실천 등을 규명함으로써 현재의 성매매 산업을 작동시키는

---

[1]   한국 성매매 산업의 경제 규모에 대한 조사는 경제적 현실의 '구성'에 초점을 맞추
기보다 '고정적 현상'으로서의 성매매 경제에 집중하는 경향이 있다. 성매매에 대한 정의
가 모호하며 성매매 경제가 오랜 시간 불법 영역에 있었다는 점에서 조사는 근본적인 한
계를 가지나, 대부분의 조사에서 한국 성매매 산업의 경제 규모는 OECD 국가 중 최상위
권에 속하는 것으로 나타난다. 2002년 산업자원부는 한국의 지하경제 규모가 OECD 국
가 가운데 최고 수준인 국내총생산 대비 38%이며 이 가운데 유흥업이 차지하는 비중이
40~50%에 이른다고 발표했다(김기태·하어영, 2012: 64). 2010년 성매매 산업의 규모는
최대 추정 연간 8조 7100억 원으로 국내총생산의 0.82%를 차지하는 것으로 나타났다(정
진성 외, 2010: x).

메커니즘을 분석하는 게 이 책의 목적이다.[2]

물론 이미 많은 연구가 여성들이 성매매에 참여하도록 만드는 요인을 밝혔다. 빈곤(민가영, 2008; 김연주, 2010), 가출(변혜정·민가영, 2007), 가정폭력이나 성폭력(변정애, 2004), 인신매매(최수연, 2012; 캐럴라인 노마, 2012) 등이 대표적 요인이다. 특히 2004년 소위 '성매매특별법'이 제정된 이래 성매매 문제를 둘러싸고 두 개의 여성주의적 입장이 치열하게 경합하면서 성매매 참여 요인은 크게 두 가지로 나뉘고 있다.[3] 이 두 입장은 여성들이 성매매에 참여하는 요인, 경험을 완전히 다른 방식으로 분석한다. 한쪽에서는 성매매를 '노동'으로 정의하면서 자발적 노동 의지를 강조하며, 다른 쪽에서는 성매매를 '폭력'으로 정의하면서 '성매매피해 여성'을 만들어내는 구조적 강제 요인을 강조한다. 그 결과 이들은 성매매 '인정'과 '근절'이라는 각기 다른 정치적 해법을 주장하고 있다.

[2] 기존의 여성주의 정치학은 자신들의 독자적인 입장을 드러내기 위해 성매매 여성들을 어떻게 지칭할 것인지에 대해 첨예하게 대립해왔다. 하지만 '특정한 여성'들보다 '특정한 화폐 흐름'에서 출발하고자 하는 이 책은 이들 여성을 지칭하는 단 하나의 단어를 찾지 않고 문맥에 따라 성판매자, 성매매 여성, 매춘 여성, 유흥업소 종사 여성, '아가씨' 등으로 지칭할 것이다. 단 이들이 '여성'이라는 점은 중요한 요인인데, 성매매에서 여성은 판매하고 남성은 구매하는 성별 분업은 그것의 예외 여부와 상관없이 성매매 시장을 순환하는 자본의 성적 흐름과 관련 있기 때문이다. 그러므로 여기서 '여성'이란 성별화된 자본의 동학 속에서 경제적 전략으로 발현되는 범주로 정의할 수 있을 것이다.

[3] 이 책은 성매매 알선 등 행위의 처벌에 관한 법률(이하 '성매매처벌법')과 성매매 방지 및 피해자 보호 등에 관한 법률(이하 '성매매보호법')을 포괄하여 '성매매특별법'으로 통칭하고자 한다. 성매매특별법 제정 전후 두 입장의 부상과 대립에 대한 논의는 이하영(2009)의 연구를 참고하라. 또한 성노동 담론의 한계를 지적하면서 성매매에 관한 여성주의 논쟁을 다룬 논의는 이나영(2009b)의 연구를 참고하라.

그럼에도 두 입장 모두 여성들이 성매매에 참여하는 중요한 이유로 경제적 요인을 꼽는 데에는 이견이 없다. 단지 이를 설명하는 언어적 표현이 명료하게 구분되는데, 그것은 각각 '소득'과 '부채'다. 그렇다면 기존의 논의 속에서 소득과 부채의 개념이 주장되는 방식에 대해 간략하게 살펴보자.

먼저 '성노동자'들의 '자발적 노동 의지'를 강조하는 입장에서 경제적 요인은 성노동자라는 특정한 명명이 필요한 일차적 근거가 된다. 실제로 2004년 성매매특별법 제정 직후 성노동자 당사자들이 생존권을 주장하며 전국 각지에서 저항하는 모습을 드러낸 바 있다. 이들을 성노동자로 명명하는 것은 "성산업 현장에서 성서비스를 제공해서 소득을 창출하는 일을 하는 사람에게 노동자로서의 정체성을 부여하는 동시에 사회적, 계급적 위치를 부여하는"(김경미, 2007: 37) 정치적인 선언이다. 그러므로 성노동자로 인정받는 것은 노동 조건을 개선해 이들로 하여금 안전한 상태에서 '소득' 창출을 가능하게 하는 첫 단추이다. 성노동이 불법인 한국 사회에서 성노동자들의 소득 문제는 "수고에 대해 정당하게 보상받을 권리"(김지혜, 2013: 234)의 문제라는 것이다. 이들은 "남성이 여성을 억압한다는 논리보다 경제가 여성을 억압하는 측면이 더 많은" 현재의 환경에서 "빈곤한 여성들에게 자발적인 성거래는 생존을 위한 선택이며 노동"이라고 주장한다(고정갑희·이희영, 2005: 141, 145). 한 인터뷰에서 자신을 성노동자라 칭한 이는 '왜 성노동을 시작했나'라는 질문에 그저 '돈이 없어서'라고 대답한다(남은주, 2012). 따라서 성노동자들이

해야 할 것은 이들의 노동을 불법화하는 세력에 맞서 빈곤을 타개하거나 자신의 경제적 삶을 향상시킬 수단 및 자신에게 귀속된 노동력을 통해 소득을 창출할 권리를 획득하는 일이다.

한편 성매매에 존재하는 '구조적 강제'를 강조하는 입장은 여성들의 경제적 기대는 성매매를 통해 충족되기 어렵다고 주장한다. 이를 뒷받침하는 근거로는 현장에서 여성들을 만나 상담 및 지원을 하는 과정에서 축적된 양적 데이터가 제시된다.[4] 이들에 따르면 성산업에서 여성들에게 제공되는 돈은 곧 '부채'다. 업소 여성들에게 불리하게 계산되는 임금 시스템, 선불금이라는 족쇄, 물품 강매 등 다양한 종류의 불공정 거래가 여성들의 빚을 만들어내는 주요 원인으로 꼽힌다. 2000년 군산 성매매 업소 화재 사건에서 '여성들의 대피를 가로막아 이들의 목숨을 앗아간 철창을 설치한 비용조차 여성들에게 빚으로 남아 있었다'는 이야기가 대표적인 예다. 이제 철창은 사라졌을지라도 이곳 여성들은 여전히 빚이라는 보이지 않는 철창에 갇힌 존재로 인식된다. 최근 성판매 여성 비범죄화의 일환으로 성매매를 성매수로 새롭게 정의하려는 움직임도 포착되고 있다. 이러한 운동을 주도하는 이들은 성매매에서 여성들

---

4   성매매피해 여성을 지원하는 서울의 한 상담소의 통계에 따르면 2012년에서 2013년까지 총 250명, 1338건의 상담 및 지원 내용 중 빚과 연동하는 법률문제 관련 상담이 가장 많았다고 한다(반성매매인권행동 이룸, 2014). 다음의 기사에서도 이 같은 내용을 확인할 수 있다. "성매매여성들의 가장 큰 고민은 '빚'"(장재완, 2005), "성매매 여성 '빚 때문에 못 벗어나' 울산성매매피해상담소 '업주 처벌 강화해야'"(박석철, 2008), "대구성매매여성 최대 고민은 '빚 문제'"(최창현, 2011).

이 "동의 여부와 관계없이"(이소아, 2013: 57) "정상적인 소득을 유지하기 어렵다"(홍현주, 2013: 127)고 주장한다. 그에 따르면 여성들은 성매매를 '하는' 것이 아니라 성매매'되는' 것이며, 그것은 성매매의 결과인 '정상적이지 않은 소득', 즉 '부채'라는 지표를 통해 증명된다.

이처럼 여성들의 성매매 참여 요인에 대한 두 입장은 곧 성매매 경제 현상을 분석하는 경제 담론economic discourse이기도 하다. 이들은 여성들이 벌어들이는 돈이라는 동일한 경제적 대상을 소득혹은 부채로 해석함으로써 성매매 경제의 용인과 거부를 주장해왔다. 동시에 성을 판매하는 여성들 역시 성매매를 지속하는 이유로 돈을 꼽는다. "돈을 버는 것"(박정은·윤영숙·서명선, 1993: 25), "돈 맛"(이효희, 1998: 83), "'큰돈'에 대한 꿈"(백재희, 2000: 53), "수지맞는 선택"(Diana, 1985: 120; Roberts, 2004[1992]: 568에서 재인용), "돈을 만지는 것"(김선화, 2006: 58) 등 다양한 표현이 성판매 여성들의 구술 속에 등장한다. 성매매에서의 돈, 정치적 입장에 따라 소득과 부채로 설정되는 경제적 요인은 여성들이 성매매에 자발적 혹은 강제적으로 참여하도록 만드는 가장 중요한 이유임에는 틀림없다. 하지만 여성주의 안에서의 소득과 부채의 담론 경합만으로는 현재 여성들의 성매매 참여와 이를 통한 성매매 경제의 작동 방식을 규명하는 데 한계가 있다.

첫째, 소득과 부채의 이분법적 프레임으로는 성매매 경제를 경유하는 화폐의 순환을 분석하기 어렵다. 소득과 부채는 '특정 시점에 여성에게 귀속된 돈이 플러스인가 마이너스인가'에 따라 결정된다. 하지만 여성들의 연속적인 삶에서 어느 시점을 '특정 시점'으로 삼을지가 문제다. 또한 '신용credit'을 부채를 만들어낼 수 있는 능력으로, '부채debt'를 신용의 사용으로 정의한다면 신용과 부채를 명확히 구분하기 어렵다는 것을 알 수 있다.[5] 신용의 확대를 통해 금융 부문이 발전하고 금융화가 확산된 현재 자본주의의 성격을 고려할 때, 개인의 부채는 더 이상 선택의 문제가 아니다.[6] 그러므로 여성들의 성매매 참여 요인을 정확히 규명하기 위해서는 '소득이냐 부채냐'의 논쟁에 앞서 성매매 여성들의 몸을 타고 흐르는 돈의 순환, 이러한 회로를 움직이는 특정한 힘을 먼저 살펴볼 필요가 있다. 물론 이때 돈은 단순히 성매매 경제 안에서만 한정되어 순환하지 않으며, 성매매와 사회의 경계를 넘나들거나 흐릿하게 만드는 역할을 한다.

둘째, 성매매 산업 내 경제적 관계의 형식과 이를 만들어내는 구성원이 변화하고 있다. 기존 담론에서 성매매 여성들의 소득 혹은 부채는 포주, 알선자, 구매자와 같은 성산업 구성원과의 대면 관계 안에서 형성되는 것이었다. 하지만 성매매특별법 제정 이후 성

---

5   경제인류학자인 구스타브 피블스(Gustav Peebles)는 상반된 도덕적 평가를 받는 신용과 부채가 사실상 동일한 것임을 지적하고, 둘의 이분법을 폐기한 '신용/부채'라는 단어를 제안하기도 했다(Peebles, 2010).

6   서동진(2015: 127~131)은 금융화에 대해 정의하는 것이 단지 현실에 대한 술어적인 규정이 아니라 자본주의가 현재 조직·전개되는 모습을 규정하는 이론적이고 정치적인 시도라고 설명하면서, 마르크스주의자인 라파비차스(Lapavitsas)와 도스 산토스(Dos Santos)를 참고하여 개인의 사적 소득에서 금융 이윤을 직접 수탈하는 방식과 금융시장 영업의 확대를 결합한 것으로 금융화를 정의한다.

매매를 목적으로 한 선불금 등 성매매 업주와의 부채가 무효라는 판례가 이어지면서[7] 업주가 아닌 제3자, 즉 사채업자나 대부업체 등으로부터 여성들이 직접 대여금을 받도록 주선하는 경향이 늘고 있다(변화순 외, 2002: 42~43; 정미례, 2010: 128; 정진성 외, 2010: 404~407). 다른 한편에서는 '미즈사랑', '여성 전용 안심대출 레이디캐시'처럼 여성 전용 대출 상품이 금융시장에 등장했다. 여성 전용 대출 상품이 늘어난 것은 '아가씨 대출' 등 성매매 산업 종사 여성들을 대상으로 한 대출 상품이 증가한 것과 무관하지 않다.[8] '아가씨 대출'은 제3금융권, 혹은 불법 대출 상품의 문제만이 아니다. 최근 상호저축은행이나 신용협동조합과 같은 제2금융권에서도 '유흥업소 전용 대출' 상품이 만들어져 사회문제로 부상한 바 있다(박효재, 2012).

이러한 변화를 과거 여성들을 구속하던 업주나 포주가 금융업자로 '교체'되었다고 단순화할 수는 없다. 또한 이 같은 변화로 인해 경찰 단속에서 여성들이 자발적 성매매 행위자로 규정되어 성매매피해 입증이 더욱 어려워졌다는 분석도 변화의 핵심을 밝히기

---

[7]   몇 개의 대법원 판결을 나열하면 다음과 같다. 2004. 9. 3, 2004다27488, 27495 판결, 2006. 9. 22, 2005도8095 판결, 2009. 9. 10, 2009다37251 판결(이화여자대학교 젠더법학연구소, 2013).

[8]   각종 포털 사이트에서 여성 전용 대출 상품을 검색하면 '아가씨 대출'이라는 연관 검색어를 쉽게 발견할 수 있다. '아가씨 대출'이란 '업소 아가씨'들을 대상으로 하여 해당 여성이 업소에서 일하고 있다는 업주의 확인만으로 '무담보, 무서류'로 대출을 해주는 상품이다. 이와 관련하여 각종 포털 사이트나 대부업체 광고에 '일수 대출은 남성보다 여성이 선호됩니다'라는 안내가 게시되기도 한다. '아가씨 대출'에 대해서는 3부에서 자세하게 논의한다.

에는 무언가 부족하다.[9] 현재 한국 성매매 산업에서는 내부의 인적 교체를 넘어 질적 단절과 정치경제적 전환이 이루어지고 있다. 오늘날 성매매에서는 전통적인 부채 문제와 금융 주도의 자본주의적 전환이 결합한 새로운 신용의 형식이 관찰된다. 지하경제로서의 성매매 경제와 합법적 경제 사이 경계는 흐려졌으며, '여성의 몸은 상거래의 대상이 될 수 없다'는 여성주의의 윤리적 원칙은 온존할 수 없게 되었다. 특히 오늘날 시장이 도덕적 원칙과 동떨어지지 않은 방식으로 작동하는 것을 고려하면 더욱 그러하다.

신자유주의 시대 시장은 개인의 윤리적 원칙과 분리되어 작동하지 않으며, 오히려 윤리적·도덕적 원칙을 경제적으로 합리화하는 법과 정치, 실천에 의해 작동한다(Brown, 2005; Preda, 2005; Power, 2005). 즉 '시장의 도덕화'가 목격되는 것이다. 성매매 경제의 작동 역시 현재 개인의 규범과 활동 양식을 통치하는 경제적 합리성의 문제와 분리될 수 없다. 이 점을 간과한다면 '적극적으로' 성매매에 참여하는 여성들의 경험은 물론, 재편된 성매매 경제와 접면한 비교적 '전통적인' 영역에 머물러 있는 성매매 여성들의 경험 역시 충분히 분석하기 어려울 것이다. 변화된 신용과 부채의 형식을 고려할 때, 성판매 여성들이 겪는 '피해'(혹은 '피해 없음')의 의미와 여성

---

9   대표적으로 정미례(2010: 82)는 성매매를 벗어나지 못하는 가장 중요한 요인인 선불금이 대부분 사채로 전환된 것에 주목한다. 그 결과 여성들은 업주나 마담과 연결된 사채업자나 대출전문기관으로부터 대여금 형식으로 돈을 지급받고 날마다 일수를 찍는 형편에 놓이게 되어 현실적인 법적 대응이 어려워졌다고 지적한다.

들이 자본과 맺고 있는 관계는 이전과는 완전히 다른 방식으로 구성되어야 한다.

그러나 기존 여성주의 정치학에서는 이러한 변화가 고려되지 않았다. 최근 여성운동의 '선한 의지'에 의해 성매매 여성들을 구제하는 다양한 제도적 실천이 이루어지고 있다. 여기서 성매매 여성들의 낡은 경제적 태도는 '자활'이라는 명목 아래 신용 교육이나 금융 기법에 대한 교육을 통해 교정된다. 하지만 그런 교육은 성매매 여성이기 때문에 오히려 신용이 부여되고 있는 현재의 자본주의적 계산, 대출 양식을 간과하고 있다. 성매매 경제와 시장경제가 착종, 공모, 절합articulation, 혹은 통합되어 있는 현실을 인식하지 못하기 때문에 성매매 경제에서의 부채를 해결하고 '합법적 경제'에서 신용을 달성하려는 불완전한 자활 시도가 이루어지는 것이다. 동시에 성노동론자 또한 여성들이 '아가씨'이기 때문에 업소를 순환하는 다양한 종류의 부채에 잠식되는 현실을 고려하지 못하고 있다.

그러므로 여성들의 성매매 참여 요인을 소득과 부채의 이분법으로 파악하는 건 결국 이 시대 '(매춘) 여성'이 구성되는 방식에 대한 구조적 분석 없이 개별 인물의 교정과 처벌, 혹은 인정만으로 성매매 문제를 해결할 수 있다고 가정하는 것임을 알 수 있다. 소득과 부채의 담론은 성매매 여성이 처한 상황을 각각 자유와 자유의 억압으로 정의한다는 점에서 얼핏 보기에 서로 상반된 것처럼 보인다. 하지만 '성노동을 통해 소득을 창출하는 것' 또는 '부채를 청산하면서 성매매에서 벗어나는 것'이라는 각각의 처방을 볼 때, 성매매 산업 안에 존재하는 신용과 부채의 회로를 고려하지 않고 성매매 문제를 시장 안에서의 화폐적 조정을 통해 해결하고자 한다는 측면에서 결국 동일한 논리적 한계를 지닌다.

이러한 정치학의 한계는 여성들이 자발적 또는 강제적으로 성매매에 참여하는 데 '경제적 요인'이 밀접하게 관련된다고 합의하면서도, 정작 그 경제적 현실이 무엇인지 제대로 규명하지 못한 데서 기인한다. 경제적 설명만으로는 성매매의 작동 방식을 규명하기에 불충분하다는 논의가 일반적이지만(민경자, 1999; 김소연, 2005; 김인숙·이은영·하지선, 2010; 원미혜, 2010; 김용화, 2010), 그러한 논의는 가부장적 성통제의 장을 경제적 장과 분리된 것으로 가정한다. 경제는 자연법칙과 유사한 수학 공식이 지배하는 영역이라는 가정 때문에, 정치와 경제가 분리되는 것이 가능하고 그래야 한다는 믿음 때문에, 혹은 경제를 문화나 정치의 안티테제로 인식했기 때문에 그러한 주장이 제기된 것은 아닌지 의심된다. 무엇보다 정치적 폭력의 문제가 경제와 무관하지 않았던 역사를 되짚어볼 때, 신용과 부채를 중심으로 한 최근 성매매 산업의 경제적 변화는 예의 주시할 필요가 있다. 즉 성매매 문제를 근본적으로 해결하기 위해서는 한국 사회 내 성매매 경제의 구조와 역동이 우선적으로 밝혀져야 할 것이다.

질문은 단순하다. 여성들의 성매매 참여를 만들어내는 경제적 요인의 구체적 형식은 무엇이며, 이것은 성매매 산업에서 어떻게 구성되어 작동하는가? 이 같은 질문은 기존 여성학이 성매매에서의 노동, 부채, 폭력, 자립 등을 이해한 방식과 실제 여성이 겪는 경험 간의 괴리를 드러냄으로써 현대 한국의 사회경제, 혹은 성의 정치경제political economy of sexuality에 근본적인 물음을 제기할 수 있을 것이다. 또한 이 질문은 이 시대 경제에 대한 "일반적 조명general illumination"(Marx, 2007[2005]: 78)을 이해하지 못하면 그 구조 안에 숨겨진 여성에 대한 착취와 폭력의 내적 관련을 제대로 파악할 수 없다는 여성주의적 신념에 근거한다. 궁극적으로는 그간의 여성운동의 방향성을 점검하고 성매매 문제를 금융화된 자본주의 시대의 여성 문제로 적극적으로 구성하기 위한 하나의 시각을 제안하는 것이 이 책의 목표다.

2장

성매매를 바라보는 여성주의 정치학의 역사

도덕과 탈도덕 사이에서

성매매 참여 요인으로 소득과 부채가 부각된 이유를 파악하려면 성매매를 둘러싼 여성운동의 역사를 이해해야 한다. 이 장에서는 여성운동이 성매매 문제를 파악하는 방식을 돌아보고 그 성과와 한계를 살펴볼 것이다. 한국 사회에서 성매매를 민족 문제나 도덕 문제가 아닌 여성주의 어젠다로 의제화한 것은 1980년대 후반 민주화 이후 '진보적' 여성운동이 성장하면서부터다.[10] 동시에

---

10   한국 성매매 '근절주의' 정치학의 시작은 1920년대 일제강점기 기독교계의 공창 폐지 운동까지 거슬러 올라갈 수 있다. 당시 운동은 비참한 생활을 하는 창기에 대한 인도주의적 입장, 국민 위생을 우려하는 입장, 도덕주의에 입각한 입장, 자본주의 사회제도 비판의 입장 등 다양한 관점에서 공창제를 바라봄으로써 폐창의 필요성을 각인시키는 데 기여했다(윤은순, 2007). 이어 미군정 시기를 지나 한국전쟁 시기까지도 성매매를 바라보는 다양한 입장이 부상하고 복제되어 반복되지만, 정치적 탄압으로 말미암아 토론의 기회를 거의 갖지 못하고 사장된다(이나영, 2009a; Moon, 2002[1997]; 김은실·김현영, 2012). 1970년대 초반 박정희 정부의 노골적인 기생관광 부양 정책에 대항하며 한국교회여성연합회를 필두로 기생관광 반대 운동이 크게 일어나지만 역시 정치적 탄압으로 중단되었다

1980년대에 내국인 성시장이 가시적으로 크게 팽창하면서 퇴폐 향락을 우려하고 추방하려는 기독교계 시민운동의 자율적 움직임이 대대적으로 등장하기도 했다(조철민, 2013; YMCA, 1990; 김세원, 1989; 김순덕, 1988). 이들은 향락 업소의 여성들을 인신매매된 '피해자'이면서 동시에 가정 파탄의 '가해자'로 분류하고는 했는데, 이러한 여성들의 복잡한 위치를 명료하게 만드는 하나의 핵심어는 '돈'이었다. 즉 자본주의 사회에서 개인이 맹목적으로 돈을 추구하다 보면 퇴폐 향락 업소에 연루될 수도 있다는 것이 당시 자율적 시민운동계의 주된 설명이었다.[11]

이러한 배경에서 성매매 문제를 여성 인권의 문제로 의제화하기 시작한 '진보적' 여성운동은 성매매 산업에서 돈이 함의하는 불공정함, 성별 권력관계를 지적했다. 민주화운동을 계기로 성장한 여성운동은 성매매 산업에 내재한 경제적 요인의 여성 착취적 성격

가 1980년대 들어 재개된다(민경자, 1999). 하지만 당시의 운동은 '기생관광'을 제국주의적 침탈에 의한 '민족'의 성착취 측면에서만 조망한 한계가 있었다(민경자, 1999: 259; 박정미, 2011: 271~281). 그러므로 '윤락'으로서의 성매매 담론에 대응하여 여성주의적 관점에서 성매매의 의미를 재구성하기 시작한 시기는 1980년대로 보아야 한다(엄혜진, 2006: 110). 이 시기 성장한 '진보적' 여성운동은 민주화운동 당시 사회운동과 연대했던 세력을 지칭한다(조주현, 1996: 139).

11 예를 들어 『향락문화추방 시민운동 보고서』에서 '돈'은 여성들이 포주-경찰-손님과 맺는 "적대적 모순관계"를 하나로 통합시키는 끈으로 언급된다(YMCA, 1990: 181). 이러한 시각은 이후 여성들의 과도한 소비와 성매매 문제를 연관 짓는 시각으로 이어진다. IMF 경제위기 당시 자녀의 고액 과외비를 마련하기 위해 주부가 윤락행위를 하다가 적발되었다는 기사(박용현, 1997), 카드빚을 갚기 위해 술집 등에서 우연히 만난 남성들을 상대로 매춘을 하는 젊은 여성에 대한 기사(유신모, 1998)가 쏟아지고, 심지어 중산층 출신 '여고생 접대부' 역시 "비뚤어진 소비성향"(홍성철·박정훈, 1997)의 문제로 접근되고 있다.

을 드러냄으로써 성매매를 풍기문란, 퇴폐 향락의 문제로 설명한 당시의 지배적 프레임에 반박했다. 대표적으로 한국교회여성연합회, 제주여민회, 전북민주여성회 등은 '기생관광' 현장과 기지촌을 포함하는 매매춘 현장에 대해 광범위하고 심층적인 조사를 최초로 진행함으로써 반박의 근거를 마련했다(한국교회여성연합회, 1987; 한국여성단체연합, 1988). 여성운동은 실제 현장을 고발함으로써 성매매가 돈을 추구하는 여성 개인의 탐욕 문제가 아님을 증명했다. 동시에 매매춘 현장은 여성에 대한 구조적인 성폭력이 자행되는 인신매매의 현장으로 의미화되었다(여성의전화, 1985).

당시에는 성매매 현장이 가진 차이보다는 여성 착취의 동질성이 더 부각되었다. 특히 포주와 매춘 여성의 예속 관계, 구체적으로는 '부채'가 여성 착취의 중요한 증거로 강조되었다.[12] 다시 말해 성

---

12   일제강점기 창기와 대좌부업자(포주) 간에도 빚이나 전차금은 인신매매의 구체적인 수단으로 사용되었다는 점에서(吉見周子, 1982; 야마시다 영애, 1997: 172~173에서 재인용) 1980년대는 성매매에서 부채 예속이 처음 등장한 시기가 아니라 여성운동에 의해 그것이 문제로 구성된 시기로 보아야 한다. 다음 인용문을 살펴보면 포주와의 '빚 관계'로 인한 여성들의 예속은 '한국술집'이나 '미국술집'이나 결국 같은 형태로 나타남을 알 수 있다. 민족 문제를 넘어서는 여성 문제로 성매매를 인식하는 당위의 중심에는 이제 부채 문제가 자리하게 된다.
"기지촌 여성들은 대부분 포주와 빚 관계로 묶여 있다. 송탄지역을 중심으로 조사를 해본 결과, 보통 한 사람 당 100만원~400만원의 빚을 지고 있으며, 이 빚은 기지촌에 오래 있으면 있을수록 자꾸 올라갈 수밖에 없는 구조를 갖고 있다. 보통 이들은 한국술집에서 미국술집으로 오게 되는데, 한국술집의 주인에겐 보통 30만원의 빚을 지는데 이 주인이 비인간적으로 학대를 하면 직업소개소를 찾아가 자기가 진 빚 30만원을 갚아줄 수 있는 직장을 소개 받게 된다. 그러나 이 직장은 더욱 저질이고, 여성은 자기가 진 빚 30만원에 프리미엄이 붙어 팔려가게 되는 것이다. 즉 직업소개소에서 5만원을 소개비로 받았다 하면 그 여성은 35만원에 팔려가는 것이다."(한국교회여성연합회, 1987: 22)

매매를 여성 폭력의 문제로 설득하는 논리에는 포주라는 인물형과 그가 만들어낸 부채를 문제의 중심에 세운 여성운동계의 노력이 포함된다. 이러한 노예제적 혹은 전자본주의적 시스템에 의해 매춘 여성들이 '부채에 묶여 있거나 팔려온 피해자'가 된다는 설명은 여성주의 성매매 근절주의 운동의 전면에 드러나게 되었다.[13]

1990년대에는 한국 성매매의 특수성에 대한 다양한 여성학 연구가 등장하면서 성매매의 산업적 속성이 분석되기 시작했다(장 필화·조형, 1990; 박정은·윤영숙·서명선, 1993; 원미혜, 1997; 1999; 변리나, 1997; 이 영자, 1997a; 1997b; 변화순·황정임, 1998; 민경자, 1999; 정희진, 1999). 이때 성 매매 산업 내 '부채'를 통해서 경제적 착취의 다양한 기제가 설명 되는데 업소 내 선불금, 수입 분배 구조, 벌금 구조, 고리대, 맞보 증, 물품 강매는 매춘 여성의 비참한 현실을 설명하는 대표적인 증 거로 꼽히게 된다. 이러한 설명은 성착취의 공식적 제도들이 여성 들의 동의를 이끌어내 착취를 개별화한다고 주장한 서구 급진주의 페미니즘 이론에 의해서도 적극적으로 옹호된다(Dworkin, 1996[1979]; Barry, 1985; 2002[1995]; Cooper, 1989; MacKinnon, 1987; 1993; Jeffreys, 1997). 이들 역시 성매매 산업에서 오가는 돈을 여성 착취적인 폭력의 결

---

13   이 시기인 1980년대 후반 여성 일반에 대한 인신매매 공포 담론이 확산되어 한국 사회를 점령하게 된 것은 당연한 귀결로 보인다. 이때 인신매매는 "매매춘 사회의 주요 공 급 기제", 즉 매춘의 사회화 과정에서 나타나는 일상적인 현상으로 해석되며(차종천 외, 1993), 당시의 인신매매 반대 운동은 한국여성단체연합, 한국여성의전화 등 진보적 여성 운동계가 성매매 문제에 본격적으로 관심을 기울인 최초의 사건으로 기록된다(민경자, 1999; 엄혜진, 2006; 박정미, 2011).

과로 제시한다. 예를 들어 드워킨(Dworkin, 1988: 229)은 '수탈하다', '점령하다'라는 뜻의 라틴어 'rapere'에서 유래한 '강간rape'과 성매매를 연결하면서, 성매매는 여성으로부터 "수탈한 것을 파는 것"이라고 설명한다. 결국 이러한 연구들은 성매매 산업에서의 돈을 여성들의 '수입'으로 보기 어렵다는 주장에 기여한다.

1990년대 후반 이후 성매매에 대한 다양한 관점이 소개되지만,[14] 특히 2000년 9월 군산에서 발생한 처참한 성매매 업소 화재 사건으로 인해 성매매 문제는 국가의 개입을 통해 시급하게 해결해야 할 이슈가 되었다. 이때 여성들의 탈성매매를 위한 적절한 지원과 성매매 수요 차단을 위한 강력한 법 제정과 집행을 요청하는 목소리가 쏟아지는데, 이는 '(성판매) 여성에겐 보호와 지원을, (성구매) 남성과 알선자에겐 강력한 처벌을'이라는 슬로건으로 요약된다.[15] 다시 말해 여성운동은 여성에 대한 폭력 그 자체인 성매매 문

[14] 특히 1990년대 후반에서 2000년대 초반에는 여성의 성애화 과정, 성매매의 역사적·구조적 구성과 관련된 페미니스트 학자들의 책이 번역되고 널리 인용되기 시작했다(Haug, 1997[1991]; Kim and Choi(eds.), 2001[1998]; Pateman, 2001[1988]; Ho, 2000; 2003; Moon, 2002[1997]; Barry, 2002[1995]; 藤目ゆき, 2004[1997]). 성매매 종사 여성들을 피해자화하는 논의를 넘어 여성들이 지닌 삶의 복잡성에 천착하고(Truong, 1990; Roberts, 2004[1992]; Chapkis, 1997; Flowers, 2001[1998]; Kempadoo and Doezema(eds.), 1998; O'Connell Davidson, 1999; 막달레나의 집, 2002; Altman, 2003[2002]), 나아가 성 전문가로서의 이들의 행위성을 강조하는 연구들도 소개된다(Pheterson(ed.), 1989; Nagle(ed.), 1997; Delacoste and Alexander(eds.), 1998; Ho, 2000).

[15] 당시 법 제정을 요청한 목소리는 다음을 참고하라. 윤문자, 2004; 우순열, 2006; 김윤희, 2006; 최희경·정경숙, 2009; 이현주, 2010; 이소아, 2013; 정미례, 2013. 또한 성매매특별법 제정을 전후로 여성운동계에서 성매매의 폭력성을 드러내기 위해 다양한 정

제를 해결할 강력한 수단으로 성매매특별법 제정을 추진했으며, 이 과정에서 성매매의 '대면적 3자 관계(구매자—알선자—판매자)'에 성별을 부여하여 불법적 가해자 집단을 명료화했다. 동시에 '성매매피해자'라는 정체성이 공표되었고, 이 여성들의 '인권'이 보호되어야 함이 천명되었다. 성매매피해 여성들이 스스로 해결하기 어려웠던 많은 문제는 국가와 시민사회가 해결해야 할 과업이 되었다. 성매매특별법 내 '불법원인으로 인한 채권 무효(제10조)' 조항은 이러한 법의 제정 의도와 밀접한 연관이 있다.[16]

정리하면 1980년대 후반 이래 '진보적' 여성운동은 매춘 여성들의 부채 문제를 고발하면서 성매매의 여성 착취적 성격을 드러내고자 했고, 이는 2000년대 초반 성매매특별법 제정 과정에서 성매매 산업 내부 인물들과 성매매에서의 경제 문제를 불법화하는 움직임으로 이어진다. 하지만 의도치 않은 한계 또한 있었다. 여성운동이 '대면적 3자 관계'에 성별을 부여하고 가해자 집단에 알선자, 구매자 등의 이름을 붙인 작업에서 부채 문제는 오히려 개별 인물 간의 경제적 거래 문제로 축소되어버린 것이다. 이러한 한계는 성매매를 여성에 대한 구조적 착취라고 지속적으로 주장했음에도 그 구

치적 활동을 펼친 것에 관해서는 다음의 연구를 참고할 수 있다. 정미례, 2003; 조영숙, 2006; 김지혜, 2010.

16   1961년 제정된 윤락행위 등 방지법에도 '불법원인으로 인한 채권무효(제11조)' 조항이 있었다. 하지만 이 조항에 따른 판례 형성이 "한 번도 성립된 적이 없다"(김은경 외, 2002: 351)는 점은 차치하더라도 성매매특별법의 '채권 무효' 조항은 성매매의 젠더화·구조화된 피해를 구성하는 주요 원리로 '부채'를 꼽고 있다는 점에서 이전의 법적 의도와는 다르다고 볼 수 있다.

조를 명확하게 규명하지 못한 데서 비롯되었다.

결과적으로 이러한 프레임 속에서 구매자―알선자―판매자는 합법적인 경제와 동떨어져 고립된 성매매 경제의 행위자(판매자의 경우엔 피해자)로 이해된다.[17] 다시 말해 남성에 의한 '가해', 여성의 '피해' 문제로 분석했을 뿐, 성매매 문제를 정치경제적 구조 안에서 맥락화하는 데는 이르지 못했다. 결국 여성들이 왜 계속 성매매 산업에 포섭되거나 참가하는지, 성매매 산업이 여성들에게 어떤 보상을 제공하는지, 성매매 산업을 통해 변화된 남성성과 여성성이 어떻게 (재)생산되는지, 그리고 이것이 성산업을 확대재생산하는 동력으로 어떻게 다시금 사용되는지 맥락적이고 역사적인 분석을 내놓지 못했다. 특히 최근 자본주의 경제가 자본의 지속적인 수익성 하락에서 비롯된 위기를 관리하고자 새로운 형식의 지배와 통제 구조를 재발명해왔음에도, 여전히 여성주의 반성매매 담론은 국내총생산의 큰 부분을 차지하는 성매매 문제를 자본의 운동과는 무관한, 여·남의 대면적 관계 문제로 가정하는 한계를 보이고 있다.

이러한 빈약한 문제 설정은 성매매 문제를 여성주의 정치학이 그토록 결별하고자 했던 도덕의 문제로 다시금 귀결시키는 결과를 초래한다. '성매매 문제는 도덕의 문제가 아니라 여성 인권의 문제'

---

17   대면적 관계로 성매매 구조를 설명하려는 시도는 대표적으로 다음과 같다. "성매매 집결지의 구조는 성매매 여성들과 성매매 과정에 있는 인적구성원들과의 관계로 이루어진다. 업주-성매매여성(착취관계), 호객행위자-성매매여성(종속관계), 성매매여성-성매매여성(경쟁관계), 성구매자-성매매여성(매매관계) 관계가 그것이다."(김윤희, 2006: 86)

라는 슬로건은 1980년대 이래 여성주의의 '진보성'을 드러내는 가장 중요한 명제였다.[18] 그러나 성매매 산업에 대한 정치경제적 분석을 결여한 반성매매 프레임 속에서 포주는 여성들을 비인격화하는, '도덕적' 결함을 가진 악마적 개인으로 가정될 수밖에 없다. 부채 문제 역시 고리대 문제와 결부되어 경제적 거래에서의 도덕성 문제로 귀결되고, 구매자 역시 여성의 성을 사는 부도덕한 남성으로 해석된다. 여성주의 정치학은 매춘 여성들을 가까스로 도덕 프레임으로부터 구출했지만, 성매매 문제를 여전히 포주와 구매자 개인의 도덕성 문제로 축소해 규정한다. 하지만 이러한 도덕 프레임으로는 성매매 문제를 궁극적으로 해결할 수 없다.

도덕이 성매매 문제의 해결책이 될 수 없는 이유는 전통적으로 빈곤한 매춘부에 대한 남성의 성구매가 '구원'으로서 옹호되었기 때문이다. 호혜적인 방식으로 의미화되는 성구매 행위와 이렇게 지급된 화대는 유구한 시간 동안 성매매 산업을 유지시킨 원동력이었다.[19] 가부장적 담론이 가난한 여성들과의 윤리적 대면, 나아가

18 이는 다음의 문장에서도 확인할 수 있다. "문제는 성을 매매하는 것을 인권의 문제가 아닌 도덕의 문제로 바라보는 도덕적 보수주의 관점이 팽배해 있다는 것에 있다. 성매매를 성도덕의 문제로 동일시하며 성매매 처벌이 법과 윤리를 일원화하는 맥락에 놓여있다고 평가하는 맥락에선, 성매매를 도덕적 타락으로만 바라봤던 도덕적 보수주의 관점이 녹아있는 것이다."(변화순, 2005: 55)
19 이러한 가정에 따르면, 성매매는 남성의 화폐와 여성의 시간이 교환되면서 여성들을 일시적으로 구출하는 것으로 의미화된다. 이렇게 구출된 이들은 다시금 순수한 남성 주체를 확인시켜주는 여성 타자로 문학, 영화에서 종종 등장한다. 대표적인 작품으로 동명의 연극으로도 널리 알려진 송기원(1995)의 「늙은 창녀의 노래」, 임권택(1997)의 영화 〈노는 계집 창〉이 있다.

구원의 서사까지 이용해 성매매를 낭만적인 것으로 묘사한 사실을 볼 때, 성매매 문제를 도덕의 회복을 통해 해결할 수 있다고 상상하는 것은 성매매가 이미 도덕의 레토릭을 통해 유지되어온 사실을 간과하도록 만든다. 그 결과 빈곤한 여성, 혹은 여성의 빈곤을 성애화하는 성차별적 담론이 재생산된다. 맥락과 역사를 고려하지 않은 채 문제를 설정한 반성매매 프레임은 결국엔 탈정치화될 수밖에 없다. 이는 성매매를 가해—피해가 즉각적으로 구분되는 대면적 관계의 문제, 시장경제와 무관한 성매매 경제 내 행위자 간의 문제로 상정했기 때문이다.

도덕이 성매매 문제의 해법이 될 것이라는 가정은 성매매를 여성들의 노동권 또는 '소득'의 문제로 인식하는 입장에서도 대동소이하게 발견된다.[20] 성매매 산업의 역사적 구성을 고려하지 않음으로써 성매매에서 발생하는 문제가 산업 구성원의 '선의'로 해결 가

---

[20]　2004년 성매매특별법 제정 이후 법 집행에 반대하며 스스로를 '성노동자'라고 밝힌 여성들이 공적 장에 등장하자 여성주의 관점에서 성노동을 이론화하는 작업이 본격화되었다. 이들 논의는 페미니스트 지식인과 활동가들(혹은 '여성권력계')이 매춘 여성들의 목소리를 전유(專有)하는 것에 대한 경계(민주성노동자연대, 2006; 이성숙, 2006; 이희영, 2006), 기존의 도덕적 가치판단 체계에 맞서는 성노동자들의 저항에 주체적 언어를 부여하라는 주장(국경희, 2007; 오김숙이, 2008; 조은주, 2008), 성노동자가 직면한 낙인, 안전, 생존권과 같은 현실의 많은 문제가 성노동이 노동으로 인정받지 못한 것, 혹은 성매매특별법이 내재한 보호의 논리에서 기인한다는 논의(문은미, 2005a; 2005b; 김경미, 2005; 2007; 2010; 김문희, 2006; 김애령, 2008), 쾌락, 노동, 상품에 대한 위계적 시각을 반성하고 다양한 형태의 성적 교환과 경제적 교환의 연속선에서 성노동을 재개념화하자는 제안(小倉利丸, 2006[1997]; 고정갑희, 2007; 2009; 2011; 문은미, 2009; 이현재, 2010) 정도로 요약된다.

능하다고 귀결되는 것이다. 여기서는 성노동자의 수입을 착취하지 않고 정당하게 분배하는 "정직한 포주"라면 여성들과 동등한 동업자가 될 수 있다는 논리가 발견된다(국경희, 2007: 114~117). 대표적으로 추주희(2009)는 성매매의 선불금을 자본가가 노동생산성을 높여 특별잉여가치를 얻고자 노동자에게 투여한 화폐로 해석한다. 선불금을 노동자의 생활을 '풍족하게' 만들어줄 수 있는 임금 인상의 원인, 노동생산성 증대를 위한 수단으로 해석하는 것이다(같은 책). 그는 선불금이 왜 전통적으로 여성에게만 제공되었는지, 선불금의 형식이 역사적으로 어떻게 변화했는지를 간과하고 있으며, 선불금 차등 지급 원칙이 내재한 여성혐오적 성격이나 잉여가치율이 높을수록 착취율이 높다는 사실도 고려하지 않은 채 선불금을 대면적 관계의 포주에 의해 지급되는 '보너스' 정도로 이해하고 있다. 이 같은 논의에 따르면 '정직한 포주'인지 '악덕 포주'인지에 따라 "노동 착취의 정도가 다르기"(고정갑희, 2009: 126) 때문에 결과적으로 여성들의 생존 문제는 포주들의 도덕성에 달려 있게 된다.

나아가 성노동론자들은 화폐의 도덕적 사용가치에 호소하며 자신들의 주장을 관철하고자 노력하기도 한다. "집창촌에서는 성적 희롱조차 대가를 받을 수 있으며, 무엇보다도 가족을 부양한다는 자부심과 미래에 대한 꿈을 설계할 수 있다"(이성숙, 2006: 130)는 주장, "성노동자들 83%가 가족의 병수발을 들며 생계를 돌본다"는 조사에 근거해 심청전의 "공양미는 오늘날 선불금과 같다"(이희영, 2006: 341~343)는 주장, "이 일로 생계를 해결하는 여성들이 존재하는 한 성매매는 노동"(김경미, 2005)이라는 주장 등이 화폐가 가진 도덕적 사용가치를 통해 성매매의 경제적 합리성을 주장하고자 하는 시도로 분류될 수 있다. 이러한 입장에서 성노동자들은 스스로 소득과 재무를 관리하는, 누구보다 도덕적인 경제주체로서 사회의 승인을 갈구한다.[21]

결과적으로 성노동론 역시 성매매 문제를 고립된 성매매 경제 내 대면적 행위자들 간의 교환·계약·권리의 문제로 축소하게 된다. 이렇다 보니 성노동자들을 노동력이라는 형식 아래 놓인 존재가 아니라 어느 무엇도 경유할 필요가 없는 고유한 '자기self'로 정체화 하기도 한다. 대표적으로 사미숙(2013)은 "성판매 여성의 비범죄화를 추진하는" 움직임에 대해 "여성 성노동자의 권리 신장에는 정작 관심이 없고, 성서비스를 판매하는 여성들만 사회에서 사라지면

---

[21] 다음은 2013년, '안녕들 하십니까?'라는 제목의 대자보 열풍이 불 당시 '성노동자 권리모임 GG'의 이름으로 작성된 대자보의 일부이다. "성노동운동을 한다는 사람들이 이 시국에 무슨 할 말이 있는 거냐고, '알지도 못하는 사람들이 몸 파는' 것이 도대체 나랑 무슨 상관이냐고 생각하실지도 모릅니다. 하지만 지금 이 순간에도 많은 사람들이 성노동으로 학비와 생활비를 벌고 있습니다. (…) 세상 사람들은 각자의 경직된 도덕주의를 내세워 그들의 삶을 함부로 재단하고 손가락질합니다. 하지만 이 일로 자신의 삶을 지탱해 나가는 사람들에게 성노동은 일상의 문제입니다. 그런데 이들의 일상은 한없이 불안합니다. 자신의 잣대로 그들의 삶을 멋대로 판단하고 낙인찍으며 억압하고 폭력을 휘두르는 이들 때문에, 그들의 일상은 불안으로 뒤흔들립니다."(밀사·연희·지승호, 2015: 12) 성노동을 통해 버는 돈이 결국 학비와 생활비로 사용된다는 이들의 주장과 성매매를 여성 인권의 문제로 설득하는 과정은 곧 "루이뷔통, 프라다라는 인식을 거둬내는 것"(조영숙, 2006: 219), 즉 여성들이 사치하기 위해 성매매하는 것이 아님을 설득하는 과정이었다는 성매매 특별법 입법 운동에 참여한 반성착취 활동가의 설명은 모두 매춘 여성들을 도덕적 경제 주체로 위치시키고자 하는 의도와 연결된다.

자신들이 대표하고 있는 '여성'의 권리가 신장될 것이라는 오래된 관습적 사고"라고 지적하면서 다음과 같은 이야기를 덧붙인다. "성노동자들은 착취에 대해 이렇게 얘기한다. 내가 성서비스를 판매하는 것이 착취가 아니라 내가 판매한 서비스에 대해 대가를 지불받지 못하는 것이 착취다."(같은 책) 착취라는 용어는 노동자가 생산한 잉여가치에 대한 자본가의 수탈을 설명하는 계급투쟁의 정치적 언어임에도, 그는 성노동자들이 돈을 벌 권리를 방해한다는 이유로 엉뚱한 근절주의 페미니스트들을 착취자로 지목하고 있다. 자본주의적 생산양식의 특수성을 전혀 고려하지 않은 이 같은 논의 속에서 착취는 사실상 초역사적 형태의 '부당한 사건'이 된다. 결과적으로 이들의 노동 정치학에서 자본주의적 사회관계 내 적대는 실종되고, 노동은 갈등 없는 세상을 상상하는 도구이자 자부심 고취와 자아실현의 수단이 되며, 화폐와 소득은 해방의 수단이 된다. 역설적으로 성노동을 주장하는 담론에서 노동은 실종되고 여성 문제는 탈정치화되고 있다.

요약하면 여성들의 성매매 참여 요인을 각각 소득과 부채로 꼽은 두 개의 대립적 담론은 모두 유사한 인식론적 가정으로부터 도출되었다. 성매매 경제는 이 시대 자본주의 경제가 작동하는 방식과 무관하며 고립된 '(비)경제적 영역'에 머물러 있다는 전제가 작동하는 것이다. 이는 성매매 문제의 역사적이고 정치경제적인 맥락을 고려하지 않아 발생하는 오류로, 결국 성매매 여성들은 업주의 악행이나 선의와 같은 도덕 수준에 영향을 받는 주체로 위치화된다. 이러한 맥락에서 성매매 문제는 행위자들의 도덕적 조정을 통해, 소득을 증진하거나 부채를 해결함으로써, 성매매 용인 또는 거부라는 방식으로 해결될 수 있다는 주장들이 나온다.

그러나 1장에서 간단히 지적했듯이 이 시대 도덕 담론이 가진 속성으로 인해 개인의 도덕적 조정은 성매매 문제의 해법이 될 수 없다. 신자유주의 시대에 도덕은 시장 질서를 위한 경제적 원칙을 운용하는 주요 원리가 되었다. 대표적으로 웬디 브라운(Brown, 2005: 42)에 따르면, 자기 스스로에 대한 개인의 책임을 강조하는 신자유주의적 작업에서 도덕적 책임감과 합리적 경제 행동은 동일시된다. 신자유주의는 도덕성을 비용, 이익, 결과와 관련된 합리적 신중함의 문제로 다루면서 경제적 행동과 도덕적 행동 사이의 차이를 지운다는 것이다. 그러므로 신자유주의 시대의 도덕적 타락은 경제적 퇴보의 원인으로 비춰지기도 한다(Hoggart, 2009[2005]).

심지어 신자유주의 국가의 정책에는 복지 예산 삭감뿐 아니라 빈자들에 대한 도덕적 단죄, 나아가 이들을 사회적으로 격리하는 형벌 제도의 강화가 포함되고 있다(Wacquant, 2010[1999]). 서동진(2011)은 신자유주의가 '탈규제'를 부르짖는 것은 규제로부터의 진정한 해방이 아니라 사회를 규제하는 새로운 방식의 질서를 만들어내기 위한 것이라고 주장한다. 나아가 신자유주의적 윤리 규제의 대표적 수단으로 '감사監査'를 꼽으며, 이러한 회계감사를 통해 착취나 불평등같이 윤리적 규범과는 다른 방식에서 윤리적으로 따져봐야 할 현실이 만들어지고 있음을 지적한다. 이 시대의 도덕은 시장을 작동시키는 개인의 사적 이기심과 반대되는 내면의 원칙이 아니라, 시장의 질서를 만들어내고 경제주체들에 윤리적 시민권을 부여하는 주요 원리로서 파악되어야 한다. "'도덕'은 일련의 통치기술들이 행위로서 사회적인 것에 관여할 수 있게 만드는 담론적 매개물"(Procacci, 2014[1991])인 것이다. 이러한 시각은 "도덕적 신자유주의"라는 개념을 통해 더욱 명료해진다(Muehlebach, 2012).

동시에 현재의 성매매 산업은 금융화 시대 '부채 경제'와 연동하는 특징이 있다. 부채 문제를 개별화함으로써 금융자본의 헤게모니를 강화하는 부채 경제의 작동 준칙은 '남의 돈을 빌렸으면 갚아야 한다'는 부채의 도덕률이다. 여기서 고리대의 이자는 자본가 혹은 대부업자의 성실한 축적·금욕에 대한 값을 도덕에 의거해 책정한 것으로 이해된다. 그러므로 오늘날 성매매 여성들이 쉼 없는 성노동을 통해 부채를 상환하는 것은 스스로에게 책임감 있는 시민이 되라는 신자유주의적 도덕 명령과 분리되지 않는다.

도덕의 회복을 통해 성매매 문제를 해결하고자 한 기존의 여성주의 전략을 문제 삼는 이유는 이들을 '고루한 도덕주의자'라고 비난하기 위함이 아니다. 다만 여성주의가 개인의 도덕적 조정에 몰두하는 것은 오히려 여성들의 몸과 노동을 자본축적의 주요한 수단으로 만들어내는 작업에 공모하는 것임을 분명히 알아야 할 것이다.

제도화된 여성운동과 '탈성매매 여성'의 발명

여성들이 성매매에 참여하도록 하는 경제적 요인이 '소득' 또는 '부채'라는 각각의 주장은 문제 해결 방안까지 내포하고 있다. '소득'이라면 안정적으로 보장되어야 할 것이며 '부채'라면 소거되어야 할 것이다. 여기서는 부채 때문에 여성들이 성매매를 그만둘 수 없다고 주장하는 입장에서 제시하는 문제 해결 방안을 살펴본다. 즉 성매매에서의 부채를 해결해 '탈성매매 여성'이라는 새로운 주체를 만들어내는 실천에 개입되어 있는 통치 양식을 분석하고자 한다. 이러한 '새로운 주체 만들기'는 2020년 기준 152억에 달하는 연간 예산이 투입되는 민관 협치의 대표적 프로젝트이기도 하다(여성가족부, 2020: 74).[22]

김지혜(2010)에 따르면 1990년대 이후 여성단체는 다수의 여성 관련 법 제정 운동을 성공적으로 이루어내면서 성매매 문제를 인식하는 프레임을 확장할 수 있을 만한 조직 규모, 역량, 전문성을 확보했다. 그 결과 2000년 성매매 업소 화재 사건은 1995년 경기 여자 기술원 화재 사건과는 달리 의미 있는 성매매 반대 운동으로

---

22 '윤락 여성', '요보호 여자' 혹은 '매춘 여성'이 '성매매피해자'가 되는 과정에 여성운동의 오랜 투쟁이 응축되어 있는 것은 틀림없다. 하지만 '성매매피해자'라는 정체성 그대로 이 사회에 안착할 수 없다는 점에서, 또한 성매매 여성 중 '성매매피해자'를 제외한 잔여 범주라고 볼 수 있는 '자발적 성매매 여성'이 여전히 사회에서 불법적인 존재로 규정된다는 점에서 '성매매피해자'는 사실상 필연적으로 '새로운 주체 만들기'가 요구되는 정체성이라고 볼 수 있다.

이어질 수 있었다.(같은 글, 72).[23] 다시 말해 2000년 성매매 업소 화재 사건에서 매매춘 현장이 가진 문제가 사회문제로 구성될 수 있었던 것은 '진보적' 여성운동계가 비로소 성매매를 "노예 매춘이고, 여성 인권의 침탈"(조영숙, 2006: 193)이라고 설득할 수 있는 지위를 갖게 되었기 때문이다.

여성운동은 문제의 원인을 주장함과 동시에 해결 방안을 내놓게 되는데, 이때 전문화의 기반을 착실하게 다져놓은 사회복지 실천 분야와 만나게 되었다.[24] 성매매특별법 제정 직전인 2003년, 새

23　1980년대 여성 관련 정부 정책은 인구정책이나 요보호 여성들을 대상으로 한 사후적 복지에 중점을 두었고 여성운동과 국가의 관계는 대립적이었지만, 민주화와 문민정부의 등장 이후 여성단체에 대한 예산 배당, 여성의원의 수적 확보, 페모크라트 네트워크의 등장, 정부의 여러 국제법 비준 등을 계기로 정부가 여성운동계의 요구를 적극적으로 수용하는 환경이 만들어진다(김경희, 2003; 2007; 오혜란, 2004; 윤정숙, 2004; 오장미경, 2005; 원숙연·박진경, 2006; 신상숙, 2008; 김은실, 2011). 특히 김영삼 정부 이래 한국여성단체연합을 비롯하여 그 회원 단체들은 합법성을 인정받기 위해 정부에 공식적으로 등록했으며 정부의 시민·사회단체에 대한 재정 지원이 이루어지게 되었다(김경희, 2007: 119). 김경희(2003)는 1990년대 여성운동을 "참가의 정치(politics of engagement)"로 정의하고, 신상숙(2008)은 이 시기 여성운동이 국가와 "갈등적 협력(conflictual cooperation)"을 모색하면서 법과 제도를 개정하는 노력을 전개했다고 본다.

24　1980년대 후반 이후 사회복지 분야가 급격하게 팽창하면서 사회복지 실천의 전문성과 정체성 확립을 위한 논의가 본격적으로 진행되었다(박병양, 1987; 전재일, 1987; 이창호, 1990; 박종우, 1993; 정태신, 1993; 김수환, 1997; 김태성, 1998; 김인숙, 2001). 이러한 전문성의 원칙은 "의존자 관리(managing dependency)"라는 사회적 과제 아래(은은주, 2003: 212) 복지 서비스의 전달이 반드시 사회복지 전문가에 의하여 이루어져야 한다는 주장으로 요약된다(서재호, 2008: 146). 이는 사회복지사업법 개정에 따른 국가자격시험 제도의 도입, 한국사회복지사협회가 주도한 전문사회복지사자격 제도의 도입과 정신보건법에 따른 정신보건사회복지사 제도의 도입 등으로 구체화된다(백종만, 1999: 48). '전문성'의 원칙을 이론적·실천적으로 확보한 사회복지 영역은 1990년대 사회운동이 부상한 이후 다른 어떤 것보다도 정의로운 사회 만들기의 중요한 수단으로 인식되며(김인숙, 2001: 128; 2005: 143), 민주화 이후 주요한 여성정책의 성과는 사회복지 분야로 흡수된

롭게 출범한 여성부에 의해 성매매 여성의 '자활지원 사업'이 본격
적으로 도입된 것이 대표적 사례다.[25]

> 센터를 세팅할 당시에 자활이라는 어감이 주는 것이 경제적
> 인 독립이었다. 그래서인지 경제적인 자립을 많이 요구받았고
> 현장에서도 그래야 한다고 생각했다. 그런데 언니들이 취업을
> 못하기도 하지만 사회적기업에 연계해서 취업을 한다거나 지
> 역자활센터에 가기도 하는데 분명 안 되는 부분이 있다. 자원
> 을 활용할 수 있는 능력이 안 되는 거다. 자원이 많이 세팅되
> 어 있다고 하더라도 내가 그걸 이용할 수 있는 능력이 없으면
> 이용할 수 없다. 그래서 이분들의 내적 역량 향상이 중요하다.
> 내적 역량강화에 치중하고 외적으로는 그런 자원들을 기관이
> 나 활동가가 찾아서 촘촘하게 그물망처럼 엮어주는 것이 중요
> 하다(김미선 외, 2013: 49).

다(정재훈, 2007; 최은영, 2012). 동시에 여성(주의)운동으로서의 상담 활동은 사회복지 기
능으로 축소되기도 했다(윤정숙, 2004: 67).

[25]　성매매방지중앙지원센터는 성매매 방지를 위한 첫 번째 매뉴얼로 2006년 성매매
여성 자활 지원에 대한 지침서를 내놓는다(여성인권중앙지원센터, 2006a). 김인숙(2008)
은 '선도보호'와 '사회복귀'를 통해 성매매피해 여성을 지원하는 패러다임이 '자활'로 바뀌
게 된 것은 사회복지 영역에서 형성된 자활 열풍이 영향을 미쳤을 것이라고 진단하며, 성
매매피해 여성을 지원하는 현장은 이제 '자활 패러다임'에 완전히 포섭되었다고 평가한
다. 이처럼 여성운동이 사회복지 프로그램을 전폭 수용하면서 2006년부터 정식으로 세
워진 탈성매매 자활지원센터는 공동작업장, 인턴십 프로그램 등을 운영 중이다(여성가
족부, 2015: 237~240). 반성매매 활동 현장에서 '자활'은 이제 "성매매 여성에 대한 지원을
제도화하고 이에 대한 예산지원의 합당성을 설명할 수 있는 명시적인 근거"(허나윤, 2007:
55)로 반성매매의 제도화에서 중요한 위치를 차지하게 된다.

위의 현장 활동가 좌담회 내용에서 알 수 있듯이 '자활'의 최종 목표는 '자원을 활용하는 것'이며, '내적 역량강화'는 자원 활용 능력을 뒷받침해주는 동력이 된다. 이때 자원은 '탈성매매'가 함의한 방향성에 따라 성매매 경제 외부의 자원임이 명백하다. 다시 말해 성매매 여성의 자활 지원은 성매매 경제 밖, 즉 합법적 시장경제의 영역에서 생존할 수 있는 능력을 만들어내는 것이다. 이들은 좌담회에서 '자활은 경제적인 문제로만 환원될 수 없다'고 선을 긋지만 이것이 성매매피해 여성들의 경제 훈련을 간과해도 좋다는 의견은 아니다. 이는 성매매피해 여성들이 경제인homo economicus으로 거듭나는 '변형의 시간성'을 고려해야 한다는 의미다.[26]

이러한 '변형'을 위해 성매매피해 여성들은 전문적 상담과 다양한 서비스 프로그램을 통해 피해를 치료·회복하는 지원을 받으며 성매매의 흔적을 지운다. 이제 성매매피해 여성들은 '윤락 여성'의 경우처럼 추방되거나 격리되어야 하는 존재가 아니라 성공적으로 사회로 '복귀'해야 하는 대상이 된다.[27] '매춘 여성'을 건강한 시

---

26 좌담회에서는 '사회적 경제 활성화 방안'도 논의된다. 이때 사회적 경제조직은 완벽하게 분리된 '매춘 경제'와 '시장경제' 사이의 '완충지대'로 상상된다. 또한 '사회연대은행' 등을 통한 '기금' 역시 이러한 '완충지대의 생태계'를 조성하는 수단으로 이해된다. 탈성매매 여성의 자립을 위한 대안으로서 사회적 경제조직의 가능성을 살펴보고 현실적인 한계, 후속 지원 방안을 모색하는 연구로는 다음을 참고할 수 있다. 장수정·정재훈, 2014. 하지만 '탈성매매'가 함의한 방향성에 따르면 이러한 '완충지대'는 여성들에게 일시적으로 제공되며, 완전한 '자립'으로 가는 징검다리로 가정됨을 알 수 있다.

27 여성가족부는 2005년 이래 성매매 방지 및 피해자 보호 사업의 일환으로 '성매매 피해자 치료·회복 프로그램'을 지원하고 있다. 또한 한국여성단체연합이 2001년 '성매매 특별법 제정을 위한 전문가회의'를 구성하여 만든 '성매매 알선 등 범죄의 처벌 및 방지에

장경제인으로 만들고자 하는 프로젝트에 민·관·학이 모두 매달리고 있는 것이다. 이러한 지원의 전 과정은 중앙에서 보급한 매뉴얼에 준거한다. 현장의 민간 단체가 성매매피해 여성들의 치료·회복을 위한 전문적 지식을 축적하면, 그것이 중앙 단체에 의해 집결되어 다시금 현장으로 전달되는 과정을 거친다.[28]

이처럼 성매매 문제에 대한 국가 책임을 강화한 성매매특별법 제정 이후 탈성매매의 전 과정은 매뉴얼화되며, 이를 기반으로 탈성매매 활동은 제도화된다. 이제 성매매는 정부와 NGO 여성운동 단체에서 제공하는 제도적 장치를 통해 해결 가능한 문제로 분류

관한 법률안'은 그 목적을 성매매 알선 및 성매매 행위를 처벌하고 이를 방지하며 '성매매된 자의 인권을 보호'하고 '사회복귀를 지원한다'고 명시하고 있다. '윤락 여성'의 '사회복귀' 지원 방안에 대한 선구적인 연구로는 박정은·윤영숙·서명선(1993)의 연구를, 성매매 여성이 가진 '문제'를 발견하고 '치료' 방법을 모색하는 연구는 다음을 참고할 수 있다. 조흥식, 1997; 김현선, 2002; 이기영, 2003; 박윤정, 2004; 김소연, 2005; 신해영, 2006; 최민순, 2006; 이지민·홍창희, 2008.

28 특히 성매매특별법 제정 이후 성매매 방지 관련 단체의 요구로 2005년 성매매피해자 지원시설 및 상담소 간 종합 연계망을 구축하고, 성매매피해 상담원 양성 및 각종 자활 프로그램과 매뉴얼을 개발하여 보급하는 역할을 하는 허브 센터('여성인권중앙지원센터 종이학')가 설립되었다. 정부와 직접 연결된 이러한 채널에 의해 그동안 단체, 지원시설 및 상담소 간 개별적으로 운영되어왔던 탈성매매 지원 내용은 종합·단일화되는데, 구체적으로 센터는 '성매매 방지 상담원' 교육을 실시하는 교육 주체로서의 역할을 하며 법률·의료지원 체계, 상담 기법, 자활 프로그램에 대한 매뉴얼(여성인권중앙지원센터, 2006a; 2006b; 2006c; 2006d)을 만들고 보급한다(이하영, 2009: 60). 여성인권중앙지원센터는 설립 당시에는 현장 활동가들이 주요 구성원으로 포함되는 등 현장 단체들의 '산하 조직'으로서의 성격이 강했으나, 2008년 6월 13일 일부 개정된 성매매보호법에 '성매매방지중앙지원센터의 설치 등(제11조의 2)'에 대한 조항이 포함된 이후에는 민간 위탁이 종료되고 새롭게 설립된 재단법인으로 운영이 이관되면서 이전보다 더욱 정부의 입김이 작용하는 조직으로 변모했다. 2009년 재단법인 한국여성인권진흥원이 설립되었으며, 2019년 특수법인으로 출범했다.

되었다. '탈성매매 여성'은 단순히 성매매를 그만둔 여성이 아니라 이런 제도화된 탈성매매의 과정을 성공적으로 통과한 여성을 의미하게 되었고, 이때 '성매매 문제에 대한 국가 책임'은 탈성매매 활동에 대한 재정 지원으로 해석되었다. 2006년에 성매매피해상담소에 대한 국고보조금은 2004년 성매매특별법 제정 당시와 비교해서 대략 2배 증가했으며 민간이 운영하는 상담소 수는 대략 4배 증가했다.[29]

'탈성매매'에 대한 지식이 표준화되면서 여성주의적 문제의식과 실천력 없이도 얼마든지 반성매매 활동이 가능해졌다. 이제 반성매매 활동의 최우선 과제는 법률 시행규칙에 맞는 규모, 구조, 설비를 갖춘 시설을 구비하고 정해진 자격의 종사자를 고용하는 일이다. 일반적으로 150시간의 성매매 방지 상담원 교육을 이수한 사회복지사가 '종사자'에 해당한다(성매매보호법 시행규칙 별표2). 이들은 여성가족부에서 매년 발간하는 '여성·아동권익증진사업 운영지침' 등 각종 매뉴얼을 숙지하고 업무를 수행해야 한다. 이들의 활동에 대한 평가는 성매매보호법 시행규칙(제20조)에 의거하는데, 이때 '적정성', '전문성', '환경' 등을 평가하는 가장 중요한 지표는 회계감사이다.

---

29 2004년 1개소당 인건비, 운영비, 사업비 항목에 대해 5400만 원여의 국고보조를 받던 성매매피해상담소는 2006년 9600만 원여의 국고보조를 받게 되었다. 정부 지원이 확대되는 환경에서 민간이 운영하는 성매매피해상담소는 2004년 7개였지만, 2005년 17개, 2006년 27개로 증가한다(여성부, 2004; 2005; 여성가족부, 2006).

탈성매매에 대한 지식과 활동이 사회복지 정책으로 흡수되고 표준화되면서 성매매 여성들의 피해 역시 지수로 측정할 수 있게 되었다. 대표적인 지수는 부채의 액수로 '부채의 절댓값'은 곧 성매매로 인한 피해의 정도로 가늠된다.[30] 실제로 선불금을 포함한 여성들의 빚 문제, 공적 금융기관에 대한 채무로 신용불량자가 되는 문제 등은 탈성매매의 대표적 장해障害 요인으로 꼽힌다.(여성가족부, 2013: 429). 성매매 문제 해결이 제도화되면서 피해 여성들의 부채와 신용 문제를 가시적으로 해결하는 것이 적절한 복지 서비스를 제공하고 '탈성매매'를 지원해야 하는 현장에서 최대의 과제가 되었음은 충분히 예상할 수 있다. 이를 상징적으로 보여주는 구제 절차가 '탈성매매 여성의 경제적 자립을 적극 지원하기 위해' 여성가족부와 신용회복위원회가 업무협약을 체결하여 운영 중인 '성매매피해자 신용회복 지원'이다(여성가족부, 2013: 447). 여기에는 매춘 여성 모두가 매춘 경제 속에서 형성된 경제적 습관을 버리고 신용회복을 통해 '정상적인' 경제적 장으로 이동해야 한다는 대전제가 내재해

---

30 성매매피해자 지원시설의 상담 기록 카드에서 개인정보 다음으로 제일 먼저 체크하는 항목은 부채의 유무 및 액수, 부채의 종류(선불금, 직업소개소, 사채업자, 은행, 은행 외 카드, 기타)이다(성매매보호법 시행규칙 별지 제6호). 또한 성매매 유입 및 이동 경로를 기입하는 항목 외에, 상담 내용 항목에도 성매매 종사 시기, 유입 계기, 유입에서 현재에 이르기까지의 종사 유형, 업소 경유를 구체적으로 명시하라는 지시사항이 있다. 이러한 항목과 지시사항은 성매매에 연관된 다양한 인물, 규칙들에 의해 여성들의 빚이 증가했을 것이라는 가정을 내재하고 있다. 이 단계를 지나 내담자 여성이 '성매매피해자'로 간주되면 성매매피해자 지원시설의 결정을 통해 '성매매피해자 구조지원사업'의 대상이 된다. 이후 이들은 '선불금 등 법률문제 해결을 위한 비용'을 제공하는 '법률 지원'의 절차를 통해 빚 문제 해결을 위한 종합적 지원을 받을 수 있다.

있다. 그렇다면 과연 '정상적인' 경제적 장은 어디이며, 어떤 질서가 이런 정상성을 구축하는지 질문하지 않을 수 없다.

탈성매매의 제도화 속에서 '현장'은 "상황적 지식situated knowledge" (Haraway, 1988; Harding, 2009[1991])의 생산자 역할보다는 중앙에서 보급된 단 하나의 매뉴얼을 숙지하고 이를 올바르게 전달하는 사회복지 서비스 전달자 역할로 축소되었다.[31] 그러나 '탈성매매'가 제도적으로 안착된 현재의 여성운동 국면에서 '현장'이 축소되었다거나 여성주의 정치성이 희석되었다고 애석해하는 것만으로는 현실의 문제를 분석하기에 불충분하다. 동시에 자활 실적이 정부에 의해 양적 지표로 계산되는 것을 문제 삼고 그 대안으로 자활을 장기적인 안목에서 재정의하고자 하는 다양한 시도(김애령 외, 2004; 허나윤, 2007; 김인숙, 2008; 김인숙·이은영·하지선, 2010)만으로도 부족하다. 진짜 문제는 오히려 이러한 변화 이후에 등장하기 때문이다.

'축소된 현장'의 진짜 문제는 성매매피해 여성이 '보호와 자립(성매매보호법 제1조)'을 통해 '탈성매매'할 수 있다는 주체성의 지식을 확대재생산한다는 점이다. 이는 본질적으로 주체를 통치하기 위한 다양한 프로그램과 관련이 있다. 앞서 언급한 '성매매피해자 치

---

31 이러한 변화에 대해 김경희(2002)는 여성주의 정치성이 희석되는 것을 우려했다. 윤정숙(2004)은 제도와 운동의 언어는 유사해졌고, 많은 활동가가 자신의 정체성이 운동가인지, '지도감독을 받는 정부의 하급직원'인지를 묻고 있음을 지적한다. 신상숙(2011: 176)은 이러한 거버넌스의 현실상 여성운동이 '협조적 동반자' 역할보다 '협조적 대행자' 역할에 머물 수밖에 없을 때 그 네트워크는 제도의 말단을 확장하는 연장선에 불과하다고 평가한다.

료·회복 프로그램', '성매매피해자 신용회복 지원 사업'이 대표적이다. 성매매피해 여성들은 성매매 이외의 '건전한' 경제적 생존 수단을 익힘으로써 '사회'로 '복귀'하는 법을 터득하게 되는데, 이 과정에서 진입할 사회는 신용을 가진 개인이 자유로운 경제활동을 통해 자아실현을 도모할 수 있는, 매춘과는 무관한 '평등한 경제적 장', '탈매춘화된 장', 혹은 '탈성애화된 장'으로 규정된다.[32]

하지만 현실에서 사회는 여성들을 도구화함으로써 그 기능을 유지하고 있다. 많은 페미니스트가 여성의 노동이 비노동으로 정의

[32] 푸코는 1975년 중반에서 후반까지 콜레주드프랑스에서 진행한 강의를 통해 자유주의라는 통치 체제의 '통치성(governmentality)'이라는 권력 이론을 검토한 바 있다(Foucault, 2015[1997]; 2011[2004a]; 2012[2004b]). 그는 18세기 경제학자들이 국가이성에 새로운 내용과 형식을 부여함으로써 새로운 통치술을 발명한 것에 주목하는데, 이 새로운 통치성에 의해 '사회적 자연성'이라는 새로운 지평이 열리게 된다. 푸코가 지적하는 '사회적 자연성'은 국가에 의해 설치된 안전장치를 도구 삼아 '사회'라는 통치의 대상이 발명된 것과 관련이 있다. 푸코와 함께 1970년대 말 세미나를 진행한 동즐로에 의해 이러한 논의는 정교화되는데, 그는 뒤르켐에 의해 탄생한 연구 대상으로서의 사회적인 것, 사회학이라는 학문이 사실은 그 기반과 지평에 확신을 갖지 못한 공화주의적 실천을 합리화하기 위한 하나의 전략적 발명일 뿐이라고 주장한다(Donzelot, 2005[1994]: 68). 그 결과 개인보다 상위의 원리로 이해되는 '사회적인 것'의 이름으로 사람들은 개인의 의무에 근거를 만들었고, 개인이 자신의 진보 조건인 사회 전체의 연대성이라는 규칙에 복종하기 위해 자신의 주권을 조급히 표현하는 것을 포기해야 했다고 확언한다(같은 책, 201). 그렇다면 이러한 자유주의 통치의 고안물로서의 '사회'란 자본주의 사회관계에 내재한 적대와 모순을 가린 채 진보를 추동하고자 하는 상상적 도구로 규정될 수 있다. 동시에 통치성은 주체화의 원리, 즉 개인이 권력에 예속된 주체이면서 자신의 행위를 반성하고 변형하는 능동적이고 자유로운 주체로서 살아가도록 이끄는 힘으로 볼 수 있다(서동진, 2009b: 322). 이를 위해 엄청난 양의 법제와 통치적 개입을 요구하는 일종의 흡인 장치가 작동하며, 이를 통해 확실히 통치하기 위한 자유의 생산이 보증되게 된다(Foucault, 2012[2004b]: 102~103; 佐藤嘉幸, 2014[2009]). 이와 관련해서 특히 현대 빈민 구제에서 자조(self-help)와 임파워 의지라는 개인 내면의 질료가 통치의 전략이 되는 과정을 분석한 크룩생크(Cruikshank, 2014[1999])의 선구적인 연구를 참고할 수 있다.

되면서 자본주의적 사회관계가 구성되었음을 지적한다. 자본주의가 만들어낸 최초의 기계는 증기기관이나 시계가 아니라 바로 인간의 신체인데(Federici, 2011[2004]: 218), 클라우디아 폰 베를호프의 연구 이래 최초의 기계인 신체는 성별을 갖게 되었다. 그에 따르면 원시적 자본축적에서 여성의 신체와 섹슈얼리티 역시 토지와 함께 수탈되었다(von Werlhof, 1985; 2000에서 재인용). 페미니스트 학자들에 의해 "축적 전략으로서의 신체"(Harvey, 2001[2000])가 노동 분업, 성역할 분리를 통해 만들어진 '성별화된 신체'임이 드러난 것이다.

대표적으로 실비아 페데리치(Federici, 2011[2004])는 자본주의 이행기는 여성들의 고통과 추락으로 시작되었다고 지적하며 근대 초에 일어난 마녀사냥의 역사를 소환한다. 이때 마녀사냥은 여성들로부터 신체를 박탈하고 여성들의 재생산과 노동을 자본축적의 수단으로 기능하도록 강제했다는 점에서 원시적 축적의 중심에 있는 사건이다. 마리아로사 달라 코스타(Dalla Costa, 1995: 10) 역시 임금을 받는 자유로운 노동자가 수탈로부터 탄생하는 본원적 축적 시기 동안에, 임금을 받지 않는 자유롭지 못한 여성 노동자로 하여금 노동력의 생산 및 재생산에 근본적인 방식으로 이바지하도록 하는 대규모 마녀사냥, 성적 대량학살의 사례들이 존재한다고 이야기한다. 이는 매뉴팩처 시기 동안 개별 프롤레타리아 여성들이 매춘부로 태어난 것으로 증명된다. 또한 피터 커스터스(Custers, 2015[1997])는 방글라데시 독립 이후 공유 자원이 사유화되는 과정에서 공고화된 신부 측 가족이 신랑 측 가족에게 주는 지참금을 이러한 시초 축적의 한 형태로 분류한다.

마리아 미즈(Mies, 2014[1986])는 "가부장제와 자본의 협력 또는 갈등관계"(Sokoloff, 1990[1980]: 211)가 공간적·지역적 분할에 의해 뒷받침되고 있다고 분석한다. 현재 자본주의 세계경제의 발전이 식민지를 종속하고 착취하는 특별한 국제 노동 분업에 기초할 뿐 아니라 성별 노동 분업에도 기초하고 있으며, 남성의 프롤레타리아화 과정은 여성의 가정주부화 과정과 병존함을 지적한 것이다. 이런 측면에서 세계화는 여성의 몸에 경제적 가치를 부여하여 여성이 남성과 국가, 국가 경제를 위해 무엇을 할 수 있는지로 여성적 가치를 판단하는 초super남성적 시스템이다(김현미, 2001).

앞서 언급한 페미니스트들의 연구에 따르면 여성 노동의 비노동화, 여성의 가정주부화, 나아가 매춘화는 '자본주의적 가부장제 사회'를 조직하는 원리다. 여성은 주부 또는 매춘부로, 이들의 노동이 교환되는 비자본주의적 외양이야말로 자본주의를 위해 기능하는 데 필수적인 조건이다(Fortunati, 1997[1995]: 69). 현재 글로벌 자본주의 아래 친밀성의 상품화가 강화되는 것처럼 보이지만 정작 돌봄, 섹스, 가사 노동의 연속선에 자리하는 "친밀한 노동intimate labors"이 고용 문제가 될 때 이들의 노동은 노동으로서의 지위를 얻을 수 없으며 누구나 할 수 있는 미숙련 노동으로 간주된다(Boris and Parreñas, 2010).

제도에 기반한 현재의 여성운동은 매춘 여성들을 구제해 사회로 돌려보내는 실천을 통해 본의 아니게 이러한 자본주의적 가부장제 사회를 성평등한 사회로 옹호하는 결과를 초래한다. 매춘 여성들의 '탈성매매'가 가능하다는 신념에 기반을 둔 지식 생산과 활동은 의도치 않게 성매매 경제 안과 밖을 동떨어진 것으로 분리해 자본주의적 가부장제에 내재한 적대 관계를 가린 채 진보를 추동하는 도구로 활용된다.

민관 협치에 의해 '탈성매매 여성'이라는 존재가 발명된 결과 사회는 몰성화gender-blinded되었다. 결국 현재 제도화된 여성운동의 다양한 반성매매 활동은 "사회적인 것이라는 효과적 허구"(Donzelot, 2005[1994]: 68)를 만들어내는 통치 활동으로 보아도 무방할 것이다. 이제 우리는 여성운동이 제도를 경유하면서 '성별 없는 경제인homo economicus'을 만들어내고, 질서와 안전이 유지되는 사회를 만들어내는 "사회적 영역의 신성화sacralization"(Muehlebach, 2012: 58)와 공명하는 탈정치적 효과에 대해 성찰해야 한다. 이러한 활동들은 사회가 탈성애화되어 있다는 믿음, 탈매춘화되어 있다는 믿음과 깊이 연결되어 있기 때문이다. 그러므로 여성운동으로서의 반성매매 운동은 동시에 경제 체제에도 도전하는 다중 쟁점의 운동이 되어야 한다.

이제 우리는 성매매 여성들이 성매매로 인한 '부채' 문제를 해결하고 피해를 치료·회복한 이후 진입한다고 가정되는 사회가 사실은 어떤 모습인지, 여성들이 '신용'을 가진 경제인으로 거듭나는 것이 진정 매춘 경제와 단절하는 조건이 될 수 있는지 살펴보아야 할 것이다.

3장
성경제 분석을 위한 도구

부채 관계

앞서 우리는 '소득', '부채' 담론의 한계로 인해 성매매 문제 속 자본주의적 가부장제가 은폐되는 결과를 보았다. 이 책은 성매매 여성들에게 영향력을 발휘하는 경제적 요인을 소득이나 부채로만 보는 방식을 넘어, 성매매 경제와 그 이상의 영역을 순환하는 화폐의 흐름과 그 속에 놓인 여성들의 연쇄적 경험을 분석하기 위해 '부채 관계debt nexus'라는 분석틀을 사용하고자 한다. 이러한 부채 관계는 선발 채무자, 후발 채무자, 차용증의 화폐적 거래를 가정하는 연쇄적 회로망 속에 놓인 관계다.

그간 성매매 여성들의 경제적 문제는 판매자 여성이 포주, 구매자, 알선자와의 일대일 관계 안에서 경험하는 부당한 착취 때문으로 분석되었다. 성매매 산업 내 역할 분업에 기반한 개별 인물의 정체성을 중심으로 여성들이 겪게 되는 경제적 문제를 드러낸 것은 성매매 문제를 유구한 시간 동안 동일한 방식으로 작동해온 여성에 대한 폭력의 문제로 분석했다는 점에서 여전히 의미가 있다. 그러나 성매매 문제를 개별 인물 간의 문제로 설정하는 것은 변화된 자본주의 형식과 연동해 전환된 성매매 산업의 최근 변화를 포착하는 데 한계가 있다.[33] 성매매 산업의 규모는 그 어느 때보다 확대되었으며 이제는 누가 포주인지, 누가 알선자인지 구분할 수 없을 만큼 다양한 인물이 개입하고 세밀하게 분업화되어 있다.

최근 성매매 여성들이 업주로부터의 선불금 대신 유흥업소 종사자 자격으로, 혹은 신용을 가진 개인 자격으로 다양한 대출 상품을 이용하고 있는 것이 확인된다. 이러한 현상은 탈산업화 이후 개인 부채의 확대를 통해 부를 축적하고자 한 자본의 방향 전환과 무관하지 않다. 여성들은 미등록 대부업체나 제3금융권은 물론이고 제2금융권에서 만들어진 '아가씨 대출' 상품을 사용하고 있으며, 이에 더해 자신의 신용 정보를 근거로 여신금융업체를 통해 다양한 대출 상품을 이용하고 있다. 동시에 성매매 업주는 여성들의 차용증 채권을 담보로 제2금융권에서 업소 창업 자금을 마련하고 있다.

이러한 연쇄적이고 광범위한 경제 관계에 연루되는 행위자의 범주에는 포주나 구매자, 알선자와 같이 성매매에서 구체적인 역할

33   예를 들어 바바갈로와 페데리치(Barbagallo and Federici, 2012)는 글로벌 섹스 산업은 기업과 국제 금융 조직의 대단히 구조화된 개입으로 운영되기 때문에 매춘을 매춘 여성과 업주 혹은 매춘 여성과 손님 사이의 개인 간 거래로 볼 수 없다고 지적했다.

을 수행하는 사람들뿐 아니라 금융회사, 신용정보회사, 채권추심회사의 다양한 경영진, 직원과 투자자까지 포함된다. 여성들의 채권에 대한 권리가 양도되는 시장까지 고려한다면 금융 활동을 영위하는 거대한 인구집단이 성매매에서 발생하는 수익과 관련을 맺고 있다고도 볼 수 있을 것이다. 여성들이 성산업에 결박되도록 만드는 구체적 역할에는 차이가 있을지라도 이들은 여성들이 지급하는 수수료, 원리금 상환을 통해 수익을 얻는다는 공통점을 갖고 있다. 성매매의 연쇄적 회로망 안에 놓인 '부채 관계'라는 분석틀은 이러한 광범위한 부채, 신용, 화폐의 연결망을 조망할 수 있는 전거가 될 것이다.

'부채 관계'라는 개념을 통해 최근 변화된 성매매 경제의 현실만 설명할 수 있는 것은 아니다. 전통적으로 성매매에서 여성들은 '황금알을 낳는 거위'였기에 여성들을 강제하기 위한 다양한 수단이 사용되었는데, 부채는 경제적 착취의 대표적인 도구이기도 했다. 그런데 최근의 경제적 변화로 인해 전통적으로 여성들과 일대일의 채권채무 관계를 맺었던 포주, 알선자의 연루 양상이 바뀌고 있다. '부채 관계'라는 개념은 한 명의 여성과 전통적인 포주, 알선자와의 부채 문제를 넘어 여성의 부채가 차용증 채권과 함께 다른 업소로 이전되고 다른 여성의 차용증과 교환되는 연결망에 주목한다는 점에서 의미가 있다.

무엇보다 '부채 관계'를 통해 인간관계를 정의하는 것은 채권자와 채무자 사이의 불평등한 권력관계를 드러낸다. 이는 애덤 스미스로 대표되는 고전파 경제학자들의 가정, 즉 평등한 경제주체들이 시장에서의 동등한 교환을 통해 형식적 평등, 혹은 평등의 잠재력을 실현할 수 있다는 상상의 허구성을 드러낸다(Graeber, 2011[2011]; 2012). 페미니스트 경제학자인 론다 윌리엄스(Williams, 1997[1993])는 신고전파 경제이론의 선구자들이 노예제, 식민주의, 대량학살의 당론論論을 따라 자아, 규범, 가치, 정치적 수단과 방법을 형성한 제국주의 시대의 자손이라고 꼬집는다. 결국 이들이 가정한 평등한 경제주체의 형상인 경제적 인간homo economicus 개념은 뿌리 깊은 가부장제의 사회적·문화적 전통을 이어받고 있을 뿐이라는 것이다(같은 책, 194).[34] '부채 관계'라는 개념은 경제를 자연화하는 고전파 경제학의 한계를 넘어 경제적 현실을 만들어내는 불평등한 사회관계에 주목할 수 있게 한다.

그러므로 성매매에서의 연쇄적 '부채 관계'라는 분석틀을 통해 성매매를 '불법 경제'의 문제로 규정하며 개인 포주 또는 알선자와의 일대일 대면 관계에서 발생한 예외적 문제로 보는 시각과 성매매를 동등한 경제행위자 간 계약·교환의 문제로 보는 시각 모두를 극복하고자 한다. 성매매에서의 '부채 관계'는 신용의 확산과 연동

---

34 이러한 논의는 시장에서의 이기심이 자아의 '남성' 모형에나 적합하다는 분석으로 이어진다(England, 1997[1993]). 나아가 친밀성의 사적 영역과 경제가 동떨어져 존재한다는 경제학의 가정에 문제를 제기한 연구로는 다음을 참고할 수 있다. (McDowell, 1997; Zelizer, 2005[2009]; Folbre, 2007[2002]; Hochschild, 2009[1983]; Illouz, 2010[2010]) 또한 경제적 시장은 경제학으로부터 배태되었고 경제학 이론이 시장을 틀 짓는 것에 개입한다는 경제학의 수행성(performativity)에 대한 이론은 다음을 참고할 수 있다. (Callon, 1998; MacKenzie and Millo, 2003)

하는 이자청구와 채권추심의 합법성 안에서 여성의 성의 매춘화를 매개로 불평등한 성별 관계가 정당화되어 구현되는 현실이라고 볼 수 있다.

여성 몸의 증권화

이 책은 채무자인 여성이 성매매를 통해 미래에 결국 부채를 상환할 것이라는 믿음에 근거해 여성들과 업주에게 신용대출이 이루어지는 현상을 여성 몸의 '증권화securitization' 또는 '담보화'라는 개념을 통해 분석하고자 한다.

여성 몸의 '담보화'라는 개념은 얼핏 여성들이 "노예"(Lerner, 2004[1986]: 154), "볼모"(Douglas, 1966), "신부"(Meillassoux, 1989[1981])로서 화폐, 상품, 다른 여성들과 교환되었던 역사와 겹쳐진다. 하지만 여기서 분석틀로 삼고자 하는 여성 몸의 '담보화'는 금융시장으로의 연쇄적인 '후발 참여자'를 필요로 하는 현재의 금융화 국면에서 고안된 일종의 금융적 안전장치로 이해되어야 한다.

개별 가구와 개인에 대한 무차별적 신용 확대는 사실상 담보물의 가치에 근거한 것이 아니다. 이어서 자세히 설명하겠지만 이는 먼저 증권화로 일컬어지는 금융 기법, 개인의 부채 채권이 여러 단계에 걸쳐 수익을 만들어내는 증권securities으로 유동화되어 판매되는 새로운 금융 공학의 발달과 관련이 있다. 이와 동시에 수수료가 지불되고 원리금이 상환되도록 규율하는 '합법적' 채권추심을 둘러싼 여러 제도와 규범, 실천이 대출에 내재한 위험요소risk를 자체적으로 해결하는 수단으로 이용된다.[35] 부채 채권의 안전security을 보장화securitization하는 장치들의 비호 아래 악명 높은 미국의 서브프라임 모기지 상품이 그러했듯 '후발 참여자'가 대출 시장, 금융시장으로 계속 끌려들어 가고 있다. 마라치(Marazzi, 2013[2009]: 52)는 "금융이 수익의 창출과 상승을 위해 중간계급뿐 아니라 빈민을 끌어들여야" 했음을 강조하며 이를 "벌거벗은 삶을 이윤의 직접적인 원천으로 전환시키는 자본주의"라고 정의하기에 이른다.

이 책은 "빈민", "몸뚱이 빼고는 아무런 담보가 없는 사람들"(같은 책, 52)의 대표적인 인물형이 이 시대 '매춘 여성들'이라고 간주한다. 이는 여성이 남성에 비해 채권추심이 쉽다는 점, 그중에서도 특히 성매매 여성들이 협박을 통한 채권 회수가 손쉬운 집단이라는 간단한 '사실'과 밀접하게 연관된다. 성매매 여성들의 "노동 없는 삶", "임금 없는 삶"(Denning, 2013[2010]) 속에서 이루어지는 대출은 여성들을 성매매 시장으로 다시금 내모는 강력한 '도덕적 힘'이 되고 있다.[36] 여성 개인은 채무자에 대한 강력한 부채 상환의 명령 아

---

35   경제학자들은 위험(risk)을 불확실성(uncertainty)과 구분하여 사용한다. 농업경제학자인 프랭크 엘리스에 따르면 불확실성은 기후와 같은 자연요소에 의해 생산성이 전혀 예측되지 못하는 상태를 말하고, 위험은 농민에 의해 확률적인 예측이 가능한 상태를 말한다(Ellis, 1988: 82~101).

36   이 책은 성매매 여성들의 노동이 자본주의적 사회관계에 의해 부과되는 노동은 아니라고 본다. 다시 말해 자본주의 사회에서 성매매 여성들의 노동은 노동이 아니라는 역설이 발생하는 것이다. 오히려 자본주의는 이들의 노동을 비노동으로 정의하는 것에서

그림 1 　　　　　　성매매 산업의 금융화와 '부채 관계'

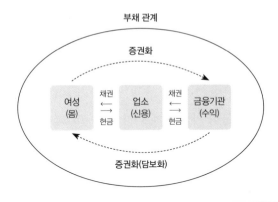

래 자신을 적극적으로 상품화 원리금과 수수료를 납부하고 있으며, 여성들의 부채 채권은 또다시 증권으로 상품화되어 자본을 증식하는 수단이 되고 있다. 그러므로 증권화, 채권추심 같은 장치들과 연동해 대출 채권을 '안전'한 것으로 보장하는 대출의 전체 과정 속에, 다시 말해 금융화 시대에 부채의 지배를 가능하게 하는 금융적 생태계가 조성되는 근간에 여성 몸의 증권화, 즉 담보화라는 원리가 내재함을 주장하고자 한다. 이상의 이론적 프레임을 단순화하면 〈그림 1〉과 같다.

시작된다. 비노동을 노동으로 전환시키는 전략은 이 책의 관심사가 아니다. 이 책은 단지 이러한 '노동 없는' 여성들에게 대출을 발생시키는 금융화의 메커니즘에 관심을 둔다. 이들에게 주어지는 다양한 종류의 신용대출은 매춘 여성들의 노동, 임금에서 비롯되는 것이 아니라 매춘 여성이라는 몸, 존재에서 비롯되는 것이기 때문이다.

여성주의 연구방법론: 현장과 지식 사이에서

여성학 지식 생산에 있어 인식과 실천은 변증법적 관계다. 실천을 통해 갱신된 인식은 변화를 저지하는 세력을 밝혀냄으로써 대안적 지식 생산에 기여하며, 이는 다시금 과학에 대한 새로운 이해를 관철하는 실천이 된다. 이러한 페미니스트 인식론은 노동자계급의 입장과 자본주의 비판의 자원이 실천적인 행동 속에서 비로소 발견될 수 있다는 마르크스주의에 의거한다(Hartsock, 1983). 이 책이 다루고자 하는 질문은 이렇게 분리될 수 없는 여성주의 인식과 실천의 과정에서 도출되었다. 여기서는 성매매 문제를 새롭게 보기 위해 왜 경제적 요인에 주목하고자 하는지 문제의식이 발전된 과정을 밝히고자 한다.

나는 '우리 사회에서 누가 성매매 여성이 되는가?'라는 질문을 갖고 2004년부터 티켓다방에서 일하는 10대 여성들을 만나 이를 주제로 여성학 석사학위논문을 작성한 바 있다(김주희, 2006). 다방에서는 여성들의 다양한 구체적 노동이 '티켓'에 의해 일정한 단위로 계량화되어 추상적 노동으로 계산되고 있었다. 티켓은 다방에서 통용되는 일종의 '상품권-화폐'로 10대 여성들을 '매춘 여성' 상품으로 교환하는 역할을 하고 있었다. 또한 티켓 이외에도 차용증, 연대보증서, 계산 장부 등이 다방이라는 경제적 장에서 일종의 부채 화폐와 같은 역할을 한다는 사실을 관찰했다. 석사 졸업 후에는 여성들을 '성매매 여성'으로 만드는 다양한 장치에 관심을 갖고

2006년부터 2009년까지 서울의 한 반성매매 단체에서 상근 활동을 하며 기지촌 지역 프로젝트를 진행했다.

하지만 현장에서는 이러한 관심을 이어가기가 어려웠다. 제도화된 현장에서 여성주의 활동을 구성하는 업무의 내용과 절차는 큰 틀에서 이미 정해져 있었기 때문이다. 활동가로서 고민하고 관심을 기울일 주제의 범주 역시 정해져 있었다. 활동가들은 정부 기관에서 발간하는 매뉴얼을 통해 반성매매 활동의 내용과 절차를 습득했다. 이러한 매뉴얼은 전국 각지의 성매매피해자 지원 단체에 전문적 활동의 기준과 표준을 제공하는 역할을 했다. 그러므로 현재 현장에서의 반성매매 활동이란 '클라이언트'들을 만나 상담하고, 상담에서 추출된 '피해 사항'을 표준 지침에 의거해 과학적으로 분류하며, 성매매특별법 등의 법적 조항에 근거해 예산을 집행하는 일('클라이언트'에게는 해결책을 제시하는 일)이라고 정의할 수 있다. 이 모든 과정은 일지로 기록되고 회계 처리되어 예산 집행의 정당성을 입증하는 근거로 사용되고, 실적이라는 명목으로 정부에 보고된다.

그러나 동시에 모든 활동 과정이 지침에 의거하는 것은 아니다. 일상적인 상담 활동을 위해서는 성판매 여성들과의 라포rapport 형성이 중요한데, '클라이언트'들과 친밀한 유대 관계를 만드는 일은 매뉴얼에는 포함되지 않는다. 이러한 지침의 틈새에서 성매매 여성들과 현장 활동가들은 관계를 만들어나간다. 그 결과 맥락에 따라 절차가 무시되기도 하고 정책에 대한 자의적 해석이 동원되기도 한다. 특히 내가 활동한 지역은 이런 지침에서 조금 더 자유로운 편이었다. 왜냐하면 내가 속한 단체는 성매매 방지 및 피해자 보호 사업을 수행하는 성매매피해상담소였지만, 수행한 프로젝트는 민간공익재단의 지원을 받은 3년간의 한시적 사업이었기 때문이다. 이 사업이 수행된 지역은 대략 70여 개의 성매매 업소가 자리하고 있음에도 정부의 전국 조사에서 전업형 성매매 집결지로 분류되지 않는 지역이었다. 말하자면 이곳은 정부에서 파악한 전국 성매매 업소 분포도에서 누락된 지역이라 집결지 지원 사업 등이 시행된 적이 없었고, 그 결과 이곳 여성들도 성매매피해자 지원 사업에 대해 전혀 아는 바가 없었다. 서로가 서로를 모르는 상태에서 진행되었던 프로젝트인 만큼 제도의 경직성에서 다소 벗어날 수 있는 장점이 있었다. 또한 문제를 스스로 구성하고 발견하면서 정부 지침의 한계를 발견할 수도 있었다.

일례로 이 지역에는 호적 정정을 하지 않은 mtf 트랜스젠더 여성들이 많이 있었는데, 우리 단체가 '어려운 사람'들을 병원에 데려간다는 소문이 나자 제일 먼저 제보된 사람이 트랜스젠더 여성이었다. 주민등록번호가 1로 시작하는 이 여성들의 문제를 해결하는 데는 정부의 정식 지원을 받기 어려웠기 때문에 후원자를 수소문해 이들을 개별적으로 지원하는 방식으로 개입했다.

그러나 이처럼 작은 규칙들에 균열을 내는 일이 종종 있었을지라도 큰 틀에서 반성매매 활동의 방향성은 명확했다. 성매매 여성들이 '불법적 성매매 경제'에서 '합법적 시장경제'로 이동하는 과정을 지원하고 지지하는 것이다. 이러한 방향성에는 '성매매 여성들은 생존을 위한 다른 자원을 갖게 되면 성매매를 하지 않는다'는 믿음이 있다. 특히 이 지역은 '낙후된 성매매 집결지'였기 때문에 이곳에서 성매매를 통한 생존이 어려워지면 여성들이 '다른 자원'을 찾지 않을까 막연하게 기대하기도 했다.

그러나 현실은 예상과는 달랐다. 한번은 벌이가 좋지 못해 힘들게 사는 30대 초반의 여성이 있었다. 그는 연하의 미군 남자친구와 연애를 막 시작한 참이라 업소에는 코빼기도 비치지 않는 날이 많았다. 어느 날 나는 '생활비 걱정은 없는지' 우려하며 안부를 물어봤다. 이 여성은 어렵다고 답변하면서도, 그래도 작년에 찍은 일수가 3000만 원이 넘는다고 덧붙였다. 지나고 보니 본인도 놀랄 정도의 액수라는 것이다. 작년에 자신을 거쳐 간 돈이 3000만 원 이상이니 마음먹고 일하면 언제든지 이 정도 돈을 벌 수 있다는 자신감의 표현이었다. 또 지금 잠시 일을 하지 않아도 일수로 생활비 정도는 융통할 수 있고 남자친구로부터 '스폰(후원자)'과 같은 역할을 기대할 수도 있으니 큰 걱정 말라는 답변이기도 했다. 이 여성들의 빈곤함과 그로 인한 삶의 고단함에 걱정이 많던 당시의 나는 이들이 생각보다 많은 돈을 벌고 있다는 사실에 놀랐고, 자신의 부채 금액을 자랑스럽게 이야기하는 것을 어떻게 해석해야 할지 고민스러웠다.

일단 이 여성은 부채의 규모를 예속의 징표가 아닌 자신의 '신용'으로 이해하고 있었다. 마찬가지로 이 지역의 많은 여성들은 일수업자로부터 고리대금을 얻는 것을 자신이 신뢰를 얻은 것으로 이해하고 있었다(김주희, 2012: 138). 성실하게 일해온 모습을 일수업자로부터 인정받은 결과 돈을 빌릴 수 있게 되었다고 이해하는 것이다. 가족 문제, 애인 문제, 건강 문제, 주거 문제, 심지어 반려견 문제 등 갑작스럽게 일어나는 사건들을 해결하기 위해서는 돈이 필요한데, 이때 신용을 통해 급전을 융통하는 것이 중요하다. 따라서 이들은 부채 때문에 일을 하기도 하지만 미래에 부채를 얻을 수 있는 가능성을 만들기 위해, 즉 자신의 성실한 태도와 안정적인 벌이를 일수업자에게 증명하기 위해 일을 하기도 한다. 또한 이들의 삶이 성매매 경제에만 결박되어 있다고 말하기도 어려웠다. 남자친구에게 받는 '생활비', '스폰'으로부터의 '지원금', 손님이 내는 '화대', 일수업자나 여타 금융업자로부터의 '대여금', 이웃들에게 '빌린 돈', 때로는 '사기 친 돈' 등 여성들은 다양한 관계를 통해 만들어진 다양한 종류의 돈을 사용하고 있었다.

동시에 다양한 돈을 활용함에도 이 지역 여성들 대부분은 빈곤했다. 전성기 시절 자신을 흠모하던 미군 장교가 월풀 냉장고를 사주었고, 달러 다발을 갖다 바쳤고, 동부이촌동 아파트에 살았고, 일본에서 돈을 긁어모았다고 하지만, 지금은 몸을 누일 단칸방 하나 없는 이 여성들의 삶을 어떻게 해석해야 할지 고민이었다. 그러므로 돈이 필요해 성매매 시장에 들어왔고 큰돈을 만져보기도 했지만 지금은 돈이 없다고 말하는 여성들의 빈곤 메커니즘을 우선 규명해야 성매매 문제를 해결할 수 있다고 생각했다.

그러나 당시에는 현재의 빈곤함을 사기꾼 탓, 가족 탓, 자신의 무능력 탓으로 돌리는 여성들의 진술에 의존하다 보니 이들이 개별적으로 당면한 문제들을 해결하는 데 집중하게 되었다. 그러다 보니 개인회생, 파산 등 제도적인 틀 안에서 이들을 '신용인'으로 만드는 방식의 '해결'에 골몰할 수밖에 없었다. 또한 자립의 수단을 마련하기 위해 다양한 직업 훈련이나 치료·회복 프로그램에 몰두했다. 하지만 상근 활동을 그만두고 현장에서 긴박하게 흘러가는 일상으로부터 거리두기가 가능해지면서 활동 당시의 경험들은 새로운 질문으로 재구성될 수 있었다.

부채를 신용과 연관해서 분석한다는 것은 어떤 의미인가. 성매매 산업의 '화대' 외에 여성들은 어떤 돈에 의존해서 살아가는가. 우리는 왜 성매매 여성들이 '다른 자원'을 가지면 성매매를 그만둘 것이라고 가정했는가. 여성들이 이미 갖고 있는 '자원'은 무엇이며 '다른 자원'은 또 무엇인가. 어째서 여성들에 대한 지원이 사회복지 패러다임 안에서 효율적으로 이루어질 수 있다고 가정했는가. 우리는 여성들이 복귀해야 하는 대상으로서의 '사회'를 무엇이라고 가정했는가. 이러한 질문을 경유해 당시의 활동을 "금융적 복지 활동"(김주원, 2014; 서제인, 2014)으로 정의하고 여성들이 성매매 산업에 참여하는 경제적 요인은 단순히 소득 혹은 부채의 이분법적 프레임으로는 규명될 수 없다는 가정에 이를 수 있었다.

이 책을 통해 여성 개인이 '다른 자원'을 가지면 성매매를 그만둘 수 있다는 가정 자체를 부인하고자 하는 것은 아니다. 여성단체의 지원을 통해 비로소 성매매를 그만둘 수 있었던 여성들의 사례는 셀 수 없이 많기 때문에 여성들의 '자활'을 지원하는 현재의 여성운동을 간단히 부정할 수는 없다. 그러나 반성매매 운동이 사회복지 실천으로 한정되는 상황은 비판적으로 사유할 필요가 있다. '성매매 여성'이라는 정체성이 성매매피해의 증거로 박제되어 잔여적 사회복지의 대상자로 단정되는 순간, 우리는 성매매 여성들의 피해가 만들어지는 그 경험으로 결코 돌아갈 수 없을 것이다. 이렇게 되면 성매매 문제는 여성 문제가 아니라 다시금 개인의 문제가 된다. 이러한 딜레마를 극복하기 위해서 우리가 가졌던 전제들을 다시금 질문해보는 작업이 이루어져야 할 것이다. 현실은 이미 알려진 지식 체계에 의해 구성되기 때문이다(조순경, 2000: 182). 또한 경험은 이미 해석인 동시에 해석될 필요가 있기 때문에 언제나 경합적이며, 그러므로 언제나 정치적인 것이기 때문이다(Scott, 1991).

연구 과정 및 참여자 소개

성매매에 여성들이 참여하도록 하는 경제적 요인은 무엇이며, 이것은 성매매 산업에서 어떻게 구성되어 작동하는가. 이 같은 문제를 풀어내기 위해 이 책은 '부채 관계'라는 분석틀을 통해 돈의 드나듦을 중심으로 한 성판매 여성들의 생애 경험을 시간대별로 관찰하고 추적하고자 한다. 이를 위해 심층면접과 현장관찰 등의 질적연구방법을 주로 사용해 성매매 여성들의 부채, 신용, 소득, 소비, 노동, 인간관계의 경험을 파악하고자 했다.

심층면접의 주요 연구참여자는 '자신의 성노동을 화폐와 교환함으로써 생계의 일부 혹은 전부를 해결한 경험을 갖고 있는 여성'들이다. 2013년 5월부터 2014년 11월까지 총 15명의 성매매 경험 여성들을 심층면접했다. 면접은 보통 2~3회가량, 각각 2~3시간에 걸쳐 조용한 커피숍이나 스터디룸에서 이루어졌으며, 이들의 동의하에 면접 내용을 녹음하고 이를 전사(傳寫)하여 자료화했다.

주요 연구참여자와 보조 연구참여자의 인적 사항은 〈표 1〉, 〈표 2〉와 같다. 연구참여자의 신원을 보호하기 위해 이름은 모두 가명으로 지칭했으며, 이들이 이동해온 업소의 지역은 표기하지 않고 업종만 표기했다. 단, 반드시 필요한 경우엔 연구참여자의 동의를 얻어 업소의 지역을 밝혔다.

여성들은 대체로 여러 지역을 이동하기 때문에 '현재 일하고 있는 지역'의 변수는 특별히 고려하지 않았다. 또한 여성들은 여러 업종의 성매매(예를 들어 룸살롱, 안마 시술소, 집창촌, 프리랜서 성매매 등)를 두루 경험하기 때문에 '현재 업종'을 특별히 분류하지 않았다. 그러므로 이 연구에서의 '성매매'는 '성매매 산업'으로 언제든 번역 가능하다. '조건만남'처럼 산업적인 외양을 띄지 않는다고 하더라도 이 여성들이 대체로 성매매 산업 내 다양한 업종에서 '이동 중'이라는 사실을 고려했다. 또한 〈성연〉과 같이 프리랜서 성노동만을 고수하는 여성이 있을지라도 성매매 산업을 떠받치고 있는 광범

표1 주요 연구참여자의 인적 사항 및 부채 이력

번호	이름 (나이)	학력	최초유입 (지속기간)	주요 업종	성매매를 통한 월수입	자산	혼인, 스폰 여부
1	성연 (23)	대중퇴	22세 (1년)	조건만남	일정치 않음	+120	×
2	성아 (25)	대재	22세 (3년)	조건만남, 휴게텔	일정치 않음	0	×
3	강은 (25)	대졸	24세 (6개월)	강남 룸살롱 (소프트풀)	600	+800	결혼 (일 중단)
4	강희 (27)	대학원재	26세 (1년 6개월)	강남 룸살롱(퍼블릭), 착석바	800	−300	×
5	진영 (27)	중중퇴	15세 (10년 이상)	지방 룸살롱	500	0	×
6	가희 (31)	중중퇴	16세 (10년 이상)	유리방, 보도방, 해외	(대략) 500	−500 (신용불량)	사실혼
7	은주 (31)	중졸	17세 (10년 이상)	안마, 조건만남, 해외	1000	−2500	×
8	은아 (32)	고중퇴	18세 (10년 이상)	안마, 보도방	800	+2000 (보증금)	사실혼
9	주현 (32)	고졸	18세 (15년 이상)	안마, 룸살롱, 조건만남, 해외	850	−1억 5000	×
10	다혜 (35)	중졸	17세 (15년 이상)	단란, 룸살롱, 유리방, 해외	400	−2억가량 (파산)	스폰 (일 중단)
11	미연 (35)	고졸	20세 (15년 이상)	강남 룸살롱(퍼블릭), 해외, (영업마담 경험)	800	−1000	×
12	수경 (43)	고중퇴	29세 (15년 이상)	일본인 대상 클럽, (서울) 기지촌	(주2일) 200	+5000 (보증금)	스폰+ 사실혼
13	숙희 (50)	중졸	16세 (30년 이상)	(경기) 기지촌	일정치 않음	−1000	이혼 (일 중단)
14	이진 (57)	중졸	19세 (20년 이상)	다방, (서울·대구·부산) 기지촌	일정치 않음 (기초생활 수급)	−1000 (신용불량)	이혼 (일 중단)
15	이나 (71)	고졸	40세 (30년 이상)	(서울) 기지촌	200 (기초생활 수급)	−500 (신용불량)	이혼

1부 성경제를 들여다본다는 것 **77**

표 2 보조 연구참여자의 인적 사항

번호	이름	성별	나이	경력	업무	지역
1	사채업자 박씨	남	50대	20년	아가씨 대출, 방 일수 전문	서울, 강남
2	부동산 이씨	여	50대	15년	부동산(일수방) 중개, 사채업자 중개	서울, 강남
3	부동산 김씨	여	60대	25년	부동산(일수방) 중개, 사채업자 중개	서울, 강남
4	부동산 남씨	남	60대	28년	부동산(일수방) 중개, 사채업자 중개	서울, 강남
5	임대업자 정씨	여	50대	15년	건물주, 월세수입자	서울, 강남
6	박팀장	남	30대 중반	15년	업소 아가씨 모집·관리인, 성형 대출 등 업소 아가씨 대출 중개	서울, 강남
7	보리	여	—	10년	성매매피해 여성 구조·지원	전국
8	송태경	남	—	18년	사채 문제 활동가	전국
9	박기자	여	—	10년	주요 일간지 기자	서울 (중앙지법)
10	손과장	남	30대	5년	대기업 해외 영업팀	—

위한 '남성 구매자 네트워크'가 성매매 산업에서의 성구매와 비산업 영역에서의 성구매를 구분하지 않는다는 점을 고려했다.

　여성의 신체화된 노동력이 교환가치를 갖지 않는 장에서는 여성들이 자신의 신체만으로는 돈을 만들어낼 수 없다. 오구라 도시마루(小倉利丸, 2006[1997])는 시장경제에서의 교환은 재분배와 호혜 관계의 그것과 달리 사는 쪽의 욕망이 선행한다고 설명하면서 왜 아직 손에 넣지 못한 그 물건을 갖고 싶어 하는지, 소유보다 욕망이 선행하는 이유를 상품이 되는 물건 그 자체만으로 설명할 수 없다고 선언한다. 이어서 그는 정보화한 상품의 심상을 사는 쪽에 전달하는 정보의 전령 역할을 담당하는 패러마켓para-market에 대한 분석을 내놓는다. 성시장의 패러마켓은 성의 '남성 문화'에 의존하는 동시에 '남성 문화'를 생성하는 방식으로 성시장에 개입한다는 것이다. 그러므로 이 책은 성매매 산업에서의 성매매와 '조건만남'에서의 그것이 여성의 성을 매매 가능한 것으로 만드는 동일한 성시장의 패러마켓 속에 존재한다고 분석한다.

연구를 위해 연구참여자들의 다양한 삶에서 비롯된 '다양한 경험'의 데이터를 확보하고자 했다. 돈의 흐름 역사적 변화 양상을 알아보고 현재 연령에 따른 돈의 흐름 차이를 분석하기 위해 10대를 제외한 거의 전 연령대 여성들을 면접하고자 노력했다. 그 결과 20대 5명, 30대 6명, 40대 1명, 50대 2명, 70대 1명을 면접했다. 또한 여성들이 일하고 있는 지역을 고려하진 않더라도 한국 성매매 경제의 중핵으로 알려진 서울 강남의 룸살롱에서 일한 경험이 있는 여성들을 우선적으로 면접에 포함하고자 노력했다. 여기에 해당하는 사례는 〈강은〉, 〈강희〉, 〈미연〉이다. 그 밖에 트랜스젠더 여성을 연구참여자로 포함했고(〈성연〉), 자신을 '성노동자'라고 정체화하는 여성을 포함하면서(〈성연〉, 〈성아〉) 여성들의 성매매 경험의 다층성을 드러내고자 했다. 또한 다양한 종류의 돈의 흐름을 살펴보기 위해 성매매 업소에서 '스폰'을 만나 그들의 '현지처' 역할을 하는 여성들을 면접했다(〈다혜〉, 〈수경〉).

추가로 이들 여성들과 '부채' 같은 형식을 통해 돈을 거래하고 있거나 연구에 적절한 정보를 제공해줄 수 있는 다양한 직군의 사람 10명을 보조 연구참여자로 면접했다. 사채업자 1명, 강남 룸살롱 밀집 지역에서 여성들에게 사채업자와 일수방을 중개하는 부동산업자 3명, 그리고 같은 지역에서 여성들을 상대로 임대업을 하는 건물주 1명을 면접했다. 또 15년 동안 강남의 룸살롱에서 웨이터, 영업 등의 일을 하다가 지금은 여성들을 모집하고 관리하는 역할을 하고 있는 남성 '멤버팀장'을 만나 세 차례 면접했다.

여성들이 처한 문제를 직접 해결하고자 노력을 기울이는 활동가 2명도 면접했는데 성매매방지상담소에서 10년째 성매매 방지업무를 수행 중인 여성활동가 1명, 사채 문제 해결 업무를 하고 있는 시민활동가 1명이 여기에 해당한다. 그 밖에 J저축은행의 '마이킹[37] 대출' 상품에 대한 정보를 수집하기 위해 주요 일간지의 검찰 출입 기자를 인터뷰했다. 그를 통해 '마이킹 대출' 상품 관련 사기 혐의로 기소된 조직폭력배 두목 조 모 씨에 대한 다양한 법정자료를 확보할 수 있었다.

마지막으로 대기업 과장으로 재직 중인 남성을 만나 성구매 경험에 대한 이야기를 들을 수 있었다. 성판매 여성들을 만나는 것에 비해 남성 성구매자들을 만나는 일은 훨씬 손쉽다. '한 수 가르쳐주겠다'며 자신의 성구매 경험을 거리낌 없이 이야기하는 남성들을 흔하게 발견할 수 있기 때문이다. 애초에 성구매자를 면접할 계

---

[37]　선불금을 의미하는 일본어 '前金'은 '마에킨'으로 발음된다. 마담에 의한 선불금이라는 의미로 '마담킹', '마이킹'이라고 주장하는 사람도 있으나, 사실 '마이킹', '마이낑', '마이킨'으로 변용된 단어는 전차금을 뜻하는 일본어 '前金'에서 비롯되었다.

획은 없었지만, 〈미연〉을 면접하는 자리에 뒤늦게 합류한 〈미연〉의 '단골손님'이 자신도 '성매매 전문가'라면서 인터뷰를 적극 자처하여 1시간가량 면접을 진행했다.

현장관찰은 지난 10년 동안 10대 성매매 여성들을 구조·지원하는 단체에서의 비상근 활동 경험, 성인 성매매 여성들을 구조·지원하는 단체에서의 상근 활동 경험, 이후 여성들과 맺어온 개인적 관계에 기반을 둔다. 주요 연구참여자 중 기지촌에서 일하는 〈수경〉, 〈이진〉, 〈이나〉는 내가 여성단체에서 활동을 시작한 이래 15년 가까이 친분을 유지하고 있는 인물들이다. 이들은 나와 대략 한두 달에 한 번씩 만나 안부를 묻는 사이로 자신들이 일하는 지역에 새로 온 여성의 정보, 이 지역을 떠난 여성의 정보, 이 지역의 경제활동 상태를 수시로 알려주었고, 가장 가까이서 연구와 관련된 조언을 해주는 사람들이었다.

나와 가장 오래 관계를 유지한 사례는 〈진영〉이다. 〈진영〉은 처음 만났던 2004년 당시 18세였고 지방의 티켓다방에서 일하고 있었다. 이 책과 관련된 연구가 진행되던 2015년 무렵엔 29세로, 지방의 룸살롱에서 일하고 있었다. 10년이 넘는 시간 동안 나는 〈진영〉과 함께 살기도 했고, 〈진영〉이 연애를 하고 업소를 옮겨 다니고 조건만남을 하고 성매매가 아닌 다른 일을 하는 전 과정을 가까이서 지켜보았다. 그의 동의를 얻어 2004년부터 2005년까지 〈진영〉과 진행한 면접, 〈진영〉과 만났던 시간 동안 발생한 사건들도 필요한 경우 연구자료로 사용했다. 2005년 면접 당시 〈진영〉은 '저 10년

후에도 이 일 하고 있으면 어떡하죠?'라는 질문을 던진 적이 있는데, 최근 면접에서는 '저 서른 살에도 이 일 하고 있으면 어떡해요?'라는 질문을 했다. 이런 질문은 '10년 동안 언니한테 달라진 모습을 보여준 적이 없다'는 자조 섞인 말과 함께 등장한다.

하지만 말과 달리 10년 동안 〈진영〉은 많이 변했다. 그는 현재 지방의 룸살롱에서 매달 500만 원이 넘는 돈을 '만지고' 있다. 이런 사실은 수입이 '아주 적은' 나를 위해 우쭐해하며 밥값을 내는 호기를 부릴 수 있게 했다. 돈을 많이 벌고 있고 새 차도 뽑았고 새 가방도 산 〈진영〉은 일은 하지만 늘 수중에 돈이 없었던 예전의 자신과 거리를 두며 현재의 삶을 대체로 긍정한다. 그러나 한편으로 '저 서른 살에도 이 일 하고 있으면 어떡해요?'라는 질문은 이렇게 많은 돈을 벌고 많은 돈을 쓰는 생활에 익숙해지는 것이 두렵다는 의미이기도 하다. 〈진영〉에게 '이런 생활'에 익숙해진다는 것은 손님을 만나거나 업소를 이동하는 데서 확인되는 것이 아니라 자신의 '씀씀이'로 확인되는 것이다.

그 밖에 J저축은행 '마이킹 대출 상품'과 관련된 조직폭력배 'Y파' 대출 사기 사건이 최근 성매매 산업을 순환하는 돈의 특성을 잘 보여준다고 판단해 두 차례의 공판에 참석해 이 사건에 대한 이해도를 높이고자 했다. 이 외에도 업소 종사 여성들이 다양한 정보를 나누고 고충을 토로하는 온라인 커뮤니티, 구매자 남성을 포함한 성매매 산업 구성원이 친목을 다지고 업소 후기를 공유하는 온라인 커뮤니티, 성매매를 알선하는 다양한 업소의 인터넷 사이트,

유흥업소 구인·구직을 위한 인터넷 사이트, 성매매 여성들의 SNS 등을 통해 온라인 참여관찰도 병행했다. 특히 강남 룸살롱에서 여성을 관리하는 '멤버팀장'인 〈박팀장〉은 강남 룸살롱 종사 여성들이 일상적으로 다양한 정보와 고민을 나누는 '가족적인' 온라인 사이트를 비공개로 운영하고 있는데, 〈박팀장〉의 소개로 나 역시 커뮤니티에 가입하여 온라인상에서 이들의 일상을 관찰할 수 있었다. 또 이 커뮤니티에서 〈강은〉을 만날 수 있었다.

이러한 질적자료 외에도 현재 성매매 산업에서 순환하는 돈의 거시적 회로를 분석하기 위해 다양한 문헌자료가 검토되었다. J저축은행의 '마이킹 대출' 상품 분석을 위해 2011년 저축은행 사태에 연루된 J저축은행 사주의 1심, 2심, 3심 판결문을 확보했다. 동시에 '마이킹 대출' 사기 혐의로 1심에서 징역형을 받은 조 모 씨의 판결문, 유흥업소 여종업원 대출과 관련된 다양한 사건의 판결문도 성매매 여성 대상 대출에 연루된 인물들의 관계와 사건 개요, 사법적 처벌 내용 등을 분석하는 도구로 사용했다. 그 밖에 성매매 문제나 금융 문제와 관련된 다양한 연구 보고서, 보도자료, 신문 기사, 잡지 기사, 다양한 통계자료 역시 이러한 문헌연구의 자료로 사용했다.

성매매에 대한 방대한 양의 탐사보도 기사, 잠입 취재 기사들도 발견되고 있는데, 그러한 자료들은 사실 여부를 판별하고 분류하기 어렵다. 여러 관음증적 기사, '업소 이야기'들 중에서 그동안 현장에서 여성들로부터 들었던 이야기들을 바탕으로 비교적 신빙

성 있다고 여겨지는 자료에 한정해 연구자료로 사용했다. 물론 그 판단에는 그간 내 연구 및 활동 경험이 중요한 변수로 개입했음을 밝힌다.

2부

'부채 관계'의 탄생과
부채의 전략

개인들이 구두와 감자 아니면 옷과 창을 교환할 때 어떤 식으로 자신에게 가장 유리한 협상을 벌이는가 하는 문제에 최우선적으로 관심을 기울일 "경제학"이라는 학과가 존재하기 위해선, 재화의 교환이 전쟁과 성욕, 모험, 미스터리, 섹스 또는 죽음과는 아무런 관계가 없다는 전제가 필요했다.

– 데이비드 그레이버, 『부채 그 첫 5,000년: 인류학자가 다시 쓴 경제의 역사』, 정명진 옮김, 부글북스, 2011, 61쪽.

4장

누가 부채를 조절하는가

기존의 여성주의 경험 연구에서 부채는 여성 개인을 성매매에 속박하는 강력한 구속력을 가진 족쇄로 의미화되었다(한국교회여성연합회, 1987; 1988; 한국여성단체연합, 1988; 원미혜, 1997; 변정애, 2004; 정미례, 2010). "성매매에서의 선불금은 화대분배, 벌금, 빚과 이자, 연대보증의 문제와 얽혀 어느 시점 이후부터는 정산이 불가능한 가공의 빚으로 만들어진다는 것"이 이러한 '족쇄'에 대한 일반적인 설명이다(김태선, 2005: 69). 하지만 이 같은 설명은 포주와 여성 간의 일대일 예속 관계는 설명할 수 있을지라도 성매매 업소를 이동하며 살아가는 여성들의 역동적인 삶을 설명하기에는 부족하다. 그러므로 여기서는 부채의 결합, 조절, 차용증 채권의 순환을 '부채 관계'라는 개념을 통해 드러내고자 한다. 이 과정을 통해 여성들이 자발적인 동시에 강제적으로 성매매에 참여하도록 만드는 힘의 구성 양식에 대해 분석할 것이다.

이를 위해 먼저 주요 연구참여자 중 한 명인 〈다혜〉의 부채 그래프를 살펴보자. 35세의 〈다혜〉는 중학교를 마친 1996년 17세의 나이에 선불금 300만 원을 받고 자신이 거주하던 지역의 단란주점에 취업한 이래 15년 이상 전국과 해외 각지의 성매매 업소에서 일을 해왔다. 이혼 후 '남의집살이'를 하는 엄마를 보고 '엄마에게 집을 한 채 사줘야겠다'는 결심으로 업소 생활을 시작했다고 한다. 그는 2011년경 자신이 일하던 강남의 안마 업소가 단속으로 폐업을 하는 바람에 생활이 급격하게 나빠져 미국의 성매매 업소에서 일할 당시 만난 미국인 남성 '스폰'에게 다시 연락했다. 이 '스폰'은 미국 LA에 위치한 자산관리회사의 매니저로, 한국에 이름이 제법 알려진 금융인이다. 그 후 〈다혜〉는 '스폰'으로부터 400~500만 원의 생활비를 받으며 살게 되었고 '업소에 나가지 말라'는 스폰의 단속 때문에 현재는 업소 일을 하지 않으며 지내고 있다.

〈다혜〉와의 면접에서 파악한 사실을 그래프로 정리해 〈그림 2〉로 재구성했다. 〈다혜〉는 주요 연구참여자 중 성매매로 인한 가장 과중한 부채를 경험한 사례로, 총 부채 금액이 2억에 달한 적이 있다. 이러한 특징 때문에 성매매에서의 소득 혹은 부채의 극적 변환점을 관찰하기에 적합한 사례라고 판단했다. 인접한 지역, 유사 업종 안에서 업소를 이동한 것은 그래프에 포함하지 않았기 때문에 약소한 부채 증감은 그래프에 나타나지 않는다. 또한 각각의 그래프가 매끄럽게 이어지는 것 이면에는 수백 개의 차용증이 거래되는 과정이 숨어 있다. 이를테면 한 업소에서 다른 '아가씨'에게 차용증을 내주고 〈다혜〉에게 차용증을 받는 식으로, 여러 업소로부

그림 2

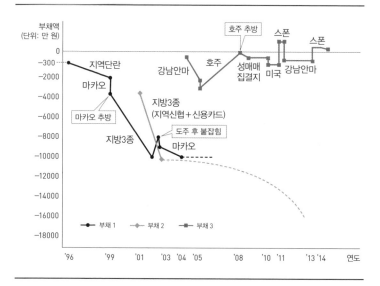

〈다혜〉의 부채 그래프

터의 차용증과 수많은 여성과의 결합 관계가 모두 표현된 것은 아니라는 전제하에 그래프를 살펴봐야 할 것이다.

그래프가 [부채1], [부채2], [부채3]의 세 종류로 구분되는 것을 보면 〈다혜〉가 크게 세 종류의 연쇄적 부채 관계를 맺었음을 알 수 있다. 1996년부터 시작하는 첫 번째 그래프 [부채1]은 그가 17세에 단란주점의 업주로부터 받은 선불금 300만 원이 9년 만에 1억이 된 것이고, 2001년부터 시작하는 두 번째 그래프 [부채2]는 지역의 신용협동조합과 신용카드회사 같은 제2금융권에서 받은 대출이 역시 1억 이상으로 증가한 것이며, 2004년부터 시작하는 세 번째 그래프 [부채3]은 그가 마카오에서 다시 한국으로 돌아와 강남의 안마 업소에서 일을 시작하면서 일수업자, 제3금융권으로부터 발생한 부채의 궤적이다. 이 3개의 그래프는 그가 15년이 넘는 시간 동안 성매매 업소를 떠날 수 없었던 이유 그 자체이기도 하다.[1]

그래프로 나타난 부채는 모두 시작과 동시에 증가하는 경향이 있는데, 총 4번에 걸쳐 부채 증가가 감소하는 것이 확인된다. 첫 번째는 2001년부터 2002년 사이 마카오로 가기 직전 지방의 3종 업소에서 일할 때[부채 1], 두 번째는 2005년에서 2008년 사이 호주의 성매매 업소에서 일할 때[부채 3], 세 번째와 네 번째는 모두 스폰에 의해서다[부채 3].

먼저 300만 원의 선불금이 3년 만에 2500만 원이 된 [부채1]의 내역을 살펴보자. 300만 원은 〈다혜〉의 부채의 역사에서 매우 적은 금액인 듯 보이지만, 선불금은 생활비 등 급전을 필요로 하는 여성들의 요구에 답하는 동시에 출근의 의무를 부과하는 즉각적인 생계 수단이 된다. 〈다혜〉는 이렇게 선불금을 받고 업소에 출근하여 돈을 벌기 시작하면서 업소로부터의 대출금인 소위 '마이킹', 사채업자 대출금인 '일수' 등 다양한 방법으로 돈을 '먼저 갖다 쓰는 것'에 익숙해졌다고 한다. 이렇게 얻은 돈 대부분이 어머니에게 갔다. 어머니의 삶을 빈곤으로부터 구제하고자 업소에서 일을 시작한

---

1   이 장에서는 여성들을 '황금알을 낳는 거위'로 만들어내는, 성매매 산업에서 일반적으로 보이는 연쇄적 부채 관계를 설명하기 위해 [부채 1]의 내용에 보다 초점을 맞춘다. 성매매 산업의 금융화와 성매매특별법 이후 부채 관계의 변화는 3부에서 자세히 설명할 것이다.

〈다혜〉는 이에 대해 '집에다가 내가 모아서 주지는 못하니까 생기는 대로 막 이렇게 주기 시작했다'고 설명한다.

> 엄마가 고등학교 가라고 하도 뭐라 그래서 집을 나갔죠. 집을 나가서 그 근처에다가 집을 얻어다 놓고 '학교를 포기해라', 엄마를 협박을 했죠. 그러면서 그때부터 엄마한테 돈 맛을 보여 줬죠. 그러니까 보통의 부모가 그렇듯 돈의 출처를 묻기보다 그냥 말을 안 하죠. 〈다혜〉

남의집살이를 하며 홀로 딸을 키우던 어머니는 〈다혜〉를 통해 본인의 능력으로는 벌 수 없는 액수의 돈을 만지게 되었다. 자신의 만류에도 고등학교에 진학하지 않고 업소 일을 시작한 딸이 준 돈으로 작은 집의 보증금도 마련하고 생활을 꾸릴 수 있게 되면서 어머니는 '돈의 출처를 물을 수 없게 되었다'고 〈다혜〉는 설명한다. 동시에 〈다혜〉 자신도 어머니와 마찬가지로 '돈 맛'을 보기 시작하면서 '호스트바에도 눈을 뜨게 되었다'고 한다. '먼저 지급되는' 다양한 종류의 돈을 알게 되면서 이전에 알지 못했던 다양한 돈의 쓰임새도 알게 되었다.

다음은 17세에 다방에서 일을 시작하여 10년 이상 성매매를 하며 살아온 31세 〈은주〉의 이야기다.

> (언니는 언니가 나간 거 다 기록하는 스타일?) 안 해요. 그때는

그냥 다 [업주가 알아서 계산하도록] 맡겼었던 거 같아. 그리고 창원도 한 번 갔었구나. 창원에도 다방을 갔었는데, 거기서 정말 돈을 많이 벌었던 거 같아. 거기는 5 대 5에 주인이 바득바득 다 사라 그러고. 배달 오니까, 화장품 같은 거 팔러 오니까. 그러니까 돈에 대한 그게 없… 그러니까 다방에 다닐 때는 내 수중에 월급이다 그렇게 받아본 기억이 없어. 그러니까 뭔가 다 까여 아무튼. 그냥 거기서 먹고 자고 일하면서 내 쓰고 싶은 거 조금씩 달라 그래서 쓰고 이러고 살았었던 거 같아.
〈은주〉

〈은주〉는 10대 시절 '정말 돈을 많이 벌었'지만 '수중에 월급이다 그렇게 받아본 기억'은 없다고 이야기한다. 그가 '돈을 많이 벌었'다는 것은 '수중의 돈'으로 증명되는 것이 아니라 '나간 돈'으로 증명된다. 업주가 업소를 돌며 화장품 등을 파는 상인들의 물품을 '바득바득 다 사라'고 해서 그가 상품을 고르면 업주가 상인에게 대금을 대신 지급하고 그 금액은 업주와 여성 간의 계산 장부에 빚으로 남는다. 널리 알려져 있듯 여성들의 최초 선불금에서 이러한 물품 구입 대금, 외상액, 지각비, 벌금 등을 제하게 되면 일은 하지만 빚은 점점 늘어나게 된다.

여성들은 보통 '내가 쓴 돈이니 어쩔 수 없다'고 설명하지만 사실상 이러한 돈은 업주에 의해 '쓰임새가 먼저 결정된 돈'으로 보아야 한다. 상품의 필요·구입 여부는 여성들이 결정하는 것이 아니라 업주와 물품 판매업자가 제시한 상품의 목록 안에서 정해진다. 하지만 결국 여성들이 상품을 소유하고 사용하게 되면서 업주는 돈을 대신 내주는 사람이 된다. 여성들의 숙식비, 생활에 필요한 비용 등을 업주가 계속 대신 내주게 되면서 그는 여성들에게 '호의를 제공한 채권자'로서의 지위를 갖게 된다.

그러나 한편으로 업주는 여성들의 부채액을 조절하기도 한다. 지역의 경제 상황이나 '새로운 아가씨(소위 뉴페이스)'들을 필요로 하는 요구 속에서 여성들이 끊임없이 다른 업소로 이동해야 하기 때문이다. 여성들이 이동하기 위해서는 이들의 차용증이 성매매 경제 안에서 유통될 수 있는 액수여야 한다. 다시 말해 여성들의 부채 규모는 어디까지나 한 여성이 다음 업소로 이동할 때, 업주가 여성과 함께 차용증을 넘기면서 채무 원금을 회수할 수 있는 금액이어야 한다. 결국 차용증 금액이 너무 커져서 이동할 업소가 없어진다면, 여성은 교환 가능한 상품으로서의 가치를 갖지 못하게 된다. 또한 이렇게 회수된 채무 원금은 과거 업소에 들어오게 될 다음 '아가씨'의 선불금으로 지출되기 때문에 여성들 간의 부채 균형이 중요한 문제가 된다.

그럼에도 불구하고 업소의 수익 규모나 여성 개인이 미래에 벌어들일 수 있는 예상 수익에 비해 여성들의 부채액이 커진다면, 성매매 업소에서는 이를 '사이즈가 너무 커졌다'고 한다. 1999년경 미성년자였던 〈다혜〉는 당시 미성년자 성매매 단속이 심해지자 이전까지 다양한 방식으로 부채액을 증가시켰던 업주가 갑자기 부채 상

환을 종용하기 시작했다고 기억한다. 그의 '사이즈가 너무 커졌다'
고 판단한 것이다.

> 가게에서 돈을 갚으라고 그러고 어디 다른 데다가 돈을 땡길
> 데가 없었어요. 그래서 마카오, 마카오에 에이전트 통해서 들
> 어가서, 마카오 가면 미성년자가 아니니까. 그래서 마카오 간
> 다고 그때 또 마지막으로 호빠에서 신나게 술 먹고, 옷 사고,
> 비행기 티켓값 해가지고 뭐 한 2000, 2000에다가 뭐 한 플러
> 스 1000 정도 더 해서 갔겠죠. 〈다혜〉

만약 업소가 단속에 걸리면 미성년자는 일을 할 수 없을 뿐만
아니라 업주 역시 벌금형을 받을 수 있다. 단속이 강화됨에 따라
미성년자인 〈다혜〉로부터 기대할 수 있는 미래 수익은 감소한다. 다
시 말해 '빚이 많은 미성년자' 혹은 액면가가 큰 미성년자의 차용
증을 다른 업소에서 구매하기에는 위험부담이 있으므로 그는 더
이상 국내에서 이동할 업소가 없게 된다. 이렇듯 국내 성매매 시장
에서의 교환 불가능성 때문에 그는 처음으로 해외 성매매 업소로
넘어가게 되고 '이동비' 명목으로 1000만 원을 더 빌리게 되었다.
〈다혜〉의 그래프에서 부채가 몇 번에 걸쳐 수직으로 증가한 부
분이 있는데 (2011년 미국에서 한국으로 들어오면서 스폰이 갑자기
끊긴 경우를 제외하고) 모두 마카오, 호주, 미국 등 해외로 이동한
시기다. 해외 업소는 보통 비행깃값, 체류 중 필요한 물품 구입비,

소개업자 소개비 외에 돈을 더 얹어서 선불금을 내준다. 미성년자 단속에 걸리지 않아 많은 수익을 기대할 수 있는 해외 업소는 심지어 부채액을 늘려주기도 한다. 그는 이렇게 넉넉하게 지급된 돈을 '신나게 쓰고' 마카오로 넘어갔다고 말한다.

하지만 마카오에 같이 간 친구가 한 달 만에 한국 대사관에 전화를 해 구조요청을 하는 바람에 그는 친구와 함께 마카오에서 추방되었다.[2] 친구는 한국에 돌아와 조사를 받을 당시 '속아서 갔다'고 진술하면서 모든 부채를 면제받았지만, 자신은 '무슨 정의의 사도랍시고' '알고 갔습니다'라고 대답하는 바람에 결국 한국 입국 비용까지 모두 부채로 떠안게 되었다고 한다. 친구는 '속아서 갔다'는 진술로 '인신매매된 미성년자 성매매피해자'가 될 수 있었지만, 그는 '알고 갔다'는 진술로 '자발적 성매매 행위자'가 되어 이동 경비를 스스로 지불해야 했다.

주해연(Choo, 2013)은 시민권 연구에서 '권리'는 흔히 제안되면 좋은 것, 환영되는 것으로 여겨지지만 여성 당사자에게 권리, 인권은 이로 인한 혜택과 그에 수반되는 물적·도덕적 비용을 계산해야 하는 문제라면서 이를 "권리의 비용cost of rights"으로 설명한 바 있다. 인권 법률이 동반하는 물적·도덕적 비용이 한국의 클럽에서 일하는 동일한 조건의 필리핀 여성을 '이주 (미군) 부인'과 '이주 성매

---

2   당시 수많은 한국 여성이 마카오 유흥업소에서 일하고 있으며 그중에 미성년자가 상당수 포함되었다는 내용의 "마카오로 가는 여인들"이 〈추적 60분〉에서 방영되어 화제가 되기도 했다(KBS, 1999).

매 여성'이라는 다른 정체성으로 나눈다는 것이다. 〈다혜〉의 경우엔 '알고 갔다'는 진술을 통해 '부채 관계'에서 도덕(서로간 신용)의 비용을 지불한 것이라고 해석할 수 있다. 만약 단순히 물적 비용만 계산했다면 그는 친구와 마찬가지로 '속아서 갔다'고 진술했을 것이고 부채를 탕감받을 수 있었을 것이다.

한국에 돌아온 그는 마침 법적으로 성인이 되었지만 부채 금액이 너무 컸기 때문에 업소 이동에 제한이 있어서 지방 '3종 업소'[3]로 들어가게 된다. 3종 업소는 저렴한 가격에 훨씬 허용적인 성적 서비스를 제공하면서 손님을 유치하는 업소다. 업주는 성인 여성이라면 부채액이 크더라도 호황인 지역 업소에서 일을 하면 이익을 낼 수 있다고 계산한 것이다. 동시에 이러한 판단에는 부채액이 큰 여성이 수익이 잘 나는 성매매 시장에 배치됐을 때 업소의 시스템을 '버티며' 일을 할 것이라는 계산도 포함된다. 업소의 수익은 여성들에 대한 착취 정도에 비례하여 증가하는 경향이 있기 때문이다.

아래는 비슷한 시기 〈은아〉가 '장사가 잘되던' 또 다른 지역인 장안동 안마 업소에서 일을 하게 된 과정에 대한 설명이다. 32세의 〈은아〉는 초등학교 때부터 학교 등록금이 밀리는 데 '너무 스트레

---

[3]   성매매 업소는 '고급' 정도에 따라 관습적으로 1종(고급), 2종, 3종(저급)으로 분류되고는 한다. 간혹 식품위생법에 의해 관리되는 업소(다방, 룸살롱 등)를 1종으로 분류하기도 하고, 구매자가 여성들의 시간을 구매하여 영업 장소가 아닌 외부에서 성적 서비스를 받을 수 있는 업소(티켓다방, 보도방)를 1종으로 분류하는 경우도 있다(윤덕경·변화순·박선영, 2005: 91~95; 김주희, 2006: 29에서 재인용).

스를 받아서' 다니던 고등학교를 그만두고 18세에 다방에서 일을 시작했다.

> 그래서 장안동 오게 된 거죠. 2002년 말인가, 2003년도 초인 가? 일하다가, 와 죽겠는 거야, 언니. 지금은 장사가 옛날처럼 그렇게 잘되지 않는데, 옛날에는 엄청! 일할 데도 널리고. 갔는 데 막 초저녁부터 일 터지면 다음 날 낮 12시까지 막 손님 밀려 있고 이러니까 죽겠는 거야. 나는 체력이 받쳐주지도 않는데. 어디든 가게에서 돈을 땡기면 일을 하라는 할당량까지는 일을 일단 해줘야 해. 가게에 일단 내가 빚진 거니까. 다 강제적이죠. 처음에 장안동도 이런 데서 빚을 해준 게, 옛날에는 가게에서 돈을 많이 풀었잖아요. 그러니까 그렇게 돈을 푸는 이유가 돈을 해줌으로써 얘를 억지로라도 일 시키려고. 예전에는 경기도 괜찮았으니까 그런 식으로 선불금을 많이 줬던 거죠. 그렇게 한 3개월? 3개월 정도 하다가. 어우, 내가 바짝 했으면 그 돈을 다 깠을 그건데. 너~무 스트레스 받고, 일도 하기 싫고 너무 힘들어갖고, 하는 둥 마는 둥 그렇게 하니까. 못 갔어요. 못 가겠더라고요. 근데 안 나가면 벌금이잖아, 벌금 하루 100만 원. 그게 이자인 거잖아. 악순환인 거야. 〈은아〉

〈은아〉가 정확하게 지적했듯이 업소에서 여성들에게 부과하는 결근비, 벌금은 현 업주가 전 업주에게 지불한 여성의 부채 총액의

'이자'에 해당하는 돈이다. 보통 이자가 붙지 않는 '마이킹'은 현 업주가 여성들의 부채를 무이자로 묶어놓는 대신, 즉 업주가 여성들의 부채 총액에 대한 이자를 지불하는 대신, 여성들에게 업소에 출근할 의무를 지우는 것으로 이해해야 한다. 그렇다면 여성들이 미래에 벌어들일 것이라 기대되는 수익이 여성들의 총 부채액의 이자보다 적어질 때 여성들은 호황인 지역, 수익이 많은 업소로 이동하거나 부채액을 줄여야 할 것이다. 〈은아〉가 장안동으로 이동하고 〈다혜〉가 마카오로 이동한 것은 수익이 많은 지역으로의 이동이 경제적으로 필요했기 때문이다.

결근에 따른 벌금을 여성이 진 부채 총액의 이자로 볼 때, 이러한 이자에는 상한선이 없다. 1000만 원의 선불금을 받고 업소에 들어온 〈은아〉에게 하루 벌금 100만 원을 부과한 것은 3650%의 고리를 매긴 것과 같다. 여성들은 이러한 높은 이자를 피하기 위해서 업소에 출근할 수밖에 없다. 이는 주요 연구참여자 대다수가 '할당량', '의무', '업소 기대', '해줘야 하는 한도'라고 말한 것과도 연결된다. 업소는 동시에 여성들이 선불금의 이자 3650%에 해당하는 수익은 내야한다고 계산할 것이다. 결과적으로 〈은아〉는 '초저녁부터 다음 날 낮 12시까지' 일을 해야 했다. 이러한 시스템의 업소는 '버틸 여성'들을 확보하기 위해 더는 이동할 업소가 없을 정도로 총 부채액이 큰 여성들을 데리고 있어야 할 것이다. 이 같은 원리로 〈다혜〉가 일하던 지방 3종 업소는 계속해서 '마이킹'을 내준다. 여성들의 업소 선불금이 늘어날수록 선불금 이자는 증가하고 여성들이 해주어야 하는 일의 '할당량' 역시 늘어난다.

또한 2001년부터 〈다혜〉의 새로운 부채 그래프 [부채2]가 시작되는데, 지역의 제2금융권까지 가세해 '업소 아가씨'들에게 돈을 풀기 시작했기 때문이다. 당시 해당 지역 신용협동조합의 '아가씨 대출' 이자는 연 36.5~60%였으며 이렇게 풀린 대출금의 총액은 292억 원이었다(사건번호 2004가단41469). 이 '아가씨 대출'은 지역의 업주도 이용 가능한 상품이었기 때문에 업주들은 이 대출 상품을 이용해 여성들에게 '마이킹'을 내주기도 했다. 그러므로 성매매 업소에 여성들을 충원함으로써 업주는 성매매를 통해 수익을 올리는 동시에 이들 여성들을 상대로 '이자 장사'를 할 수 있다. 만약 선불금이 5000만 원인 여성의 하루 벌금 또는 하루 '할당량'이 100만 원이라면 이는 이자율 730%에 해당한다. 성매매 업주가 지역 신협에서 40%의 이자로 5000만 원을 빌려 여성들에게 선불금을 제공한 것이라고 가정하면 그는 690%의 이자를 남긴 것이 된다. 당시 〈다혜〉의 업소에는 부채액이 큰 여성들이 집결해 있었다고 하는데, 이들을 전국에서 모을 수 있었던 이유는 이 지역이 그만큼 성매매로 인해 많은 돈이 돌고 있는 지역이었기 때문이다.

하지만 2003년 성매매 업소에 마구잡이로 대출을 해주던 지역 신용협동조합이 파산하면서 이 지역은 돈이 마르기 시작했다. 마치 미성년자 단속이 강화되자 업주가 〈다혜〉의 부채액을 조절하기 시작한 것처럼 이때부터 업주는 여성들에게 부채를 내주는 것을 중단하고 빚을 갚도록 독촉한다. 업주 자신도 더는 돈을 빌릴 곳이 없어졌고, 거액의 빚을 지고 있는 여성들을 다른 지역으로 이동시키기도 어려웠기 때문이다. 여성들의 교환 가능성을 만들어내기 위해 업소는 지역 여성들의 가격을 떨어뜨려야 했다.

신협 터지면서 울산 업주들이 휘청했어요. 울산 업주들이 휘청하고, 뭐 때문에 그랬는지 모르겠는데, 그때 업주들이 하여튼 장안동 안마, 그리로 애들을 보내기 시작했어요. 돈을 회수를 해야 되는데 아가씨들이 일을 해서 돈을 갚는 건 아니거든요. 계속 빚만 늘어나지. 근데 울산에서 더 이상 넘길 데가 없잖아요. 그런데 돈을 회수를 해야 되는 그런 거였나 봐요. 울산이 경기가 안 좋아졌나? 하여튼 신협 터지면서 그거를 계기로 해서 업주들이 장안동 안마로 애들을 보내고. 장안동 안마로 가서 그때 100일 계약 기준으로 일수 찍는다고 그러잖아요. 그래서 거기를 100일 기준으로 가거든요, 장안동에. 그럼 장안동 100일 갔다 오면 보통 아가씨들이 3000~4000씩 까더라고요. 그러니까 거기서는 하루에 4시간인가 자면서 계속 일만 시킨대요. 나는 장안동 가진 않았는데. (웃음) 그래서 막 업주들이 되게 빚 많은 애들 그때 막 한~참 그랬었어요. 근데 나는 그때 뭐를 했었나? 아, 잠수를 탔구나. (웃음) 장안동은 가기 싫고 그래서 잠수를 타고 C시의 안마에 기어들어 갔구나. 〈다혜〉

이 시기에 〈다혜〉 역시 업소 부채인 [부채1]과 별도로 신협으로 부터 거대한 규모의 대출을 받았고 이를 해결하기 위해 여러 개의 신용카드로 최대한의 현금 서비스를 받아 '돌려막기'를 하고 있었다. 결국 [부채2] 그래프에서 볼 수 있듯이, 2003년 '신용카드 대란'이 일어날 즈음 〈다혜〉는 자신의 부채를 해결할 수 없는 지경에 이른다. 게다가 이 지역에서는 2004년 성매매특별법 제정을 앞두고 여성들로부터 무조건 선불금을 회수해야 한다는 말이 돌았다고 한다. 당시 업주들은 여성들에게 '옷도 못 사 입게 하고 돈을 갚게 했다.' 그 결과 〈다혜〉의 [부채1]은 처음으로 감소하게 된다.

업주는 여성들의 부채를 줄이는 또 다른 방안으로 여성들을 서울의 장안동으로 보내기 시작했다. 앞서 〈은아〉가 확인해주었듯이 장안동은 2008년 안마타운 집중 단속 시기 전까지 성매매로 전국에서 최고의 호황을 누린 지역이었다. 〈다혜〉가 일하던 지역의 여성들은 차용증과 함께 장안동으로 이동한 것이 아니라 몸만 그곳으로 가서 지역에 남아 있는 부채를 갚도록 조치되었다. 이 지역 여성들의 차용증 금액이 워낙 커서 이 차용증을 받아줄 업소가 없을 것이라는 가정이 작동했다. 지역의 업주는 여성들이 일해서 보내는 돈으로 이들의 빚을 감하기 시작했다. 〈다혜〉 역시 지역에서 열심히 돈을 갚았지만 결국 장안동 업소로 이동해야 할 상황이 되자 '하루 4시간 자면서' 일을 해야 한다고 알려진 곳에 가기 싫어서 '도주'를 감행한다. [부채1]과 [부채2]를 해결하지 않고 다른 지역으로 잠적한 것이다.

그러나 그는 '일주일인가 열흘 만에' '건달'을 앞세우고 나타난 업주에게 잡히고 말았다. 결국 '공포 분위기를 조성하며' '건달들 합숙소'로 〈다혜〉를 끌고 간 업주는 '어떻게 하겠냐'고 물었고 그는 그렇다면 10대 시절 잠시 가본 적 있는 마카오로 가겠다고 답변했다고 한다. 이때 '해외', '마카오'는 그저 돈이 많이 돌고 있는 지역이기 때문에 선택된 것이다. 마카오는 〈다혜〉에게 거액의 선불금을 건네줄 수 있는 전 세계에서 유일한 지역이었을 뿐이며, 설령 마카오가 아닌 그 어느 곳이라도 그는 가야만 했을 것이다.

〈다혜〉는 이때 [부채2]를 해결하지 않고 그대로 두었다고 한다. 그는 카드 돌려막기를 할 당시 급격하게 불어나는 빚의 속도 때문에 [부채2]의 총액이 얼마인지도 정확하게 파악하지 못했다고 한다. 대략 '7000~8000만 원 되었던 것 같다'고 기억할 뿐이다. 그로부터 10년 후 파산 신청을 하기 위해 불어난 [부채2]의 원리금 총액을 처음 확인했을 때 1억 8000만 원 이상이었다고 한다. 2003년 당시 대략 1억의 업소빚과 1억의 카드빚, 총 2억가량의 대출금이 있었던 것으로 파악된다. 파산 면책 선고를 받을 때까지 10년 동안 그는 [부채2]를 해결하지 않은 채 자신의 명의로는 공식적으로 아무것도 하지 않았다. 자신의 이름으로 병원도 가지 않았고 핸드폰 계약도 하지 않는 등 공식 경제 영역에서 완전히 잠적하게 된다. 업소 생활 8년 만인 2003년, 그의 나이는 24세였고, 그해에 신용카드 대란이 일어났으며 2004년 성매매특별법 제정 직전이었다.

한편 '7000 얼마'의 차용증을 받고 마카오로 넘어갔지만 그는 마카오에 가자마자 슬럼프를 겪게 되었다고 한다. 스트레스를 받았는지 가자마자 '엄청나게 살이 쪘고' '살이 찌니까 일도 더 안되고' 해서 빚만 무서운 속도로 불어났다. 마카오의 성매매 경제가 아무리 호황이라도 외모가 변한 〈다혜〉가 돈을 벌긴 어려웠다고 한다. 여성들의 '미래 수익'을 결정하는 중요한 변수에는 업소의 수익 외에 여성 개인의 외모 또한 포함된다.

> 그래갖고 마카오 그 에이전시가 답이 안 나왔었죠. 내가 거기한 다섯 달인가 있으면서 점점… 빚이 7000 얼마잖아요. 그럼 여기서 10부를 때려서 한 달에 700 얼마가 이자로 나가거든요. 근데 내가 한 달에 700 얼마 내고 에이전시에, 내가 한 달에 생활비가 300이었던 것 같아요. 그럼 딱 그냥 나가는 돈만 한 달에 1000 얼마잖아요. 이 돈을 못 내는 거예요, 벌어서. 이게 돼야지 딱 또이또인데. (이자라도 까는데?) 응, 이자 까는 거죠. 이거라도 해야 되는데 이게 안 되니까 에이전시에서 나를 계속 데리고 있어도 답이 안 나오는 거예요. 그래서 '너 한국 가서 안마 가면 돈을 많이 번다더라. 너 내가 차라리 이 돈을 묶어줄게. 한국 가서 차라리 돈을 보내라' 그렇게 된 거예요.
> 〈다혜〉

마카오의 업소는 선이자는 떼지 않는 대신 한 달에 10부 이자로 700만 원을 받았다. 10부 이자는 사실 원금 7000만 원에 대해

1년에 지불하는 이자만 8400만 원으로 연 120%의 엄청난 고리대다. 이자와 생활비로 매달 마카오 업소에 지불해야 했던 돈이 무려 1000만 원이었던 것인데, 마카오에 와서 살이 찐 그의 외모로는 원금 상환은커녕 이자도 감당할 수 없었다. 업주는 〈다혜〉에게 '대책 없이' 이자만 늘어나고 있으니 차라리 한국에 돌아가서 안마 업소에서 일을 해 돈을 보내라고 제안하게 된다. 이 정도 액수의 차용증을 현금화해주는 업소는 한국에 없을 것이라 판단한 것이다. 결국 마카오에서 5개월 만에 3000만 원 이상의 빚을 더 지고 그는 한국으로 들어오게 된다. [부채1]은 다시 1억이 되었다. 놀랍게도 그는 한국에 돌아와서 마카오로 돈을 보내지 않고 다시 잠적했다. 다행히 이 업주는 아직까지 그를 찾지 않았고 이 부채는 청구되지 않고 있다. 업주가 무려 1억 원의 차용증을 현금화하지 않은 이유에 대해서는 몇 가지 가능성을 유추해볼 수 있다.

〈다혜〉는 마카오에서 돌아온 직후 제정된 성매매특별법의 효과로 마카오 업주가 선불금을 포기했다고 짐작한다. 이 외에도 마카오 업소에서 다른 여성들을 통해 벌어들이는 돈이 매우 많기 때문에 이 정도의 손실은 큰 손해로 취급하지 않을 수도 있다. 또한 '7000 얼마' 차용증 이외에 불어난 부채액 약 3000만 원은 〈다혜〉가 업주에게 실질적으로 손해를 끼친 금액이 아니다. 생활비로 매달 주어야 했던 돈이 300만 원이라고 했고 7000만 원 선불금에 해당하는 이자가 한 달에 700만 원이라고 하는 등 마카오 업소는 너무나 과도한 액수를 생활비와 이자로 책정했다. 이런 돈은 마카오 업소에서 실제 〈다혜〉에게 지불한 돈이 아니라 가공의fictitious 부채일 뿐이다. 그렇다면 남은 문제는 '7000 얼마'의 차용증인데, 마카오 업소가 〈다혜〉를 데려오면서 이전 업소에 실제 지불한 돈은 선이자를 제외한 6700만 원 정도라고 볼 수 있다. 이 6700만 원은 〈다혜〉 이전에 업소에 있던 '아가씨'를 다른 업소로 보내면서 그 업주에게 받은 돈으로 추정된다. 하지만 '그 아가씨'에게도 매달 300만 원의 생활비와 10부 이자를 받아왔다면 사실상 〈다혜〉가 마카오 업소에 끼친 손해는 6700만 원보다 훨씬 적은 금액일 가능성이 높다. '그 아가씨' 이전의 다른 '아가씨들'까지 소급한다면, 이들이 이미 지불한 이자, 수수료, 생활비 등은 마카오 업소가 〈다혜〉에게 선불금으로 내준 돈을 훨씬 상회할 것이라고 예상할 수 있다. 그러므로 〈다혜〉의 차용증은 마카오 업주의 채권債權 증명이긴 하지만, 그것이 〈다혜〉로 인해 업주가 입은 실제 손해 금액을 의미하는 것은 아니다. 마지막 가능성은 〈다혜〉의 채권債券이 아직 〈다혜〉에게 도달하지 않은 것이다. 〈은아〉의 경우 400만 원의 차용증이 9년 만에 1000만 원이 넘는 채권으로 돌아온 적도 있다. 〈다혜〉의 경우 역시 채권자가 마카오 업주 혹은 특정 신용정보회사인 채무를 조만간 확인하게 될 수도 있다.

마카오에서 돌아온 그는 다시 생활비 문제로 강남의 안마 업소에 약간의 선불금을 받고 들어갔다. [부채3]이 시작된 것이다. [부채3]은 성매매특별법 제정 이후 형성된 것으로, 업소의 선불금은 규모가 훨씬 줄어들고 캐피탈 업체나 사채업자의 대출로 형성되었다는 특징이 있다. [부채3]의 그래프에서 (스폰의 지원을 제외하고) 호주 업소 일을 하면서 부채가 또 한 번 감소하는 것을 확인할 수 있다. 호주에 한국식 '풀살롱'이 개장했다는 소식도 들려오는 등 호주에는 근래 들어 한인이 만든 한국식 성매매 업소가 급증하고 있다(정락인, 2011). 캐럴라인 노마(Norma, 2011)는 호주의 성매매 합법화 이후 성매매 업소의 '한국화Koreanization'가 본격화되었다고 분석했다. 그리고 이런 '한국화'는 호주의 법을 악용해서 진행되기도 했다.

> 호주는 [성매매가] 합법이거든요. 그래서 지금도 보면 일하는 한국 아가씨들 보면 되게 자유롭단 말이에요. 그리고 하루에 몇 시간 이상 일 시키면 안 되고, 아프고 이러면 안 가도 돼요. 그냥 자유롭게 일할 수 있는 그런 덴데. 근데 하필이면 이 에 이전시가 소개시켜준 가게는 완전 아우, 진짜 힘들었어. 하루에 16시간 일을 시켜요. 그러면 진짜 숙소에 가서 잠자고서 나오기도 힘들고. 원래 호주에서 그렇게 일을 시키면 안 되거든요. 그런데 비밀리에 쉬쉬해가지고 그렇게 시켰어요. 〈다혜〉

'자유롭게 일할 수 있다'던 호주였지만 〈다혜〉가 들어간 업소는 '하루에 16시간 일을 시키는' 업소였다. 숙소에 들어가서 잠깐 잠을 자기도 어려울 만큼 일을 시키면서 업주는 그에게 직접 돈을 주지 않고 한국에 있는 일수업자에게 돈을 보냈다. 업주는 당시 '이래야 지 돈 모아서 한국 간다. 한국 갈 때 빈털터리로 갈 순 없지 않냐'

고 말했다는데, 이에 대해 〈다혜〉는 '지금 생각해보니까 돈을 주면 애들이 사고를 치거든, 밖에 나가서. 돈 있으니까 숙소 안 가도 되잖아요'라고 해석한다. 업주는 여성들이 '돈이 있으면 업소 일을 계속하지 않을 것'이라 계산한 것이다. 그 결과 〈다혜〉의 부채는 두 번째로 감소하게 된다.

이상의 내용을 정리하면 다음과 같은 경우에 〈다혜〉의 부채가 감소했음을 알 수 있다. 첫째, 지역에 돈이 마르자 업소에서 여성들의 빚을 줄여야 한다면서 더 이상 대출을 해주지 않고 소비를 규제하고 감시하며 일을 시킨 경우, 둘째, 호주 법을 악용하면서 잠도 재우지 않고 감시하며 일을 시키면서도 돈을 여성에게 직접 주지 않은 경우이다. 이것만 놓고 본다면 성매매에서 여성이 진 '부채의 절댓값'을 여성에 대한 '착취의 지표'라고 이야기하긴 어렵다. 여성에 대한 감금과 감시가 증가하는 환경 속에서 여성들의 부채가 줄어드는 것이 목격되고 있기 때문이다. 이로써 다시금 단순히 '소득' 또는 '부채'의 액수에 대한 분석만으로는 여성들의 차용증을 화폐화하면서 확대되는 성매매 산업의 지속력과 여기에 연동하는 여성들의 경험을 제대로 파악하기 어렵다는 전제가 확인된다.

하지만 연쇄적으로 이루어진 '부채 관계'라는 틀을 통해 보면 여성들의 부채를 줄이려는 업소들, 업주들의 노력과 그 영향력에 대한 해석이 가능해진다. 한 여성의 부채액은 단순한 족쇄가 아니며 여성을 통해 얻을 미래 수익, 다른 여성들이 진 부채액과의 균형, 차용증의 이전 가능성, 금리, 경제 상황 등과의 관련 속에서 조절되는 것이기 때문이다. 이러한 조절은 지속적인 수익 창출을 위한 업소의 전반적인 전략 아래 여성 몸의 교환 가능성과 이동을 고려해 이루어진다. 물론 조절의 주체는 업소와 업주다.

지역 3종 업소가 〈다혜〉의 부채를 감소시킨 이유는 지역의 경제 상황이 나빠졌기 때문이다. 업주는 여성들의 차용증을 현금으로 만들어야 하므로 일단 업소 여성들의 숫자를 줄여야 했다. 하지만 이렇게 부채액이 큰 여성들이 이동할 수 있는 업소는 거의 없었기 때문에 이들의 차용증을 빠르게 현금화하기 위해 여성들을 감시하며 부채액을 줄여나갔다. 호주 업소가 여성들의 부채를 증가시킬 필요가 없는 이유는 이들이 보통 워킹홀리데이 비자로 입국해 체류할 수 있는 기간에 제한이 있기 때문이다. 따라서 호주의 성매매 업소는 〈다혜〉를 호주로 보낸 일수업자, 브로커에게 고리대 이자와 원금, 수수료를 모두 지급함으로써 이들과 신뢰 관계를 맺고 다른 여성들의 공급을 약속받는 것이 중요하다.

이처럼 성매매 산업에서 여성들의 부채는 고리대, 수수료, 이동비 등의 형태로 다양한 산업 구성원의 수익원이 되고, 여성들에게 '할당량'을 강제하는 수단이 되기 때문에 업소는 여성들의 부채를 증가시킨다. 그러나 때로 성매매 업소는 브로커 혹은 일수업자와의 관계, 금리, 다른 여성들과의 관련 속에서 여성들의 부채를 삭감하는 데 몰두한다. 부채의 조절 과정은 여성 개인의 몸과 차용증을 판매 가능한 상품으로 만드는 상품화 과정 그 자체이기 때문이다. 나아가 성매매에서 '부채 관계'를 고려한다는 것은 여성 개인에 대한 부채 예속, 구속력에 초점을 맞추는 것을 넘어 '다음 여성', '그다음 여성' 등 여성 일반을 성매매 산업으로 끌어들이는 부채의 전략까지 분석을 확장해야 한다는 의미이기도 하다. 이러한 '부채 관계'에 의해 여성들은 교환 가능한 몸, 즉각 화폐화가 가능한 몸을 갖게 되고, 그 몸들의 집합소가 바로 성매매 산업인 것이다. 이런 측면에서 여성 개인의 부채 조절을 통해 '부채 관계'가 형성되는 것은 성매매 산업에서 이루어지는 여성 전반에 대한 상품화, 이를 통한 성매매 산업 확장의 문제와도 밀접한 관련이 있다고 해석할 수 있다.

이제 우리는 성매매에서의 부채 문제를 성매매 여성 개인의 문제, 당사자의 문제를 (포함하되 이를) 넘어, 이 시대 여성들을 수익원으로서 끌어들이는 성매매 산업의 문제, 나아가 자본의 견인력의 문제로 이해할 수 있다. 진짜 문제는 소득인가 부채인가, 부채가 많은가 적은가가 아니라 '누가 이 부채를 조절하는가', '부채를 조절하는 힘은 무엇인가'이다.

5장

'부채 관계' 생산 장치

성매매 여성을 만드는 고리대금

성매매에서 여성 개인의 부채가 조절된다면 왜 많은 여성들이 부채 때문에 성매매를 그만둘 수 없다고 말하는지 의문이 들지 않을 수 없다. 여기서는 '부채 관계'를 작동시키는 가세력加勢力에 대해 살펴본다. 또한 전통적인 '부채 관계'를 통해 성매매 산업 내부 구성원들이 맺고 있는 결속의 양식에 대해 분석할 것이다.

성매매 산업에서 다양한 수단을 통해 조절되는 부채는 여성들의 실질적인 상환이 가정되어야 비로소 작동한다. 이러한 부채의 특징으로 먼저 고리대금의 문제를 꼽을 수 있다. 〈은아〉의 인터뷰에도 드러나듯 선불금은 업주가 이자를 수취하지 않는 것이 원칙임에도 여성들은 벌금 등을 통해 손실된 이자를 지불해야 할 의무를 졌다. 동시에 다양한 고리대 상품이 〈다혜〉에게 제공되는 것을 살펴볼 수 있었다.

법정 이자율의 한도는 사채 시장의 고리대 문제와 밀접한 관련 속에서 조절되어왔다. 1962년 이자제한법이 제정되었으나 IMF에서 '현재의 경제여건상 긴축재정·금융정책에 따른 고금리추세가 예상됨에도 불구하고 이자제한법으로 인하여 시장 기능에 대한 자유로운 이자율 결정이 제약되고 있다'는 이유로 이자제한법 폐지를 요청하여 1997년 이 법이 전격 폐지되었고, 이후 10년 만인 2007년 다시금 동법이 제정되어 시행되었다(백태승, 2007). 하지만 일본의 이자 상한이 연 20%인 점과 비교할 때 한국의 높은 이자율은 지속적으로 지적되어왔고, 2018년 2월 28일 법정 최고 이자는 34.9%에서 24%로 조정되었다.

"화폐 자본의 이자와 구분되는 고리대의 문제"(Harvey, 1994 [1982]: 343)는 노동자, 빈민의 생존 문제와 직결된다. 이는 개인 신용의 확대를 통해 팽창하고 있는 현대 금융 산업의 구조 속에서 더더욱 명료해지는데, 신용이 없는 빈민에게 탈취한 높은 이자수익이 자산가계급의 낮은 이자율을 보장하는 금융적 안전장치로 사용되기 때문이다(Parker, 1988). 매닝(Manning, 2002[2000]: 39)은 이 같은 문제를 '금융회사의 먹이사슬 구조'로 정의하고, 그 구조 안에서 '미국의 저소득층이 고소득층의 낮은 이율뿐만 아니라 신용카드 회사나 은행이 제공하는 각종 서비스를 향유할 수 있도록 자금을 대고 있는' 상황을 날카롭게 지적한다. 결론부터 말하면, 한국에서는 이러한 먹이사슬 구조의 말단에 성매매 업소 종사 여성이 있다. 여전히 높다고 지적되는 24%의 법정 이자 상한선도 이들에게는 아무런 의미를 갖지 못한다. 다음은 강남의 룸살롱 밀집 지역에서 성매매 여성들을 상대로 일수를 놓는 〈사채업자 박씨〉의 설명이다.

> 그 술집 나가는 아가씨들은 부류가 여러 부류가 있어요. 그냥 내가 필요에 의해서, 내가 술집 나가서 돈을 꼭 벌어야 할 이유가 있는 아가씨하고, 그냥 나갔다가 그냥 아무 생각 없이 있으면 있는 대로 쓰는 아가씨도 있고. 그런 사람들 있잖아요. 그냥 뭐라 그래야 되나, 의식구조 같은 게 막 하는 경향이 있는 아가씨들 같은 경우는 거의 사고율이 많아요. 완전히 배 째라고는 안 나오지만 그 좀 거의 그냥 벌면 줄 테니까 이런 식으로 그러고 말죠. 그러니까 여기 강남에서 [사채] 일하는 사람들은 생각보다 이익률이 많거나 그런 게 아니라 손해 나는 금액도 항상 대비해야 되잖아요. 그러니까 법정 이자로 받아서, 예를 들어 받아서 일을 한다 그러면 다 망해요. 아가씨들이 돈 빌려달라 해서 쓸 수 있는 아가씨들 거의 없어요. 왜냐하면 큰 기업 같으면 상관없지만, 영세한 사람들 같은 경우, 돈이 자기 돈 갖고 하는 사람도 있지만 반 정도는 다 남한테 빌려서, 1부든 얼마든 빌려서 그쪽 아가씨들한테 4~5부, 5부 정도 받아서 운영을 하는데 법정 이자로 하면 3부 정도 나오거든요. 3부면은 남한테 빌려서 사고율이 없어도 2부밖에 안 남는데 사고 따진다 그러면 무조건 마이너스가 난단 말이죠. 무조건 어렵죠. 〈사채업자 박씨〉

〈사채업자 박씨〉는 5부 이자를 받는다고 이야기하는데 그가 설명하는 5부 이자는 월 5%의 이자로 연이자로 단순 환산하면 60%의 고리대다. 하지만 분명히 수수료 명목으로 선이자를 뗄 것이고 일수금 상환이 원금과 이자를 함께 갚아나가는 원리금 균등상환 방식을 통해 이루어질 것을 고려할 때, 그는 사실상 60%를 훨씬 상회하는 이자를 받을 것이다. 여성들의 증언을 종합하면 그가 취급하는 대출 상품의 이자율은 130% 정도로 파악된다. 그는 이러한 고리대의 문제를 신용이 없는 사람들에게 돈을 빌려주는 대가로 의미화한다. '아무 생각 없이 있으면 있는 대로 쓰는' '술집 나가는 아가씨'들은 '사고율'이 높기 때문에 법정 이자로는 그것을 커버할 수 없다는 것이 그의 주장이다. 다시 말해 신용이 낮고 경제관념이 희박한 '술집 아가씨들'에게 돈을 빌려줄 경우 위험률이 높아 대비가 필요하므로, 이를 이자율로 보충한다는 것이다.[4]

그렇다면 그는 왜 하필 은행에서 피하는 신용 리스크가 큰 여성들을 대상으로 사채업을 하고 있는지 질문하지 않을 수 없다. 사실상 이러한 대출은 성매매 여성들이 벌어들이는 수입에 대한 정보에 기반해 기획되며 이들이 '매춘 여성'이라는 조건 위에서 실행된다. 기지촌 지역을 포함해 성매매 집결지 주변에서 활동하는 일

---

4   은행의 경우 신용 리스크를 관리하기 위하여 대출 취급 시 신용분석을 통해 신용도가 양호한 거래처에 대출을 실행하고, 필요한 경우 담보설정이나 지급보증서 등으로 신용보강을 하고 있으며 사후적인 신용 리스크 관리는 대손충당금을 설정하여 손실에 대비한다(신용균 외, 2004: 24~25).

수업자들은 자신이 활동하는 지역 내 업소의 경제적 상황을 매일 반복해서 점검한다. 그 결과 사채업자는 어떤 여성이 어느 업소에서 일한다는 정보만으로도 이들의 미래 수익을 예측할 수 있다. 여성들이 신용 리스크가 크기 때문에 높은 이자를 받는 것이 아니라 이자를 충분히 상환할 수 있다는 경험적 정보와 계산에 근거해 대출이 이루어지는 것이다. 성판매 여성들이 벌어들이는 수익은 이들이 고리대 이자를 상환할 수 있다는 계산의 근거가 되며, 이들이 '매춘 여성'이라는 조건은 간단한 협박만으로도 원리금이 모두 상환될 수 있다는 전제로 작동한다. 이러한 고리대는 단순한 숫자 이상이다. 채무 상환이 잠시라도 중단되면 고리대 이자는 다양한 재대출 기법과 함께 여성들의 삶을 지배한다.

이자가 좀 비쌌어. 100만 원에 30만 원이어서, 이자가 100일 동안. 계속 좀 밀리면 다시 엎으라는 식으로 눈치를 주고 지랄을. 그런 꼴 보기 싫어서 계속 좀 뻐기다 뻐기다 계속 엎어치기, 엎어치기. 그러니까 계~속 이자만 까고 있는 거예요. 이자만 좀 깠다가 다시 엎고. (하루에 얼마씩?) 800이면 언니, 그 사람이 30만 원 받으니까 이자만 240만 원이잖아. 그럼 1040만 원이잖아. 그러면 하루에 10만 4천 원, 이런 식이죠. (선이자는 안 떼고?) 근데 선이자 아니라 미리 몇 개를 찍어놓는, 5개나 10개를. 그러면 그 가격을 빼고 주는. 그럼 내가 진짜 800이 필요해서 땡기면 나한테 800이 들어오는 건 아니에요. 〈은아〉

최근 유흥업소에서 일했던 여성들의 파산지원을 하다 보면 20대 중후반 여성임에도 불구하고, 채권자 목록에 최고 30여 개 정도로 많은 대부업체가 등장하기도 한다. 이름도 들어보지 못한 대부업체도 있지만, '러시앤○○', '○○머니'와 같이 무분별한 광고로 유명한 대부업체도 끼어 있다. 이는 여성들의 '빚 돌려막기'가 매우 일상화되어 있으며, 대부업체들의 무조건적인 대출행위가 얼마나 쉽게 이루어지고 있는지를 보여주는 대목이다(표정선, 2012: 15).

〈은아〉는 처음 800만 원을 빌릴 때는 하루에 11만 원씩 두 달이면 간단하게 갚을 수 있을 것으로 생각했다. 일단 〈은아〉의 800만 원 대출은 이자율을 계산해보면 연 199.1%의 고리대다. 게다가 사채업자는 마치 선이자를 떼지 않는 것처럼 이자 계산에서 꼼수를 부린다. 만약에 미리 일수 10개를 찍는 방식으로 돈을 빌리면 〈은아〉는 실제 손에 쥔 돈 696만 원에 대해 매일 10만 4000 원씩 90일 동안 갚게 되는데, 이 경우 이자는 251.2%로 계약 시 이자보다 더 높아진다. 〈은아〉는 800만 원에 대해 차용증을 썼지만 받은 돈은 696만 원뿐이며 250%가 넘는 돈을 이자로 지불해야 하는 것이다. 게다가 100일 동안 매일 11만 원을 내는 방식의 일수 거래 기간 동안 몸이 아파 일을 쉬게 된다든가, 집안에 다른 사정이 생긴다든가 하는 변수가 생기면 일수를 찍기 어려워진다. '그러니까 계속 이자만 까고 있다'는 〈은아〉의 말은 예를 들어 11만 원씩

20일을 일수로 찍고 일을 쉬게 되었을 때 일수업자가 '네가 지금까지 찍은 220만 원은 겨우 이자에 해당하는 금액이니 이러면 곤란하다. 밀린 일수 금액을 원금에 합산하여 새로 차용증을 쓰고 다시 일수를 시작해라'라는 식으로 '꺾기', 즉 재대출을 유도한다는 것이다. 이런 경우 밀린 이자는 원금으로 둔갑하고, 몇 번의 재대출을 반복하면 원금이 훌쩍 불어나게 되면서 여성들은 더욱 큰 이자 부담에 시달리게 된다.

결국 최초 원금 800만 원을 빌린 〈은아〉는 무수한 재대출을 반복하며 3년이 넘는 시간 동안 이 돈을 갚게 되었다. 3년 동안 돈을 갚았다는 것은 3년 동안 업소에서 일을 하면서 생활비 외의 수입을 갖지 못했다는 말과 같다. 게다가 〈은아〉가 말하는 3년은 빚을 없앤 시간이 아니라 이 악덕 사채업자와 비로소 결별하는 데 걸린 시간을 의미한다. 〈은아〉는 이자가 너무 비싸서 더 이상 안 되겠다고 마음먹고 결국 다른 곳에서 대출을 받아 이 대출금을 해결하는 형식으로 사채업자와의 거래를 끊었다. 빚을 내서 빚을 메우는 방법은 "빚 돌려막기"(표정선, 2012: 15)의 악순환으로 이어진다.[5]

〈은아〉는 이 악덕 사채업자와의 일화를 3년의 시간 동안 원금 800만 원의 대출을 갚는 데 5000만 원도 넘는 돈을 지불한 '개인적으로 불운한' 사례로 소개한다. 하지만 사실상 성매매는 언제나 '아가씨 장사'면서 동시에 '이자 장사'이기도 하다는 점에서, 여성들의 과잉 지불의 문제는 성매매 산업의 구조 속에 이미 배태되었다고 볼 수 있다. 앞 장에서 우리는 사채업자의 대부금이나 업주의 선불금이 은행의 대출정책의 영향 아래 놓인 결과 성매매 여성들의 차용증이 유통되고 이들이 업소를 이동하는 것을 간단히 살펴본 바 있다. 이러한 맥락에서 성매매 여성들의 고리대 문제는 개인적인 불행을 넘어 은행과 사채업자가 결탁하여 이자와 신용이라는 약속을 부과하는 시스템을 통해 '매춘 여성-채무자'를 만들어내고 있는 것으로 해석해야 한다.

결국 〈은아〉는 이 돈을 갚기 위해 3년 동안 다양한 종류의 성매매 산업에 종사해야만 했고 부채를 상환하는 기계가 되어야 했다. 이는 촘촘히 짜여진 '부채 관계'를 통해 여성들을 '돈을 만들어내는 사회적 몸'으로 고착시키는 과정이다. 여성들은 단기 고리대

---

5   다음은 조성목(2012: 76)의 연구에서 인용한 내용으로, "고리대 승수효과"(송태경, 2011: 15)에 의해 사채 빚 1000만 원이 재대출을 통해 7개월 만에 5000만 원이 되는 과정이다.

1개월째 : 1000만 원 대출	- 선이자 10% 떼고 900만 원 지급 - 이자율은 10일에 10%(연 365%에 해당) - 10일마다 이자만 최소 100만 원을 갚아야 함
2개월째 : 첫 연체	- 네 번째 이자 납입을 맞추지 못해 첫 연체 발생 - 갚지 못한 이자 100만 원은 자동 대출한 것으로 간주, 원금에 합산 - 원금이 1100만 원으로 불어남(이후 10일 이자 110만 원)
5개월째 : 원금이 두 배로	- 3개월간 5~6회 산발적 연체. 원금이 2000만 원 이상으로 급증 - 갚지 못한 이자는 모두 원금에 합산돼 복리로 계산 - 10일마다 이자만 200만 원 이상을 갚아야 하는 상황 - 연체가 누적되기 시작, 사실상 상환 포기
7개월째 : 원금 5000만 원	- 상환 포기 이후 약 60일 - 이자가 계속 원금에 합산되면서 복리 계산, 5054만 원이 됨 - 처음 받은 돈(900만 원)을 제하면 4154만 원이 이자

금을 이용하는 순간부터 자신의 신체가 가장 빠른 시간 안에 화폐와 교환되어 가격을 갖게 되는 유일한 장에 계속 머물러야 한다. 따라서 고리대금은 이자청구와 채권추심이 뒷받침하는 신뢰 관계를 통해 성매매 산업에 필요한 여성 인구를 확보하는 대표적인 수단이 된다.

내가 '돈을 중심으로 업소 경험을 이야기해달라'고 요청하면 여성들은 돈을 빌리고, 상환이 밀리고, 재대출을 하고, 고소당하고, 돈을 탕진하고, 이사 다니고, 각종 사기를 당한 이야기를 늘어놓는다. 이러한 과정 동안 여성들은 성매매 산업 구성원과 다양한 종류의 '부채 관계'로 얽히게 되면서 결과적으로 성노동을 해야만 하는 처지에 놓인다. 부채의 종류를 막론하고 유일하게 수익을 만들어낼 수 있는 물적 담보는 이들 여성의 몸이기 때문이다. 그러므로 성매매 내 부채 문제의 중심에 있는 고리대금은 채무자 여성들을 매춘여성으로 고정시키는 대표적인 수단이라고 볼 수 있다.

부채, 그 계산된 선의

1980년대 말 성매매에 대한 실증적인 연구들이 등장하면서 '선불금'은 '소개비', '가구(구입)비' 등과 함께 여성을 종속시키는 채무의 한 종류로 분류되었다. '억지로 여성에게 건네진 돈'은 매춘에서 일종의 계약금으로 간주된다(여성의전화, 1985: 58). 이후 부채를 만들어내는 다양한 규칙에 의해 선불금을 포함한 부채가 증가하고 여성들이 계속 팔려 다니면서 '몸값'이 가산되는데, 이러한 '몸값'이 결국 여성들의 빚이 된다는 것이 선불금 부채에 대한 기존의 설명이다(차종천 외, 1993: 164).

일반적으로 가장 단순하고 고전적 형태로 빚이 형성되는 단계는 바로 소개비 명목으로 판매자 또는 소개자에게 업주가 준 돈이 구직자의 부담으로 전가시키거나, 심지어는 이러한 소개료를 피해대상자에게 강제로 '차용증'을 쓰게 하여, 매매됨과 동시에 빚을 지게 하는 것이다. (…) 또한 피해대상자들이 맨몸으로 넘겨지는 경우에, 일상적인 생활도구를 갖추어야 하므로 자연히 그 과정에서 빚이 불어나게 된다. 특정 관뛰기 등의 업소에서는 이들 피해자들을 일종 하숙생으로 관리, 일반적으로 화대의 절반 분배 이외에, 방세, 식대, 오물세, 수도세, 전기세, 잡세, 화장품값 등을 다달이 받아내며, 악덕 포주의 경우에는 가구들을 강매하여, 빚을 지게하고, 이에 '딸라 이자', '일수' 등으로 그러한 채무채권관계를 더욱 강화한다(같은 책, 159).

결국 이렇게 불어난 빚은 여성들에 대한 감금이나 폭력까지도 가능케 한다(원미혜, 1997: 40~54). 그러므로 성매매에서의 선불금은 동등한 두 주체 간 계약금으로 볼 수 없을뿐더러, 더 나아가 이로 인해 여성들이 자신의 '몸값'이 자신의 부채로 계산되는 상황에 놓인다는, 즉 인신매매된 '채무 노예'가 된다는 게 이제까지의 설명이다. 가난한 여성들은 돈을 벌기 위해 성매매 산업에 진입하지만, 결국 성매매 산업에서 부채를 만들어내는 다양한 종류의 폭력과 구조화된 실천으로 인해 이러한 계획은 좌절된다(박정은·윤영숙·서명선, 1993; 김태선, 2005; 정미례, 2010).

그러나 '억지로 건네진 돈', '강제로 쓴 차용증'과 같은 설명은 성매매에서의 부채가 여성들에게 일의 할당량을 강제하는 근본적인 원리는 밝힐 수 있지만, 성매매 산업 내 부채 관계에 대한 여성의 '자발적 참여'는 분석하지 못한다. 여성들이 차용증을 강제적으로, 동시에 자발적으로 만들어내고 있는 현실에 대한 해석이 빈약해지는 것이다. 성매매 산업의 부채 관계는 이자 부과의 강제적 장치 외에도 다양한 도덕적 장치를 통해 여성들 스스로의 참여를 이끌어낸다. 〈은아〉 역시 사용한 대출금이 고리대금이었음에도 이 돈을 갚기 위해 스스로 꾸준한 노력을 기울였다. 여성들은 '나를 믿고 빌려준 돈이니 갚아야 한다', '내가 필요한 곳에 썼으니 갚아야 한다'고 말한다. 우리는 〈다혜〉의 부채 그래프를 통해 업주가 감금과 감시로 여성들을 통제할 때 오히려 부채가 감소하고, 여성들에게 '호의'를 제공하는 채권자로서의 위치에 있을 때 부채가 증가하는 역설적인 상황을 살펴보았다. 이것은 세 종류의 부채 그래프가 처음 시작된 계기만 봐도 확인이 가능하다. 최초의 부채는 업주가 여성들의 숙식비, 생활에 '필요한 비용' 등을 '대신 내주면서' 시작되었다. [부채2]의 경우, 신용협동조합이나 신용카드 업체와 같은 금융기관이 여성들이 채무를 상환할 것이라는 '신뢰를 제공'함으로써 최초의 부채를 만들어내기도 했다.

'호의'와 '신뢰'는 성매매에서의 부채 관계를 뒷받침하는 중요한 수단이며, 이로 인해 여성들은 스스로 부채 관계에 도덕적으로 참여하게 된다. 인격적 대면 관계에 있는 업주나 일수업자가 '나를 믿고 돈을 빌려준 것'을 배반하지 않고자 노력하는 것이다. 이러한 이유로 고리대금을 제공하는 일수업자가 여성들에게 '나를 믿고 돈을 빌려준 고마운 사람'으로 의미화되는 모순이 발생한다.(김주희, 2012: 138; 표정선, 2012: 15; 원미혜, 2010: 99).

돈에 대해 이제 내가 선불금을 땡겨서 목돈을 들여왔던 거는 이제 룸, 룸 다니면서부터 그 돈에 대한, 업주 돈, 내 돈 이런 확실한 게 생긴 거지. 스무 살 민짜[미성년자] 딱 풀리고. 스무 살 때 바로 룸. (어디?) 안산, 시왕. (선불금은 얼마 받고?) 500이었던가? 그러니까 거기서 다방을 다니다가 아는 콜때기가, 콜 운전하는 애가 지명이었는데 아는 실장이 있다고 해서. 지명이 돈 더 벌 수 있는 데 있다고 해서. 술집에 대해서는 원래 알고 있었으니까. 근데 그때도 2차는 안 했었거든, 손님이랑은. 그런데 2차를 나가야 하네 이러면서 돈을 해준다, 면접을 한번 보라고 해서 면접을 갔는데. '저 이만큼 필요해요.' '콜!' 바로. 〈은주〉

〈은주〉는 10대 시절엔 다방에서 먹고 자고 일하면서 그저 필요한 돈을 업주로부터 조금씩 받아 살았지만, 성인이 되어 룸살롱에 진입하면서 비로소 '목돈'을 만질 수 있게 되었다고 진술한다. 그리고 이를 '업주 돈, 내 돈'에 대한 확실한 구분이 생긴 것으로 설명한다. 성인이 되어 업소 안에서 스스로 '내 돈'을 관리할 수 있는 경제주체로 승인받은 것은 실상 〈은주〉가 '아가씨'로서 '2차'를 통해 일정한 수익을 낼 수 있을 것이라는 업주의 계산과 관련 있다. 이러한 계산에서 비롯된 승인·신뢰 속에서 여성들은 독립적인 경제주체의 지위를 부여받으며 '아가씨'로서 업소 생활을 시작하게 된다.

성매매 업소의 실장이나 업주 외에 일수업자를 통해서도 여성들은 '내 돈'을 관리할 수 있는 지위를 얻게 된다. 일수업자는 업소 주변에서 여성들과 친분 관계를 맺고 여성들에게 필요한 돈을 먼저 지급해주겠다고 나서며 여성들의 경제생활 규모가 '원활하게 유지되도록' 거드는 역할을 하는 것처럼 보인다.

도저히 여기[장안동] 못 있겠어서. 예전에 미성년자 때 잠깐 알바 하던 술집이 있었어요. 거기 사장언니가 선불금 해준다고 오라고 그래서 거길 다시 내려갔어요. ○○을 다시 갔고, 마이킹을 해주더라고요. (얼마?) 1200? 1300? 왜냐하면 여기 나오는 사람들이 나와 살잖아요, 언니. 그리고 자기 집에도 막 쓰고. 그냥 놀면은 빚이 생겨요, 빚이 더 생기는 거예요, 다른 사람들도 그렇겠지만. 거기 갔다가 그 빚을 까기에는 수입이 너무 안 되니까 나중에 다시 또 올라왔어요. 몇 개월 있다가 다시 올라온 거죠. 거기 있다가 빚을 더 많이 져가지고 올라왔는데 그 빚을 힘들게 다 깠어요. 깠는데, 그리고 가게에서 일하는데 거기 왔다 갔다 하는 일수쟁이 아저씨가 있어요. 내가 가게에서 먹고 자고 하면서 애가 착해 보이고 성실해 보이니까 계속 나를 꼬시는 거예요. '나는 니가 땡겨달라는 대로 땡겨줄게' 막 계~속. 근데 마침 내가 장안동에 집도 없었으니까 그때 땡겼죠. 그때 800인가 땡겨가지고, 진짜 힘들게 깠어요. 진짜 힘들게 깠어요. 〈은아〉

〈은아〉는 장안동에서 밤낮없이 손님을 받아야 하는 생활이 너무 힘들어서 다른 업소에서 선불금을 얻어서 그 돈을 메워주기로 결심한다. 이때 〈은아〉가 '놀면 빚이 생긴다'고 말한 것은 업소를 이동하는 기간에 빚이 불어난 것으로 이해해야 한다. 이동에 필요한 돈은 언제나 '넉넉하게' 먼저 지급되기 때문이다. 넉넉하게 지급된 돈은 이전 업소의 선불금과 결근에 따른 벌금으로 지출되며, 가족에게도 송금되고, 다음 업소의 선불금 선이자로도 지출된다. 이렇게 업주에게 돈을 미리 받아 업소에 들어갔지만, 문제는 이 업소가 그만큼의 돈이 돌지 않는 가게였다는 것이다. 이 때문에 결국 선불금을 해결하기는커녕 더 많은 빚을 지고 다시 올라오게 된다. 이렇게 불어난 빚을 다시 장안동 가게에서 먹고 자면서 힘들게 겨우 없앴지만 이번에는 '착해 보이고 성실해 보이는' 자신에게 돈을 빌려주겠다고 집요하게 설득하는 일수업자를 만나게 되었다. 마침 집을 구할 보증금이 필요하기도 했던 〈은아〉는 일수업자의 제안을 받아들여 돈을 빌리게 된다. 하지만 막상 쉽게 돈을 빌린 후엔 그가 몇 번이나 '힘들었다'고 면접에서 반복해 강조할 만큼 고생하면서 돈을 상환해야 했다.

고생스러움에도 불구하고 여성들이 이러한 부채를 기어이 상환하는 이유는 대출금이 업주나 일수업자와의 신뢰 관계 속에서 제공되었다고 생각하기 때문이다. 훗날 〈은아〉는 이 일수업자로부터 자신이 본 적 없는 차용증에 보증인으로 이름이 올라갔다는 이유로 민사소송 서류를 받게 된다. 결국 법정에서 소가 취하되긴 했지만, 그가 가장 '화가 났던 부분'은 신뢰를 저버리지 않기 위해 자신이 그렇게 노력했음에도 불구하고 일수업자가 '뒤통수쳤다'는 사실이라고 〈은아〉는 이야기한다. 당시 〈은아〉와 법정에 동행한 활동가의 설명을 들어보자.

첫 번째 기일에 갔는데, 얘기하더라고요. 얼굴에 '사채' 이렇게 쓰인 머리 벗겨진 사람인데, 〈은아〉랑은 관련 없는 돈이라고, 얘랑은 돈 계산 다 끝났으니까 〈은아〉한테는 내가 소송을 안 해도 된다'고 하니까. 그러니까 법정에서는 〈은아〉는 소 취하하는 걸로 됐으니까. 그래서 나왔는데 그 아저씨가 '거 봐, 내가 잘해준다고 했잖아. 내가 너한테까지 그럴 사람이 아니잖아, 응? 아저씨가 그렇게 의리 없는 사람은 아니야' 그러니까 언니가 '아유, 알지. 고마워. 내가 아저씨 알지. 그럴 사람 아니지' 이러고. '잘 살어' 이러면서 헤어졌거든요. 근데 언니의 진술서나 이런 데서 나타나는 이 사람은 '고마워. 의리 있는 사람이야' 이런 대화로 표현할 수 있는 관계가 아닌 거예요. 〈보리〉

앞서 〈은아〉가 그 돈을 갚는 것이 '힘들었다'고 이야기했듯, 〈보리〉는 사채업자와 그의 관계는 도저히 '의리'로 설명할 수 있는 관계가 아니라고 이야기한다. 그럼에도 그가 법정에서 자신에 대한 소가 취하되었다는 이유로 이 관계를 '의리'로 설명하는 일수업자의 말에 동의한 것은 물론 이미 지난 일을 다시 문제 삼고 싶지 않은 마음도 있겠지만, 동시에 부당하게 설정되었음에도 당시 일수업자와의 신뢰 관계 속에서 제공받은 채무이기에 자신이 상환하는 게 옳다고 생각하기 때문일 것이다. 어쨌든 '나를 믿고 빌려준 돈'이니 갚아야 한다고 생각하는 것이다.

부채는 언제나 그것이 지급되는 근거를 필요로 하는데 여성들은 이를 '자신에 대한 신뢰'로 해석한다. 앞서 〈은주〉가 '면접을 통해서 선불금이 지급되었다'고 언급한 것이나 〈은아〉가 '착하고 성실해 보이니까 돈을 빌려주었다'고 설명하는 것이 그 예다. 강남 룸살롱에서 일하는 〈강희〉에게 사채업자는 '너는 예쁘니까 부탁하면 바로 돈 내줄 수 있다'고 늘 이야기했다고 한다. 낙후된 기지촌 성매매 집결지에서 칠순이 넘은 나이에도 아직 업소 일을 하고 있는 여성의 경우 역시 다르지 않다.

'언니가 돈 700만 있으면 장사할 수 있어?' 그러더라고. 지가 밀어주겠대. '언니 가만히 하는 거 보니까 언니는 장삿술, 외국 사람 장삿술이 좋네' 그러면서 언니는 거기서 열심히 벌고 지는 여관에서 열심히 벌고, 이태원에서 큰 가게를 하재. 근데 나는 내가 나이도 있고 해서 힘을 들여가면서 큰 가게를 하고 싶지가 않다. 옛날에 다 해봤기 때문에. 큰 가게를 하려면, 애들을 전부 다 선불을 몇 달씩을 땡겨줘야 하고. 쓸 만한 것을, 외부 여자들을 데리고 와야 되지 물이 좋아야지 장사가 되는 거다. 이 동네에는, 다 거기서 거기… 그랬더니 '언니 내가 600밖에 없다. 600으로 해라' 그래서 걔가 준 거야. 빌려준 거야. 〈이나〉

면접 당시 홀로 기지촌 성매매 업소에서 '독장사'를 하고 있던 〈이나〉는 동네 여자가 자신에게 투자한 이유가 자신의 '장삿술'이 좋기 때문이었다고 설명한다. 그러나 사실상 동네 여자는 비록 칠순이 넘은 나이일지라도 〈이나〉가 단골손님들을 확보하고 있기 때문에 충분히 돈을 만들어낼 수 있다고 판단해 그만한 돈을 빌려준 것이다. 이후 〈이나〉에게 빌려준 돈이 제대로 상환되지 않자 동네 여자는 결국 〈이나〉를 쫓아내다시피 하고 업소에 '투자'된 모든 것을 가져가버렸다고 한다.

여성들이 설명하는 업주나 일수업자, 투자자의 '신뢰'는 실상 이들이 성매매를 통해 지속적인 수익을 만들어낼 수 있다는 정보에서 기인한다. 친분 관계를 통해 정보가 확보되지 않는 경우에는 업주의 '확인'이 정보를 대신한다.

나는 2013년 10월 포털 사이트에서 '아가씨 대출'을 검색하고 파워링크에 분류되어 있는 '○○론'과 스마트폰 메신저를 통한 상담을 진행해보았다. '업소 아가씨 대출 자격 궁금합니다'라고 문자를 보냈더니 '하시는 일은요?', '나이와 지역은요?'라는 질문이 돌아왔다. 현재는 업소에 속해 있지 않고 룸살롱 취직을 고려하고 있다고 대답하자 '업소 여성분들만 가능하세요'라는 답이 왔다. 이 짧은 대화에서도 확인할 수 있듯이 '아가씨 대출'에서 '업주의 확인'은 중요한 보증의 역할을 한다.

(그럼 일수업자가 보기에 언니가 어느 정도 벌 사람이다 이게 나오니까 돈을 내주는 거?) 어, 맞아. 그러니까 일수쟁이들도 돈을 막 땡겨주는 것도 아니고. 그러니까 내가 이천에 있었을 때 그때 3000 빼팅[베팅]을 받았어. 2000만 원은 일수, 1000만 원은 월변. 그게 실장 언니가 쪼인을 시켜준 건데. 그러니까 일수쟁이들이 실장이랑 많이 하는 게, 왜냐하면 실장이랑 해갖고 실장이 아가씨들 이렇게 해줘서 일수를 쓰게 해줘요. 필요하다고 하는 애들은. 연결을 시켜주는 거지. 서류는 어차피 각자 쓰는 건데. 그래서 실장 언니가 이미 그 사람이랑 친한 그런 거면 '애 이 정도 해줘도 믿을 만한 애야.' 이런 식으로 얘기를 해주면은 '해주세요.' 이러면 거의 해줘. 〈은주〉

'실장의 보증', '믿을 만한 애라는 소개'가 바로 이러한 '신뢰'의 내용을 구성한다. 〈은주〉는 대략 2010년경 실장의 '해주세요' 한마디에 3000만 원을 대출받을 수 있었던 일화를 소개한다. 강남의 대형 룸살롱에서 과거 '마담'의 역할을 하고 있는 남성 〈박팀장〉은 여성들의 대출을 위해서 자신이 캐피탈 업자에게 '오다[지시]를 내린다'고 말한다. 그렇다고 실장이나 팀장이 '보증인'이 되는 것은 전혀 아니다. 오히려 연대보증은 업소 여성들끼리 서는 편이다. 단지 업주 혹은 영업진은 이 여성이 우리 업소에서 '어느 정도'의 수입을 보장할 수 있다는 정보를 주는 역할만 한다. 또한 〈박팀장〉은 친밀한 여성들의 경우 자신이 직접 돈을 융통해주는 일도 있다고 이야기한다. 신뢰 관계가 이미 형성된 여성들에게는 '마이킹'을 내주기도 한다는 것이다.

신뢰에 기반한 대출은 여성들을 인격적으로 예속시키기에 더욱 유리한 조건이 된다. 대출 제공자가 대출 시 제출하는 서류에 기입된 것 이상의 개인정보를 알고 있는 경우도 많기 때문이다. 게다가 인격적 관계에서 발생한 부채가 상환되지 않으면 채권자는 그것이 아무리 고리대금의 문제일지라도 이를 인격적 '배신'으로 받아들이는 경우가 많다.

그러니까 처음에 왔을 때는 천국인 줄 알았죠. 와, 이렇게 예쁜 애들하고 같은 공간에서 얘기를 할 수 있는 거 자체가 영광이라고 할 수 있을 정도로. 하얀 가슴골만 봐도 사람이 미칠 거 같았는데, 무너져야 한다고 해야 하죠? 저는 여자들을 적대적으로 생각해요. 지금 대할 때는 '얘들 나한테 돈을 떼 먹을 앤가?' 이렇게 노골적으로 생각을 하게 돼요. 너무 많이 배신을 당하다 보니까. 내 배 아파서 낳은 애라고 생각했는데, 그렇게 인간적으로 대했는데, 이 애가 내 돈을 떼어먹고 도망을 간다던가. 엄마가 사고가 나서 응급실에 실려 가서 당장 수술비가 400만 원이 필요하대서 그 돈을 해줬는데 도망을 간 거예요. 자기 동생이 명문대를 합격을 했는데 집이 너무 가난해서 이 일을 하는데 방을 못 보고 며칠까지 입학금을 못 내는 상황이니까 내가 도와주면 도망을 가고. 이런 일이 되게 많았어요. 지금도 저는 같이 일하는 아가씨들한테 받아야 하는 돈이 2억 2000 정도? 그게 다 제 돈. 〈박팀장〉

아가씨들을 모집하고 관리하는 업무에 관해서는 강남의 '톱 클래스'라고 자신을 소개한 〈박팀장〉은 일을 하면서 아가씨들의 '배신' 때문에 '마음의 문을 닫아버렸다'는 긴 설명을 늘어놓는다. 자기를 '아빠'라고 부르면서도 결국에는 자신의 돈을 갚지 않는 여성들에게 '복수의 칼을 갈고 있다'는 말도 서슴지 않는다. 이런 이야기를 결코 내게만 하지는 않을 것이다. 같은 업소 여성들에게 이런 이야기를 일상적으로 한다는 것은 직접적인 협박이나 마찬가지다.

하지만 우리는 협박이 난무하는 환경에서도 〈다혜〉가 [부채2]

의 채권자가 제공한 신뢰로부터 탈주leg-bailing하는 방식으로 부채 관계를 끊어낸 것을 살펴보았다.[6] 그의 이러한 역외 탈주는 성매매의 '부채 관계'를 뒷받침하는 도덕경제적 실천에 대한 거부이다. 〈다혜〉의 차용증은 성매매특별법에 의해 '불법화'되었기 때문에, 훗날이 문제로 법정에 가게 된다면 차용증 채권이 성매매에서 비롯된 것임을 밝힘으로써 무효가 될 수도 있다. 그러나 중요한 것은 역으로 성매매특별법이 〈다혜〉를 제외한 여성들 스스로의 도덕경제적 실천을 불법화할 수는 없다는 것이다. 법을 통해 성매매로 인한 부채를 무효화하려는 시도는 성산업의 부채 관계가 도덕률의 연쇄망으로 이루어져 있음을 고려하면 불완전한 기획으로 남을 수밖에 없다.

부채가 '필요'를 만든다

부채의 사용이 강제적인 동시에 자발적인 것이 되는 또 다른 이유는 대출이 여성들의 '필요'에 기반해 이루어진다고 가정되기

---

6   피블스(Peebles, 2012: 440)는 공동체와 사회권력, 부채의 관계를 설명하기 위해 부채의 의무를 공간적으로 사유하는 시도를 한다. 그는 역외 조세피난처를 찾아 떠나는 '탈주'와 파산과 같은 형식으로 채무자 감옥에 들어가는 '빚 세탁'을 예로 들면서, 전자는 이동의 자유를 계속 누리는 대신 신용/부채 체계 안에 머무르는 것이며, 후자는 이동의 자유를 상실하는 대신 신용/부채 체계로부터 자유를 얻는 것이라는 흥미로운 분석을 내놓은 바 있다.

때문이다. 성매매피해자 지원 상담 활동을 하는 〈보리〉는 예전엔 '숙식 제공, 월수 200~300 보장' 식이었던 업소 광고 문구가 '성형 지원, 풀옵션 원룸 제공'이라는 문구로 전환된 것에는 여성들의 변화된 욕망이 자리하고 있다고 지적한다. 예뻐지고 싶다는 욕망, 독립적인 생활을 영위하고 싶다는 여성들의 욕망과 이들로 하여금 성매매를 통해 계속 돈을 만들어내도록 유인하는 다양한 대출 상품이 만나 성매매 산업 안에서 여성들의 욕망이 비로소 충족되는 결과가 만들어진다.

보통 여성들이 성매매 업소에서 일을 시작하면 가장 먼저 구비하는 것이 자신이 '거주할 방'과 '입을 옷'이다. 이 때문에 방과 의류는 '외상'을 통한 구입이 가능하다. 이때 외상은 여성들이 업소에서 일을 한다는 '확인'을 거친 후 전문 업자를 통해 거래하는 방식을 말한다. 방은 부동산과 연결된 '방 일수업자', 사채업자를 통해 외상이 가능하며, 의류는 의류업체의 후불제 쿠폰을 통해 외상 구입이 가능하다.

여성들에게 제공되는 대출 상품 중 가장 흔한 것은 '방 일수' 상품이다. 강남의 룸살롱 밀집 지역에서 부동산을 운영하는 〈부동산 김씨〉는 자신의 손님 절반 이상, 업소 아가씨의 99%가 '방 일수' 상품을 쓴다고 이야기한다. 〈보리〉에 따르면 '방 일수' 상품은 '보증금 500만 원에 월세 70만 원짜리 원룸을 계약했을 때, 여성은 500만 원을 방 일수로 빌리면서 이자 30만 원을 붙여서 차용증을 530만 원으로 쓰고, 하루에 5만 원씩 혹은 일주일에 35만 원씩

106일 동안 갚기로 하는 방식의 일수 상품'으로 정의할 수 있다.[7] 하지만 그는 이러한 대출 상품이 사실은 진정한 의미의 대출이 아니라고 설명한다.

근데 이 방이 언니 이름으로 안 되어 있기 때문에 실제로는 대출이 이루어졌다고 할 수 없는 거죠. 그냥 방을 빌려준 거. 근데 대출은 안 이루어졌는데 언니는 그 대출을 갚아야 되고. 그게 대출이라고 하면 그 금액이 언니한테 와야 되고 언니 이름으로 계약을 해야지만 대출이 이루어지는데. 사실 언니는 돈을 받은 적이 없고 방은 사채 [업자] 이름으로 되어 있기 때문에, 사실 언니는 이 사람한테 돈을 빌린 게 아니죠. 집을 빌린 거죠. 언니가 이 돈을 다 갚으면 와가지고 명의를 바꿔준다는 게 이 사람들의 말인데 사실 이게 어떻게 될지 모르니까. 중간에 한두 달 갚다가 파투가 나는 경우가 있으면 언니들은 지금까지 냈던 돈은 손해를 보고 이 사람은 손해를 볼 일

---

7   '일수방'이라는 단어가 오래전부터 존재해온 것에서 알 수 있듯, '방 일수'는 유흥업소 여성에게만 제공되는 대출 상품도 아니고 최근에 생긴 상품도 아니다. 〈부동산 남씨〉는 1985년부터 부동산 중개업을 했는데, 그가 부동산을 시작할 때부터 '방 일수' 대출 상품이 있었다고 한다. 이러한 대출은 집 보증금을 구하기 어려운 저소득층 사이에서 이미 널리 사용되었다는 것이다. 하지만 최근의 '방 일수'는 유흥업소 종사 여성들만을 대상으로 한다고 부동산 업자들은 공통적으로 지적한다. 그러므로 이 책에서 다루는 '방 일수' 역시 '업소 여성 대상 방 일수 상품'을 의미한다. 표정선(2012: 18)은 방 보증금을 대출해준 이후 유흥업소에 들어가도록 강요하거나 유흥업소에서 빠져나오지 못하도록 강제하므로 '방 일수'는 결국 선불금 형식으로 제공되는 것이라고 분석했다.

이 없으니까. 왜냐하면 이 사람은 이 방을 빼면 보증금을 받는 건데. 〈보리〉

〈보리〉는 '방 일수' 상품이 사실 돈을 빌려주는 것이 아니라 방을 빌려주는 상품이기 때문에 엄밀히 말하면 자금을 빌려주는 대출이 아니고, 다른 한편으로 여성들의 손해는 큰 반면 일수업자의 손해는 매우 적은 대출 상품이라고 설명한다. 계약서가 일수업자의 이름으로 작성되기 때문에 여성이 부채를 상환하지 않으면 언제든 일수업자는 방을 뺄 수 있다. 여성들이 대출금을 모두 상환한 이후 여성의 명의로 계약서를 다시 작성한다고 하지만, 〈부동산 김씨〉의 설명에 따르면 실제로는 계약서 명의를 변경하기보다는 계약서에 '계약서 소지인에게 잔여 보증금을 지불합니다'라는 단서 조항을 붙이는 경우가 일반적이라고 한다. 일수업자는 여성이 대출금을 모두 상환하기 전까지 계약서를 돌려주지 않는다.

면접에 응한 〈사채업자 박씨〉 역시 룸살롱 밀집 지역에서 이러한 '방 일수' 상품만을 취급하며 업소 여성들을 상대로 일수를 놓고 있다. 그는 자신이 '영세한 대부업자'이기 때문에 '방 일수' 상품만 제공하고 있다고 설명한다. '영세 대부업자'가 업소 여성들을 대상으로 한 '방 일수' 상품을 주로 취급하는 이유는 '방 일수'가 보통 130%의 이자를 100일 안에 상환하는 단기 고리대 상품이기도 하고, 앞서 이야기한 이유로 리스크가 적기 때문이다. 또한 '방 일수' 상품의 특성상 채무자 여성은 채권자에게 자신의 거주지를 완전히 노출할 수밖에 없으며 계약을 위해 주민등록 등본, 초본, 인감 증명서를 제출하면서 개인정보까지 노출하게 된다. 그러므로 '방 일수'를 사용하는 여성들은 '성매매하고 있는 사실을 주변 사람에게 알리겠다'는 협박을 통한 채권추심에서 자유로울 수 없다는 것을 누구보다 잘 알고 있다.[8]

> (혹시 면접 같은 것도 따로 보세요?) 미리 가서 보죠. (외모를 보시는 거죠?) 그렇죠. 봐가지고 아니다 싶으면 안 나가면 되는 거고. 서로 상담을 해서. (그런 판단을 어떻게 하는지 궁금해요. 아까는 촉이 아니라고 하셨는데.) 촉이 맞죠. 예를 들면 보증금, 방을 얻어야 되는데 돈이 부족하니까 부동산에서 연락이 와서 갔다, 그러면 내가 얘기한 조건, 그 기본적으로 준비해야 할 돈이 얼마가 있어야 되는데 그 돈이 있는지 물어보죠. 그리고 어떤 종사 일을 하는지 물어보고, 그리고 수금[상환]을 해줄 수 있는지 물어보고. 그래서 물어봐서 대답을 해주면 거기서 웬만하면 해주는 편이니까, 웬만하면. (그때 필요한 서류는 뭐 있어요?) 계약서하고, 등본, 초본, 인감, 이 정도? 〈사채업자 박씨〉

---

8   채권추심에 대해서는 7장에서 자세하게 살펴볼 예정인데, 빚 독촉, 채권추심은 대부업자의 고리대금을 수익으로 전환시키는 실제적인 수단이다. 특히 성매매 여성들은 자신의 성매매 사실이 주위에 알려질까 두려워하는 경우가 많기 때문에 채권추심이 매우 쉽다고 알려져 있다. 여성들의 이러한 공포심 역시 '성매매 여성 전용 대출 상품'이 만들어진 주요한 요인이다.

〈사채업자 박씨〉는 '방 일수' 대출을 진행하기 전 여성들의 외모, 여성이 현재 가지고 있는 돈, '어떤 종사 일'을 하는지, 상환에 대한 계획, 이 네 가지를 미리 확인한다고 이야기한다. 방 보증금의 100%를 다 내주는 경우도 있지만, 실제 이사를 위해서는 부동산 중개료, 이사비 등이 필요하기 때문에 어느 정도 자금 여유가 있는, 리스크가 적은 여성에게 돈을 내주겠다는 계산에서 70~80% 정도의 돈만 내준다는 이야기다. 동시에 외모가 뛰어난 여성에게는 돈이 100% 다 나가기도 한다고 덧붙인다. 그가 말하는 '촉'이란 성매매 여성으로서 한 달에 얼마를 벌어들일 것이며, 착실하게 상환을 할 것인지에 대한 20년 경력 사채업자 나름의 판단인데, 이것은 여성의 외모를 근거로 한다.

이렇게 건네진 돈은 여성들을 성매매 집결지에 안착시키는 수단이 된다. 이러한 일수 대출은 보통 룸살롱, 유흥업소 집결지 주변의 일수업자들이 취급하는 상품이며, 결과적으로 여성들은 돈을 빌리는 동시에 집결지 거주자가 된다. 그리고 이 과정에 연루된 부동산업자, 인테리어업자, 임대업자들 역시 의도했든 안 했든 여성들을 성매매 집결지에 안착시키는 데 동참하게 된다. 사실상 업소 여성의 미래 수익에 대한 기대는 이들의 신용 리스크를 직접 취급하는 일수업자 외에도 부동산 중개업자, 임대 소득자 모두가 품고 있다고 볼 수 있다. 여성을 성매매 집결지에 안착시키고 다양한 대출 상품을 이용해 여성들을 '돈을 만들어내는 몸'으로 바꾸는데 이 지역의 공식·비공식 경제 인구가 거의 모두 연루되어 있는 것이다.

그러므로 '여성들이 성매매 업소에서 일을 시작할 때 방과 옷이 필요하다'고 할 때의 '필요'는 공식·비공식 경제 인구가 만든 것이다. 이는 사실상 성매매 여성들의 수입에 근거해 발생하는 대출 이후에 사후적으로 만들어지는 것이라고 보아야 한다.

(이전보다 월세 수요가 많아져서 집주인들이 모두 다가구주택으로 집을 개조한 변화가 일어난 게 20년 안의 일이라는 거죠?) 그렇죠. 원래가 한 가구 살던 사람이 15, 20가구 살게 되는 거잖아요. 그럼 단독주택 사는 사람은 주의해서 보는 거죠. 야, 이거 좀 돈 되나 보다. 그래서 자기 집을 때려 부수어서 그렇게 만들기도 하고, 아니면 나 이렇게 시끄러운 동네에서 살기 싫다 해서 분당 쪽으로 가시는 분들도 되게 많았고요. 〈부동산 김씨〉

이 지역의 집주인들은 돈이 될 것 같다는 기대에서 단독주택을 다가구 원룸 주택으로 개조했고, 이러한 원룸 주택이 많아진 이후 일수업자와 부동산업자가 개입해서 원룸에 대한 여성들의 '필요'를 만들어낸다. 〈보리〉가 말한 '숙식 제공, 월수 200~300 보장'의 업소 광고가 '성형 지원, 풀옵션 원룸 제공'이라는 문구로 전환된 것은 최근 룸살롱 집결지에서 수많은 원룸이 공급되고 있는 상황과 연계되는 것이다. 임대업자, 일수업자, 부동산업자 모두에게 여성들이 몸을 통해 지속적으로 수익을 만들어낼 것이라는 계산이 숨어 있다. 또한 마카오에 갈 때 〈다혜〉의 경우처럼, 여성들에게 무엇인가 필요할 것이라고 가정되어 '넉넉하게' 제공되는 대출금 안에서 사후적 '필요'가 구성되기도 한다.

(언니 돈이 왜 필요했는데?) 그냥. 그냥. 빚이 있었던 것도 아니고 그냥. 뭐… 머리도 붙이고 싶었고, 그때 머리 붙이는 게 30~40만 원 했었으니까. 그리고 들어가고 싶은 방이 있었는데 그게 보증금이 100이었나? (방 보증금으로도 쓰고?) 쓰고, 그리고 거기다가 가구 채워 넣고, 옷도 사 입고. 어디다 썼는지도 기억이 안 나. 〈은주〉

〈은주〉는 막 성인이 되었을 때 선불금 500만 원을 '넉넉하게' 받았다고 하는데, 방 보증금을 뺀 400만 원은 어디에 썼는지 기억도 나지 않는다고 말한다. '넉넉하게' 지급되는 대출금은 결국 자신이 필요한 곳에 돈을 쓰도록 하는 것이 아니라 돈을 받은 이후 필요를 찾아내도록 하는 역할을 한다. 게다가 이러한 필요는 사기, 기망에 의해 만들어지는 경우도 있다.

이 친구랑 미국에 같이 갔었어요. 그때 비자 만들려면 900만 원이 필요했었어요. 거기는 그게 1000만 원. 점프 타는 데 1000만 원. 비자를 만들어서 가야 되잖아요. 비자가 900만

원인가 그렇고? 어차피 점프 타나 비자 만드나 똑같은 돈인데
비자 만들면 시간이 오래 걸린다고 하더라고요. 그리고 굳이
그럴 필요가 없어서 점프 타서 많이 간대요. (어디에서 점프를
타는데?) 캐나다. (밀입국?) 그게 밀입국인가요? 몰래 들어가
는, 철장 이렇게 지나가는, 눈 오는 날 막. (웃음) (그래서 언니
랑 같이 갔어요?) 네, 언니랑 둘이, 1000만 원 주고. 그런데 현
금으로 다 준 건 아니고. 그런데 미리 물어봤어요. 만약에 갔
다가 못 갚거나 이러면, 그러면 어떻게 하나. 그랬더니 만약에
못 버티거나 못 있겠어서 그냥 오게 되면 그 돈은 안 갚아도
된다고. 그 얘기를 다 사전에 듣고. 그렇게 안 하면 누가 무서
워서 가겠냐고. 그렇게 해서 가게 된 거예요. 낸 돈은 하나도
없어요. 여행 가방만 딱 싸서 간. 〈가희〉

대략 2002년경 스무 살의 〈가희〉는 한국인을 상대로 영업하
는 미국의 룸살롱에 유입되었다. 당시 캐나다를 거쳐 미국에 밀입
국하는 비용으로 1000만 원, 비자를 만드는 돈으로는 900만 원을
요구했다고 한다. 하지만 미국 비자를 위조하는 브로커가 개입했다
고 해도 비자에 500만 원 이상을 지불하는 경우는 드물다. 이 돈
은 여성들이 직접 지불하는 것이 아니라 장부상 기재되는 부채액
이다. 부채가 장부상 숫자로 기록되면서 당장 지불해야 하는 돈이
아니다 보니 '필요'는 과장되고 부채액은 부풀려진다. 이에 대해 〈가
희〉는 자신이 '낸 돈은 하나도 없다'고 말했지만 결국 미국에 가서

벌어오는 돈도 없었다.

(언니 지금 쓰는 일수는 이자가 얼마야?) 100에 20. (100 빌리고
100일 동안 120 갚는 거?) 응, 1000 빌리면 1200. 100일 동안.
(언니 100에 120이면 이자 얼만지 알아?) 몰라. (그거 130% 넘
는 거야) 응, 근데 내가 쓴 거 내가 갚는 게 속 편하다고 생각
해. 왜냐하면 그 사람들이 어떤 그거일 수도 있고, 해코지를
할지 어떨지 모르는데. 남의 돈 떼어먹고 두 발 뻗고는 못 잘
거 같아. 어차피 내가 쓴 거니까. 그 이자를 내가 모르고 쓴
건 아니잖아. 알고 썼으니까 갚는 게 속 편하지. 〈은주〉

〈은주〉는 현재 자신이 쓰고 있는 대출금이 엄청난 고리대임에
도 두 가지 이유에서 대출금을 갚겠다고 결심한다. '해코지'와 '속
편함'이 그 이유다. '해코지'는 채권추심에서의 폭력, 협박을 의미하
며 '속 편함'은 '내가 쓴 거 내가 갚는 것'으로 표현되는 부채의 도덕
률이다. 그리고 이러한 '해코지'와 '속 편함'이 바로 여성들이 강제적
으로, 동시에 자발적으로 성매매 산업의 부채 관계에 참여하도록
하는 대표적인 원리다.

이처럼 전통적으로 여성들의 부채를 조절하면서 성매매에 충
원되도록 하는 부채 관계는 '남의 돈을 썼으면 갚아야 한다'는, 채
무에 대한 여성 스스로의 윤리적 태도에 의해 보완된다. 채무자로
서 성판매 여성들의 도덕경제적 실천은 신뢰를 매개로 한 단기 대

출 상품의 높은 이자 및 채권추심의 당위성과 연동하며 여성들을 성매매에 결박하는 결과를 낳는다.

부채 관계를 통해 여성들을 유인하는 성매매 산업의 결속 양식은 얼핏 "친밀성의 경제intimate economies"로 정의될 수 있을 것 같다. 페미니스트 인류학자인 아라 윌슨(Wilson, 2004)은 태국 방콕의 외국인 전용 매춘 업소인 고고바go-go bar 연구에서 비경제적인 방식으로 분류되곤 하는 개인의 삶이 거시적인 경제 발전과 어떻게 연결되는지 "친밀성의 경제"라는 프레임을 통해 분석했다. 그에 따르면 고고바에서는 성상품이 공식적으로 판매되지만, 이러한 경제를 운영하기 위해 사람들 사이에 다양한 종류의 친밀한 관계망이 개입하기 때문에 여기에 착취나 구속의 개념을 적용하기 어렵다고 주장한다(같은 책, 69~101). 고고바와 마찬가지로 한국의 성매매 여성들 역시 부채 관계를 통해 이자수익의 대상이면서 동시에 차용증과 함께 성매매 시장에서 교환 가능한 상품으로 만들어지지만, 정작 그것이 여성들 스스로의 도덕경제적 실천으로 유지된다는 점에서 성매매 산업의 부채 관계는 '친밀성의 경제'에 기반하는 것처럼 보이기도 한다.

그러나 이 같은 인격적 신뢰 관계에서 발생하는 성매매 산업의 부채 관계는 경제의 금융화에 따른 부채 경제의 도래 이후 그 작동 방식에 있어 총체적인 단절과 전환을 맞이하게 된다. 친밀성의 경제를 보완하는 방식으로, 혹은 단절하는 방식으로 새로운 성매매 산업의 경제 양식이 등장하고 있다. 다음 장에서는 부채 관계의 전환과 그것이 여성들의 삶에 미치는 영향을 살펴보고, 이후 이러한 경제적 전환 국면에서 친밀성의 경제와의 연속과 단절은 어떻게 해석할 수 있는지 분석하기로 한다.

3부

금융이 재편하는
성산업

[신자유주의화는] 토지의 상품화와 사유화, 그리고 소농 인구의 강력한 추방, 다양한 형태를 띤 소유권의 배타적 사유재산권으로의 전환, 공유물에 대한 권리의 억압, 노동력의 상품화와 생산 및 소비의 대안적 형태의 억제, 자산의 전유를 위한 식민지적·제국적 과정, 토지의 교환과 조세의 화폐화, (특히 섹스산업에서 지속되고 있는) 인신매매, 고리대금 및 국가 채무와 가장 곤혹스럽게는 탈취에 의한 축적의 혁신적인 수단으로서의 신용 체계 이용 등이 포함된다.

– 데이비드 하비, 『신자유주의: 간략한 역사』, 최병두 옮김, 한울, 2014, 194쪽.

6장

성매매에 투자하는 사회

은행, 성매매의 새로운 공범

앞서 살펴본 〈다혜〉의 부채 그래프에서 우리는 2000년대 초반 기존의 포주를 대체하는 새로운 채권자 그룹으로 제2금융권, 제3금융권이 등장했음을 목격했다. 이러한 변화는 단순히 채권자 그룹의 교체를 넘어, 신용을 통해 한국 성매매 산업이 재구조화되었다는 사실과 관련 있다. '부채 관계'를 통해 작동하는 성매매는 이 시대 채무자를 만들어내는 독특한 금융적 테크놀로지·실천들과 연동하면서 새롭게 합리화되는 계기를 맞이한다. 지금부터는 '불법적인' 성매매가 '합법적인' 경제적 실천의 외양으로 대출 시장에 안착하는 모습을 살펴보고 여기에 개입된 성별화된 금융정치학을 분석할 것이다.

성매매 업소는 어떻게 만들어지는가. 만약 누군가 '룸살롱 불패 신화'[1]를 믿고 성매매 업소를 창업하겠다고 결심하면 그는 자본금을 어떻게 마련할 것인가. 소규모 자영업에 가까운 전통적인 형태의 성매매 업소를 창업하는 것과 강남의 노른자 땅에 위치한 고급 호텔과 분간이 어려울 정도의 대형 룸살롱을 창업하는 것은 자금 조달 방식에서 큰 차이가 난다. 이를 알아보기 위해 여기서는 국내 3대 폭력조직의 두목으로 유명한 조 모 씨와 그의 부하 K가 강남의 룸살롱 창업을 목적으로 J저축은행의 '강남 유흥업소 특화 대출' 상품을 이용해 115억 원가량의 돈을 대출받은 사건을 살펴보기로 한다. 그리고 이를 통해 현재 금융 경제에서 성매매 산업의 위치를 좌표화해보기로 한다.

조 씨의 대출 사기 사건이 처음 수면 위로 떠올랐을 당시 이 사건은 조직폭력배들이 조직 재건에 필요한 자금을 마련하기 위해 벌인 폭력 및 사기 문제로 조명되었다.[2] 그러나 2011년 저축은행 비리에 대한 수사가 시작되면서 조 씨가 J저축은행 부실 대출 문제와

1   강준만(2011)은 한국을 "룸살롱 공화국"이라고 이름 붙인 바 있다. 그는 2009년 금융위기 여파로 기업들이 광고비를 줄이는 등 허리띠를 졸라맸지만 접대비·유흥비 비중은 되레 늘어났다면서, 이러한 접대가 줄어들 수 없는 이유로 한국 사회의 '역사'가 주로 접대의 와중에 이루어졌음을 지적한다. 한국이 "룸살롱 공화국"이 될 수 있었던 배경에는 '아무리 경제가 어려워도 룸살롱은 망하지 않는다'는 '룸살롱 불패 신화'가 있었기 때문이다.

2   조 씨는 1970년대 서방파, OB파와 함께 국내 3대 폭력조직으로 악명 높은 Y파의 두목이다. 그는 출소 후 신학교에 다니고 간증 행사에 참여하고 영화에도 출연하는 등 '과거를 청산'한 모습을 보여주고자 애썼지만, 이후에도 마약, 사기, 도박, 살인 교사 등 다양한 범죄에 연루되며 수감생활을 반복해 여론에 오르내렸다. 조 씨의 '대출 사기' 사건을 최초로 수면 위로 드러낸 보도자료의 제목은 "'양은이파' 재건조직 40명 적발, 6명 기소: 서민을 괴롭히는 폭력조직 끝까지 추적, 엄단"(서울중앙지방검찰청, 2011)이다. 이때까지만 해도 이 사건은 경제와 무관한 깡패들의 조직 재건 문제로 보였다.

연관 있음이 드러나게 되었다. 나아가 이 사건은 성매매 산업의 금융화와 밀접하게 관련되어 있다. 조 씨와 K에 대한 검찰의 기소장과 2014년 12월 19일의 1심 판결문(2013고합1424)을 기반으로 구성한 이 사건의 구체적인 진행 과정은 다음과 같다.

먼저 조 씨와 K[3]는 폭력이라는 수단을 통해 자본금 없이 성매매 업소를 차리고 이 업소에서 300억 원이 넘는 돈을 버는 재주를 발휘한다. 이것이 '조직 재건 자금'으로 세상에 알려진 돈이다. K는 2010년 강남에 건물 두 채를 임차하고 이 두 건물을 전용 모텔에서 성매매가 이루어지는 형태의 룸살롱 5개로 개조했다. 이 개조 과정에서 K는 룸살롱 및 모텔 리모델링 공사업자들에게 공사비를 부풀렸다고 트집 잡아 폭력을 행사하여 미지급된 공사금 1억 4500만 원을 포기토록 함과 동시에 현금 1500만 원을 갈취하고, 이미 지급한 공사금 등 2억 4000만 원을 돌려받는다는 내용의 각서 작성을 강요했다. 이렇게 조 씨와 K는 사업을 확장하기 위한 초기 비용을 전혀 지출하지 않았으며 심지어 공사업자의 돈까지 갈취했다.

두 사람은 개조된 룸살롱에 '바지사장'을 내세웠고, 5개의 룸살롱을 속칭 '하드풀', '소프트풀' 방식으로 운영하면서[4] 약 331억

---

3   K는 1978년부터 Y파 조직원으로 활동하던 자로서 1989년 9월, 수감 중인 조 씨에게 조직 배신자를 처단하라는 지시를 받고 피해자를 칼로 난자했다. 이 사건으로 K는 징역 15년 형을 살고 2005년에 출소하게 되었고 이후 조 씨의 후계자로 활동해왔다.
4   하드풀, 소프트풀 업소는 모두 한 번의 결제로 술 접대와 소위 '2차'가 가능한 원스톱 시스템 성매매 업소다. 하드풀과 소프트풀이라는 분류는 접대하는 여성의 등급, 여성

원 상당의 매출을 올렸다. 이후 K는 영업사장들에게 매출 부진, 청소 불량 등을 이유로 수시로 폭력을 행사해 상해를 가하고, 시가 5000만 원 상당의 외제차를 빼앗거나, 영업 손실금 명목으로 8억 원 상당의 각서 작성을 강요한다. 결국 '아가씨 장사'를 통한 영업수익 이외에 '바지사장'에게서 갈취한 자동차와 8억 원 상당의 각서가 이들의 부가적인 수입으로 잡힌다. 이렇게 벌어들이거나 갈취한 돈은 다시 사채업 자금으로 사용되었다. 사채업을 통해 벌어들이는 이자 수입 외에도 채무자가 돈을 제때 갚지 못하면 채무자의 집, 사무실을 찾아가 행패를 부리고 폭력을 행사해 채무자의 양식장, 리조트 사업권, 외제차, 제트스키 등을 빼앗았다고 한다. 이 과정에서 채무자를 룸살롱 옥상 창고로 끌고 가 야구방망이로 폭행해 늑골골절상을 입히고 조직원에게 보름간 감금하도록 지시하는 등 폭력이 동원되었다.

이들이 자본금 한 푼 없이 5개의 룸살롱을 운영하겠다는 계획을 세운 것은 애초에 룸살롱 창업 자금을 대출해주는 은행이 있다는 정보 때문이었다. 이들은 평소 알고 지내던 지인 L이 주식회사 'C산업개발'의 실질적 운영자로서 J저축은행과 대출 모집 업무 위탁계약을 체결한 사실을 알게 되었다. C산업개발이 맺은 위탁계약은 J저축은행에서 대출특화 상품으로 개발한 '유흥업소 특화대

들이 제공하는 서비스의 종류, 술의 종류, 비용의 차이 등으로 구분한다. 이 두 업소는 서열화된 룸살롱 등급에서 대략 중급 업소에 속한다. 이러한 성매매 업소의 서열화에 대해서는 8장에서 자세히 논한다.

출' 상품 판매에 대한 것으로, 이 상품은 강남 소재 유흥업소 업주 들을 상대로 유흥업소 종사자에게 지급되는 선불금(소위 '마이킹') 서류를 담보 성격으로 제출하면 대출을 해주는 상품이다(2013고합 1424).

절차상으로는 유흥업소 종사자에게 업주가 먼저 선불금을 지급하고, 이때 작성한 서류를 J저축은행에 제출하면, J저축은행에서 업주에게 해당 금액의 전부 혹은 일부를 대출해주는 게 순서다.[5] 하지만 실제 대다수의 유흥업소 업주는 여성들에게 선불금으로 내줄 현금을 갖고 있지 않았기 때문에 먼저 여성들과 서류를 작성하고, 이 서류를 담보로 J저축은행에서 돈을 빌린 뒤, 각종 수수료 명목의 돈을 제한 후 이를 여성들에게 건넸다. 이러한 사실은 J저축은행의 '유흥업소 특화대출' 상품과 관련된 또 다른 사건의 판결문에서도 지적된다. J저축은행의 대출 담당자는 이 대출 상품이 주로 유흥업소 초기 운영 자금이 부족한 업주들이 이용하는 상품이라고 진술했다(2012고합262). 그렇다면 이 대출 상품은 강남에 유흥업소를 창업하고자 하는 업주들을 위한 상품이라고 정의할 수 있다. 이렇듯 성매매 업소의 시작과 경영은 이제 시중 은행과도 밀접하게 결합되어 있다.

5   이 사건의 증인에 따르면 대략 대출희망금액의 150%의 서류를 제출하면 100%의 대출금이 지급되었다고 한다. 그는 '원칙적으로 대출희망금액의 150%의 서류를 기준으로 삼았으나, 반드시 150%가 아니더라도 대출희망금액보다는 많아야 한다'고 진술했다 (2013고합1424).

이 대출 상품에 대한 정보를 바탕으로 강남 유흥주점 2개의 실제 업주인 조 씨와 강남 유흥주점 3개의 실제 업주인 K는 2010년 5월부터 2011년 1월 사이 서울 강남 일대 유흥주점 및 안마시술소 여종업원들을 상대로 사채업에 종사하고 있는 C로 하여금 허위 선불금 서류 작성자를 모집하게 했다. 그리고 이 여성들이 자신들의 유흥주점에서 일하며 선불금을 받는 사람인 것처럼 허위 선불금 서류를 작성한 다음 동일인 명의의 대출신청서에 첨부하고 J저축은행의 개인금융부 직원에게 제출해 대출을 받았다. 이 과정에서 J저축은행에서 받은 대출금을 여성들에게 건네주지 않았는데, 그들 대부분이 조 씨와 K의 유흥주점에서 실제 일하는 여성들이 아니었고, 그저 일정 금액의 수수료를 받고 자신의 명의를 빌려준 것이었기 때문이다. 허위 선불금 서류에 명시된 액수와 이를 근거로 조 씨와 K가 J저축은행에서 받은 대출금을 정리하면 〈표 3〉과 같다.

이 사건을 종합하면 조 씨와 부하 K는 자본금 한 푼 없이 성매매 업소 다섯 군데를 인수해 300억 원이 넘는 영업수익을 거두고, 이렇게 모은 돈으로 사채업을 해 돈을 불리고, 여성들의 명의만으로 J저축은행에서 대출을 받아 115억 원에 달하는 돈을 챙겼다. 그러나 정작 법원에서 중요하게 다뤄진 쟁점은 이들이 모집책 등을 동원해 확보한 '허위' 서류를 J저축은행에 제출했고, 대출 담당자는 이에 '속아' 대출금을 내주었다는 점이다. 그러므로 '유흥업소 특화 대출' 상품을 개발하고 판매한 J저축은행은 단순히 이 사건의 피해자가 된다. 피해자 은행이 입은 손해 대부분이 회복되지 않았고 피

표3 조 씨와 K의 J저축은행 '마이킹 대출' 차용금 내역

실제 업주	업소	허위로 작성된 선불금 서류	J저축은행으로부터의 차용금
조 씨	업소1	22명 이상, 30억 원 이상	29억 9600만 원
	업소2	25명, 14억 4000만 원	14억 원
	총 47명 이상, 44억 4000만 원 이상		**총 43억 9600만 원**
부하 K	업소3	34명, 30억 9000만 원	25억 원
	업소4	27명, 22억 1000만 원	15억 원
	업소5	9명 이상, 32억 원 이상	32억 원
	총 70명 이상, 85억 원 이상		**총 72억 원**

고인들이 피해 회복을 위해 별다른 노력을 하지 않았다는 점이 피고인들에게 불리하게 작용했다.

그렇다면 만약 조 씨와 부하 K가 유흥주점을 운영하고자 여성들을 먼저 모집하고 이들 명의로 J저축은행으로부터 대출을 받아 이 돈을 여성들에게 '마이킹'으로 지급했다면 이 사건은 애초에 전혀 문제가 되지 않았을 것이다. 이 대출 상품 자체가 강남에서 성매매 업소를 운영하고자 하는 사람에게 초기 자금을 제공해주는 상품이기 때문이다. 이러한 연유에서 조 씨와 부하 K의 변호인들은 공판 내내 이들이 만들어낸 '허위' 서류가 대출 실행 여부 결정에서 큰 의미가 없었고, 그러므로 피해자 은행의 착오를 일으킨 바도 없다는, 즉 기망행위와 대출 사이에 인과관계가 없다는 주장을 펼쳤다. 쉽게 말해서 조 씨 측은 이 대출 건이 유흥업소 여종업원의 선불금 '서류 담보'대출이 아니라 유흥업소 업주에 대한 '신용'

대출이기 때문에 제출된 '허위' 서류는 대출 과정에서 중요하지 않다고 주장한다.

하지만 1심 재판부는 '마이킹 대출'의 실제 실행은 선불금 서류의 제공이 있어야만 이루어지는 것이므로 사기죄의 구성요건인 기망행위에 해당한다고 판결했다. 말하자면 재판부는 이 대출 건이 업주에 대한 신용대출인 건 맞으나, 업소 여종업원들의 선불금 서류가 만일의 '위험'을 대비하기 위한 '중요한 서류', 일종의 담보라고 판단한 것이다. 판결문의 내용을 일부 인용하면 다음과 같다.

> 피해자 은행에서 취급한 마이킹 대출은 서울 강남에 있는 유흥업소를 운영하는 사업자들을 대상으로 한 연 18~23%가량의 고금리 신용대출 상품으로 ㉠ 강남에 있는 유흥업소일 것, ㉡ 사업자 신고를 하여 영업허가증과 임대차계약서가 있을 것, ㉢ 대출 희망 금액의 150%에 해당하는 선불금 서류를 제공할 것을 대출조건으로 하고 있었는데, 피해자 은행에서 위와 같이 선불금 서류를 요구한 이유는, 유흥업소가 자금 회전율이 좋고 현금이 풍부한 이점이 있다는 점과 고금리 상품인 점을 감안하여 **유흥업소 업주에게 신용대출을 해주되, 업주의 신용만을 보고 대출을 해주는 데 따른 위험을 감안하여 향후 업주들이 돈을 갚지 못할 경우 업주들이 종업원들에 대하여 가지는 채권을 대위행사함으로써 채권을 확보하려는 차원**이었다(2013고합1424, 강조는 저자).

강조한 부분을 해석하면, 여성들의 선불금 서류는 업주의 신용을 발생시킨 근거는 아니지만 위험 회피risk hedge를 위한 수단은 된다는 의미다. 이처럼 강남에서 유흥업소 사업자 신고를 한 업주가 신용을 갖게 되고, 여성들과 업주 사이의 '부채 관계'가 위험 회피의 수단이 되는 배경에는 대출이 무차별적으로 실행되어야 하는 이 시대 은행의 시스템이 자리한다. 무차별적 대출이 합법적 대출의 양식으로 자리매김하는 과정에서 전통적으로 매춘 여성의 예속을 보장하고 이동을 실행시키는 도구였던 선불금에 대한 채권은 은행이 처할 수 있는 위험을 방지하는 하나의 합리적 수단으로 취급되고 있다.

반면 취득한 범죄수익의 상당 부분이 유흥업소 인수 및 운영자금으로 사용되는 등 조 씨와 K가 실제로 취득한 이득이 크지 않았다는 점은 오히려 피고인들에게 유리한 정상情狀으로 분류되었다. 다시 말해 사기 행위를 통해 대출을 받았지만 대출금을 원래의 용도에 맞게 성매매 업소 운영에 사용했다는 점이 정상참작의 근거로 분류된 것이다. 그렇다면 "수사역량을 결집하여 엄정하고 철저한 단속을 실시하여 폭력조직이 사회에서 발을 붙이지 못하"(서울중앙지방검찰청, 2011)게 하겠다던 검찰의 애초 의도대로 수사가 이루어졌는지 재고할 필요가 있다. 검찰은 불순 세력의 축출을 통해 안전한 사회를 (재)구축하겠다고 밝혔지만, 성매매 업주는 금융권에 여성들의 선불금 서류를 안전 보장의 장치로 제출하고 대출을 받아 업소를 운영하고, 이 사회는 그것을 합법적이고 합리적인 경제

행위로 인정하고 있다. 이에 대한 문제의식 없이 안전한 사회가 가능할까?

단순히 사회를 폭력조직으로부터 보호하는 것을 넘어, 조직폭력배, 성매매 업소, 은행과 여성들 간에 형성된 '부채 관계'를 합리적이고 합법적인 경제행위로 인정하는 사회에 대한 문제제기가 필요하다. 매춘 여성들의 선불금 차용증이 시중 은행에서 대출의 근거, 위험 회피의 수단이 되는 현실은 이 시대 자본축적 방식이 여성들의 매춘화와 분리되지 않는다는 점을 보여준다. 따라서 성매매 문제를 알선자와 구매자의 문제로만 한정하는 것은 지나치게 협소한 문제설정이다. 여성들이 '탈성매매' 후 돌아가게 될 것이라고 가정된 사회의 구성 양식을 제대로 분석하지 않는다면, 단편적인 해법만 제시할 뿐 사회적 의미의 '탈성매매'는 이루어질 수 없다.

'신용의 민주화'와 부채 경제

사업자 신고를 한 업주에게 신용을 부여하는 대출 상품이 탄생하게 된 거시적 맥락을 먼저 조망해보자. J저축은행의 '유흥업소 특화대출'은 포주와 여성 간 일대일의 인격적이고 대면적인 관계에서 만들어지던 이전 시대의 부채 관계와는 뚜렷하게 구별된다. 새로운 자본축적 방식, 새롭게 고안된 금융적 테크놀로지와 실천이 여기에 연루되어 있다. 가장 먼저 살펴볼 것은 이 시대 부채를 확장하는 동력과 신용의 역할이다.

마르크스는 신용 제도를 화폐거래업자, 고리대금업자들과 같은 기생계급이 산업자본가를 주기적으로 파멸시키거나 또는 극히 위험한 방식으로 현실 생산에 개입하는 힘을 부여하는 제도로 정의한다(Marx, 2010[1987]: 746). 다시 말해 신용 제도는 산업자본의 잉여가치 생산을 거드는 힘이 된다는 것이다. 그는 "이윤이 단지 타인노동의 획득으로 이루어지는 것일 뿐만 아니라, 이 타인노동을 움직이고 착취하는 그 자본도 타인의 소유로 이루어지는 것"(같은 책, 692)이라고 언급하면서 대부 자본의 착취적 성격을 명확히 한다. 그러므로 이때 발생하는 이자는 자본가와 노동자 간의 관계가 아니라 화폐자본가와 산업자본가 간의 관계에서 발생한다(Harvey, 1994[1982]: 345).

이 같은 관점에서 본펠드와 홀러웨이는 신용의 자본주의적 역할에 대해 다음과 같이 설명한다. "만약 한 자본가가 은행에 대부를 요청하면, 그는 결과적으로 다음과 같이 말하는 것이다. '나는 돈을 필요로 한다. 나는 이 순간 충분한 돈을 갖고 있지 않다. 왜냐하면 나의 노동자들에 대한 착취가 나에게 충분한 잉여가치를 가져다주지 않았기 때문이다. 그러나 나는 앞으로 이자를 붙여 부채를 상환할 수 있도록 그들을 충분히 착취할 것이다.'" 그러므로 신용은 '유통 속에서 가치 실현으로 노동의 착취를 통합하는 수단'으로 정의된다(Bonefeld and Holloway, 1999[1995]: 305~306).

하지만 1960년대 말 이후 자본은 사회적 노동력에 잉여노동을 부과하는 데 어려움에 처하고 돌파구를 찾기 위한 노력, 즉 "자본의 반격"(Duménil and Lévy, 2006[2000]: 2009[2003])을 시작한다. 노동자계급은 더 이상 어떤 한계를 넘어 착취되지 않겠다는 것을 분명히 했고, 이후 축적의 위기에 직면한 자본은 공장에서의 노동력 착취 없이 화폐 형태 속에서 부를 축적하기 시작했다(Bonefeld and Holloway, 1999[1995]: 308~309). "자본의 코뮤니즘"(Negri and Hardt, 2008[2004]) 속에서 신자유주의적 조치들이 확산되고 있으며, 금융은 신자유주의 시대의 법칙들을 더욱 강화하고 있는 것이다(Duménil and Lévy, 2006[2000]: 2009[2003]).[6]

1970년대 초반 칠레를 시작으로 증식된 신자유주의적 국가형태는 규제 완화, 민영화, 상품화 정책과 같은 신자유주의화 과정들이 전개되는 데 결정적인 역할을 했다. 동시에 IMF와 세계은행에 의해 추진된 구조조정 프로그램들은 불안정한 체제로의 전이를 가속화했고, 그 결과 오늘날 수억 명 이상의 사람들이 일시적이고 임시적인 노동을 찾아 끊임없이 이주하면서 생활을 이어가고 있다. 자본축적 그 자체로 잉여인구, 잠재적 빈민, 벌거벗겨진 삶이 만들어지고 있다(Denning, 2013[2010]).

사회적 취약계층에 대한 공격을 통해 금융화는 다시금 가속화된다. 이들은 자신의 운명에 대한 책임을 다하지 못한 개인으로

---

6   이 책은 금융자본주의와는 구분되는 신자유주의 금융화에 주목한다. 20세기 초의 금융적 팽창 국면을 설명하기 위한 힐퍼딩(Hilferding, 2011[1923])의 금융자본주의 개념과 오늘날 금융화의 차이는 강내희(2014: 148~152)를 참고하라.

비난받으며, 동시에 확대된 금융 서비스의 소비자로 거듭나 자신의 삶을 스스로 향상할 것을 요구받는다. 여러 학자는 이러한 '금융의 민주화', '자본의 민주화'를 실현하는 데 신용카드회사와 은행이 중추적인 역할을 담당하고 있다고 분석한다.[7] 매닝(Manning, 2002[2000])은 신용카드회사가 많은 미국인이 "한도초과 인생The Maxed-out"으로 전락한 사실까지 이용해 마케팅을 하기 시작했다고 지적한다. 이 카드로 저 카드빚을 메우는 이른바 '신용카드 서핑(카드 돌려막기)'을 카드회사가 직접 나서서 부추겼다는 것이다. 그 결과 우리는 무리한 신용 확장 끝에 발생한 2008년 서브프라임 모기지 사태의 파괴적 여파를 목격한 바 있다. 조정환(2009: 152)은 서브프라임 모기지 대출자의 58%가 진 채무가 과거의 누적 주택지분을 담보로 한 현금 대출, 주택가격 상승분을 근거로 한 추가 대출, 과거 부채였다는 점에서 이러한 대출은 곧 저소득층 가계의 '경제적 어려움의 시장화'라고 정의하기도 한다. 과연 탈산업화 이후 증가한 잉여인구를 흡수하기 위해 오직 부채를 제공하는 방법만

---

[7]   강내희(2014: 153)는 비우량주택 담보대출 시장이 형성되고, 금융 서비스의 '혜택'을 거의 받지 못하던 저소득층—주로 히스패닉, 흑인, 여성—이 금융 대출을 받게 된 것을 "금융의 민주화"로 부른다고 언급한다. 또한 매닝(Manning, 2002[2000]: 475)은 마스터카드의 고문인 로렌스 치머린이 1996년 인터뷰에서 '신용카드가 자본의 민주화에 큰 기여를 했다'고 주장했음을 지적하며 "자본의 민주화"라는 단어를 사용한다. 이렇게 따옴표로 표시한 '금융의 민주화', '자본의 민주화', 나아가 '신용의 민주화'라는 표현은 금융, 자본, 신용이 기업을 넘어 개인에게까지 '민주적으로' 확대되어 '평등'의 기회를 제공했다는 이데올로기적 기만을 반어적으로 지적한 것이다. 한 학자는 '신용의 민주화' 체제를 지칭하는 단어로 "신용 민주주의", "크레디토크라시(creditocracy)"라는 말을 사용하기도 했다 (Ross, 2014).

이 고려되었다고 말하지 않을 수 없다(Endnotes, 2010). 그 결과 대출을 통해 수입보다 많은 지출을 가능케 하는 이른바 "부채 경제debt economy"가 나타나고 있다(홍석만·송명관, 2013: 34).

한국의 상황도 크게 다르지 않다. 한국에서는 2000년 이후 경제가 호전되었음에도 기업이 대출수요를 줄이자 은행이 새로운 수익의 원천으로 가계대출에 주목했고, 은행과 신용카드사가 이러한 시장 개척에 앞장섰다(박찬종, 2014: 142~143; 박창균, 2010). 동시에 이러한 변화는 IMF 경제위기 이후 외국인 영향력이 강화되고 BIS 비율[8]로 표시되는 금융건전성이 중요시됨에 따라 은행과 금융기관이 점차 국가와 산업과는 구별되는 독자적인 논리를 따르기 시작한 결과이기도 하다(지주형, 2011: 347). 금융기관은 재무구조의 건전성을 위해 100%의 위험가중치가 부과되는 기업대출보다 아무런 위험가중치가 부과되지 않는 가계대출을 선호하게 된 것이다(황선웅, 2003).

이처럼 금융 환경이 변화하면서 다양한 표상으로 등장하는 채무자가 나타나기 시작했다. 김순영(2011)은 정부의 신용카드 정책과 재벌 기업이 중심이 된 신용카드사 간의 공모로 신용의 상품화 및 대출 시장의 폭발적 성장이 이루어졌고, 불과 몇 년 만에 경제

---

8   국제결제은행(Bank for International Settlements; BIS) 산하 바젤위원회가 1988년 은행의 파산을 막기 위해 은행 규제를 위한 최소한의 가이드라인을 제시한 것이 BIS 비율이다. '바젤 I'이라고도 불리며 은행 감독을 위한 국제기준으로 은행이 위험자산 대비 자기자본을 얼마나 확보하고 있느냐로 자산건전성 정도를 나타내는 지표이다(박재석, 2013: 14). '건전성'이라는 언표에서도 알 수 있듯이 BIS 비율이 낮으면 은행 경영진의 도덕적 해이로 분류되는 등 BIS 비율은 이 시대 은행의 도덕적 지표 역할을 하고 있다.

활동인구의 16%에 육박하는 400만 명의 '신용불량자'가 양산되었음을 지적한다. 나아가 서제인(2014)은 '신용불량자'라는 표상은 가난의 상태를 규정하고 조절하는 성격변화가 금융화되어 나타난 새로운 빈민 주체라고 정의한다. 새로운 자본축적의 회로 속에서 노동자, 빈민, 자영업자들은 모두 자산소유자로서, 때로는 "시민-투기자"(Allon, 2010)이면서 동시에 채무자로서 금융화에 깊이 연루되고 있다. 그 결과 현재 한국 사회의 가계부채 문제는 정부가 주도하는 다양한 금융 대책, 채무자 구제 방침에도 불구하고 한국 경제의 뇌관으로 지목된다.[9]

이러한 변화에는 다양한 종류의 금융 공학, 지식, 규범, 제도가 개입한다. 앤드루 로스(Ross, 2014: 317)는 금융화 국면에서 사용되는 테크닉을 "뽑아 먹기 기술art of extraction"이라고 말하면서 이것의 두 가지 황금률을 지목한다. 첫 번째는 '어떤 경우에도 채무자들의 부채 상환이 중단되지 않도록 할 것', 두 번째는 '채권자들의 금융 손실이 항상 변제되게 만들 것'이다. 첫 번째 규칙의 실행 메커니즘은 신용평가회사, 채무자에게 결정적으로 불리한 법률, 임금과 사회보험 혜택을 압류할 수 있는 채권자 권력, 새롭게 부활한 채무자 감

9　한국금융연구원(2013)의 조사에 따르면 최근 가계부채는 규모의 급증에 따른 부담뿐 아니라 구성 및 구조적인 측면에서도 취약성이 내재되어 있다고 평가된다. 금융권역 간 대출구성 측면에서 보면 글로벌 금융위기 이후 상대적으로 고금리이며 생계 목적의 대출 비중이 큰 비은행 가계대출이 상대적으로 빠르게 증가하고 있고, 대출구조 측면에서는 비교적 짧은 만기의 변동금리부 일시상환대출의 비중이 높아서 만기 또는 금융시장의 충격 발생 시 차주가 차환위험과 금리변동위험에 노출될 수 있다는 문제가 지적되고 있다(같은 책, 7~8).

옥을 망라하며, 부채의 짐에서 벗어나기를 꿈꾸는 채무자들을 무력화하는 강력한 도덕주의 역시 효과적인 메커니즘으로 작용한다. 두 번째 규칙은 최근 활성화되어온 지대추구 사회의 거버넌스 원리에 의해 실행된다. 그 결과 1980년대 해고된 블루칼라, 화이트칼라 노동자들은 믿을 만한 회전대출자가 되는 방식으로 신용 시장에 편입되었다(같은 책, 949).

그중에서도 로스가 지목한 두 번째 황금률은 증권화securitization로 알려진 채권유동화 기법과도 밀접한 연관이 있다.[10] 증권화는 전통적으로 은행이 발행해주고originating 보유했던holding 비유동적 대출(부채자산)을 증권시장에 판매·유통하는 행위를 말한다(김명록, 2008: 25). 더 쉽게 설명하면 부채자산을 거래 가능한 증권으로 변경시켜 자본시장에 판매하는 것을 의미한다(같은 글, 24). 이를 통해 대출은 이자를 취득하는 시장 외에 또 다른 시장을 갖게 됨으로써 이전에 비해 위험이 분산되고 수익이 증가하게 되어 더욱 적극적으로 실행된다. 강내희(2014: 467)는 과거 개인이 대출을 받기가 쉽지 않았던 것은 금융기관이 주로 산업자본, 즉 실물경제 부문에 자금을 대출해주고 거기서 나오는 이윤을 배분받는 수익구조를 갖고 있었기 때문이며, 한국의 금융기관도 대략 2000년 이후부터 이윤보다 이자를 겨냥해 대출을 해주고, 또 대출된 자금을 대상으로

---

10   지주형(2011: 89)은 신자유주의적 자본축적의 핵심에는 금융화가 있고 이러한 신자유주의적 금융화는 증권화(securitization)나 자산유동화(asset securitization)를 핵심적인 특징으로 한다고 지적한 바 있다.

채권을 발행해 증권화하는 새로운 수익 창출 기법을 따르면서 개인의 자금 대출이 더 쉽게 이루어질 수 있게 되었다고 지적한다.

부채 경제를 떠받치는 이러한 새로운 금융 테크닉은 새로운 경제주체를 만들어내기도 한다. 예를 들어 폴 랭리(Langley, 2006)는 미국 사회에서 새로운 투자처를 발명해낸 부동산담보부증권MBS의 테크닉을 "교외의 증권화"라고 명명하며 이것이 모기지 연결망을 확장시켜 "교외 주택 자산 소유자이자 투자자로서의 교외 주체suburban subject"를 만들어냈다고 분석한다. 부동산 담보대출자에 대한 채권의 흐름을 한데 '묶어놓는pooling' 것만으로 또 다른 수익을 발생시키는 고도로 발달한 금융적 실천을 통해 전에 없던 새로운 주체가 등장하고 있는 것이다.

금융화는 새로운 관계 역시 (탈)조직화한다. 서동진(2015)은 이러한 금융화 국면 속에서 자본물신주의는 신자유주의적 자본주의가 초래한 빈곤과 실업, 삶의 불안정성을 토대로 하는 신용물신주의와 만나 자본주의적 사회관계를 조직하고 있다고 분석한다. 유사한 맥락에서 본펠드와 홀러웨이(1999[1995]: 312)는 신용 확장이 지구적 규모에서 저항의 동질성을 해체하는 것을 돕고 있으며 신용-부양적 호황을 통해 노동자계급은 자본 관계 속으로 통합된다고 지적한다. 라파비차스(Lapavitsas, 2009)를 경유해서 이 차이를 보다 명료화하면, 이전 시대의 신용은 산업자본에 의한 착취exploitation를 가속화하는 수단이었던 반면, 현재의 신용은 대출을 확산시키며 개인의 삶 자체를 이윤의 원천으로 만드는 수탈expropriation 원동력으로 작동한다고 구분할 수 있다. 물론 그가 강조하듯 현재의 금융적 수탈 국면 역시 생산적 자본에 의한 착취의 성격을 동시에 가지고 있다는 사실은 결코 부인할 수 없다.

이제 우리는 이 같은 경제의 금융화, '신용의 민주화democratization of credit'를 통한 부채 경제로의 전환을 이해해야 한다. 이전 시대의 부채 혹은 신용이 가진 역할이나 의미에 분명한 변화가 생기고 있기 때문이다. 부채는 인격적 관계에서 개인을 예속시키는 역할을 넘어, 빈자에게 평등한 기회를 제공한다는 착시 효과를 만들어낼 뿐 아니라 새롭게 만들어진 다양한 금융·신용 기법과 연계해 그 자체로 금융화된 자본축적의 동력이 되었다.

성매매 산업이라는 황금어장

이상의 내용을 통해 우리는 J저축은행의 '강남 유흥업소 특화 대출' 상품이 최근의 경제 금융화, '신용의 민주화'를 동력으로 하는 부채 경제의 연장선에 있음을 확인했다. 신규 대출이 연속적으로 일어나야만 하는 금융화된 부채 경제의 생태계에서 저축은행 비리 사건은 필연적으로 발생할 수밖에 없었다. 매춘 여성에 대한 대출 상품은 '저축은행 비리', 부실화의 과정 속에서 고안된 것으로, 이 시대 '노동 없는 존재'에게까지 대출이 확장되는 대표적인 사례다.

부채 상환 능력이 없는 사람에게까지 무차별적인 대출이 이루어지고 이들로부터 높은 수수료와 이자를 수취하는 것을 보통 "약탈적 대출"이라 부른다(Harvey, 2014[2012]). 신용이 '민주적으로' 확대되어 모두가 평등한 신용 접근 기회를 갖게 되었다고 자본은 선전하지만, 실상 그 속에는 빈자들에 대한 '약탈'이 숨어 있다는 주장이다. 하지만 그럼에도 투기적 자본은 신용 의존적 삶을 살아가는 "신용의존계급creditariat"을 만들어내는 데 성공했다(Haiven, 2011: 94). 신용의 확대를 통한 대출의 확산에는 약탈과 같은 폭력적 수단 외에도 채무자가 높은 수수료와 이자, 대출 원금을 상환할 수 있다는 합리적 계산도 포함된다. 쉽게 말해 '노동이 없는' 사람이지만 '부채 상환 능력이 있다'고 믿는 판단 안에는 특정한 계산의 논리가 숨어 있는 것이다.

성판매 여성에 대한 대출 상품의 경우, 이러한 합리적 계산에는 일차적으로 여성들의 몸이 만들어낼 미래 수익에 대한 신뢰와 그런 신뢰를 현실화하는 금융 기법과 실천이 포함된다. 여성들이 벌어들일 미래 수익에 대한 사회적 신뢰는 여성의 몸을 사회적 담보와 같은 것으로 계산하고 묶어두는 실천과 결합해 대출 승인의 합리적 근거로 작동한다. 이 책에서는 성판매 여성이 벌어들일 미래 수익에 대한 사회적 신뢰, 여성 몸의 담보증권화securitization가 이러한 부채 경제의 생태계를 가장 하부에서 떠받치고 있음을 분명히 한다. 그리고 최근 성매매 산업을 중심으로 한 대출에서 여성들의 몸이 담보와 같은 것으로 계산되고 다양한 금융적 실천에 의해 고착되는 역동의 전 과정을 '여성 몸의 증권화securitization 과정'이라고 정의한다. 이를 살펴보기 위해 먼저 J저축은행의 '강남 유흥업소 특화대출' 상품이 만들어지고 문제화된 배경을 간략하게 알아본다.

2011년 '저축은행 비리'에 대한 수사가 시작되었고 그해 9월 대검찰청 중앙수사부 산하 '저축은행 비리 합동수사단(이하 '합수단')'이 발족했다. 합수단 출범 이전 이미 P저축은행 등 9개 저축은행이 영업정지되었고, 합수단 출범 이후 2011년 9월에는 J저축은행 등 저축은행 7개가, 2012년 5월에는 저축은행 4개가 영업정지처분을 받았다. 이 과정에서 2013년 2월 합수단이 공식 해단하기 전까지 저축은행장 등 고위직 임원 3명이 자살하고, 저축은행 관련자 10명, 이상득 전 국회의원을 포함해 금품을 받은 정치인 4명이 기소되면서 이 사건은 더욱 주목받게 되었다.

세간의 이목을 끈 이 사건을 통해 저축은행 내 '대주주 및 경영진 사금고화' 문제, '불법·부당 영업 행위' 문제가 주요 쟁점으로 떠올랐다. 동시에 평생 모은 재산을 저축은행 직원의 말만 믿고 맡긴 서민들, 그중에서도 특히 수많은 '노인'이 '가장 큰 피해'를 입었다고 알려지면서 이 사건은 '민생 문제'로 주목을 받는다. 그러나 저축은행 사태의 원인으로 단순히 대주주 및 경영진의 '모럴 해저드'를 꼽는 것은 어딘지 불충분해 보인다. '대주주 및 경영진 사금고화'나 '불법·부당 영업 행위'가 등장하게 된 근본적인 이유가 있기 때문이다. 이를 저축은행의 역사를 통해 정리하면 다음과 같다.

1972년 상호신용금고법의 제정으로 사설 무진회사, 서민금고

등이 제도권 금융기관으로 탈바꿈하여 성장하면서 상호저축은행이 시작되었다. 여러 부침에도 불구하고[11] 2005년 이후 저금리 기조의 지속으로 인한 부동산 경기 활황, 각종 규제 완화 정책 등에 힘입어 부동산 PF 대출[12]을 중심으로 저축은행의 자산이 급증하는 등 경영이 다소 개선되었으나, 2008년 글로벌 금융위기의 여파로 부동산 경기가 침체되면서 그동안 급증했던 부동산 PF 대출이 급속히 부실화되어 저축은행 사태가 발생하게 되었다(정찬우·박창균·이시연, 2012: 5). 김영필(2012)은 부동산 개발붐 시기, 분양이 어려운 곳까지 '묻지마' PF 대출이 이루어졌고, 사업성 평가를 깐깐하게 하지 않는 대신 PF 수수료를 높게 받는 식으로 위험을 부담했다고 지적한다. 대출 이자를 제외한 PF 수수료를 보통 15~20%까지 받았으며 50% 가까이 받은 적도 있다고 한다. 급기야 '에버그린론'이라 불리는, 몇 년간의 이자 비용까지 감안해서 돈을 더 얹어 대출해주는 부실 대출 상품까지 등장하게 된다. 대출이 부실해지면 차명 대출을 만들어서 이를 갚도록 해 저축은행의 자산은 기하급수

11   1997년 외환위기 이후 많은 저축은행이 우량고객의 이탈로 부실화되어 퇴출되었고, 2003~2004년에도 새로운 수익모델로 취급했던 소액신용대출이 신용카드 부실 사태로 부진하면서 저축은행 업계는 어려움을 겪었다(정찬우·박창균·이시연, 2012: 4~5).
12   양기진(2011)은 프로젝트 파이낸싱(Project Financing: PF)에 대해 금융회사로부터 특정 프로젝트의 투자재원을 조달하기 위하여 사업주와 독립된 프로젝트에서 발생하는 현금 흐름(cash flow)을 상환재원으로 하는 금융 기법이라고 정의하며, 저축은행의 이러한 부동산 기획 대출에는 부동산 개발 관련 특정 프로젝트의 사업성을 평가하여 그 사업에서 발생할 미래의 현금 흐름을 상환재원으로 하는 '일체의' 대출이 포함된다고 설명한다. 쉽게 말해서 부동산 PF는 부동산 개발을 통해 발생하게 될 미래의 수입을 담보로 대출을 진행하는 사업으로 정의될 수 있다.

적으로 증가하게 되었다(같은 책, 131~136).

가장 오래된 저축은행으로 "저축은행 업계의 산증인"(같은 책, 38)으로 불리는 J저축은행 역시 PF 대출 등의 부동산 관련 분야를 통해 자산운용을 확대해왔고 부실 대출을 만회하고자 계속적인 차명 대출을 만들어왔다. J저축은행 회장 Y의 1심, 2심, 3심 판결문(2011고합1312, 2012노3666, 2013도6826)에 따르면 이 과정에서 대주주, 경영진, 대형 차주는 저축은행을 '사금고'처럼 이용해왔고, 감독 당국이 이들로부터 금품을 받으면서 부실 문제는 개선 없이 확대재생산되었다. 대주주, 경영진, 대형 차주의 소위 '묻지마 차명 대출'은 필연적으로 또 다른 차명 대출을 일으키지 않고는 상환될 수 없으므로 부실 대출의 악순환은 계속되었다. 차명 대출을 또 다른 차명 대출로 상환하기를 반복하는 과정에서 이러한 '관리건 대출'의 규모는 2011년 10월 이미 1200여억 원에 이르게 되었다.

동시에 위험자산 대비 자기자본비율인 BIS 비율을 높이기 위해서라도 신규 대출은 계속되어야 했다.[13] 이들은 BIS 비율 제고 및 신규 운영 자금 조달을 위해 분식 결산된 재무제표를 제시했고, 이런 허위 재무제표 내용을 사실로 믿고 J저축은행의 재무 상태가 양

---

13   저축은행은 자기자본비율이 8%에 이르지 못할 경우 동일 차주에게 80억 원 이상 대출을 할 수 없고, 5% 미만일 경우에는 금감원의 경영개선 명령을 받아 감독관이 상주할 뿐 아니라 자기자본비율이 낮을수록 고액예금 수신이나 후순위채 발행이 불리하게된다. 이로 인해 저축은행은 반기 결산마다 자기자본비율을 8% 이상으로 높이기 위해 분식 결산을 감행했고, 저축은행 사태를 계기로 이 일이 수면 위로 올라왔다(정찬우·박창균·이시연, 2012: 310).

호하다고 신뢰한 일반 투자자들은 의심 없이 후순위채를 매입했다.

이처럼 '부실 대출'을 만회해 BIS 비율을 높이기 위해 차명 대출이 계속 만들어져야 하는 환경 속에서, J저축은행은 이자율이 높고 부실률이 낮다고 평가할 만한 새로운 대출 상품을 만들어야 했다. 이런 맥락에서 1500억 원대의 대출을 발생시킨 '유흥업소 특화대출' 상품이 만들어지게 되었다. 게다가 J저축은행의 신용공여에서 문제가 되는 범위는 상호저축은행의 대주주, 임원이나 그들의 직계비속 또는 그들이 사실상 지배한다고 인정되는 법인 및 그 지배기업집단까지다. 다시 말해 '대주주 사금고화 방지'로 집약되는 상호저축은행에 대한 대출 규제 내에서 J저축은행이 강남의 유흥업소에 신용공여를 한 것은 전혀 문제의 소지가 없다. 이미 살펴보았듯 이 대출 상품이 문제가 된 것은 악명 높은 조직폭력배 조 씨가 '허위 서류'를 제출해 대출 '사기'를 벌였기 때문이다.

그렇다면 '유흥업소 특화대출' 상품은 수익성이 높은 대출 상품일까? '마이킹 대출' 상품은 대략 연 24%의 고리대 상품이다 (2012고합262). 동시에 매춘 여성이 처한 전통적인 채권채무 관계에 개입된 협박, 폭력을 통한 예속화, 부채의 도덕률은 선불금 채권에 대한 신뢰를 만들어내고 낮은 부실률을 예측하는 근거가 된다. 실제로 한 경제 일간지는 유흥업소 여성 접대부에 대한 대출이 부실화될 가능성이 크지 않다면서 J저축은행을 인수한 KB저축은행이 '마이킹 대출'을 파산재단에 넘긴 것을 두고 "KB지주 '아가씨 대출' 아깝네"라는 제목의 기사를 작성하기도 했다(박종서, 2012). 이 대출 상품의 부실률이 낮을 것이라 계산한 가장 중요한 근거는 여성들이 벌어들일 미래 수익에 대한 예상이다. 성매매가 보장하는 미래 수익을 통해 여성들의 선불금은 무리 없이 상환될 것이며, 업주도 안정적인 수입을 달성할 수 있을 것이고, 나아가 일정한 이자 수입 이후 안정적으로 원금이 상환될 것이라고 예측하고 있다.

조 씨의 1심 판결문에 따르면 이 대출 상품은 '강남'에 있는 유흥업소에만 대출금을 지급하는 상품이었다. 또한 대출 심사가 진행되는 과정에서 J저축은행 대출 담당자는 업소의 현황을 파악해야 하는데, '유흥업소 업주를 상대로 대출희망금액, 종업원의 수, 선불금 서류 금액, 월 매출액, 룸 개수, 사업장 규모, 보증금 현황 등이 파악되어 보고'되었다. 이러한 현황 정보는 궁극적으로 '룸살롱의 입지 조건', '여성들의 숫자'로 요약된다. 결국 '많은 여성 종사자를 보유하고 있는 강남 대형 유흥업소의 미래 수익은 보장된다'는 사회적 신뢰가 형성되었다는 의미다.

이렇듯 성매매를 통해 엄청난 수익을 올릴 수 있다는 믿음은 우리 사회에 널리 퍼져 있다. 2012년 성매매 알선과 탈세 혐의로 국내 최대 규모의 유흥주점 업주 형제가 구속기소되면서 이 업소의 규모가 세상에 드러났다. '어제오늘내일', 소위 'YTT'라는 이름으로 운영되던 이 업소는 아시아 최대 규모의 룸살롱이라고 알려져 있다. 이들은 19층에 객실 169개의 세울스타즈호텔과 지하 1~3층에 룸 180개를 가진 유흥주점을 운영했고, 유흥주점의 연간 매출액만 650억 원, 2년 동안 하루 평균 200~300회, 도합 최소

8만 8000회의 성매매를 알선했다고 한다(서울중앙지방검찰청, 2012). 이렇게까지 규모가 큰 업소가 존립할 수 있고 심지어 호황을 누린 것은 이 업소를 이용한 수만 명 혹은 수십만 명의 남성 손님, 이 지역 공무원, 경찰 간에 카르텔이 있었기 때문이다. 이러한 카르텔 자체가 곧 유흥업소의 미래 수익에 대한 사회적 신뢰를 보여주는 것이다. 앞서 살펴본바, PF 대출이 사업대상 프로젝트에서 발생할 것으로 예상되는 미래의 현금 흐름을 담보로 자금을 제공하는 대출이라고 할 때, 이러한 '유흥업소 특화대출'은 '유흥업소 PF'로 이해되지 못할 이유가 없어 보인다.

그러나 '강남'이라는 입지 조건이 이러한 '유흥업소 특화대출'을 가능하게 하는 유일한 요인은 아니다. 2003년 8월 영업인가가 취소된 K저축은행은 금융 당국에 의한 경영개선조치 유예기간 중 공격적인 마케팅을 펼쳤는데, 그중 대출 규모 약 545억 원에 달하는 유흥업소 종사자 대상 대출 상품인 '스페셜 론'이 포함되어 있었다 (조성곤·전정윤, 2004). U신용협동조합 역시 2001년 9월부터 2003년 2월까지 울산 지역 룸살롱 업주 및 여종업원을 상대로 총 292억 원이 넘는 고금리(연 36.5~60%)의 대출을 시행했다(2004가단41469). '강남'은 성매매 산업 규모에 있어서 특별한 위상을 가지고 있는 지역이긴 하나, 그 밖의 지역 저축은행에서 이루어진 유흥업소 특화대출 건을 살펴볼 때 지역적 변수가 이러한 대출을 발생시킨 유일한 요인은 아니라고 볼 수 있다. 전체 생산활동 인구의 4% 수준인 100만여 명의 성매매 직간접 관련자 수입이 25%만 하락해도 GDP

가 1% 하락한다는 분석이 있을 정도로 성매매 경제 규모가 팽창한 한국 사회에서(임종석, 2004) 이러한 대출은 '강남'이 아니어도 어디서든 실행 가능하다. 이러한 대출 사례로 미루어볼 때 '유흥업소 특화대출'을 가능하게 하는 유일한 조건은 바로 여종업원, 혹은 '여종업원의 수'라고 추측할 수 있다. 그렇다면 이러한 대출 상품은 '여종업원'을 무엇이라고 가정하고 있는 것인가.

2012년 서울중앙지법은 조 씨와 마찬가지로 J저축은행에서 허위 선불금 서류를 담보로 14억 원을 대출받아 기소된 이 모 씨에게 무죄를 선고한 적이 있다. 무죄를 선고한 재판부는 '은행이 실질적인 담보가 아니라 단지 채권채무 관계를 파악하는 차원에서 선불금 서류를 필요로 했고, 서류상의 종업원이 실제 일하거나 선불금을 받았는지 여부가 대출 결정에 영향을 주지 않은 점을 고려하면 은행의 보증서 요구는 요식행위에 불과했던 것으로 보인다'고 판단했다. 요약하면 '마이킹 대출' 상품은 업주에 대한 신용대출 상품이기 때문에 선불금 서류를 위조한 것은 법률상 '기망'에 해당하지 않는다는 것이다.

하지만 동시에 이 재판에 등장하는 증인들의 진술에 주목할 필요가 있다. 판결문에 인용된 증거기록에 따르면 J저축은행 전무는 '마이킹 대출은 신용대출이기는 한데 한마디로 인적 담보를 해서 대출이 나가는 것'이라고 진술했으며, J저축은행 대출 담당자는 '(마이킹 대출은) 마이킹 서류를 부담보로 하는 신용대출 상품'이라고 진술했다. 증인들이 분명히 이 대출 건에 대해 '인적 담보'라는 말과 '마이킹 서류'가 '부담보'라는 말을 했음에도 불구하고, 또한 결정적으로 J저축은행 전무의 (마이킹 대출은) 핵심이 마이킹을 받는 여종업원들의 몸뚱아리를 담보로 하여 대출을 해주는 것이었습니다'라는 진술에도 불구하고(2012고합262) 재판부는 '마이킹 대출' 상품이 업주에 대한 '신용대출 상품'이라고 판단한 것이다.[14]

이처럼 '마이킹 대출'을 업주의 신용대출로 판단하면서 이들이 성매매 여성들과 형식적으로만 연관되었다고 결론을 내리는 법원 판결은 업주 신용의 근거, 업소 미래 수익에 대한 사회적 신뢰가 형성된 과정에 대한 이해가 결여된 것이라 볼 수 있다. 그 결과 여성들의 선불금 서류를 위조한 것이 무죄라는 판단이 이루어지고, 조모 씨 대출 사건과 같이 유흥업소 특화대출 상품을 제공한 금융회사가 '피해자'의 위치에 놓이게 되는 것이다. 하지만 정말 그럴까? 업주의 신용, 업소 미래 수익에 대한 사회적 신뢰의 진짜 근거를 알아보기 위해 파산자 U신용협동조합의 파산관재인 예금보험공사가 유흥업소 여종업원들에게 미지급한 대여금을 지급하라며 낸 소송의 판결문 중 일부를 인용한다.

U신협은 이사장 ×의 주도하에 이사회 결의를 거쳐 대출관련
법규에 위반되도록 여신규정 시행세칙을 개정하여 다른 직업,

---

14   반면 이 사건의 2심 재판부는 '마이킹 대출' 서류가 담보 효력이 인정된다고 판단하면서 무죄를 선고한 1심 판결을 뒤집고 이 모 씨에게 징역 1년 6개월을 선고했다(정희완, 2013).

직장과 차별하면서까지, 유흥업소 업주 및 여종업원에게 1인 당 평균 3000만 원 이상(292억 7200만 원을 962명으로 나누면 1인당 약 3042만 원씩 대출해준 셈이다)을 대출해주었고, 이들에 대한 대출총액은 U신협 대출총액의 약 51%(≒ 292억 7200만 원 ÷ 572억 7200만 원), U신협 임직원의 위법, 위규행위로 인하여 발생한 부실채권의 약 79%(≒ 292억 7200만 원 ÷ 341억 3200만 원)에 달하는데, U신협이 유독 그들에게만 특혜성 대출을 대규모로 실시할 수 있었던 이유는, 그 당시 업주가 여종업원에게 윤락행위를 권유, 유인, 알선하기 위하여 선불금을 지급하던 관행과 여종업원이 손님들로부터 대가를 받고 윤락행위를 하고 업주들도 윤락행위 알선대가로 많은 수입을 올리는 사정을 알고 있었고 앞으로도 그러한 유흥업소의 경기가 유지된다고 예측했기에, 여종업원에게 많은 금액이 대출되더라도 윤락행위를 통한 수입으로 대출금을 상환하는 것이 가능하다고 판단했을 것이며(2004가단41469).

재판부는 유흥업소 여종업원 특화대출 상품이 여종업원들의 성매매를 통한 수입에 근거해 지급되었기 때문에 예금보험공사는 유흥업소 여종업원들에게 원리금 상환을 요청할 권리가 없다고 판결했다. 이 판결문에서 주목할 부분은 U신협이 유독 유흥업소 여종업원들과 업주에게 특혜성 대출을 대규모로 실시한 이유가 여종업원들이 '윤락행위'로 많은 수입을 올리는 사정을 알고 있었기 때문이며, 앞으로도 유흥업소의 경기가 유지된다고 예측했기 때문이라고 적시한 부분이다. '유흥업소의 경기가 유지된다'는 예측, '여종업원에게 많은 금액이 대출되더라도 윤락행위를 통한 수입으로 대출금을 상환하는 것이 가능하다는' 판단은 과거로부터 현재까지 유흥업소가 여종업원을 통해 벌어들인 수입에 근거한다. 일정 수의 '여성들의 몸'이 일정한 '입지 조건'을 가진 업소에 모이면 해당 업소는 안정적인 미래 수익을 기대할 수 있다는 사회적 신뢰는 여성들의 몸을 일차적 근거로 형성되는 것이다. 위의 판결문은 유흥업소 여종업원 특화대출이 '여성들의 몸'을 담보물로 계산해 이루어졌다는 사실을 명확히 지적했다.

이처럼 현재 부채 경제의 국면에서 성매매를 통한 여성들의 미래 수익을 예측하고 여성들의 몸을 담보로 계산하는 과정은 시중은행에서 합리적이고 합법적인 대출의 근거로 간주된다. 매춘 여성의 몸이 만들어낼 미래 수익에 대한 사회적 신뢰와 여기 결합된 여성 몸 담보화는 합리적인 경제행위로 분류될 뿐만 아니라 사법적 비호를 받고 있는 것이다. 또한 금융화된 경제에서의 여성 몸 담보화에는 이 같은 법적 장치 외에도 그것을 정당하고 합리적인 실천으로 만드는 다양한 장치와 테크놀로지가 연루되어 있다. 여성 몸 담보화를 가능케 하는 이러한 금융 장치들은 다음 장에서 더 자세히 분석한다.

7장

채권으로 유통되는 여성의 몸

빚을 거래하는 기술

여성의 몸을 금융 투자 상품으로 만들어내는 과정은 다양한 금융 테크놀로지에 의해 뒷받침된다. 그중에서 대표적인 것이 앞서 살펴본 채권의 유동화 기법, 즉 증권화securitization 기법이다. '담보화' 와 '증권화'를 동일한 영어 단어로 표현하는 것에서 알 수 있듯이, 대출에서 신용 보강을 위해 여성들의 신체가 담보물과 같은 것으로 설정되는 과정, 담보화 과정은 곧 여성들의 채권을 증권시장에 판매·유통·유동화하는 과정이기도 하다. 다시 말해 현재의 금융 경제하에서 이러한 여성 몸의 담보화 과정은 여성의 부채에 대한 채권, 차용증 채권을 증권화하는 실천 그 자체가 된다. 이러한 차용증 채권의 증권화 과정을 알아보기에 앞서 먼저 차용증 채권이 갖는 효력에 대해 살펴본다.

차용증은 빌려준 돈을 채무자로부터 돌려받을 권리를 정당화하는 증서로 채권채무 관계를 공식적으로 증명하는 역할을 한다.[15] 여성들이 돈을 갚지 않을 경우 채권자는 이 차용증을 근거로 민사 소송을 걸 수 있고 사기죄로 고소할 수도 있다. 성매매특별법에 의거해 성매매로 인한 채권을 무효화하는 것은 일단 소송을 시작해야 가능한 일이고, 이론적으로 차용증은 민사 혹은 형사법적 절차를 통해 현금화될 수 있는 증서다.

앞서 4장에 제시된 〈다혜〉의 부채 그래프에서는 특별한 변수가 개입하지 않는 한 총 3개의 차용증이 발생했을 것이다. 원칙대로라면 각각의 부채 그래프의 시작점마다 이전 차용증은 폐기되고 새 차용증으로 교체되어야 한다. 하지만 폐기되어야 할 차용증은 종종 폐기되지 않고 남아 있다가 시간이 흐른 뒤 여성들에게 채권 증서로서 힘을 발휘한다.

[업주] 몰래 애들이 딴 데서 급전을 100만 원씩 땡겨가지고 쓴 적이 있어요. 그 100만 원씩 4명이 하니까 400을 썼는데, 그게 며칠 있다가 걸렸단 말이에요. 이자가 비싸단 말이에요. 사장님이 정신 못 차리고 호빠 같은 데나 다닌다고, 이 미친×들 어쩌고 이러면서 막 그런 거예요. 그리고 사장님이 사채업자

---

15   차용증은 보통 '채권자 ○○○ 귀하'로 끝난다. 차용증은 채권자에게 일절 손해를 끼치지 않겠다는 각서 그 자체다. 이러한 각서에는 구체적인 약속들이 나열되는데, 원금과 이자율, 이자와 원금 상환 일자, 이자 연체 시 감수할 사항, 상환 의무 불이행 시 감수할 사항 등이 기재된다. 동시에 이러한 약속을 실행할 의무가 있는 채무자의 인적정보도 기재된다.

불러갖고 ××, 어린 애들 급전 이자 비싸게 주고, 어쩌고 막 이러면서. 그게 주마다 이자를 내는 거예요. 그런데 한 주는 이자를 내고, 그다음 주에 사장이 알아갔고. 그냥 이거 원금만 받고 가라고 막 그래서 그 사람이 돈을 받고 갔는데, 그 사람한테 차용증은 안 받았던 거예요. 당시에는 400인데 뭐. 근데 그게 언니, 9년 몇 개월 만에 집으로 날아온 거예요. 집에 등기로. 그게 이자까지 붙어서 천 몇 백인가? 결론은 그 4명 중에 나만 받아봐서. 나머지는 안 받아본 거예요. 여기 안 살고 막 이런 식이 되니까. 그래서 나 혼자 독박 쓰게 된 거예요. 처음에는 기억도 안 나. 뭐지? 뭐지? 했는데 나중에 알고 보니까 그 400이었던 거예요. 그래서 그거 해갖고 재판했잖아요. 두 번까지 지고, 세 번째 하려고 하는데 증인으로 그 일수쟁이가 채권을 넘긴 거예요, 다른 데. 요즘에는 그런 게 많잖아요, 팔아버리는 거. 나중에 일수쟁이가 재판을 나와야 하는데, 자기도 할 말 없잖아. 내가 처음에 재판하고 나서 계속 전화했거든요. 근데 전화를 한 번도 받지를 않아. 그래서 재판에 안 나와서 이겼죠. 〈은아〉

〈은아〉는 400만 원짜리 차용증이 9년 만에 1000만 원이 넘는 채권으로 돌아온 경험이 있다. 이미 폐기되었어야 할 문서임에도 사채업자들은 차용증을 보관하고 있다가 '안 되면 그만'이라는 식으로 민사소송을 걸어서 자신이 소지한 차용증을 현금화하려한다. 활동가 〈보리〉는 심지어 이미 면책 판결이 난 사건에 대해서도 사채업자나 업주, 금융업자들이 마구잡이식으로 소송을 건 여러 사례를 들려주었다. 이를 노리고 부채가 모두 상환된 이후에도 사채업자가 의도적으로 차용증을 돌려주지 않는 경우가 있다. 그러므로 이론상 총 채무 금액은 차용증에 명시된 금액 총액과 일치해야 하지만, 실상 차용증을 이용해 '받을 수 있는 돈'은 실제 채무 총액보다 언제나 많다.

이 때문에 사채 문제를 경고하는 각종 서적은 '부채를 상환하면 반드시 차용증을 돌려받으라'고 조언한다. 또한 마찬가지 이유에서 대부금은 반드시 통장 거래할 것을 강조한다. 대부업자는 차용증 등 서류상으로 확실한 증거는 본인이 갖는 반면, 채무자로 하여금 거래 사실을 입증할 증거를 확보하지 못하게 하기 위해 돈을 주고받을 때 직접 만나 현금으로 거래하는 경우가 많다(송태경, 2011: 43). 이렇듯 차용증에 근거해 채권이 청구될 경우 여성들은 자신이 이미 대출금을 상환했다는 증거를 찾아 직접 소명해야 한다. 채권자들이 이렇게까지 적극적으로 채권추심을 하는 이유는 차용증이 오직 부채를 상환받을 채권자의 권리만을 명시하는 증서이기 때문이다. 채권채무 관계는 채권자의 권리를 중심으로 형성되는 것이다.

폐기되었어야 할 차용증이 다시 돌아오는 또 다른 이유는 여성들이 작성한 차용증이 많은 경우 '백지' 차용증이기 때문이다. 여성들이 이자나 각종 서류를 소홀히 확인하는 경우도 있고, 때로는 사채업자가 여성들과의 친분을 악용해 백지 차용증을 쓰기도 한다. 이것이 오랜 시간이 지난 후에 민사소송을 통해 여성들에게 도달하는 것이다. 백지 차용증은 법원에서 차용증 이외에 다른 소명자료를 제출하라고 요구될 수도 있지만 일단의 가압류가 가능한 증거로 알려져 있다(김기웅, 2008: 21).

> 사채업자 같은 경우는 빚을 쭉 갚다가 못 갚는 기간이 늘어나면 '너 이자가 너무 늘어나니까 차용증 다시 써야 한다'고 얘기하는데 이때 새 차용증 들고 와서 원금을 이자 포함해서 늘리고 다시 쓰게 하는데 그때 빈칸이 되게 많은 거죠. 여기 이름 쓰고 도장 찍고 이러면 서류가 되게 많은데, 그거를 어떤 방식으로 사용을 하게 되는지는. 나중에 금액이 달라질 수도 있고, 그리고 그 밑에 나는 분명히 순이 이모한테 돈을 빌린 건데 돈을 빌려주는 사람 이름에 다른 사람의 이름들이 적혀 있을 수도 있고. 확인되지 않은 사실들이 적혀 있는 이런 사례들도 많이 있어요. 실제로 민사소송 받는 서류들 같은 경우에도 서류들 받아 보면 내가 이름 적은 거랑 위에 금액 쓰인 거랑 필체가 다르다던가, 볼펜이 다르다던가. 〈보리〉

활동가 〈보리〉는 사채업자가 이자 납입을 위해 돈을 더 빌리도록 종용하고 결국 추가 차입금이 더 커지면서 여성들에게 이자 부담을 더 늘리는 수법, 일명 '꺾기',[16] 즉 재대출의 과정에서 여성들이 백지 차용증을 쓰는 경우를 설명한다. 이러한 백지 차용증은 이후 애초에 자신이 빌린 금액과는 다른 액수의 채권이 된다든지, 작성 당시의 채권자가 아닌 다른 이의 채권이 된다든지, 채무자가 알지 못하는 사항들이 기입되어 여성들에게 돌아오는 경우가 많다는 것이다. 채무자는 이렇게 돌아온 백지 차용증이 원래 '백지'였음을 스스로의 힘으로 증명해야 한다. 결과적으로 이 과정을 통해 돈을 받을 권리는 누구에게나 이전 가능해지지만 동시에 돈을 갚을 권리는 한 사람에게 고정된다. 채권은 일종의 재산권이므로 일반적으로 양도할 수 있다.[17]

> 〈사례7〉 한 여성이 유흥주점에서 선불금 3000만 원 받고 2개월 일함. 업주가 1000만 원, 사채업자가 2000만 원을 빌려주었는데, 유흥업소를 그만둔 후, 사채업자와 업주의 채권을 상호저축은행이 양도받아 여성에게 압류와 변제요청이 통보됨
>
> (표정선, 2012: 14).

---

16   조성목(2012: 148)은 이러한 '꺾기'가 결국 이자가 이자를 낳게 하는 수법이라고 설명한다. 이자 1억 원을 받은 업자가 채무자의 사정을 봐주는 듯이 9000만 원을 다시 빌려주면, 엄밀히 말해 이는 이자 납입일을 연기해주거나 유예해준 것에 불과하다. 하지만 사채업자는 이 부분에 대해 높은 이자를 붙여 다시 빌려준 9000만 원을 자기자본금인 양 차용원금으로 상환받는다는 것이다. 그러므로 이자를 내기 위해 또 빚을 얻는 일이 반복되고, 그러다 보면 당연히 아무리 갚아도 원금은 오히려 눈덩이처럼 커지게 된다.
17   민법 제449조(채권의 양도성) ① 채권은 양도할 수 있다. 그러나 채권의 성질이 양도를 허용하지 아니하는 때에는 그러하지 아니하다.

위의 사례에서 살펴볼 수 있듯이 채권이 증권으로 변환되고 상품화되는 시장을 거치게 되면 채권자는 더 이상 여성과 인격적 관계를 맺지 않는 것처럼 보인다. 이미 발생한 대출을 담보로 채권이 발행되고 이것이 상품화되어 거래되면서 여성들은 이전 시대 '부채 관계'를 조절하던 인격적 대면 관계에서 비롯된 채무자에 대한 규율과는 다른 양식의 주체화 과정을 경험한다. 전통적으로 성매매의 채권채무 관계는 성매매를 강제하는 일차적 힘으로 작용했지만, 차용증 채권이 상품화되어 시장에서 가공되고 거래되면서 채권채무 관계를 구성하는 힘의 배열$_{\text{configuration}}$이 변화하기 시작한 것이다. 그렇다면 이제 돈을 받을 권리가 이전되는 지점, 차용증 채권이 상품화되어 판매되는 국면에 주목할 필요가 있다.

한국에서는 자산유동화(asset-backed securitization: ABS) 제도를 도입하기 위해 1998년 제정된 '자산유동화에 관한 법률'에 의해 유동화전문회사(special purpose company: SPC)가 설립되었고 자산보유자가 채권 등 자산을 SPC에 양도하는 채권양도 등의 금융 기법이 본격화되었다. 그 결과 여성들이 저축은행이나 캐피탈사처럼 유동화자산을 보유한 회사로부터 대출을 받았을 경우 발생한 차용증은 자본시장에 판매되는 상품으로 변환된다. 저축은행 역시 저축은행이 보유한 자산을 유동화하기 위해, 즉 부실채권을 매각하기 위해 수많은 유동화전문회사를 가지고 있다.[18] 앞서 살펴보았듯이

---

18   SPC는 원래 목적을 달성하면 자동으로 해산하기 때문에 일종의 '페이퍼컴퍼니'라고도 할 수 있는데, 최근에는 부동산 개발 같은 특수한 사업 목적을 달성하기 위해 일시

BIS 비율을 높이기 위해서 부실채권의 합법적 매각은 중요한 일인데, 은행은 증권화를 통해 자신의 재무제표에서 발생한 신용 리스크를 다른 금융기관에게 이전함으로써 분산시키고 이를 통해 리스크 쏠림 현상을 방지하고자 한다(Jobst, 2008: 48). 다시 말해 증권화는 금융기관이나 신용평가회사 입장에서 볼 때 고객 대출 상품을 투자은행에 판매함으로써 재무 상태를 개선해준다(Marazzi, 2013[2009]: 46). 따라서 은행에게 증권화는 '신용의 민주화'로 인한 위험을 회피하고 안전을 확보하는 수단이 된다.

동시에 은행이 채무자에게서 원금과 이자를 받을 권리, 즉 대출자산을 누군가에게 판매할 경우 대출 회수 이전에 은행은 그것을 현금화할 수 있고 또 다른 고객에게 추가로 대출을 해줄 수 있게 된다(김명록, 2008: 24). 부채가 마치 자산처럼 담보로 제공되면서 또 다른 차입으로 이어지게 되는 것이다. 앤드루 로스(Ross, 2014: 938)는 이러한 영속적인 부채를 낳는 비책을 "회전 신용"이라 정의하고, 그 결과 노동자들은 모두 "믿을 만한 회전대출자likely revolvers"가 되었다고 지적한다. 그러므로 증권화는 '신용의 민주화'를 추동하는 연료가 된다.

증권화는 언제나 리스크를 가공해 자본시장에 판매하는 반복적인 '과정'으로 존재한다. 김명록(2008: 46)은 이러한 증권화 과정을

적으로 설립한 회사까지 SPC로 일컫고 있다(유성렬, 2012). 대표적으로 P저축은행의 경우, 총 120개의 SPC를 설립하고 5개 계열은행으로부터 PF 명목으로 4조 5621억 원의 신용공여를 하여 전국 각지에서 각종 투기적 사업을 벌였다고 한다(대검찰청, 2011).

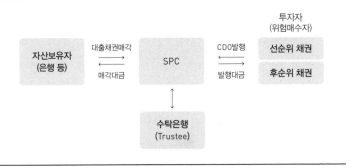

출처: 신용균 외(2004: 41)

"풀링pooling과 재구조화 과정"으로 요약한다. 금융기관이 보유 중인 개별 대출 채권 또는 대출 채권 가운데 (만기, 상환 방식, 이율 등이) 유사한 다수의 채권을 한데 모아서pooling SPC에 결집시키고, SPC가 이를 기초로 자산유동화증권ABS을 발행해 일반 대중에게 분산매각(증권화)하는 것이 이 제도의 핵심인 것이다(신용균 외, 2004: 40).

하지만 각각의 과정들이 변형·반복되고 다양한 금융 기법과 결합하면서 증권화 과정은 무수한 경우의 수로 존재한다. SPC가 유동화자산을 재양도하기도 하고, 파생상품을 활용해 자산유동화증권이 활성화되기도 하는 등 채권양도에 관한 금융 기법은 무수하므로 이를 다루는 것은 본 연구의 범위를 넘는다. 전 세계 파생 금융 상품의 정확한 규모는 파악하기 어려울 정도로 거대하다.[19] 다

19   전 세계 파생 금융 상품 규모는 2010년 말 기준으로 1200조 달러(약 132경 원)로 알려졌다. 금융감독원 자료에 의하면 한국의 경우 2010년 말 기준 30~60조 달러(약 6경

만 중요한 사실은 이러한 증권화 기법을 통해 여성들의 대출 채권이 집결되어 개별적으로 존재하는 것보다 더 많은 이익을 낼 수 있는 덜 위험한 상품으로 재가공되고 있다는 점이다.

그렇다면 '자산유동화에 관한 법률'상 자산보유자의 자격을 갖추지 못한 회사나 개인들—영세 대부업체나 사채업자—은 금융화 단계에 진입하지 못하고 전통적인 영역에 머물러 있는 것일까? 그렇지 않다. 특히 이 책의 주요 연구참여자들은 상호저축은행이나 신용카드회사, 여러 할부금융회사와 같은 여신전문금융회사로부터 대출을 받기도 했지만 강남 룸살롱 집결지를 비롯한 성매매 집결지에서 활동하는 영세 대부업체나 미등록 사채업자로부터 대출을 받는 경우도 많았다.

> 나는 업소 쪽은 안 하니까. 업소 쪽은 거꾸로 해서 밤에 움직이는 거고, 나는 업소 쪽은 안 하니까. (그럼 보통 아가씨들 낮에 깨어 있을 시간에?) 네네. (근데 왜 업소 쪽은 안 하세요? 이유가 있나요?) 그쪽 계통은 돈이 좀 많아야 되고요. 왜냐하면 보통 한 마담에 아가씨들 10명 정도 기준으로 본다고 하면은 1000만 원씩만 준다고 해도 1억이잖아요. (묶여 있는 돈만 1억이니까.) 그렇죠. 그렇다 보니 그쪽은 좀 덩어리가 크겠죠. 그래서 그쪽은 잘 모르는데. 이런 차용증 같은 거는 현금이니까

6000조 원) 수준으로, 거래액으로는 시카고옵션거래소보다 더 많은 세계 최고 수준이다 (홍석만·송명관, 2013: 29).

또 묶여 있다고만 볼 수도 없죠. 은행이랑도 연결되고. 저 같이 조그맣게 비즈니스 하는 사람은 잘 모르는데. 다 아는 이야기이기도 하죠. 근데 잘 모르는 이야기를 할 수는 없으니까.

〈사채업자 박씨〉

〈사채업자 박씨〉는 자신은 영세한 대부업자이기 때문에 '방 일수'와 같은 작은 규모의 대부 업무만 하고 선불금은 취급하지 않는다고 이야기한다. 하지만 그는 여성들의 선불금 채권을 저축은행 등에서 현금화하는 것은 오래전부터 있었던 이야기라고 진술한다. 조 모 씨에 의한 J저축은행 사기 사건에서도 성매매 여성들에게 수수료를 받고 '마이킹' 서류를 허위로 작성하는 일은 사채업자가 총괄했다. 즉 성매매 집결지 현장에서 성매매 여성들과 면식 관계를 맺고 있는 사채업자는 일정한 수수료를 받고 '유흥업소 특화대출 상품'을 알선하기도 하고, 때로는 자신의 채권을 현금화하기 위해서 직접 채권을 저축은행이나 캐피탈회사에 팔기도 한다. 그러므로 미등록 대부업체나 사채업자로부터의 대출과 같은 비공식 경제 부문 역시 현재의 금융화된 공식 경제 영역에 일정 부분 연계·포섭되어 작동하는 것으로 보아야 한다.

〈그림 4〉에서 '브로커'에 해당하는 인물은 보통 사채업 종사자들이며, 이들에게 대출 모집 업무는 자기자본금 없이 높은 수수료를 수취하는 일이 된다. 각 단계에서 지불되는 수수료는 결과적으로 대출에 대한 선이자로 작용한다. 여성들은 실제 차용증에 쓰인

| 그림 4 | '마이킹 대출'의 일반적 과정 |

금액보다 훨씬 적은 금액의 돈을 손에 넣게 되며 그 결과 이들은 필연적으로 고리대의 구조에 놓이게 된다.

그러나 이전과 달리 착취자는 더 이상 구체적인 얼굴을 드러내지 않는 것처럼 보인다. 이전 시대 성판매 여성들의 부채는 포주와의 인격적 대면 관계에서 발생했지만, 오늘날 여성들의 부채는 증권화 기법을 통해 이 시대 투자자 주체들의 이해관계 안에 포섭되고 있다. 금융자본이 단순히 산업 영역에 자금을 공급해주는 역할을 넘어 리스크를 가공해 투자자에게 중개하는 현대의 금융 경제 속에서 매춘 여성들의 채권은 투자 상품이 된다. 그러므로 '시장을 통해 자신의 안전과 자유를 획득하고 금융시장의 위험을 계산하는 자기 의식적이고 책임감 있는 주체'[20]들부터 미등록 사채업

---

[20] 투자자 주체의 탄생에 대한 연구로는 다음을 참고하라. 랜디 마틴(Martin, 2002)은 미국의 가정과 교육 영역 안에서 태생적 자본가로서의 본능을 깨우기 위해 아이들에게 다양한 금융 리터러시 교육이 제공되며 이를 통해 다시금 금융자본주의가 변형되고 재공고화되는 모습을 "일상생활의 금융화(financialization of daily life)"로 분석한다. 이를 통해 회계와 위험관리 같은 계산이 삶의 모든 영역에 포함된, 금융과 이해를 같이하는 주체가 탄생하게 된다. 위험과 보상의 계산에 의해 이루어지는 이들의 일상적인 투자는 이전 시대의 절약·저축과 변별된다. 폴 랭리(Langley, 2008)는 이러한 위험과 보상의 특정

자에 이르기까지 현재의 금융 경제를 구성하는 다종다양한 사람이 매춘 여성들을 담보물로 만드는 실천에 동참하고 있다고 해석해야 할 것이다. 이러한 채권의 상품화, 알선, 투자의 전 과정은 결국 부채가 종국에는 상환되어야 하고 상환될 것이라는 집단적 믿음에 기반하며, 최종적으로 이러한 원리금 상환의 의무는 여성들과 여성의 몸이 짊어지게 된다. 결과적으로 개인 대출 채권의 증권화 과정을 통해 성매매 여성들의 몸을 담보물로 만들고 성매매를 통해 수익을 창출하는 일련의 활동들은 이 시대 금융적 실천이 갖는 도덕적 의미 속에서 정당하고 합리적인 경제활동으로 분류된다.

채권추심이라는 '도덕적' 폭력

강내희(2014: 247~248)는 수백 수천의 개별 부채를 한 덩어리로 묶어 서로 다른 특수성을 지닌 복수의 부채를 하나의 신용 범주에 포함시키는 증권화 과정에서 개인이나 개별 가구의 사정이 고려되

한 계산 기술 장치, 금융 혁신과 신자유주의 정부의 세금 우대 정책, 그리고 활발한 자산 투자를 통해 자신의 '자유'와 안락한 노후를 확보할 책임감과 같은 자발적 명령을 통해, 뮤추얼 펀드나 연금 투자자, '단타 매매자' 등 다양한 투자자 주체가 만들어진다고 분석한 바 있다. 결과적으로 "시장을 통해 자신의 안전과 자유를 획득하고 금융시장의 위험을 계산하는 자기 의식적이고 책임감 있는 주체"들이 신자유주의적 통치성이 작동되는 도덕과 정치 담론 속에서 권한을 부여받고 정당화된다(같은 책). 무엇보다 투자자 주체는 자본주의 질서, 금융시장의 '적법성'과 만나 경제적·사회적·도덕적으로 정당화된다(Preda, 2005). 한국 사회에서 이러한 투자자 주체가 만들어지는 과정에 리스크를 평가하는 안목으로서의 재테크 지식이 개입한다는 연구도 참고할 수 있다(최민석, 2011).

는 경우는 드물다고 지적한다. 이런 설명에 따르면 매춘 여성들의 채권이 증권으로 변환되어 상품화되는 시장을 거치면서 여성들이 가졌던 전통적 낙인이나 개별성이 삭제되고, 여성들은 최소한 포주와의 인격적 예속 관계에서 해방되는 것처럼 보인다. 그러나 넓은 의미에서 증권시장이 존재하는 단 하나의 이유를 생각해본다면 증권화 과정에서 개인이나 개별 가구의 사정이 고려되지 않을 수는 없음을 알 수 있다. 이 모든 복잡한 금융 공학에 의거해 증권 시장이 존재하는 단 하나의 이유는 결국 최초의 부채 원리금은 상환되어야 하며 상환될 것이라는 도덕적·사회적 믿음과 관련 있다.[21]

금융화된 경제가 개별성을 소환하는 맥락에 대해서는 마르크스주의 퀴어 이론가인 미란다 조지프(Joseph, 2014)의 연구를 참고할 수 있다. 그는 자본주의 시스템 안에서 신용이 발달하고 확장하면서 '대인 관계적 신뢰'가 양화·추상화를 통한 '비인격적 계산'으로 대체되고 있다는 분석을 반박한다. 서브프라임 대출의 채무자가 대부분 흑인과 라틴계였다는 사실에서 알 수 있듯이 대출의 확산은 특정 인종, 젠더, 연령에 대한 "경멸적 시선disrespectful regard"의 사회적 관계에서 비롯된다(같은 책, 25). 이러한 대출은 오히려 인종주의같이 특정 집단에 대한 편견에 기반을 둔 신용평가, 대출 영업과

---

21   생계형 사금융 이용자가 증가하는 환경에서 금융감독원(2006a) '비은행감독국 서민금융지원팀'은 '사금융이용자의 고리사채 탈출 10계명'을 발표하기에 이르는데, 첫 번째 계명은 "빌려 쓴 돈은 갚겠다는 적극적인 자세가 중요"하다는 것이다. "급해서 빌려 쓴 만큼 적법한(연 66% 이내의 이자) 범위 내의 빚은 빨리 갚으려고 노력하는 것이 중요하다"며 "사채빚도 상속된다는 점을 명심"하라고 조언한다.

관련 있다는 것이 그의 주장이다. 또한 잘 알려져 있다시피 제3세계에서 소액금융이 여성들에게 집중되는 현상 역시 아이가 있는 여성들은 책임감이 강하며 도주하지 않는다는 젠더화된 관념에서 비롯된다.

무엇보다 개별화된 정보가 힘을 발휘하는 영역은 채권추심의 영역이다. 최초의 부채 원리금은 상환되어야 한다는 도덕적·사회적 믿음은 채권자의 권리 실현이라는 명목 아래 (과도한) 채권추심을 가능하게 한다. 그 과정에서 개인이나 개별 가구의 특성과 사정이 고려되고 활용됨에도, 기존의 증권화에 대한 연구는 채권추심의 영역에는 주목하지 않았다. 채권추심 과정에서 채무자들의 사정을 고려한다는 것은 채무 상환을 위해서 추상적 리스크로만 존재했던 이들의 구체성을 소환한다는 의미이다. 예를 들어 KB저축은행이 J저축은행을 인수하면서 '마이킹 대출'을 파산재단에 넘긴 것을 두고 "아깝네"라고 평가한 것(박종서, 2012)은 구체적인 경험 정보를 통해 우리 사회에서 "'매춘 여성'들의 채권이 '담보 인정 비율'이 높다"(반준환, 2004)는 사실이 공유되었기 때문이다.

> 빚 독촉의 영역에 들어가면 애네들이 불법, 편법, 합법을 망라한, 그러니깐 수시로 빚을 독촉해요. 이걸 아직까지 형사처벌한 전례가 없거든요. 채권의 공정한 추심을 위한 법률에 따르면 '반복적으로, 문자나 음향을 통해서 채무자를 공포스럽게 하고 사생활 침해하는 경우' 형사처벌하도록 되어 있어요. 그

런데 그 규정에 따라서 형사처벌한 전례가 하나도 없어요. 반복이라는 문제의 해석도 그래요. 한 번 가는 건 분명히 반복이 아니죠. 두어 번 가끔 가는 거를 반복으로 해석할 거냐 하는 본질적인 문제가 있어요. 그러니까 쉽게 얘기해서 민원처리가 안 되는 거예요. 법이 그렇게 되어 있다 보니까, 쉽지 않아요. 그런 것 때문에 힘들어하고 목숨 끊는 경우도 꽤 있어요. 잦은 전화, 잦은 문자로 스트레스 받고… 목숨 끊는 사람도 꽤 있어요. 그런데 이런 게 법적인 대항 수단을 갖긴 쉽지 않죠. 〈송태경〉

사채 문제 전문 활동가인 〈송태경〉은 채무자의 삶을 보호하기 위한 '채권의 공정한 추심에 관한 법률'이 있긴 하지만 현실에서는 '과도한' 채권추심, '불법적' 채권추심을 결정하는 경계 자체가 모호할 수밖에 없다고 설명한다. 그 이유는 채권채무 관계의 근본적 속성이 권력관계이기 때문이다. 라자라토(Lazzarato, 2012[2011]: 58)는 도덕의 근본 개념인 'Schuld(죄)'의 개념이 'Schulden(부채)'이라는 물질적인 개념에서 유래했음을 보여준 니체를 인용하며, 부채의 '도덕'이 실업자, 생활 보조자, 복지 수혜자, 나아가 국민 전체의 도덕화로 귀결된다고 주장한다. 채권자 혹은 추심자는 채권을 추심할 '권리'를 행사함에 있어 도덕적 우월성까지 확보하는 것이다.

이러한 도덕적 우월성을 통한 채권추심의 정당화는 결국 '과도한' 채권추심을 용인하는 원리가 된다. 김순영(2011: 94)은 신용카드

사들이 400만 명의 신용불량자를 양산하면서까지 무분별한 카드 발급을 진행할 수 있었던 조건으로 "높은 이자율"과 "강박적 채권 추심"을 꼽는다. 현금 서비스와 카드론을 포함한 대출 업무에 대한 규제가 완화되면서 대출 업무 중심의 영업을 통해 높은 수수료와 연체료를 부과할 수 있는 구조가 가능해졌고, 채권자에게 유리한 채권추심 제도가 불법적인 채권추심을 가능하게 하면서 신용카드 사들이 채무를 진 개인에게 끝까지 부채를 상환하도록 강제할 수 있게 되었다는 것이다.[22]

이 같은 채권추심의 영역은 성별 변수가 극명하게 개입하는 영역이다. 금융감독원(2006b)의 사금융 관련 민원 분석 결과를 참고하면, 총 767건의 접수 민원 중 남성의 민원이 53%로 여성 47%에 비해 많았지만, 불법 채권추심으로 인한 민원은 여성이 54%로 남성 36%에 비해 더 많이 발생한 것으로 나타났다. '술집에 팔아넘기겠다'는 협박도 빈번했다고 한다. 사실상 채권추심은 이 시대 경제의 금융화를 뒷받침하는 실천이긴 하나 특별히 진보된 금융적 기

---

22   고금리 대부업체로 인한 대출 문제 역시 마찬가지다. 2013년 러시앤캐시는 하루 평균 402회, 10개월 동안 12만 2188회의 광고를 내보낸 것으로 알려졌으며, 여기에 사용된 광고비만 134억 원가량이다(조미덥, 2013). 2013년부터 2014년 9월까지 케이블 채널에서 방송된 대부업 광고는 모두 75만 7812건으로, 하루 평균 1188건의 광고를 내보냈다(이재욱, 2015). 송태경(2011)은 이러한 광고가 범람하는 이유에 대해 이자제한법 폐지, 대부업법 제정 등 높은 이자를 가능하게 하는 일련의 법이 사채 시장을 팽창시켰기 때문이라고 지적한다. 동시에 이러한 광고 공세는 '합법적인' 채권추심만으로도 얼마든지 원리금 회수가 가능하다는 경험적 근거 때문일 것이다. 고금리와 채권추심을 통해 얼마든지 원리금을 상환받을 수 있다는 자신감은 이러한 대부업체의 공격적 마케팅을 가능하게 하는 조건이 된다.

술이 사용되는 것은 아니다. 그 대신 채근, 협박, 위협, 괴롭힘, 인격적 모독, 물리적 폭력과 같은 전통적인 폭력의 기술들이 이용된다. 이런 맥락을 고려하면 굳이 많은 사례를 나열하지 않아도 우리는 여성들이 채무 불이행 시 폭력에 노출될 위험이 남성과 비교해 더욱 높을 것으로 예상할 수 있다.

'신용의 민주화'를 가능하도록 만든 조건 중 하나인 채권추심이 성별에 따른 차이를 보인다면 '신용의 민주화' 역시 젠더화되었음을 예상해볼 수 있다. '여성 전용' 대출 상품이 등장한 것 역시 이러한 맥락에서다. 지상파 3사가 대부업체 TV 광고를 중단한 2007년에 비해 지금은 덜한 듯하지만, 여전히 케이블 채널에서는 각종 대출 광고가 범람하고 있다. 이러한 광고는 '쉽다', '빠르다'라는 설명과 함께 여성을 광고 모델로 내세우는 경우가 많으며, 사치스럽고 어리숙한 여성들을 광고에 등장시킴으로써 "여성과 금융에 대한 성차별적 이미지"를 각인시킨다(권도연, 2009). '여성 전용' 대출 상품이 개발될 수 있는 비밀 역시 채권추심에 있다. 〈송태경〉은 인터뷰에서 여성들이 남성에 비해 채권추심이 수월하기 때문에 여성 전용 대출 상품이 등장했다고 지적한다.

수월한 추심이 고리대금 상품을 만드는 데 중요한 요인이라는 것에 착안한다면 유흥업소 종사 여성 전용 대출 상품이 난무하는 이유도 알 수 있다. 유흥업소 종사자는 협박과 채근을 통한 추심의 가장 손쉬운 먹잇감이다. '성매매 사실을 가족에게 알리겠다'는 말 한마디면 충분하다. 실제 포항 지역에서 2010년부터 2012년 사이

10명의 유흥업소 종사 여성들이 빚 문제, 연대보증 문제로 잇달아 자살한 사건이 있었다. 한 사람이 자살하면 그 빚이 다른 사람에게 넘어가는 구조였기에 피해가 커졌다. 포항의 유흥업소에서는 포항 지역 여성들만을 고용했다고 하는데, 이는 가족에게 협박을 하면 쉽게 도망갈 수 없을 것이라고 예상했기 때문이다(경향신문, 2011). 또한 J저축은행 '마이킹 대출'이 부실화될 가능성이 실제로 크지 않다고 분석한 기사도 여성 접대부로부터 받은 각서를 그 근거로 꼽고 있다(박종서, 2012). 각서에는 빚을 제때 갚지 못하면 부모에게 알리겠다거나 혹은 심야에도 빚 독촉을 할 수 있다는 내용이 포함되었다고 한다. 한 학자의 탁월한 표현처럼 '뽑아 먹기 기술'은 채권자의 금융 손실을 항상 변제되게 만든다(Ross, 2014: 317). 그리고 이 대상이 '매춘 여성'일 경우, 그들이 보통 '비밀리에' 일을 하며 일을 하기만 하면 돈을 만들어내기가 어렵지 않다는 측면에서 '뽑아 먹기 기술'은 더욱 효과적인 수단이 된다.

> 굉장히 재미있는 게 주민번호 하나만 알아도 평생 그 사람이 어디 사는지 알 수가 있어요. 그거는 불법인 거고. 제가 그 사람을 찾아내려면 약간의, 소정의 돈이 필요하기도 하고, 금액에 따라 다르기도 하고. 근데 예를 들어서 저희 나라에만 있으면요, 예를 들어 박사님이 부산 해운대에 몇 호에 사는지도 알 수 있어요. 거기 있다가 다음 날 저쪽 서울 강남구 역삼동 500-××번지 302호로 갔다는 것까지도 알 수 있어요. 그걸

평생, 마음만 먹으면 알 수 있고 잡을 수 있어요. 참 재밌는 건 뭐냐 하면 결혼하고 나서. 그러니까 저도 뭐 200~300만 원, 1000~2000, 그거 안 받아도 그만이라고 생각해요. 대신에 너무 괘씸한 거죠. 그래서 되게 무서운 말이지만 되게 이 사람 인생을 망치고 싶은 거? 나중에 너 애 임신하고 보자, 결혼하고 보자, 이렇게 생각해요. 〈박팀장〉

현재 강남의 대형 룸살롱에서 일하는 30대 남성 〈박팀장〉은 유흥업소 종사 여성들이 두려워하는 것이 무엇인지 정확하게 알고 있다. 자신이 지급한 '마이킹'을 상환하지 않은 여성들이 결혼을 하고 아이를 임신했을 때 유흥업소에서 일한 사실을 가족에게 알리고 추심하겠다는 계획을 당당히 밝힌다. 현재 채무자를 보호하는 법률로는 〈박팀장〉의 계획이 제재받지도 않을뿐더러 이로 인한 피해는 고스란히 여성이 져야 할 것이다. 하지만 여성들이 악질적인 채권추심을 당하는 것이 악명 높은 사채 자금을 사용했기 때문에, 존재 자체가 불법인 미등록 대부업체를 이용했기 때문에 발생한 극단적인 사례라고 가정해서는 곤란하다. 부채 경제 안에서의 채권추심은 여성들의 사례처럼 채무자들의 삶을 개별화해 포섭하는 전략으로 이루어지기 때문이다.

예컨대 '제2금융권'인 U신용협동조합의 사례를 살펴보자. U신협에서 '마이킹 대출' 알선 및 원리금 회수 업무를 수행한 대출 담당자 Y는 1년 계약직 직원으로, 상환받은 이자 일부를 수당으로 지급받는 방식으로 고용되었다. Y가 계약한 대출 건 중 매월 상환받은 이자의 25%를 수당으로 지급받고, 대출 잔액이 3억 원 이상인 날로부터 6개월간 대출금 연체율이 10% 이하인 경우에는 상환받은 이자의 5%를 추가 수당으로 받았다고 한다. 위의 수당 외에 다른 명목의 복리후생비는 지급되지 않았고 퇴직금 역시 수당의 10%를 받기로 하면서 U신협에 취업했다(2004가단41469). 한마디로 회사가 Y에게 부여한 역할은 울산의 유흥업소 여종업원들에게 가급적 많은 대출 계약을 맺고 이 계약 건에 대한 연 36.5~60%의 이자가 제대로 상환되도록 노력을 기울이는 일이다. 이러한 계약 조건 아래서 Y가 '악질적인' 채권추심을 하지 않을 것이라고 기대하기는 어렵다. 다음은 비슷한 시기 U신협에서 대출을 받았던 〈다혜〉의 이야기다.

울산이 대구 자갈마당인가, 거기보다는 나았다고 하던데. 하여튼 울산이 마지막이었어요. 그래서 울산에서 만약에 빚이 더 많거나, 아니면 잠수 타거나, 사고 치거나 그러면 섬으로 가야 된다. 딱 그 마지막 고지, 빚 많은 애들의. 근데 하필이면 그렇게 재수 없게 거기서 시작하는 바람에 나는 내 빚이 그렇게 많은지도 몰랐죠. 그냥 거기서는 기본으로 그렇게 달고 있으니까. (…) 빚에 따라서 그렇게 업종이 나뉘어 있었거든요. 그래서 그때 3종 가서, 3종 월급이 얼마였지? 300이었나? 그랬던 거 같아요. 3종에서 월급 300에 이제 맥주, 짝으로 인당 한

짝씩 팔면, 손님 6명이면 6짝, 그렇게 팔면, 만 원씩 떨어졌었어요. 손님 6명에 12짝 팔면 2만 원. (웃음) 기본급 300 플러스 알파. 그런 식으로 매겨서. 그런 식으로 계속 일하면서. 근데 술 엄청나게 마시잖아요. 그럼 그다음 날 몸 안 좋고 짜증나서, 그럼 또 호빠 가서 달리고. 그럼 가게 째끼게 되거든요. 그럼 결근비 100만 원. 결근비 100만 원에 뭐 2~3일 무단으로 때렸다, 그럼 따블. 〈다혜〉

울산에서 거액의 대출금이 마구 지급된다는 이야기는 이곳이 성매매 산업에서 종착역이라는 의미다. 여성들이 이 대출금을 안고 이동할 수 있는 지역이 더 이상 없기 때문이다. 울산에서도 빚이 7000~8000만 원이 되면 3종 업소로 가야 했기 때문에 〈다혜〉는 스무 살이 되자마자 울산의 3종 업소에서 일을 하게 되었다. 3종 업소이기 때문에 급여 조건, 노동 조건은 최악일 수밖에 없다. U신협에서 여성들에게 300억 원에 달하는 돈을 대출해준 결과 여성들은 원리금을 상환하기 위해 울산에 '묶여서' 일을 해야만 했다. 동시에 빚에 '묶여 있는' 여성들이 있는 곳이다 보니 손님들 사이에서는 '저렴한 가격에 잘 놀 수 있다'는 입소문이 나고, 울산 지역에서는 돈이 흔해진다. 만약 스무 살의 〈다혜〉가 이후 지급불능의 상황이 된다면 미등록 대부업체에서 돈을 대출받아 악질적인 채권추심을 당하는 다른 여성들과 결국 비슷한 상황에 놓이게 될 것이다. 심지어 제1금융권으로부터 대출을 받았더라도 모든 채권은 일반적으로 양도가 가능하기 때문에 악질적 채권추심을 피해 가기는 어렵다.

조성목(2012)에 따르면 은행, 카드사의 채권은 신용정보회사(추심위탁), 등록 대부업체, 미등록 대부업체 순으로 넘어간다. 여기서 부실채권이 주로 거래되는데, 부실채권은 보통 채권 가격의 10% 미만으로 거래되기 때문에 대부업자나 사채업자는 부실채권을 대량으로 매입한 뒤 몇 건만 성사시켜도 이익을 낼 수 있다(같은 책, 155).[23] J저축은행의 '마이킹 대출' 채권의 경우는 파산재단에 넘겨졌는데 이 과정에서 여성들의 채권은 증권화되어 파산재단 채권으로 거듭나게 된다.

〈그림 5〉에서 확인할 수 있듯, 신용정보회사에서 등록·대규모 대부업체 추심으로 넘어갈 때는 '단체권'이라는 이름으로 1만 건 단위 채권이 대량으로 거래되는데, 보통 총액의 3~4% 가격으로 구입해서 최소 10% 정도의 채권을 회수하는 것을 목표로 삼는다고 한다. 개별적으로 의뢰받은 채권을 해결하면 보통 20%의 성공 보수를 갖게 되고, 불법이긴 하지만 신용정보회사에서 직접 채권을 의뢰받기도 하는데 이때는 100만 원 회수를 기준으로 10% 정도의 성공 수수료를 받는다고 한다(하어영, 2011). 〈사채업자 박씨〉는

---

23   카드회사의 채권인 경우는 일정 기간 연체 채권이 되면 한국자산관리공사에 양도하거나 채권추심 업체에 위임하는 과정을 따른다. 채권추심 업체가 카드사로부터 위임받을 경우 보통 회수 금액의 22%(업계 평균) 정도를 수수료 형식으로 받게 된다(신용균 외, 2004: 113).

그림 5

추심 업체 피라미드

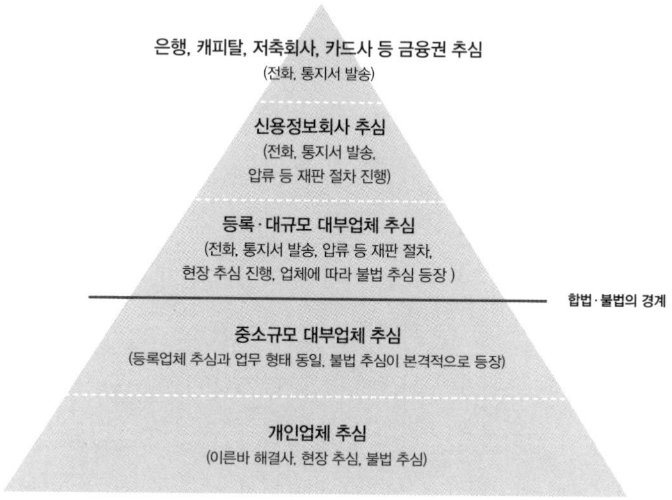

은행, 캐피탈, 저축회사, 카드사 등 금융권 추심
(전화, 통지서 발송)

신용정보회사 추심
(전화, 통지서 발송,
압류 등 재판 절차 진행)

등록·대규모 대부업체 추심
(전화, 통지서 발송, 압류 등 재판 절차,
현장 추심 진행, 업체에 따라 불법 추심 등장)

합법·불법의 경계

중소규모 대부업체 추심
(등록업체 추심과 업무 형태 동일, 불법 추심이 본격적으로 등장)

개인업체 추심
(이른바 해결사, 현장 추심, 불법 추심)

출처: 하어영(2011)

최근 2~3% 정도 가격으로 개인 간 채권양도·양수가 이루어지는 온라인 카페가 있다는 말을 하기도 했다. 집행권원이 있는 민사 채권은 양도 및 추심이 가능하다. 앞서 설명했듯 이러한 추심자의 성공 보수, 성공 수수료는 모두 채무자 '뽑아 먹기 기술'을 통해 만들어진다.

모든 채권 및 채권추심의 양도·양수 과정은 증권화 과정의 일부이다. 이미 1995년 미국의 CFS(Commercial Financial Services)는 무담보 부실채권을 담보로 8000만 달러 상당의 증권을 사모발행하여 과거 10여 년간의 부실채권을 정상 채권으로 전환한 결과 투자자들에게 큰 수익을 거두게 해주었다고 한다(오진욱, 1997). 이때 은행에 큰 손실 없이 다양한 종류의 여신을 처리하기 위한 증권화의 테크닉, 채권을 현금화하기 위한 노력, 여기에 개입되는 복잡한 금융 공학 기술, 이로 인한 투자자들의 수익은 전적으로 채무자의 원리금 상환에 의존하는 것이다. 금융 산업은 엄밀하고 과학적인 수식에 의해 움직이는 선진적인 산업이라고 알려져 있지만, 사실 금융화의 말단에서 이 구조를 지탱하는 것은 협박, 폭력, '뽑아 먹기 기술' 등 채무자의 삶 자체를 이윤의 원천으로 만들어내는 수탈 그 자체이다. 그렇다면 최근에 등장한 '기업형 조폭'도 사실상 현재 금융 경제 질서유지의 한 축을 담당한다고 볼 수도 있을 것이다.[24] 부실채권도 합법적으로 현금화가 가능한 정상 채권으로 만들어지고 있는 현재의 금융 경제 질서 아래서 채무 상환에 동원되는 폭력 역시 사회의 안전을 도모하는 '합법적인' 원리로 자리매김하게 된다.

---

24 김종목(2011)은 기사를 통해 최근 '기업형 조폭'이 '폭력행위 등 처벌에 관한 법률 위반'이 아니라 '특정경제범죄 가중처벌법'과 같은 화이트칼라 범죄에 연루되고 있다면서, 2010년 자본 없이 빌린 돈으로 코스닥 상장업체를 인수한 뒤 회사 돈을 횡령한 조직폭력배들이 검찰에 적발된 일화를 언급한다. 그는 이들이 '기업 사냥꾼'의 불법 인수·합병 방식에 폭력을 결합시키는 수법으로 '진화한 폭력'을 행사했다고 평가한다.

여성−풀링²⁵과 대형 룸살롱의 등장

이 책에서 파악한 J저축은행, U신용협동조합, K저축은행의 유흥업소 여성 전용 대출 상품의 대출금 총액은 2337억에 달한다. 내가 미처 파악하지 못한 거액의 대출 사례와 수면 위로 드러나지 않은 수많은 '아가씨 대출 상품'의 대출금까지 합친다면 천문학적인 금액이 성매매 업소 종사자와 업주에게 대출되었을 것이다. 이러한 대출은 모두 2000년대 초반에서 2010년 사이에 이루어진 것으로 파악된다. 이 시기는 여성운동 진영에서 그 어느 때보다 '반성매매'에 힘을 결집하고 정부와 한마음이 되어 성매매 방지에 앞장섰던 시기다. 그렇다면 어째서 이런 정반대의 결과가 나오게 된 것인지 질문하지 않을 수 없다. 이를 위해 성매매특별법의 제정에도 불구하고 부채 경제가 확산하고 그에 따라 대출 시장이 팽창한 것이 성매매 경제에 어떤 효과를 미쳤는지 살펴보자.

1990년대 말의 경제위기를 지나 경제 안정기 즈음인 2004년, 성매매특별법이 제정되고 시행되었다. 이에 대해 '경제'를 생각한다

25　증권화의 '풀링(pooling)'은 개별 리스크를 가진 대출 채권들을 '묶는', 혹은 '집결하는' 것으로 증권화의 기본이 되는 위험 분산 기법이라고 볼 수 있다. 이 책은 2000년대 들어 룸살롱이 대형화된 것을 불경기 속에서 위험을 분산하고 수익을 창출하고자 여성들을 '집결시킨' 성산업 자본의 자구책에 따른 결과로 본다. 소위 '집창촌'이라 불리는 전통적인 성매매 집결지는 소규모 자영업자가 운영하는 성매매 '업소'가 집결한 것이고, 최근의 대형화된 룸살롱은 한 업소에 수많은 '여성'이 집결한 것이다. 물론 앞서 살펴보았듯이 매춘 경제에서 자본은 고립된 채 부의 생산과 분배를 실현하는 것이 아니라는 점에서 이러한 성매매 산업의 변화는 이 시대 부채 경제의 흐름과 연동한 결과로 보아야 한다.

는 사람들은 우려를 표하며 안일한 결정이었다고 질책하기도 했다. 시장의 자유는 어떤 방식으로도 방해받으면 안 된다는 것이 이들의 주장이었다.[26] 이들은 권력, 자본, 제도에 의해 고안되고 부양되는 시장을 자연적 인간 활동에 비유하는 오류를 보인다. 이러한 자칭 경제 전문가들의 부정적인 인식에도 여성 인권을 '국제적인 수준'으로 끌어올리기 위해 단호한 '국가적 의지'가 발현되었다. 2004년 성매매특별법의 시행을 앞두고 "걸리면 패가망신"이라며 온 사회가 떠들썩했고 단속 첫날 "138명의 성매매사범을 검거"했다는 기사(한겨레, 2004)가 호들갑스럽게 이어졌다. 하지만 '구매자', '알선자' 등 성매매 산업 내 개인의 역할에 집중한 제도적 규제는 자본 유입을 통해 성매매 산업이 팽창하는 것을 막지는 못했다. 특히 이 법은 제정 이래 전통형 성매매 문제의 해결, 즉 구시대에 형성된 성매매 집결지의 폐쇄라는 가시적 효과에 집중하느라 성매매 경제의 거시적 흐름을 포착하지 못했다.

'룸살롱의 황제'로 불리는 거물급 포주 이 모 씨의 행보를 통해 성산업을 둘러싼 자본의 흐름이 어떠했는지 잠시 살펴보기로 하자. 그의 행적을 통해 우리 사회에서 성매매 문제가 실제로 어떻

---

26   전경련 한국경제연구원 좌승희 원장은 성매매특별법이 "인간의 성욕을 막고, 자유와 인권을 침해하는 좌파적 발상에서 나온 법"이라고 평가했고, 대한상공회의소 박용성 회장은 성매매특별법이 우리 사회의 "찌꺼기를 버릴 수 있는 하수구를 막는" 법이라고 지적했으며, 나아가 이헌재 경제부총리는 성매매특별법이라는 "이상한 법"이 국제 유가와 원자재 가격의 급등, 달러화 약세와 마찬가지로 우리 경제에 불확실성을 더하는 요소라고 평가한 바 있다(조순경, 2004).

게 다루어지고 있는지, 성매매특별법의 제정 및 시행 시기 즈음 '한국의 성매매 경제 특구'라 부를 수 있는 서울 강남 지역은 어떻게 변화했는지 파악할 수 있을 것이다.

2012년 당시 경찰청장 조현오는 퇴임을 며칠 앞두고 이례적으로 직접 쓴 편지를 기자들에게 발송하고 경찰 내부 게시판에 올렸다. 그 편지는 소위 '이○○ 사건'에 관한 것으로, 강남 지역 룸살롱 등 유흥업소와 경찰 간 유착 비리 수사와 관련해 해명하는 내용이었다.[27] 서울 북창동과 강남 일대에서 유흥업소 17곳을 운영하며 5년간 3600억 원가량의 매출을 올린 이른바 '룸살롱 황제'로 통하는 이 모 씨는 2010년 룸살롱에 미성년자를 고용하고 세금을 포탈한 혐의로 수사를 받았고, 그 과정에서 이 씨와 유착 의혹이 있는 경찰관 69명이 적발되었다. 그중 매월 200만 원에서 1000만 원씩 총 50억을 상납받은 전현직 경찰관 18명이 구속되는 초유의 사태가 발생했는데, 경찰청장이 이에 대해 직접 해명한 것이었다.

조 전 청장의 해명을 간략히 정리하면, 이 씨가 판검사 출신 변호사를 선임해 경찰 수사팀을 검찰에 고소하는 등 집요하게 수사를 방해해왔고, 경찰이 이 씨를 처음 긴급체포했을 때 검찰이 승인하지 않고 압수수색, 통신 영장을 모두 기각해 수사를 계속하지 못하게 되는 등 난관에 부딪혔지만, 오히려 서울청의 끈질긴 수사

27　이 사건은 '이○○ 리스트' 존재 의혹까지 제기되면서 검·경 갈등의 원인이 되기도 했다. "조현오 경찰청장이 드리는 편지"(뉴스1, 2012) 전문은 http://news1.kr/articles/648492에서 확인 가능하다(검색일: 2020년 6월 1일).

로 경찰 조직 내 잔존하는 일부 비리 세력을 발본색원할 수 있었다는 내용이다. 또한 문제가 되는 사건 대부분은 자신이 경찰청장이 되기 전인 2010년 이전에 발생했다면서 비리의 책임이 사실상자신에게 없다는 것을 명확히 하고자 했다.

'대한민국의 치안총감'이라는 사람이 퇴임을 앞둔 시점에 '룸살롱 황제 이○○은 누구인가'라는 낯부끄러운 소제목을 단 문서를 공개했다는 것은 아연실색할 일이지만, 동시에 성매매 경제 규모가 7조(정진성 외, 2010), 때론 24조까지 추정되는 게 한국 사회임을 고려하면(김은경 외, 2002) 이런 놀라움은 금세 사그라진다. 사실상 유흥업소와 경찰, 공무원 간의 유착 비리는 어제오늘 일이 아니다. 이모 씨는 지난 2007년 한화그룹 회장의 '룸살롱 보복 폭행 사건' 때부터 장장 6년 동안 경찰과 대치를 벌인 '배짱 있는' 인물로 언론의 관심을 받아왔기 때문에 그가 뇌물로 엮인 '화려한 인맥'을 가졌다는 것은 널리 알려져 있다. 다만 이 책이 좀 더 주목하고자 하는 부분은 '거물급 포주' 이 씨가 '룸살롱의 황제'로 등극한 시기가 정부의 성매매 근절 의지가 본격적으로 발현된 시기와 맞물린다는 점이다.

조 전 청장의 편지에도 나오듯이 "이○○은 속칭 '삐끼'로 불리는 웨이터 출신으로 2000년 마침내 북창동에서 룸살롱을 개업한 후 사업을 확장하여 강남과 북창동 일대에서 10여 개의 유흥업소를 운영해온" 입지전적 인물이다. 〈박팀장〉은 면접 도중 내게 '어마어마하게 대단한 전설인 이○○ 회장님을 제일 존경한다'며 자못

진지한 태도로 고백하기도 했다. 강남 일대 룸살롱에서는 여전히 그의 사업 확장 방식이나 영업 방식 등이 모방·반복되고 있을 정도로 그의 '사업 수완'은 정평이 나 있다. 〈표 4〉는 이토록 유명세를 떨치는 현재 40대 후반인 이 모 씨의 '성취와 시련'을 간단하게 정리한 것이다.[28]

〈표 4〉를 보면 그의 악명에 비해 많은 사안이 무죄로 추정되었으며 처벌은 경미함을 알 수 있다. 특히 2심 재판부는 그가 도주한 전력이 있음에도 불구하고 집행유예를 선고했을 뿐만 아니라, 1심 재판부에 비해 벌금을 25억 원이나 적게 계산했다. 이러한 판결은 법정에서 그의 죄목이 세금 문제로 판단된 것과 관련이 있다. 2심 재판부는, 1심 재판부가 업소 매출액에서 외상 매출액과 여종업원에게 지급한 봉사료를 공제하지 않았다면서 세금 포탈액을 1심이 인정한 21억 원이 아닌 2억 원으로 봐야 한다고 판단했다(2011노3577).[29] 재판부의 이러한 합리적 의심 속에서 성매매 경제에 대한

---

28   이 모 씨에 대한 이야기는 이 책의 많은 연구참여자, 그중에서도 특히 〈박팀장〉으로부터 주로 수집할 수 있었다. 그의 '성공담' 혹은 '몰락'에 대한 이야기는 다양한 언론에서 다루었는데 그중 2012년 《시사저널》의 짧은 기사(조해수, 2012)가 참고할 만하다.

29   세금 계산의 문제로만 보자면, 봉사료 전액을 과세표준에서 공제하는 것은 법적으로는 타당해 보인다(부가가치세법 시행령 제48조 제9항 참고). 하지만 외상 매출 전액을 유흥주점의 사업수입에서 제외한다는 판결은 외상 매출 전액이 회수되지 않았다는 전제에서만 가능한데, 대형 성매매 업소의 경우 외상 매출은 업소에서 추정하는 것이 아니라 영업실장, 영업이사가 추정하므로 장부상 외상 매출은 이미 영업실장에 의해 메워졌을 가능성이 높다. 강남 룸살롱에서 잠시 '영업실장' 일을 했던 〈미연〉은 자신이 영업한 손님의 외상 매출액을 미리 업소에 내고 그 돈을 손님에게 받는 일련의 과정에서 손해를 너무 많이 봐서 실장 일을 그만두었다고 이야기했다.

표 4 　강남 '룸살롱 황제' 이 씨의 연대기

시기	개요	비고
1997.	대학 졸업 후 상경 (북창동)	북창동에서 '삐끼'로 취업
2000.	룸살롱 인수 (북창동, 대출)	성공 후 투자자 몰림, 경찰도 포함
2004.	**'성매매특별법' 제정 및 시행**	
2005.	강남 진출	'매직 미러 초이스' '북창동식 룸살롱' 등 다양한 시스템 도입으로 큰 성공
2007.	김승현 한화 회장 '룸살롱 보복 폭행 사건' (북창동)	룸살롱 인수 확장, 17개 이상의 업소 소유
2010.	미성년자 성매매 혐의로 수사	구속 기소, 수사 과정에서 세금 문제와 '이 모 씨 리스트' 드러남, 경찰 18명 구속
2011. 9.	**저축은행 비리 합동수사단 발족**	
2011. 11.	1심 재판	재판 중 보석—도주—업소 영업, 징역 3년 6개월, 벌금 30억
2012. 4.	**경찰청장 조현오 편지 공개**	
2012. 7.	2심 재판	징역 3년, 집행유예 5년, 벌금 5억 5000만 원 (현재 상고심 재판 중)
2012. 9.	J저축은행 20억 사기 대출 정황 포착	검찰에 의해 영장 기각
2013. 6.	불법 도박장 운영죄 기소	9월 판결 확정, 징역 1년
2013. 7.	성매매 알선죄 기소	서울중앙지방법원 재판 진행 중
2014. 11.	성매매 알선죄 추가 기소	투자자 3명 공범 기소
2016. 10.	불법 도박장 운영죄 재판에서 위증 및 위증 교사 혐의로 구속	

근본적 성찰은 생략되고 공정한 세금 계산의 문제만이 법리 해석의 중요한 지표로 제시된다.[30]

30 　2심 재판부는 판결문에서 그가 18세의 미성년자를 성매매 여성으로 고용했지만 검사가 항소이유를 주장하지 않았기 때문에 무죄를 선고한다고 밝히고 있으며, 검찰이

특히 이 씨가 성매매와 관련해 '초범'임을 인정한 판결은 그가 2000년대 초반부터 성매매 산업을 통해 부를 축적한 사실이 널리 알려져 있음에도 불구하고 세금 포탈만 하지 않는다면 법적으로 큰 문제가 되지 않는다는 결론으로 이어진다. 이 사건의 증거로 압수된 영업 장부가 폭력과 전혀 무관한 객관적이고 수학적인 증거로 받아들여지는 현실은 사실상 성매매가 왜 문제인지 대중을 설득할 정치경제적 언어가 우리 사회에 부재함을 드러내는 반증이기도 하다. 여성운동은 성매매특별법을 제정하고 실행하는 데 온 힘을 집결하면서 '포주', '성구매자', '성매매피해자' 등의 정체성에 근거한 운동에 천착했고, 그사이 법정에서 포주는 자신의 재산권을 보호받을 권리가 있는 '소유자-시민', '사업가'로 정의되었다. 결국 새로운 법의 야심찬 집행에도 성매매 업소는 세금 문제만 '정직하게' 해결하면 '합법적으로' 큰 이익을 거둘 수 있는 전도유망한 사업이 되었다.[31]

범죄수익을 산정할 수 있는 자료를 제출하지 않았기 때문에 범죄수익에 대한 재산 몰수도 추징하지 않는다고 밝히고 있다.

[31] 박근혜 전 대통령은 대선 후보 시절부터 '증세 없는 복지' 공약을 내놓으면서 '지하경제 양성화'를 통해 27조 2천억 원을 세입 확충 재원으로 마련하겠다고 말한 바 있다. 성매매 업소 역시 '지하경제 양성화'의 중요한 대상이 된다. 룸살롱에서는 개별소비세, 교육세, 부가가치세가 붙는 주대에 비해 봉사료에 붙는 세율이 낮기 때문에 업주는 봉사료 신고를 높게 하는 경우가 많다. 이 때문에 박근혜 정부는 세입 확충을 위해 이후 연간 1억 원 이상의 봉사료 수입을 올리면서도 개별소비세를 신고하지 않은 업주를 대상으로 개별소비세 추징을 통보한 바 있다. 정부의 이러한 조치에 반발해 유흥주점 사장 600여 명이 2013년 9월 강원도 춘천시청 앞 광장에서 집회를 열었고, 집회 도중 한국유흥음식업중앙회 강원도지회장이 돌연 분신을 하는 사태가 빚어지기도 했다(임원기, 2013). 여성운동계는 지속적으로 '여성인권 증진을 위한 대책'으로서 성매매 단속 강화를 요구해왔지만, 정작 정부는 '세원 조달의 대책'으로서 성매매 업소의 단속을 강화하고 세무조사에 나서고 있었다.

동시에 이 씨가 사업에서 성공을 거둔 후 강남으로 진출한 것이 2005년이었음에 주목하자. 강남으로 사업을 확장할 당시 그가 어떻게 자본금을 모아 사용했는지는 자세히 알려지지 않았으나 이미 북창동 룸살롱 사업 성공 이후 많은 투자자가 몰렸다는 보도들로 미루어볼 때(조해수, 2012) 투자자로부터의 '투자금'과 금융권으로부터의 '대출금'을 사용했을 것으로 예상할 수 있다. 그 후 그가 강남과 북창동의 유흥업소 17곳을 통해 5년 동안 벌어들인 수입이 3600억 원이 넘는다고 하니(같은 글), 고액의 이자와 수수료를 포함한 대출금은 모두 상환되었을 것이고 투자자들은 큰 투자수익을 거두었을 것이다. 또한 2012년 기소된 내용으로 볼 때, 그가 바지사장을 앞세워 2010년경 J저축은행으로부터 '마이킹 대출'을 20억 가량 받았을 것이라고 짐작되지만, 검·경 갈등의 여파 때문인지 이 건에 대해서는 이 씨의 주장이 사실관계에 부합한다며 검찰이 영장을 기각했다.

이 씨가 2005년 강남 진출 당시 금융권으로부터 대규모 대출을 받았을 것이라고 가정하는 이유는 그가 '대형 룸살롱'을 오픈하면서 강남에서 사업을 확장했기 때문이다. 연구참여자들의 설명에 따르면 영업 형태에 따라 차이는 있지만 100명 정도의 '아가씨'들이 일하는 업소는 대략 룸을 40~50개 정도 갖추는데 이는 '대형 업소'에 속한다. 강남은 대략 40%의 업소가 이 정도 규모라고 한다. 이 씨가 2005년 강남에 도입한 '매직 미러Magic Mirror 초이스'는 대형 업소가 갖춘 대표적인 시스템으로, 대략 50명에서 100명의 여성들이 특수 제작된 유리벽 안쪽에 앉아서 구매자들의 '초이스'를 기다리도록 하는 시스템이다. 이 특수 장치 때문에 유리 안쪽의 여성들은 자신을 고르는 남성을 볼 수 없고, 반대편의 남성은 여성들을 볼 수 있다. 이 시스템의 도입으로 이 모 씨의 업소가 엄청난 성공을 거둔 이후 강남의 유흥업소는 대형화되는 경향을 보인다. 〈박팀장〉은 이 모 씨가 도입한 동남아식 '매직 미러 초이스'가 강남을 다시 한국 유흥의 중심지로 만든 '획기적인 시스템'이었다고 상찬을 아끼지 않는다. 또 다른 강남 룸살롱의 거물, '아시아 최대 룸살롱' YTT의 소유주 역시 2001년부터 2010년까지 논현동의 대형 성매매 업소에서 크게 돈을 벌었고 그 운영수익으로 YTT를 신축해 호텔과 룸살롱을 동시에 운영하기 시작했다(서울중앙지방검찰청, 2012). 이처럼 2000년대 중반은 강남에서 룸살롱이 대형화되면서 큰 수익을 낸 시점으로 파악된다. 따라서 대형 룸살롱이라는 조건은 미래 수익 보장의 측면에서 투자 1순위가 된다.

이러한 룸살롱의 대형화 시기를 기억하는 여성들의 이야기를 들어보자.

근데 나는 큰 가게 진짜 싫으니까. 아가씨 막 100명씩 있고, 막 부딪치고 나는 그러는 거 싫은데. 그때 술집은 그런 규모가 있는 업소에서 아가씨 엄청나게 구하던 시기니까. 나는 안산에서 두세 군데 [면접을] 봤는데 너무 큰 가게에서는 일을 못하겠는 거야. 너무 큰 가게라서 살벌하니까. '그냥 여기[장안동] 가자. 여기 가는 게 낫겠다.' 그래서 친구랑 올라왔죠. (…) 그런 데는 [개인의] 성격마다 틀린데. 작은 가게는 가서 일을 하면 아가씨들끼리 더 친해질 수 있고 그러는데 큰 가게 가면 괜히 아가씨들 텃세 부리고. 그런 게 있어. 아우 그런 꼴 보기 싫어서. 그리고 더 뭔가 규율도 빡세고, 큰 가게는. 인간미도 없지. 그래서 장안동 오게 된 거죠. 2003년도 초인가? 〈은아〉

10년 동안 나는 똑같아. 강남, 큰 가게들만 뱅뱅. (웃음) 중간 중간 좀 쉬기도 했지만 [10년] 쭉. 겁이 많아서, 또 자란 곳이 기도 하니까 아는 사람 만날까 봐 걱정했는데 처음 나갔다가 그런 걱정 싹 지웠어. 아가씨가 너무 많거든요. 비슷한 스타 일. (웃음) 그냥 다들 역삼동 갔다가, 논현동 갔다가, 서초동 갔 다가, 다시 역삼동 가게 간판 내리면 또 그 가게 갔다가. 내가 10년 동안 있었어도 정작 내가 여기 10년이나 있었는지 아무 도 모를 거야. 아가씨들 너무 많으니까. (웃음) 아, 맞다. 근데 대기실에서 딱, 돈 떼먹은 실장 10년 만에 정면으로 마주쳤어. 진짜 깜짝 놀랐지. 근데 걔나 나나 오래 버틴 결과지. 강남 바 닥에서 오래 버틴 결과. 〈미연〉

앞서 다양한 지역에서 상품화된 유흥업소 특화대출을 검토할 때 확인했듯이 '강남'이 한국에서 성매매 산업이 집중된 유일한 지 역인 것은 아니다. 열여덟 살 때부터 다방에서 일을 한 〈은아〉는

2003년 무렵, 경기도 안산으로 가 처음으로 일하는 여성이 100명이 넘는 대형 업소에서 면접을 보았다고 이야기한다. 당시는 안산에서 새로 문을 연 대형 업소들이 아가씨들을 적극적으로 구하던 시기였지만, 〈은아〉는 아무래도 규모가 큰 업소의 환경은 자신과 잘 맞지 않는다고 판단하고 다시 장안동의 안마 업소로 이동했다. 대형 업소를 기피하는 여성들은 보통 안마 업소나 휴게텔 등을 선호하는 경향이 있다. '살벌하니까'라고 설명하는데, 대형 업소는 '초이스 경쟁'이 심하다는 의미다. 이 때문에 '순번제'로 일을 하게 될 확률이 높은 안마 업소를 선호한다는 것이다.

반면 스무 살 때부터 단란주점에서 아르바이트를 한 〈미연〉은 2004년 본격적으로 룸살롱 일을 시작하면서 계속 강남의 대형 업소에서 일했다고 진술한다. 강남에서 자란 〈미연〉은 자신의 신변이 노출되는 것을 걱정했지만 규모가 큰 업소에서 얼마나 많은 아가씨가 일하고 있는지 실제로 경험하고 나서 오히려 이런 걱정을 덜 수 있었다고 말한다. 대형 업소가 오히려 익명적이었기 때문에 10년 동안 지역 이동 없이 일을 할 수 있었다는 것이다.

이처럼 대략 2000년대 중반을 지나면서 여성들은 대형화된 업소를 경험하거나, 아니면 최소한 대형 업소의 노동 조건과 환경에 대한 정보를 얻게 된다. 또한 이에 대한 정보에 준거해 자신이 선호하는 업소를 설명하는 경향이 있다. 여기서 〈은아〉가 '살벌하다'고 대형 업소를 기피한다는 이유와, 〈미연〉이 '익명적'이어서 대형 업소를 선호한다는 이유는 모두 대형화된 룸살롱이 큰 수익을 창출하는 특징과 관련이 있다. 이러한 대형 업소의 수익에 대한 신뢰는 금융자본이 집중되는 조건이 된다.

앞서 대출 심사가 진행되는 과정에서 J저축은행 대출 담당자가 파악해야 하는 업소 현황은 결국 '룸살롱의 입지 조건', '여성들의 숫자'로 압축되는 것을 살펴보았다. 이는 '여성들의 수'가 많은 대형 업소는 여성들 간의 '살벌한' 경쟁을 기반으로 '젊은' 아가씨들이 집결해 있다는 의미다. 이는 남성 손님에게 수십 명의 여성들을 동시에 비교할 수 있도록 하는 편의성과 합리적 소비를 하고 있다는 기분을 제공하는 동시에, 여성을 고르는 자신을 노출하지 않는 도덕적 은폐의 효과, 구매의 '익명성'을 보장하는 것이기도 하다.

한편 이러한 수익의 선결 조건이 되는 업소의 대형화는 성매매 산업 금융화의 효과로 나타나기도 한다. J저축은행의 '마이킹 대출' 상품이 고안된 것처럼, 개업을 앞둔 대형 룸살롱에 쉽게 대출금이 지급되는 것은 유사한 정도의 리스크를 가진 여성들의 차용증이 한데 '묶이는pooling' 효과로 위험이 분산되기 때문이다. 다시 말해 개별 인물이 가진 예측 불가능한 미래의 불안정성은 이같이 '위험을 묶는 기법risk-pooling effect'을 통해 예측이 가능해진다.[32] 차용증 '채권의 묶음pooling', 룸살롱에서의 '여성의 집결pooling'은 개별 채권,

---

32 "증권화는 금융 시장에서 발생한 위험을 전체적으로 분산할 수 있는 기법으로 소개됐다. 즉, 개별 주택담보대출의 신용 위험은 다양한 계약형태 때문에 시장에 거래되기 힘든 것으로 알려져 있는데, 유사한 것끼리 묶으면 '대수의 법칙'에 따라 예측할 수 있다는 것이다. 또한 여기에 투자한 투자자의 경우 또 하나의 매력적인 금융투자처를 얻게 되는 셈이기에 위험을 분산시킬 수 있다고 한다."(김명록, 2008: 46)

개별 여성들의 상품성 이상으로 수익성을 극대화하는 기법이 된다. 금융권은 이후 이러한 여성-채권의 '묶음'을 담보로 새로운 투자 상품을 창출해내고 업소는 미래 수익을 담보로 대출금을 얻어 대형 업소를 창업할 수 있다. 그러므로 성매매 업소의 대형화는 여성 풀링 기법을 통해 여성의 몸을 증권화하는 테크놀로지의 조건이자 효과로 정의되어야 할 것이다.

이처럼 2004년 성매매특별법 제정에도 불구하고, 성매매를 근절하겠다는 정부의 의지를 비웃듯 2000년대 중반 성매매 산업은 금융화의 효과로 대형화되었고, 그 결과 금융자본이 재투자될 수 있는 수익성 높은 '매춘 생태계'가 조성되었다. 동시에 정부 및 사법기관에서는 성매매 산업을 '증세 없는 복지'를 실현할 수 있는 원천으로 간주하며 업주들에게 '도덕적 (경제) 인간'이 되라는 암묵적인 명령을 내렸다. 금융기관에서 합법적으로 대출과 투자를 받아 성매매 업소를 창업하고, 스스로 리스크를 관리해 높은 수익을 달성하고, 원리금을 상환하며, 정해진 세금을 내는 것이 그 외연에 의해 시대에 걸맞은 '도덕적'이고 '책임감 있는' 행동으로 분류되고 있다.

우리는 그간 성매매 경제를 부도덕한 지하경제, 혹은 고립된 조폭들의 경제로 사유하면서 이러한 경제적 장에 특단의 조치가 마련되어야 한다고 믿었다. 그러나 앞서 살펴보았듯이 성매매 경제는 현재의 금융화된 경제 질서 하부에서 대규모의 대출을 통해 자신의 몸집을 키우는 동시에 연속적인 대출을 만들어내면서 부채경제를 작동시키는 역할을 담당하고 있다. 이러한 유기적 결합의 근원에는 여성들의 몸을 통해 달성하게 될 성매매 산업의 미래 수익에 대한 사회적 평가가 자리하고 있다. 이제 이 같은 평가를 기반으로 다시금 성매매 산업이 재구조화되는 양상을 보다 자세히 분석하고자 한다.

8장

합리성의 가면

합리적 판매, 합리적 소비?

이제 성매매 산업은 여성 몸의 증권화를 통해 현재의 금융 경제와 연계하면서 이전 시대와는 완전히 다른 방식으로 변모했다. 성매매 산업은 더 이상 인격적 대면 관계에서의 회유, 몰수, 착취에 의존해 여성들을 포섭하지 않으며, 구성원 간의 인간관계 역시 금융 기법에 의해 익명적·비인격적 관계로 변모하고 있다. 이 장에서는 확대된 신용 체계 안으로 포섭된 성매매 산업이 '신용'을 배반하지 않는 '신뢰할 만한' 수익처, 투자처로 거듭나게 되는 과정을 다룰 것이다.

'풀링' 기법을 통해 대형화된 성매매 업소는 이전과는 다른 수익 시스템을 필요로 한다. 〈박팀장〉의 업소를 기준으로 보면 하루 50~70여 명의 '아가씨'들이 출근하고, 150여 명의 손님들이 아가씨를 '초이스'해서, 이들과 기본 110분 동안 술을 마시고 40분 동안

'2차'를 나가는 과정이 착오 없이 반복되기 위해서는 체계적인 규칙과 관리가 필요하다. 이제 더 이상 강남의 룸살롱은 단골 마담의 '놀러 오세요'라는 전화 한 통으로 언제 한번 들러 시간이 허락하는 동안 술을 마시는 곳이 아니다. 공장식 시스템으로 작동하는 성매매 업소에서는 남성 구매자도 이곳의 규칙을 익히고 그것이 허용하는 범위 안에서 최대의 만족을 얻고자 노력한다. 대형 업소 시스템이 등장하면서 성매매 업소는 다양한 구성원의 분업을 통해 업소의 생산성을 극대화하는 것에 몰두한다. 이를 알아보기 위해 먼저 〈박팀장〉 업소의 분업 구조와 운영 시스템을 간략하게 살펴보기로 한다.

30대 중반의 〈박팀장〉은 20대 초반에 '화류계'에 들어와 웨이터, 영업상무 등으로 일하다가 7년 전부터 아가씨 25명을 자신의 '박스[팀]'로 데리고 있다. 현재 일하는 업소는 한 달에 대략 3000명가량의 손님이 방문하며, 룸이 40개 있고, 총 아가씨 수는 100명 정도 되는 룸살롱이다. 강남에서 '대형 업소'로 분류되려면 룸이 50~100개는 되어야 하므로 〈박팀장〉이 속한 업소 규모는 강남에서 평균 정도라고 한다. 그는 이곳에서 '멤버팀장'으로 일하고 있는데 주 업무는 '박팀 아가씨'들을 모집하고 관리하는 일이다. 이는 과거 여자 '마담'이 주로 하던 일이었는데 룸살롱이 대형화되면서 영업팀장과 멤버팀장의 업무로 분화되었다. 영업팀장은 남성 손님과 관련된 홍보, 예약, 관리 등의 일을 하고 멤버팀장은 오직 아가씨들을 모집하고 관리하는 일을 한다.

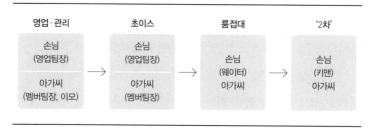

이전 시대 여자 마담의 일이 남자 마담, 즉 멤버팀장의 일로 대체된 것은 성매매 업소 대형화와 분업화의 중요한 단면이다. 더 이상 마담부터 아가씨까지 룸살롱에 있는 모든 여성이 남성 손님을 접대하는 시스템이 아니다. 영업팀장, 멤버팀장, 웨이터, 키맨, 이모와 같은 다양한 업소 구성원 중 오직 아가씨만이 남성 구매자를 접대한다. 아가씨와 남성 손님이 함께 있는 시·공간을 '잘' 조성하기 위해 업소 구성원은 총력을 기울인다. 가장 많은 아가씨들이 가장 많은 손님을 경제적이고 효율적으로 만날 수 있는 환경을 조성하는 것에 모든 노력이 투입되는 것이다. 이제 업소에서 아가씨는 잉여의 원천으로, 손님만큼 때로는 그보다 더 중요한 위치를 부여받는다.

'아가씨들을 모집하고 관리하는 분야에 있어서 강남에서 톱클래스'라고 스스로를 소개하는 〈박팀장〉의 '재산'은 당연히 그가 데리고 있는 25명의 아가씨들이다. 그가 업소를 옮기면 같이 업소를 옮기는 25명의 아가씨들 덕분에 그는 업소에서 무시할 수 없는 지위를 부여받는다. 업소는 '팀장'을 몇 명 고용해 다수의 아가씨들을 집결시키는 효과를 얻는다. 업소가 대형화되면서 아가씨 고용을 외주화하는 방식으로 업소 운영 시스템이 변했다고 볼 수 있다.

〈박팀장〉은 매일 저녁 6시경 전날의 회계를 보고하고 당일의 영업을 점검하는 영업진 회의에 참석한다. 또한 일주일에 한 번씩 직접 손님이나 아가씨를 관리하지 않는 업주나 관리자 등 경영진과의 회의에 참석한다. 이 회의에서 새로운 서비스 상품이 만들어지기도 한다. 그는 새 상품이 만들어질 때 아가씨들의 요구 사항을 전달하는 역할을 한다고 말한다. 아래 내용은 〈박팀장〉이 자신의 업소에서 새로운 코스 상품이 만들어진 계기와 과정을 설명한 것이다.

> [현재 업소의] 아가씨 페이랑 코스가, 코스는 A, B, S코스. 거기다 이제 새롭게 만들어진 C코스가 있는데. 먼저 A코스는 테이블 1시간 20분에 9만 원, 딸기[2차] 40분, 그러니까 총 2시간에 아가씨들이 21만 원 가져가는. 이게 원래 Q사거리 R업소가 원조 격인데, 그때 R업소는 이 코스밖에 없었죠. 강남에서 절대 나올 수 없는 테이블 시간이랑 순환력, 초이스 시스템으로 R업소가 전설이 된 건데. 그리고 B코스 생기고. B코스는 테이블 1시간 50분에 13만 원, 딸기 40분, 총 2시간 반에 [아가씨들이] 25만 원 가져가는 거예요. 이걸로 무지하게 대박이 나서 클럽, 그러니까 정통 룸살롱 시스템에 익숙한 손님층

까지 넘보게 된 거죠. 손님들한테는 클럽이랑 비슷한 테이블 시간을 제공하고 딸기까지 나가는 비용이 클럽보다 조금 저렴하니까. 천재들이 만들어낸 거죠. 결국 R은 2년 연속 전국 매출 1위. 그리고 아가씨들 입장에서도 정통 클럽이나 세미 쪽에서 일하던 언니들이 맥시멈 3시간 테이블 보고 9만 원 받을 때보다 엄청나게 메리트가 있죠. 그리고 S코스는, 하드풀 업소에서 강남을 쌈마이로 전락시키면서 엄청나게 부흥하니까 또 [상급, 중급] 업소는 타격을 입는 거죠. 하드풀 손님들 공략으로 S코스 만들어지고. 테이블 1시간, 40분 딸기, 총 1시간 40분에 19만 원. 하드풀보다는 비싸지만 최대한 경쟁할 만한 금액으로 테이블 시간 최소화하고 또 하드풀 언니들보다 평균 사이즈가 굉장히 높으니까. 암튼 S코스도 활기찼어요. 단점은 쌈마이 손님들이 많아졌다는 거? 〈박팀장〉

그는 아가씨들을 관리하는 멤버팀장이기 때문에 위의 면접에서 이야기되는 각 코스에 해당하는 돈은 접대부 여성들이 가져가는 돈을 말한다. 면접 내용을 정리하면 다음과 같다. 룸살롱의 대형화 이후 기존의 화이트칼라 구매자층을 넘어서 '대중 남성'을 손님으로 포섭하는 전략이 필요했다. 이러한 전략으로 A코스가 만들어진다. 이제 남성 손님은 저렴한 가격(42만 원)에 강남의 룸살롱에서 아가씨들과 술을 마시고 '2차'를 갈 수 있게 되었다. 동시에 '정통 룸살롱' 시스템에 익숙한 손님을 포함하는 방식의 시스템 개발

표 5 **〈박팀장〉 업소의 서비스 상품 가격**

코스	아가씨 수입(a)			손님 비용(b)	업소 수입(a-b)
	테이블 시간/수입	2차 시간/수입	총 시간/수입	테이블 시간+ 2차/가격	
A	80분/9만 원	40분/12만 원	120분/21만 원	90분+ 2차/42만 원	21만 원
B	110분/13만 원	40분/12만 원	150분/25만 원	120분+ 2차/48만 원	23만 원
S	60분/7만 원	40분/12만 원	100분/19만 원	60분+ 2차/38만 원	19만 원
C	130분/13만 원	50분/16만 원	180분/29만 원		

이 요구되었다. 이 손님들은 느긋하게 앉아 술 마시기를 선호하는데 그 결과 기존의 '정통 룸살롱'에서 제공하던 시간과 유사한 시간을 제공하면서 가격을 낮춘 B코스가 등장하게 되었다. S코스는 A코스의 '알뜰 상품'이라고 볼 수 있을 것이고, C코스는 인용문에서 언급되지 않았지만 B코스가 확대된 상품이라고 볼 수 있다. 〈박팀장〉의 면접 내용을 기반으로 여성들이 가져가는 돈과 손님들이 지불하는 돈을 비교해서 정리하면 〈표 5〉와 같다.

이 같은 상품이 개발되고 업소가 큰 수익을 올리게 되자 업소엔 다시금 많은 여성들이 유입되었다. 많은 여성들의 존재는 업소, 특히 대형 업소를 구성하는 필요조건이다. 〈박팀장〉이 멤버팀장의 자격으로 상품 개발 회의에 참석하는 것은 '많은 여성'들을 유입시킬 수 있는, 여성들이 선호하는 상품을 만들고자 하는 업소의 전

략이다.[33]

그 결과 여성들은 보통 '정통 룸살롱'에서 대략 2시간 반 동안 술 접대를 하고, 40분 동안 '2차'가 이루어진 후 25만 원을 받았지만, 이제 2시간 반 안에 술 접대와 '2차'를 모두 끝내고 25만 원을 가져가게 되었다. 또한 '정통 룸살롱'에서는 상품의 종류가 이토록 다양하게 분화하지 않았기 때문에 여성들은 술의 종류를 고른다든지, 시간을 종료하거나 연장한다든지, 성적 서비스의 경계를 정한다든지 하며 매 과정을 손님과 직접 협상해야 했다.[34] 하지만 서비스 상품이 세분화되어 고정되면서 여성들이 구매자들의 요구에 대항해 개별적으로 경계를 설정하는 일은 최소화되었다. 여성들은 마치 컨베이어벨트 위에 놓인 것처럼 나머지 구성원의 지시대로 절차와 시간을 따라가면 된다. 남성 손님 역시 일단 거대한 성매매 공장에 들어서기만 하면 몇 번의 '선택' 과정만 거친 후 도덕적 망설임이나 판단을 멈추고 기계적으로 절차를 따라갈 수 있다.

33 강남에서 잘 알려진 대형 룸살롱을 운영하고 있으며 최초의 '룸살롱 주식회사'를 세웠다는 김 모 씨는 한 주간지와의 인터뷰에서 '예쁘고 잘 노는 아가씨들'을 업소로 몰려들게 하는 것을 룸살롱 성공의 첫 번째 비결로 꼽는다. 이 때문에 여성들에게 지급하는 고리의 대출금 '마이킹'을 없앴고, 마담이 도우미 봉사료에서 떼는 공제금을 20%대에서 9%로 크게 낮췄다고 설명한다(최영철, 2009).
34 일본 도쿄의 클럽에서 일하는 필리핀 호스티스의 노동 문화를 연구한 파레냐스(Parreñas, 2010)는 호스티스의 노동을 감정노동, 성적노동, 엔터테인먼트노동, 경계노동으로 분류하면서 손님들의 접근이나 친밀성을 거절하는 종류의 노동을 '경계노동'이라고 명명한다. 이때 경계는 사람마다 다르며, 이를 결정하는 것은 호스티스의 도덕성의 경계에 달려 있다고 설명한다. '경계노동'이라는 이론화에 동의하는지 따지는 것은 이 책이 다루고자 하는 범위를 넘는다. 다만 언제나 '더 요구하는 남성'들에 대항해 이들의 요구를 자르고 '경계를 설정하는 일'은 모든 성매매 업소 여성들의 주요한 업무라고 할 수 있다.

결과적으로 여성들은 이전에 비해 손님을 통제할 임무를 덜게 되었고, 더욱 짧게 일하고 더 많은 돈을 받을 수 있게 되었다. 이제 여성들은 자신이 일하는 시간 전체를 수익으로 연결시킬 수 있다. 그러나 한편으로 성매매 업소가 여성의 몸에 의존하는 경향은 더욱 심화되었다. 업소도 여성들의 시간 전체를 수익으로 만들어내기 위해 제반 시스템을 조성하는 데 집중한다. 여기에는 손님을 끌어오는 영업팀장의 역할이 뒷받침되며, 다른 것에 신경 쓰지 않고 오직 손님만 접대하도록 환경을 조성해주는 다른 구성원의 역할 또한 뒷받침된다.

〈박팀장〉의 업소는 손님들이 많이 찾는 업소이기 때문에 '테이블 회전력'이 높다. 여성들이 하룻밤에 A코스를 3번 '뛰었다'고 할 때 이 여성은 63만 원의 일당을 손에 쥐게 된다. 여성들은 업소에 들어가기 전에 그곳의 '테이블 회전력'을 체크하고 손님이 많은 업소라고 생각되면 멤버팀장을 물색한다. 여성들에게 일당을 지급하는 이들 마담, 멤버팀장에 따라 여성들의 수입이 영향을 받기 때문이다.

이것도 팀장들끼리의 경쟁이에요. 당일 지급이라고 하거든요. 물론 당일 지급을 준다고 해놓고 안 주는 사람도 굉장히 많아요. 거짓말하는 부분들인데 저 같은 경우는 7년 동안 한 번도 약속을 어겨본 경우가 없어요. 아가씨들은 결국에 돈을 벌려고 오는 거고. 실제로 아가씨들이 담당들한테 돈을 못 받아서 스트레스 받는 아가씨들도 허다해요. (…) 그러려면 돈이 있어야죠. 현찰로 최소 2000~3000은 가지고 있어야 되는, 항상 들고 있어야 되는. 하루 씨재[시재]가 2000~3000. 저희 어머니가 돌아가신다고 해도 절대 이 돈은 쓸 수 없는 돈? 왜냐하면 최소의 이 자금이 없으면 바로 신용을 잃게 되는 거예요. 그런 부분들, 애들이 자기들 돈 받는 거에 대해서 스트레스를 주지 않는 부분, 이게 당연한 건데. 이 아이가 다른 가게에 갔을 때 이 담당이 하루 동안 돈을 안 줘. 그럼 다시 와요. 〈박팀장〉

봉사료 당일 지급의 원칙은 아가씨들을 '팀'으로 유지하기 위한 〈박팀장〉의 주요 전략이다. 당일 지급되는 봉사료는 돈이 급하게 필요한 여성들이 고민 없이 즉각적으로 업소에서 일하도록 만드는 수단이기도 하다. 갑자기 일을 그만두거나 다른 업소로 옮겨가는 여성들이 늘 있어서, 그는 업소에 나가지 않는 시간 동안은 늘 새로운 아가씨들을 충원하기 위해 분투한다. 보통은 온라인 게시판에 글을 올린 후 연락이 오는 여성들을 만나 면접하는 과정을 거치는데, 그는 자신의 게시글에 봉사료 당일 지급 원칙과 이를 통해 보장된 신용에 대해 항상 선전한다. 팀장들 중 많은 수가 도박이나 사기 등에 연루되어 업소로부터 받은 봉사료도 제대로 여성들에게 지급하지 않는 경우가 많기 때문이다.

사실상 여성들의 봉사료는 다음 날이나, 주말이 포함된 경우에는 3일 후 업소로부터 팀장에게 지급되기 때문에, 봉사료를 팀장이 당일 지급하는 것은 미리 2000~3000만 원 정도 금액을 자신이 선지급해야 한다는 뜻이다. 그러므로 봉사료를 당일 지급하는 데에는 '위험'이 따르기도 한다. 예를 들어 금요일, 토요일, 일요일에 출근한 여성들이 각각 10명이라고 가정하고 이 여성들이 하루에 70만 원씩만 벌었다고 가정해도 선지급되는 여성들의 봉사료만 2000만 원이 넘는다. 만약 월요일에 업소가 폐업을 한다면 〈박팀장〉은 2000만 원의 손실을 입는다. 하지만 이러한 '위험'은 동시에 그가 25명의 여성들을 고정적인 팀으로 데리고 있도록 만드는, 그를 강남의 '톱클래스'로 만들어준 '자산'이기도 하다.

그가 신뢰를 쌓기 위해 이렇게 엄격히 원칙을 지키는 것은 자신의 팀에 속한 아가씨들을 잃지 않기 위해서다. '신용의 확대'를 통해 대형화된 룸살롱이 자신의 규모를 유지하기 위해서는 무엇보다 유일한 잉여의 원천으로서 여성들을 고정적으로 확보해야 한다. 성매매 업소에서는 '아가씨가 많으면 손님도 많다'는 수익의 일반 법칙이 존재하기 때문이다. 이렇게 확보된 여성들에 의해 손님 접대가 멈추지 않고 계속 회전되기 위해서 수많은 영업진이 각자의 위치에서 분업을 수행하고, 여성들에게 편리함을 제공한다. 또한 업소는 허위 정보를 제공하는 것이 아니라 여성들이 정확한 정보에 입각해 스스로 계산을 하고 업소에 진입할 수 있도록 환경을 조성한다. 대표적인 것이 서비스 상품의 세분화다. 이렇듯 자세한 정보를 통해 여성들은 자신의 노동 시간을 바탕으로 자신의 수입을 예측할 수 있게 되었고 이 같은 계산에 의거해 업소에 진입한다. 이러한 계산과 여성들이 달성하는 일정한 수익은 다시 업소 신용의 재생산으로 귀결된다.

그러나 이러한 설명을 온전히 이해하기 위해서는 사실 〈박팀장〉의 업소가 '어느 정도 수준'의 업소인지 파악하는 것이 선결되어야 한다. 그가 속한 곳은 '중급' 업소다. 다시 말해 '정통 룸살롱'에 익숙한 손님도 끌어들이고 '하드코어 업소'의 손님도 끌어들이고자 새로운 상품을 개발해온 것에서 알 수 있듯, 그의 업소는 평범한 손님들이 대중적으로 접근할 수 있는 업소에 해당한다. 그렇다면 다음으로 업소의 수준, 등급이 어떻게 나뉘는지 살펴보자.

서열화되는 업소, 서열화되는 몸

한국의 성매매 산업은 일차적으로 다수의 여성을 확보한 이후, 업소 세분화 및 서열화를 통해 재구조화되었다.[35] 세분화 및 서열화는 업소 내 서비스 상품의 분화, 업소별 상품 특화, 업소 간 세부적 위계화의 과정으로 이루어진다. 이를 관통하는 수익의 특수

---

35   물론 '1패 기생', '3패 기생' 혹은 '1종 업소', '3종 업소'와 같이 매춘은 언제나 서열화된 형태로 존재했다. 〈박팀장〉은 이에 대해 '시스템이라는 게 굉장히 다양해서, 하이랑로우라는 개념부터 시작해서 이 강남만 해도 시스템이 열 가지가 넘는다'고 이야기한다. 이 책은 열 종류가 넘는 등급과 위계를 이 시대 성매매 산업의 특징으로 꼽는다.

법칙은 '어떤 여성을 얼마 동안 대여할 것인지', 즉 여성의 '몸 가치'와 시간이 관련된다. 업소 내 분업을 통해 여성들의 전체 시간을 수익으로 직결시키는 재구조화에 대해서는 앞서 간략하게 설명한 바 있다. 이제 여성의 몸 가치와 시간의 관련성을 중심으로 성매매 산업이 세분화·서열화되는 과정을 분석하고자 한다.

유흥업소 안에서만 통용되던 은어인 '텐프로'는 20년 이상 그 의미가 변용되며 현재까지 대중적으로도 널리 사용되고 있다. 텐프로가 무엇의 10%를 의미하는 것인지는 의견이 분분하지만[36] 그것이 지시하는 대상은 대략 '최고급 룸살롱' 혹은 '최고급 룸살롱 종사 여성'으로 정리된다. 이같이 텐프로가 유흥업소 종사 여성들을 지칭하는 동시에 이 여성들이 소속된 업소를 지칭한다는 점에 주목할 필요가 있다. 당연한 듯싶지만 텐프로 여성들에게 접대받을 수 있는 업소가 곧 텐프로 업소다.

텐프로가 있다면 '텐프로가 아닌' 업소도 있다. 이러한 업소들 역시 각각의 이름을 갖고 있는데 이들은 편재遍在하는 형태로 존재하는 것이 아니라, 서열화된 군집의 일원으로만 의미를 갖는다. 상급 업소 순으로 "텐프로→쩜오→세미·클럽→하이퍼블릭·퍼블릭→하드코어·풀방"(김경학, 2013) 혹은 "텐프로→텐카페→하이쩜

---

36   '텐프로'가 유흥업소 종사 여성 중 상위 10%에 속하는 여성이라고 말하는 사람도 있고, 업소나 마담이 여성의 봉사료에서 단 10%를 가져가기 때문에 '텐프로'라는 사람도 있다. 이 책에서 이것의 실제 의미가 무엇인지를 따지는 것은 의미가 없다고 보고, 대신 '텐프로'라는 단어의 용례에 집중하기로 한다.

오→쩜오→클럽→세미→퍼블릭→소프트풀→하드풀→하드코어→노래방·가라오케"(김지선, 2012)와 같은 식이다. 대략 세미, 클럽, 퍼블릭, 소프트풀 정도의 업소가 20대에서 30대 초반의 '보통' 외모를 가진 여성들이 대략 2시간에 50만 원의 '적당한 가격'으로 회사원과 같은 '보통' 남성들을 접대(술 접대와 성매매)하는 '중급' 업소로 분류된다. 자연스럽게 이들 업소를 기준으로 상위 업소는 '상급', 하위 업소는 '하급'으로 나뉜다.

업소 서열에 관한 정보는 남성들이 자신들만의 호색한적 지식을 뽐내는 근거로 언급되는 것을 넘어서, 업소의 위치, 술값, 선택할 수 있는 술의 종류, 업소 종사 여성들이 제공하는 서비스의 범위, 심지어 업소 내부의 인테리어를 예측할 수 있도록 해준다. 동시에 일자리를 구하는 성매매 여성들에게는 수입을 예측하는 근거가 된다. 하지만 위에서 언급한 개별 업소를 구성하는 조건이 모두 서열의 근거가 되는 것은 아니다. 서열을 결정하는 데 중심이 되는 기준은 각 업소에 종사하는 여성들의 외모, 그리고 그 외모의 등급이다.

유흥업소의 서열을 설명하는 다양한 기사, 보도에서 중점적으로 묘사되는 것은 텐프로 여성이다. 여기에는 언제나 그들을 신비화하는 시선이 개입하는데 '텐프로에는 2차가 없다'는 설명이 대표적이다. 사실 룸살롱에서 '2차'가 굳이 금지된다는 설명은 무언가 미심쩍다. 오히려 텐프로 업소에서 유흥—접대—연애—스폰—성매매의 경계를 모호하게 만드는 내부의 성적 장치들에 대한 분석이 필요한 부분이다. 사실상 '텐프로는 2차를 나가지 않는다'는 말은 이들은 '1차' 접대만으로 거두는 수입이 많기 때문에 '2차'에 연연하지 않는다는 뜻인데, 이를 통해 여성의 외모가 그들이 일하는 시간에 영향을 미친다는 것을 알 수 있다.

텐프로 여성은 제한된 시간에 여러 테이블을 볼 수 있다는 점에서 많은 돈을 벌어들일 수 있다. '테이블을 많이 본다는 것'은 여러 방에 있는 남성들로부터 동시에 '초이스'를 받기 때문에 한꺼번에 여러 방을 돌며 접대를 할 수 있다는 의미다. 이것은 '초이스'의 문제로 꼭 텐프로만 가능한 영업 방식은 아니다. 하지만 텐프로는 외모가 뛰어나기 때문에, 혹은 외모가 뛰어나다고 인정되기 때문에 '초이스'를 동시에 받게 될 확률이 더 높아지고, 이 여성들이 테이블을 동시에 보는 것을 남성 구매자들이 허용하는 이유는 이들이 텐프로이기 때문이다. 남성 연대 안에서의 인정과 승인이 여성들의 가치를 결정한다. 몸 가치가 높은 여성은 그렇지 않은 여성에 비해 더 많은 시간을 가질 수 있다. 동시에 텐프로 업소에는 구매력이 높은 남성들이 출입하기 때문에 팁이나 '협찬(스폰)'을 받을 기회가 많은 것도 이들의 '2차' 여부와 관련이 있다. 굳이 '2차'에 연연할 필요가 없는 것이다.

그럼에도 불구하고 '텐프로에는 2차가 없다'는 주장이 반복되는 것은 사실상 상류층 남성들의 범접하기 어려운 라이프스타일, 이들이 지불하는 고액의 술값과 접대비, 그리고 이들이 '소유한' 여성들의 외모, 이들의 소득을 동경하고 물신화하는 태도 때문이다.

우에노 지즈코(上野千鶴子, 2012[2010])는 매춘의 가격에 대해 남자가 여자에게 돈을 지불하니 남자가 여자에게 매기는 가격이라고 착각하기 쉬우나 사실 남성 스스로가 자신의 성욕에 높은 가격을 매긴 것이라는 흥미로운 분석을 내놓았다. 그들은 부가가치가 있는 여성에게만 욕정을 느낌(그렇다고 자신에게 암시함)으로써 자신의 성욕이 평범한 남성의 성욕과 다르다는(더 고급이라는) 것을 자신에게(그리고 다른 남성에게) 증명하고자 하는 것이다(같은 책, 240). 이런 설명을 참고한다면 텐프로라는 업소를 통해 '고급'으로 인정받는 것은 결국 구체성을 상실한 여성 접대부가 아니라 그곳을 이용하는 남성 고객이다.

상류층 남성들의 라이프스타일에 대한 물신적 태도는 결국 '진짜 텐프로는 전국에 2개가 있다', '여기가 바로 텐프로다'라는 극단적인 진술을 가능하게 한다. 다양한 종류의 성매매 업소 종사 경험이 있는 여성 중에 '텐프로 빼고 다 가봤다'는 여성들을 만나는 일은 어렵지 않다. '텐프로'는 마치 결코 닿을 수 없는, 범접할 수 없는 어떤 곳을 나타내는 대명사다. 그러므로 텐프로는 언제나 그보다 낮은 등급의 외부를 필요로 한다. 이러한 측면에서 유흥업소는 텐프로에서 노래방까지 각 분류의 업소들이 유기적인 관계를 통해 서열화되고 군집을 형성한 채 표상된다. 또한 텐프로를 중심으로 한 업소의 서열화는 여성의 가치가 외모를 기준으로 서열화될 수 있다는 관념을 강화하는 방식으로, 언제나 텐프로와 비교해서 '부족분'만을 드러낸다. 그 결과 유흥업소 종사 여성들의 외모에

서 기준이 되는 것은 언제나 (실제 존재도 확인된 적 없는) 텐프로 여성이다.[37]

그러나 이러한 설명을 한국에는 최고급 업소가 없다는 뜻으로 이해하는 것은 적절하지 않다. 성매매 산업의 계층 세분화는 최상급 업소를 기준으로 중급과 하급 업소가 줄 세워지는 것이기 때문에 어디에도 없는 것처럼 보일지라도 최고급 업소는 선험적으로 존재한다. 다음은 강남의 한 룸살롱 영업팀장이 한 포털 사이트에 올린 업소 홍보 글의 일부이다.

> 텐프로, 쩜오 같은 업소 아가씨 가게는 업소 아가씨 싸이즈는
> 기가 막히지만 주대 또한—후덜덜 하지요^_^ 강남 밤 문화
> 즐기는 손님은 반대로 가볍게 놀자 하실 땐 풀살롱, 하드코어,
> 하드코어풀을 가시는데 거긴 가격은 가볍지만 업소 아가씨 싸
> 이즈 또한 성형 실패녀 및 치아 삐뚤녀 등—강남룸 밤 문화를
> 즐기기엔 술맛이 제대로 않납니다. 그래서 만들어진 게 저희
> 역삼동 ○○ (신사동 구 △△△△) 매직 미러 초이스입니다. 주

---

37   보통 '텐프로' 여성은 '외모 이상'의 조건을 가졌다고 알려져 있다. 다음이 대표적인 설명 방식이지만, 사실 이는 여성의 '아름다운 외모'에 대한 부연 설명에 다름 아니다. "텐카페 이상(텐프로 포함), 즉 텐들은 한마디로 포스가 넘쳐야 한다는 조건이 있었다. 단지 외모가 다는 아니라는 얘기였다. 텐들 중에서는 자연 미인이 대부분이고 성형을 했더라도 거의 티 안 나게 조금씩 손 본 사람들이 주를 이룬다는 것이다. 그러나 이보다 중요한 건 다른 데 있었다. 텐은 사람의 마음을 끄는 묘한 매력을 갖고 있어야 했다. 이를테면 포스가 넘쳐 감히 범접할 수 없는 아우라의 소유자나 마릴린 먼로와 같은 백치미가 매력인 사람, 묘한 색기가 넘쳐흐르는 사람 등이 텐급에 속하는 여성들이었다."(김지선, 2012)

대를 풀살롱 쪽으로 나추고 업소 아가씨 컬리티는 소프트클럽과 쩜오 사이급으로 수질을 좍 올렸습니다 ㅎ (가독성을 위해 띄어쓰기만 조정, 게시글은 현재는 삭제됨)

룸살롱 홍보에 사용되는 대표적인 문구는 '가격은 낮추고 수질은 올렸습니다'이다. 위의 글에서 영업실장은 '주대는 풀살롱 쪽으로 낮추고 업소 아가씨의 퀄리티는 소프트 클럽과 쩜오 사이 급으로 수질을 좍 올렸다'고 설명한다. 이는 술값과 성매매 비용은 낮아졌지만, 서비스를 제공하는 여성들의 외모 수준은 높아졌다는 의미다. 여성들의 몸 가치는 '사이즈'라는 말로 표현되면서 여성의 외모에 매겨진 객관적 등급·수치와 관련된 상상력을 자극한다. '사이즈'가 좋은, 상급 업소에 있을 법한 여성들을 '할인 가격'에 제공하겠다는 의미다. 이때 최상급 업소를 기준으로 서열화된 성매매 산업의 세분화된 등급은 여성이 '사이즈'라는 기준에 따라 나뉜다는 암묵적 가정을 통해 여성들을 경제적이고 합리적으로 소비하는 것을 가능하게 한다.[38]

그렇다면 여성들은 '사이즈'가 올라가면 자동으로 높은 수입을 보장받는 것일까. 앞서 살펴보았듯이 기본적으로 상급 업소에 속

---

[38] 그렇다 보니 최근 적절한 업소에 적절한 '사이즈'의 여성들을 배치하는 대형 룸살롱 에이전시까지 등장했다. 연예기획사와 비슷한 역할을 한다는 이러한 룸살롱 에이전시는 최근에 새롭게 등장한 업종으로 포장되지만, '직업소개소', '보도방'의 경우와 같이 유흥업소 여성 종업원을 업소에 소개하고 공급하는 업체는 사실상 오래전부터 존재해왔다.

한 여성들이 그렇지 못한 여성들에 비해 더 많은 시간을 가질 수는 있다. 한 번에 여러 테이블을 도는 방식의 접대가 이들에게는 허용되기 때문이다. 이로 인해 많은 돈을 벌고 있는 것처럼 보이는 착시 효과가 일어나기도 한다. 그러나 이것이 착시 효과인 이유는 '사이즈'가 좋은 여성들이 단기간에 끌어올 수 있는 신용이 더 많기 때문이다.

실제로 여성들의 '사이즈'는 텐프로부터 노래방까지 등급화된 업소에서 일하는 여성들이 벌어들이는 수입의 규모를 추상화한 개념으로 이해되기도 하며, 동시에 이러한 '사이즈'에는 앞서 4장에서 살펴보았듯이 여성의 부채 금액이 포함되어 있기도 하다. 대표적으로 〈다혜〉는 스무 살이 되자마자 부채 규모 때문에 성매매의 '종착역'으로 알려진 울산을 벗어날 수 없었다고 이야기하면서 '[울산엔] 애들이 기본으로 다 6000~7000 사이즈로 달고 있잖아요'라고 설명한다. 그러므로 룸살롱이 여성들의 '사이즈'에 따라 업소 등급이 나뉜다는 것은 여성들이 부채의 규모에 따라 등급화된 업소에 배치되기도 한다는 의미로 이해해야 한다.

술집 있다가 장안동 오게 되니까 겁났어요. 어휴, 하루에 ['2차'를] 몇 명씩 해야 되고, 그걸 어떻게 해. 서비스도 해야 되고. 근데 나보다 빚 많은 애들이 여기 먼저 오게 된 거예요. 그때 한창 많이 넘어올 때라서. (장사 잘될 때죠?) 어, 그리고 여긴 그때 마이킹도 많이 해주고. 그리고 먼저 간 친구가

의외로 괜찮대. 같이 일하던 애니까 얘가 일하면 나도… 근데 안 가려고 그랬는데 내 친구 하나 중에 정말, 이 일을 물론 맞아서 하는 사람은 없겠지만 걔는 정말 안 맞는 앤데. 걔가 원래 사이즈 보고 거기에 맞춰서 선불금을 해준단 말이에요. 이쁘면 이쁜 대로 더 해주고. 1000만 원도, 진짜 별론데 무조건 1000만 원을 해주진 않거든요. 내 친구 하나가 그런 애가 있었어요. (웃음) 1000 얼마가 저걸[빚]로 있고. 보증을 잘못 선 거야. 그 아가씨가 날른거야. 걔가 그 아가씨 빚을 다 떠안아가지고. 같이 술집에서 일하던 실장 언니가 얘 혼자 1000만 원 트라이를 보러 가면 사이즈가 안 되니까 너 친구니까 같이 가라 그랬단 말이에요. 〈은아〉

18세에 다방에서 일을 시작한 32세의 〈은아〉는 스무 살 무렵인 2002년, 친구와 장안동으로 처음 넘어오게 된 과정을 이야기한다. 친구와 〈은아〉는 빚 때문에 선불금을 많이 주는 지역으로 이동할 필요가 있었다. 하지만 아무리 선불금을 후하게 내주던 시기였을지라도 선불금의 규모는 여성의 '사이즈'에 따라 결정된다. 맞보증에 문제가 생겨서 다른 아가씨의 빚까지 떠안아 1000만 원이 필요했던 〈은아〉의 친구가 막상 그 정도의 '사이즈'가 되지 못하자 〈은아〉는 친구와 함께 업소로 이동해주는 전략을 택한다. 업주 입장에서는 한 명의 아가씨에게 '사이즈'보다 큰 선불금을 주는 것은 내키지 않을지 몰라도, 두 명의 아가씨가 한 번에 업소로 들어오게 되면 미래 수익을 더 기대해볼 수 있기 때문이다. 업소 수익의 측면에서 볼 때 개별 여성의 '사이즈'는 결국 여성들 '묶음'의 평균치로 환산할 수도 있는 것이다. 이 때문에 성매매 업소에서는 연대보증과 같은 계약 형식이 자주 사용된다. 이것은 '아가씨가 많으면 손님도 많다'는 일반 법칙이 여성들의 '사이즈'에 대한 특수 법칙과 밀접한 관련을 맺고 있다는 증거다. 한 여성의 '사이즈'를 또 다른 여성이 보충해주는 형식으로 계약이 성립되고 있는 것이다.

이상의 내용을 정리하면, 여성들의 '사이즈'는 구매자와 여성 당사자에게 다른 방식으로 의미화된다. 남성들에게 여성들의 '사이즈'는 여성의 위계적 몸 가치에 대한 차별적 가격 지불, 즉 '몸값'으로 이해되면서 진실의 척도인 가격을 결정하는 요인이 되지만, 여성들에게 '사이즈'는 그렇게 단순하지 않다. 여성들에게 그것은 한정된 시간을 늘려주는 근거가 되는 동시에 부채 규모를 의미하기도 한다. 일반적으로 외모가 좋은 여성들이 신용을 통해 부채를 얻는 것이 수월하기 때문이다. 하지만 여성들은 '사이즈'의 다양한 의미에도 불구하고 남성들이 생각하는 기준을 그대로 받아들인다. 부채의 규모는 자신의 조건을 결정하는 구조적 요인이 아니라 자신의 생활 습관이나 태도의 결과라고 생각하기 때문이다.

사실 현재 성매매 산업의 재구조화 국면에서 여성들의 위계화된 '몸 가치', '사이즈'에 따라 업소가 세분화·등급화되어 있다는 생각은 전후 관계가 뒤바뀐 것으로 그 자체로 여성혐오적이며 이데올로기적인 성격을 갖는다. 여성들은 이러한 생각 속에서 자신의 몸 가치를 확인하고 언제나 '결여된' 존재로서 순응해야 한다. 성매매 업소의 세분화된 등급은 각 업소에 속한 여성들의 외모에 등급이 있다는 믿음을 만들어내는 한편 여성들이 외모에 따라 각각 다른 가치를 갖는다는 것을 합리화하는 메커니즘 그 자체이기 때문이다. 업소의 세분화·등급화 전략으로 인해 여성들의 몸 가치가 등급화된다는 분석은 여성들의 미모에 차이가 있기 때문에 이들이 각각 업소 등급에 맞게 배치된다는 기존의 고정관념에 도전한다. 한국 성매매 업소의 계층은 대략만 잡아도 10개 이상인데, 여성들의 외모 등급을 10등급으로 나눌 수 있다는 믿음 자체가 바로 각 업소 여성들에게 다른 가치를 부여하도록 하는 원리이며, 각각의 여성을 대하는 남성들의 태도를 만들어내는 원리이다.

현재의 성매매 산업은 무수한 남성의 성적 욕망과 유흥 형태, 여성들의 공급과 초기 자본의 규모, 여성들의 부채 금액과 관련된 이동 가능성 등이 교차하며 형성된 것이기 때문에 명료한 계층화가 이루어지기 어려움에도 불구하고, 여성들의 외모에 따라 각 업소와 여성들, 그리고 이들이 제공하는 서비스가 등급화된다고 알려져 있다. 그 결과 남성 구매자는 가치와 가격에 따라 구분된 업소 등급, 등급화된 여성을 선택하는 일에만 집중하면 된다. 이러한 등급화야말로 성구매를 합리적인 소비 실천으로 만들어내는 원리이며, 나아가 성매매 산업의 신용 재생산을 가능하게 하는 물신적 믿음이다. 그러나 실상 성매매 산업에서는 제일 예쁜 여성이 최상급 업소에 있다기보다는, 역으로 상급 업소에 있는 여성이 가장 예쁘고 가치 있다고 인정받는다. 이러한 인정은 성구매 비용의 합리성과 그것을 지불하는 남성의 가치를 뒷받침한다. 이어지는 내용에서는 남성들이 여성들을 구매하는 일상적 선택의 순간에 여성들 간의 '상대적인 비교'를 만들어내는 것을 살펴본다.

강제되는 자발적 수용

지난 10년 동안 성매매 산업의 계층화는 중급 업소와 하급 업소의 세분화로 요약될 수 있다. 이는 '쩜오', '쩜칠', '하이쩜오'와 같이 '텐프로급'이라 일컬어지는 새로운 등급들이 계속해서 만들어지는 것을 통해 증명된다. 이러한 세분화 과정은 여성들로 하여금 언제나 최상급 업소 여성들과 비교하게 하면서 자신의 '몸 가치'가 객관적 등급화 과정에 의해 정해진 것이라고 순응하도록 만드는 과정이기도 하다. 성매매 업소 등급화는 강제적인 배치에 의해 완성된다기보다 여성들의 자발적인 조정과 순응의 과정을 통해 이루어진다. 그리고 여성들의 이러한 '자발적' 조정을 강제하는 장치는 모든 성매매 산업에 포함된다. 그것은 바로 앞서 지적한바, 성매매 산업이 등급화를 통해 여성들로 하여금 자신의 몸 가치의 부족분을 깨닫도록 만들기 때문이다.[39]

길거리 캐스팅을 할 때는 "텐프로 룸살롱에서 일할 수 있다"

고 홍보한다. 테루 팀장은 "여대생도 텐프로 룸살롱은 연예인 만큼 예쁜 여성이 큰돈을 벌 수 있는 곳이라고 이미 알고 있다"고 말했다. 그러나 길거리 캐스팅에서 뽑은 종업원도 10명 중 9명은 외모가 '텐프로급'에 못 미친다. 에이전시는 일단 이들에게 다양한 등급의 룸살롱을 경험하게 한 뒤, 자신의 '사이즈 등급'을 종업원 스스로 깨닫게 만든다. 이들은 예상 월수입에 빗대 종업원을 '천 페이스[1000만 원 수입이 가능한 외모]', '팔백 페이스' 등으로 부른다(박훈상, 2010).

위의 인용문은 앞서 38번 각주에서 언급한 룸살롱 에이전시에 대한 기사이다. 이 에이전시는 여성을 등급에 따라 특정 업소에 강제로 배치하는 것이 아니라 여성들로 하여금 자발적으로 자신의 가치를 조정하도록 만든다. '다양한 등급의 룸살롱을 경험하게 한 뒤 자신의 사이즈 등급을 종업원 스스로 깨닫게 만든다'고 언급한 부분이 자발적인 조정을 강제하는 장치에 해당한다. '스스로 깨닫는 것'은 혼자서 깨닫는다는 뜻이 아니라 다른 여성들과의 비교와 타인의 평가를 통해 자신의 '등급'과 위치를 '파악'하게 되는 것이다. 즉 여성 몸 가치의 등급화는 절대적 아름다움의 등급이나 절대

---

39   우에노 지즈코(上野千鶴子, 2012[2010]: 13)는 여성혐오가 남녀에게 비대칭적으로 작용하며, 남성에게는 '여성 멸시', 여성에게는 '자기혐오'로 나타난다고 정의한 바 있다. 여성의 '자기혐오'를 여성혐오의 효과로 보는 그의 주장에 따르면, 룸살롱 종사 여성들로 하여금 언제나 자신들의 몸 가치의 부족분을 깨닫도록 만드는 성매매 산업의 등급화 과정 역시 여성혐오에 기반한 구조화 과정이라고 볼 수 있을 것이다.

적 수입의 등급이 아니다. 예를 들어 인터뷰에서 언급된 '천 페이스'
는 '팔백 페이스'와의 비교우위 속에서 '천 페이스'로 구성된다. 그리
고 이러한 여성들 간의 비교, 상대적 등급화를 업소 내에서 일상적
으로 가능하게 하는 장치가 바로 '초이스'라는 단계다. 일상적으로
반복되는 '초이스' 단계에서 남성 손님들의 평가가 이루어지고, 이
들의 평가가 가격의 지급, 나아가 수입의 창출로 이어지면서 여성
들은 자신의 '초이스' 여부, '초이스' 성공에 따른 소득이라는 지표
로 자신이 해당 업소에 적합한지 '스스로 깨닫게' 된다.

> 우리는 화려한 거 많이 입어요. 눈에 일단. 우리도 초이스를
> 하니까. '보고 먹는다'고 하죠. (너희도?) 하죠. [당연하다는 듯]
> (순번 아니야?) 순번인데 만약에 순번으로 들어갔는데 다른 아
> 가씨로 그러니까, 만약에 셋이 왔어. 그럼 '보고 먹을게요.' 그
> 러면 세 명, 세 명씩 따로 들어가. '보세요.' 1, 2, 3 이렇게 하고
> 1, 2, 3. (안 되면 어때?) 짜증나죠. 돈을 못 버니까. 〈진영〉

〈진영〉은 '초이스'를 '보고 먹는 것'에 비유한다. 주말에 알바를
나오는 여성들까지 포함하면 고용된 여성이 7명밖에 안 되고 '촌에
있는' 작은 업소지만, 여기에도 '초이스'가 있는 게 당연하다고 설명
한다. 업소에 있는 아가씨들의 외모를 보고 자신의 파트너 접대부
를 지정하는 '초이스'는 여성들의 수입에 직접적인 영향을 미치기
때문에 업소 종사 여성들에게는 매우 민감한 시간이다. 업소에서의

'초이스'는 남성 구매력에 시선 권력이라는 힘을 더하고 이를 정당화한다.

이러한 시선 권력을 극대화한 대표적인 장치로는 업소의 내부를 길에서 들여다볼 수 있도록 만든 '유리방'이 있다.[40] 또한 '룸살롱의 황제' 이 씨가 도입했다는 2000년대 중반의 '매직 미러'도 이같은 효과를 낳는 장치로 볼 수 있다. 여성들이 '유리방' 속에 진열되고 이 여성들 가운데 마음에 드는 여성을 고르는 것이 가능하다는, 선택의 자유로움을 시각적으로 극대화하는 이 같은 장치는 성매매 업소에서 남성의 '초이스'를 신중하고 합리적인 소비 과정으로 정당화하며 선택에 '재미'를 더하는 요소로 사용된다.[41]

동시에 이러한 남성 구매자의 신중한 소비를 도모하고자 고안된 단계로 '뺀찌'가 있다. '뺀찌'는 '초이스' 단계에서의 소비의 합리성을 보충하기 위한 절차로, 지정된 여성 접대부에게 퇴짜를 놓는다는 의미다. 남성들은 '뺀찌'를 놓음으로써 '초이스' 단계에서와 마찬가지로 자신의 구매 행위를 합리화하게 된다. 성매매에서 남성들

40　한국에서는 올림픽을 앞둔 1986년에 도시 미관을 위해 윤락가 시설에 대한 대대적인 '환경개선작업'이 이루어졌는데 이때 '유리방'이 본격 등장했다(홍성철, 2007: 280; 오유석, 2009: 124).

41　'매직 미러 초이스' 업소는 '룸초이스와는 다르게 직접 눈을 마주치며 초이스하지 않기 때문에 초이스의 부담감을 덜고 맘에 들지도 않으면서 초이스하는 실수'를 덜어낼 수 있다고 광고한다. 이러한 장치는 업소의 성공을 자동으로 보장해주었다. 연구참여자들은 1~2년 전까지만 해도 '매직 미러' 시스템 업소는 예약하지 않으면 찾기 어려울 정도로 사람들이 많이 몰렸다고 입을 모은다. 최근의 보도에 따르면 대치동에서 적발된 한 '매직 미러 초이스' 유흥주점은 150명의 여성 종업원을 고용한 결과 하루 평균 5000만 원의 매출을 올리고 적발 전까지 대략 380억 원의 수입을 올렸다고 추정된다(뉴스1, 2013).

은 자신의 지불 규모, 업소 위치, 접대 방식에 근거하여 적당한 등급의 업소를 선택하고 '초이스', '뺀찌'와 같이 선택의 합리성을 보충하는 장치들을 통해 성매매를 규칙에 의거한 게임과 같은 과정, 합리적 구매의 과정으로 집단적으로 내면화한다.

제가 직접 발로 뛰면서 조건만남을 했을 때에는 좀 그런 부분에 대해서 좀 더 세세하게 이야기할 수 있는 부분이 있기 때문에 만난 다음에 이제 뺀찌를 맞는 일이 별로 없었는데 업소 들어가니까 이제 일단 외모를 보고 판단을 하는 거예요. 그래서 뺀찌를 되게 많이 먹었거든요. (아, 지금 업소 나가세요?) 그러니까 룸살롱 이런 데는 아니고 휴게텔에서 일을 조금 했었어요. 근데 그거 때문에 뺀찌를 너무 많이 먹어서 잘렸어요. (웃음) 그랬어요. 〈성아〉

아가씨가 진짜 괜찮다고 소개로 해서 진짜 잘한다고 하면 돈이 다 나가는 거지만 안 그런 경우는 웬만하면 [100%] 다 안 나가죠. (위험부담 때문에요?) 그렇죠. 얼굴이 아주 못생겼다 그래도 안 되는 거고. 아가씨들 술집에서 쉽게 얘기해서 초이스가 돼야 하는데 초이스가 안 될 정도면 아무리 성실해도 벌이가 안 될 거 아니에요. 기본적으로 술집 나간다, 그러면 기본적인 바탕은 될 테니까. 〈사채업자 박씨〉

20대 중반의 〈성아〉는 한국 사회의 성노동자 운동에서 주도적인 목소리를 내고 있는 '당사자' 활동가다. 〈성아〉는 2010년 11월부터 성노동을 하고 있는데, 문제는 '뺀찌' 때문에 업소에서의 노동을 지속하고자 하는 결심에 제동이 걸린다고 설명한다. 성노동을 하고자 하는 의지도 있고, 그것으로 생계도 해결하고자 하고, 심지어 임파워링도 가능한 일이라고 생각하지만, 남성 구매자들이 자신의 외모를 보고 '뺀찌'를 놓기 때문에 막상 본격적인 노동의 장에 진입하기 쉽지 않다고 증언한다. '직접 발로 뛰면서 조건만남을 했을 때에는' 자신의 매력을 다양한 방식으로 어필하고 자신 있게 제공 가능한 성적 서비스에 대해 '세세하게 이야기할 수 있는' 기회가 있었기 때문에 '뺀찌를 맞을 일이 별로 없었지만' 업소에 진입하자 손님들이 자신의 외모만 보고 판단하는 상황이라는 것이다. 결국 〈성아〉는 휴게텔에서 해고되어 업소에서의 성노동을 계획대로 지속할 수 없게 되었다.

〈사채업자 박씨〉는 성매매 업소에서는 마냥 성실하다고 돈을 벌 수 있는 것이 아니라고 말한다. 그는 현재 강남 지역에서 일수를 하고 있기 때문에 '초이스 가능한 외모'에 대해 더욱 엄격한 기준을 가지고 있다고 한다. 어쨌든 그의 설명에 따르면 '술집에 나간다 그러면 기본적인 바탕'은 되겠지만 일단 만나보고 외모가 일정 수준에 미치지 못하면 그 여성에게는 대출이 이루어지기 어렵다. 아무리 성매매 산업에 많은 돈이 돌고 있어도 '초이스'가 되지 않으면 그 돈은 해당 여성의 돈이 될 수 없다는 이유에서다.

트랜스젠더 커뮤니티에 좀 건전하게 할 필요가 있어서 노출이 심한 사진은 올릴 수가 없기 때문에. (○○넷에 노출이 많은 사진 올리고?) 네, 그렇게 올릴 수 있죠. 올릴 수 있는데 제가 좀 사진은 노출 수위가 좀 있다 싶은 건 딱 하나만 올렸고. 그냥 사람들이 가슴 있냐, 없냐 가지고 크로스젠더냐 쉬메일이냐를 따지기 때문에. 근데 저는 가슴 실리콘을 넣을 생각은 없고 전혀. 난 가슴은 그냥 이 정도다 호르몬 해서. 그러니까 니들이 CD라고, 크로스드레서라고 생각하든 그냥 쉬메일이라고 생각하든 마음대로 생각해라. 그냥 공개를 하고, 그리고 손님이 꽉 줄긴 했지만. (그래요?) 그러니까 가슴 수술해서 D컵 정도 되는 사람을 원해요. 안 그러면 단가를 한 5만 원 정도로 내려버리고. (5만 원?) 네. 크로스드레서면 5만 원이면 됐지, 뭘 더 바라냐는 손님들도 많기 때문에. 〈성연〉

트랜스젠더 여성인 〈성연〉은 업소에 속해 있지 않기 때문에 '뺀찌 후 다른 아가씨로 교체'되는 시스템이 작동하지 않는 장에 있다. 하지만 구매자에게 미리 정확한 정보를 제공하는 차원에서 '가슴은 그냥 이 정도다'라고 확인시켜주는 사진을 인터넷 사이트에 올린다고 한다. 고환 적출 수술을 했고, 가슴 성형은 할 생각이 없으며, 호르몬 투여로 인한 신체적 변화만 경험하고 있는 〈성연〉이지만 그는 자신이 생각하는 정체성과는 무관하게 구매자의 분류 기준에 따라 그저 이성의 옷을 입은 '크로스드레서cross-dresser'로 규정된다. 〈성연〉의 정체성은 트랜스젠더라는 범주 안 어디쯤에서 몸의 변화를 통해 끊임없이 움직이고 있지만, 성매매 가격 체계 안에서는 가슴 크기에 기반해 '크로스드레서'나 '쉬메일shemale'로 정해진다. 여기서 가격의 기준은 '가슴을 D컵 사이즈로 성형한 트랜스젠더'다. 이에 따라 〈성연〉의 '부족분'이 차감되어 '크로스드레서'로서의 가격으로 결정되는 것이다.

이렇듯 유사한 장에 놓인 여성들 간의 '상대적 비교'가 여성들의 실제적인 가격을 정하는 원리다. '초이스'는 여러 여성들 중 한명을 자신의 파트너로 지목하는 것이기 때문에 시작 단계에서 여성들은 언제나 2명 이상 있게 된다. 그 결과 성매매에는 여성들 간의 경쟁, 특히 외모, 첫인상과 관련된 경쟁이 필연적으로 존재하게 된다. 이 때문에 경쟁력을 확보하는 차원에서 여성들의 다이어트, 성형수술(혹은 시술), 화장품이나 의류 구입이 이루어진다. 〈진영〉 역시 최근 부작용이 심하다는 다이어트 약을 복용 중이며, 동시에 다른 여성들보다 남성 손님들에게 평소에 연락도 많이 해주고 밖에서 따로 만나 '놀아주기도' 하는 등 노력을 기울이는 편이라고 말한다. 이러한 노력의 결과로 '초이스'가 되기도 한다는 것이다. 다음은 그런 관리 부담 때문에 강남 업소에서는 일하고 싶지 않다는 〈은아〉의 설명이다.

응, 그리고 다이어트를 해야 하는 게 여기는 내가 내 관리를
안 하면 일하는 데가 한정돼 있고 일을 들어가서도 대접을…

좀 그런 게 있어. (날씬한 아가씨들을 선호하는 거야?) 그렇죠. 날씬하고 자기한테 투자하는 사람. 특히 강남은 무조건 말라야 하고. (오히려 글래머러스해야 하는 거 아니야?) 아니야, 아니야, 아니야. 강남은 일단 말라야 하고. 일단 실장들이 그걸 선호하고. 정말 언니, 진짜 말라비틀어져 갖고 다 성형은 기본에. 내가 강남에 룸보도를 한번 나간 적 있는데, 안마는 그래도 일하기, 뭐 나 같은 애도 일을 할 수 있긴 한데, 술집은 진짜 그래요. 정말 마르고 키가 커야 돼. 헤~ [놀람] 갔더니 나 아는 언니랑, 친구 동생이랑 셋이 어느 가게 들어가서 초이스 보러 갔더니 정말 뒷모습만 보고 키 큰 언니들만 딱 데리고 들어가면서 너네 가라고. (정말?) 정말 말라야 되고. 성형 티가 엄청 심하고. 그래서 어느 룸에 들어갔는데 아저씨들 막 여러 명 있는데 아저씨가 앉고 싶은 데 앉으래. 꽁치고[허탕치고] 그랬으니까. 그래서 어떤 아저씨 옆에 앉았어. 근데 그 아저씨 하는 말이, '근데 난 너도 괜찮긴 괜찮은데 나도 이왕이면 강남 왔는데 나도 진짜 다른 사람 앉혀보고 싶다.' (웃음) 그래갖고… [나왔지.] 〈은아〉

결국 '초이스'라는 관문을 피할 수 없는 업소 종사 여성들은 남성의 시선, 업소 분위기를 파악하면서 일상적인 외모 관리를 하지 않을 수 없다. 남성 구매자들이 '보고 고르는' 것이 '초이스'라면, 남성들에게 '보여지는 모습'은 여성들이 선택받을 수 있는 유일한 요인이다. 〈은아〉의 말처럼 관리가 되지 않았다고 생각되는 사람은 선택될 수 없는 시스템, 대접받지 못하는 시스템이기 때문이다. 그러므로 '관리'는 실질적인 판매를 가능하게 하는 '투자'가 된다. 〈은아〉는 강남 아가씨와의 비교가 이루어지는 '초이스' 과정에서 자신과 같이 '투자'가 되지 않은 보통 키, 보통 몸매, 보통 얼굴의 여성은 선택되기 쉽지 않다고 설명한다. 결국 〈은아〉는 '강남에 왔는데 이왕이면' 강남 룸살롱에 걸맞은 여성을 앉혀보고 싶다고, 미안하지만 나가달라는 요청을 받았다는 이야기를 전하며, 강남까지 온 남성 손님도 그만한 기대를 하고 왔을 것이라고 설명한다. 결국 〈은아〉는 당시의 경험을 통해 강남은 자신과는 어울리지 않는 지역이라고 판단하고 안마 업소에서 일을 이어갔다.

> (일을 하다 보면 알게 되는 거야?) 응, 느껴지는 거지. 대우나 이런 것들을 보면. (그럼 어디서는 환영받을 수도 있겠네?) 용이 될 수도 있고. (웃음) 뱀 머리가 될 수도 있고, 용 꼬리가 될 수도 있고. 그러니까 한 단계 낮은 급을 가면. (선택하기 나름이겠네?) 응. 〈은주〉

어찌 되었든 '초이스'는 한 업소 안 아가씨들과의 경쟁이다. 〈은주〉는 이를 '뱀의 머리가 될 것인지, 용의 꼬리가 될 것인지' 선택하는 일이라고 이야기한다. 동시에 여성들이 그런 선택을 하는 점을 볼 때 여성 외모에 따라 업소가 등급화된다는 믿음은 허구임을 알 수 있다. 면접에 응한 많은 여성은 선호되는 여성의 외모가 유행을 탄다고 말하기도 한다. 그러므로 여성들의 '사이즈'에 따른 업소 등급화라는 허구적 믿음은 '초이스'나 '뺀찌' 등의 과정을 통해 여성들이 스스로 자신의 '몸 가치'를 받아들이고 자신에게 적합한 업소·위치를 조정하는 것으로 비로소 현실화된다. 이것은 자신의 상품성을 만들어나가는 상품화 과정이기도 하다. 표면적으로는 자발적인 이동처럼 보이지만, 사실 한 업소 내 여성들 간 경쟁과 남성손님의 선택과 거부에 기반해 결국 '제 발로' 업소를 옮길 수밖에 없는 결과가 만들어진다. 이는 경제적 생존 문제와 직결되기 때문에, 여성들은 자신이 마련해야 하는 수익을 계산해서 정확히 결단을 내려야 한다.

'초이스'는 남성 구매자가 등급화된 업소에 진입해서 자신이 구매할 상대 여성을 선택하고 지불을 결정하는 단계이므로, 사실상 여성과 현금이 교환되는 '매매' 그 자체가 이루어지는 순간이다. 따라서 이런 과정은 외국인 업소든 내국인 업소든, 모든 성매매 업소에 존재한다. 그럼에도 구매에 앞선 합리적 선택이 가능한 듯 연출하는 '초이스'라는 단계는 남성들의 구매 합리성을 도덕적·경제적으로 정당화하는 여러 장치와 함께 성매매의 과정 안에 자리 잡게된다. 그리고 남성의 구매가 합리적 실천으로 이해되는 상황에서 업소를 이동하며 '몸 가치'를 조절하고자 하는 여성들은 이러한 조절이 자신의 외모 등급에 따른 필연적인 결과·결정이라고 이해하게 된다.

온라인을 통해 증식하는 구매자 네트워크

지인들과 업소 정보를 상호 교환하고 집단적인 성구매 실천을 통해 남성 주체성을 형성하던 이전 시대와 달리(이승주, 2009; 신동원, 2005), 온라인을 통한 정보 전달이 주로 이루어지는 현재의 네트워크 환경 속에서 남성들은 온라인 정보 창구를 경유하여 수많은 남성과 거대한 '구매자 네트워크'를 형성한다. 사회적 문제로 부상한 특정 남초 사이트에서 룸살롱 후기 게시판을 발견하는 것은 어렵지 않다. 이들은 유흥업소 포털 사이트에도 특정 업소, 특정 여성들의 가격과 서비스 만족도를 평가하는 글을 올리면서 성구매와 관련된 정보를 계속 생산하고 있다. 그렇게 정보망에 집적된 후기는 정보 검색자의 임금 수준, 소비 수준에 입각해 검토되고 선택되는데, 이를 통해 남성들은 합리적으로 성구매를 실천하는 소비자의 지위를 점한다.

이러한 '구매자 네트워크'는 남성들의 새로운 성적 욕망을 만들어내고 이것을 구매력으로 끌어올리는 동시에 다시금 특화된 성매매 업종을 만들어낸다. 최근 '오피스텔에서 남자친구를 기다리는 여자친구' 콘셉트로 성업 중인 '오피방'이 여기에 해당한다. '오피방'은 오피스텔을 하나 임대해 하루 두 명 정도의 여성을 고용해 예약제로 운영하는 신종 성매매 업소다. 간판을 내걸 수 없는 특성상 인터넷 후기 게시판을 통해 정보를 검토하고 실장에게 예약을 마치면 실장은 비밀스럽게 오피스텔 주소를 알려준다. 보통 50분에

13만 원의 화대를 지불하고 여성의 외모와 시간에 따라 1만 원에서 5만 원 정도의 추가 금액이 매겨진다.

추가 금액은 남성 구매자의 후기 정보에 근거한다. 남성 구매자는 특정 여성과의 성매매 이후 그 경험의 특성과 만족도를 자신이 지불한 가격과 비교해 후기로 작성한다. 이런 과정이 반복되면서 여성들의 개성과 인격, 서비스 스타일, 외모는 고유한 가격의 상품성을 갖게 되고, 이 정보를 토대로 다시금 남성들은 자신들이 원하는 취향과 가격에 따라 여성들을 선택하게 된다. 예를 들어 개별 여성에게 '애인 모드에 강하다', '업소필이 안 난다(민간인필이 난다)', '샤워 서비스를 해준다', '성교 시 리액션이 좋다' 같은 세분화된 평가가 내려지고, 정보를 검색하는 이들은 그러한 평가 속에서 새롭게 자신의 성적 욕망, 성적 취향을 모방하고 발명해낸다. 그러면서 특정 서비스 상품이 특정 업종으로까지 분화하기도 한다. 일례로 여성들이 낯설지 않고 조금 더 상냥했으면 좋겠다는 남성의 성적 욕망에 '애인 모드'라는 이름이 붙고 이것이 후기를 통해 반복되며 성구매의 합리적 이유로 정착한 결과 '오피방'과 같은 신종 업소가 등장한 것이다. 앞서 살펴보았듯이 한 번의 결제로 술도 마시고 '간편하게' 2차까지 가는 '풀살롱', 따로 2차가 없는 대신 여성들의 신고식·성매매가 룸 안에서 이루어지는 '북창동식' 성매매 또한 남성들의 분화된 욕망이 구매 합리성으로 자리 잡으면서 특정 업종으로 분화한 예다.

동시에 성매매 업소는 이러한 '구매자 네트워크'를 자신들의 규모를 유지하고 생존을 모색하기 위한 전략으로 적극 활용한다. 업소가 자신들의 단독 홈페이지를 갖고 있는 경우도 있으며, 많은 경우 해외에 서버가 있는 유흥업소 정보 포털 사이트에 개별 업소 정보를 집적한다.[42] 때로는 대형 포털 사이트의 '밤 문화' 관련 카페 등에서 아가씨, 유흥업소 종업원, 남성 구매자가 친목을 다지며 업소 정보를 구하기도 한다. 이런 카페는 각 업소의 '이벤트 상품' 안내가 게시되는 영업상무의 홍보 게시판, '성형 지원' 등의 이벤트 실시를 알리는 멤버팀장의 구인 게시판, 아가씨들의 고민 상담 게시판, 손님이 자신의 방문 일정을 알려주고 견적을 묻는 견적 게시판, 성매매 업소 후기 게시판 등으로 구성되어 있다. 온라인 카페에서의 친목 도모는 성매매 산업 내 규칙, 경제 질서, 지식 등을 익히고 체화하는 일종의 '매춘사회화' 과정이 된다.

대표적으로 〈박팀장〉은 20대 초반 '백수 시절'에 손님과 아가씨들이 친목을 쌓는 '밤 문화' 카페의 운영진을 했던 경험이 있다. 처음에는 온라인 카페에서 일반 회원으로 야한 소설과 에세이 등 1000편이 넘는 글을 쓰며 사람들과 '친목'을 다졌는데, 이러한 그

---

[42] 2014년 회원 21만 명을 보유한 성매매 업소 광고 사이트가 적발되었는데, 보도에 따르면 이 사이트 운영자들은 2012년 7월 성인 사이트를 만들고 중국과 일본에 각각 사무실과 서버를 설치한 뒤, 전국 성매매 업소 1113곳으로부터 업소 홍보 대가로 다달이 10~30만 원씩 모두 8억 원을 받았다고 한다. 또 회원 확보를 위해 가입자에게 음란물 5000여 편을 무료로 볼 수 있도록 제공했으며, 성매매 업소의 위치와 가격, 여종업원의 나이와 사진 등을 알려주는 방식으로 성매매 업소를 홍보했던 것으로 드러났다. 성매매 업소를 이용한 뒤 이용 후기를 사이트에 올린 회원에게는 요금을 할인해주는 방식으로 정보를 집적했다(김일우, 2014).

의 초기 '자발적 무급 자원 활동'을 통해 카페가 활성화되면서 아가씨 구인 글도 올라오고 업소 홍보 글도 올라오는 등 카페의 규모가 커지게 되었다. 어느덧 어떤 상업 사이트도 모방할 수 없는 수준의 '구매력과 직결되는' 회원망을 갖게 된 것이다. 이후 〈박팀장〉은 카페의 운영진으로 활동하던 도중 '강남에서 전설인 분'의 눈에 띄게 되어 그의 업소에서 일을 시작하게 되었다. 그는 온라인 카페에서 업소 생활의 규칙을 익히고 체화하며 네트워크를 확장하는 매춘사회화 과정을 통해 강남 룸살롱 업계로 진출한 대표적 케이스다. 또한 그는 온라인 카페에서 야한 소설과 에세이를 쓰면서 남성 성욕을 고양하는 매춘사회화의 외연을 만들어내기도 했다. 그는 '잘나가는 마담'이 된 현재도 자신만의 온라인 사이트를 계속 운영하고 있다.

현재 성매매 산업을 둘러싼 인터넷 환경은 성매매 업소 종사자 혹은 직접 후기를 생산해내는 구매자뿐 아니라 소설이나 에세이를 연재하고 친목을 다지는 광범위한 카페 회원을 넓게 포괄하는 형태로 운영된다. 또 성매매 산업은 이 광의의 '구매자 네트워크'를 활용하며 남성들의 새로운 성적 욕망을 만들어내기도 하고 신종 상품 개발로 연결하기도 하면서 신용을 통해 확장한 규모를 확대재생산하고자 노력한다.

남성 욕망과 중·하급 업소의 기능

지금까지의 내용을 요약하면 다음과 같다. 신용의 확대를 통해 '강남'과 같이 성매매 산업이 발달한 상업 지구로 거대한 자본금이 흘러가게 되면서 성매매 업소는 자신의 규모를 유지해야 했고, 이를 위해 각각의 업소는 구매 합리성을 확충하기 위한 다양한 장치들을 만들어내면서 여성의 몸 가치에 위계를 부여했다. 이러한 위계는 텐프로에서 노래방, 혹은 안마 업소까지 이어지기 때문에 신용 확대의 결과는 서열화되어 군집으로 존재하는 전체 성매매 산업이 유기적으로 존재할 수 있도록 하는 효과를 만들어냈다고 보아야 한다. 또한 확대된 규모를 유지하기 위해 활용되는 남성 구매자 네트워크는 남성의 새로운 욕망을 지속적으로 만들어내는데, 점차 '새롭게 만들어진 욕망'을 어디서 실현할 수 있는가 하는 문제는 특정한 등급의 업소를 선택하는 문제로 이어진다. 쉽게 말해, '강남'의 중·상급 업소에서 실현되기 힘든 성적 욕망, "일탈적인 성적 행위"(Rubin, 1984)[43]가 어디에서 실현 가능한지 탐색하는 것은 결

---

[43] 물론 성매매 안에서의 '일탈적인 성적 행위'는 루빈(Rubin, 1984)이 정의한 "나쁜 성('bad' sex)"의 범주와는 차이가 있다. 그는 서구 사회에 존재하는 성에 대한 위계적 태도를 지적하면서 그 결과 "나쁜 성"의 실천자라 여겨지는 사회적 지위가 낮은 이들에게 부도덕함이 덧씌워졌을 뿐 아니라 경제적 공동체에서의 추방이 이루어지기도 했다고 지적한다. 하지만 성매매 산업으로 남성들이 실현 가능한 다양한 성적 욕망을 생산해내고 있는 매춘화된 사회에서 이러한 "일탈적인 성적 행위"는 추방으로 이어지지 않고 시장으로 흡수된다. 그러므로 "일탈적인 성적 행위"를 정의하기 위해서는 어디까지나 우리 사회에 대한 맥락적 정의가 선행되어야 한다.

국 '중·하급 업소'를 공고화하는 실천과 결부된다. 여성들은 '진상' 손님, '변태' 손님에 대해 끝없이 고발하지만 사실상 중·하급 업소가 존립하는 이유는 상급 업소에서 쉽게 받아들여지기 어려운 성적 실험을 그곳에서 해볼 수 있기 때문이다.

성판매 여성들은 자신을 특별히 힘들게 하는 특정 남성 손님을 가리켜 '진상 손님'이라고 지칭한다. 김선화(2006: 27)는 '진상'은 판매직 노동자의 인권을 침해하는 구매자에 대한 비판적 언어로, 성판매 여성들이 '진상' 범주를 설정하는 것은 성매매에서의 경제적 이익을 위해서 경제적·성적 침해를 사소한 것, 일상적인 것으로 여길 수 있도록 하는 감정적 완충지를 필요로 하기 때문이라고 지적한다. 유사한 맥락에서 김은실(2001: 220)은 10대 여성들이 성매매에서 일상화된 폭력으로 존재하는 성을 남성들의 '변태'적 행위로 표현하면서 성폭력을 희화화하는 것에 대해 성매매 공간에서 일어나는 폭력적인 상황을 은폐하는 행동이라고 분석한다.

그러나 현재 성매매 산업의 재구조화 속에서 '진상 손님', '변태 손님'은 오히려 남성 손님의 보편적 형태로 이해되어야 할 것이다. 남성들의 새로운 욕망이 개발되고 이것에 구매 합리성을 부여하는 방식으로 업소가 분화한 결과, 구매자는 각 여성이 중급 업소혹은 하급 업소에 속한 것이 이들의 외모에 따른 합리적 배치의 결과라고 생각한다. 그러므로 구매자에게 중·하급 업소의 여성들은 본인의 '급에 맞는' 합당한 서비스를 응당 제공해야 하는 존재가 된다. 결국 최상급 업소를 기준으로 한 성매매 산업의 계층화 속에서 남성들은 '더욱 화끈하게 놀기 위해' 혹은 '색다른 방식으로 놀기 위해'라는 '합리적' 이유를 갖고 중·하급 업소를 찾게 된다. 동시에 여성 종사자들 역시 합리적 배치의 결과 이곳에 속한 것이라고 생각하기 때문에 응당 이러한 서비스를 제공해야 한다며 남성들의 구매 합리성을 내면화한다.

> 언니, 그러니까 이런 데서 일하면 돈을 많이는 벌 수 있지만 그만큼 많이 나가는 거지. 자기한테 그거를 치장을 해야 돼, 더 많이 벌고 괜찮은 데서 일을 하려면, 화려하고 내 이거 관리도 해야 하고. 근데 이제 원래 꾸미는 거 좋아하고 그런 사람들은 상관없지만, 안 그런 사람들은 그런 게 스트레스인 거지. 그리고 일단 실장 눈에 괜찮게 보이는 사람은 괜찮은 사람 넣어주고. 안 그러면 술떡에 진상들 넣어주고. 그냥 진상 처리하라고. 그러니까 어떻게 보면 난 쉽게 번다는 생각은 절대 안 하고. 그냥 저런 거 같아. 남자들 배 타러 나가면 돈은 많이 버는데 그만큼 되게 힘들다고 하잖아. 그런 거라고 생각해. 〈은아〉

32세의 〈은아〉는 자신의 외모를 꾸미는 것에 큰 관심이 없다. 그는 외모를 꾸미지 않는 사람은 실장의 눈 밖에 나게 되어 업소에서 '진상 처리' 역할만 해야 한다고 말한다. 그 역시 이런 역할을 받아들일 수밖에 없다. 하지만 '외모'의 문제는 외모의 절대적 기준에 기인하는 것이 아니라 여성들이 외모에 따라 다른 가치를 지녔다는, 구매 합리성을 뒷받침하는 이데올로기적 믿음에 기인한다. 이 때문에 최상급 업소에서도 어떤 여성은 '진상 처리' 업무를 맡아야 하며, 최상급이 아닌 업소에서는 최상급에 속한 여성이 아니기 때문에 남성 손님의 모든 요구를 들어줘야 한다. 그러므로 현재의 서열화된 성매매 산업 구조 안에서 여성들은 필연적으로 '진상' 손님을 만날 수밖에 없다. 동시에 남성 구매자는 '진상'에 해당하는 성적 실천을 원할 때 그에 맞는 여성들이 있을 것이라고 가정되는 업소를 찾는다. 여성 '몸 가치'의 위계화는 단순히 여성들 사이에서 가치의 높고 낮음을 구분할 뿐 아니라 각각의 여성들에게 자신의 '가치'에 맞는 성역할을 수행할 것을 명령한다.

> 근데 그 동네 애들은 그렇게 노는 게 워낙 익숙해서 그렇게 안 해주는 여자가 이상한 거야. 나는 ○○가 그런 데인 줄은 몰랐다니까. (너네 어려서 인기 많았겠네?) 안 그런다니까. 아줌마들이 워낙 화끈하게 노니까 어린 애들 싫어한다니까. 어린 애들은 지들이 어리니까 빼기도 하고 좀 이렇게 도도한 척하잖아요. 근데 아줌마들은 그런 게 없으니까. 막 별 지랄을 다 해. (…) 근데 거기 있는 아줌마들은 그런 거를 다 받아주는 거잖아. 왜냐하면 그 사람들은 신기하게 놀려고 오는 거니까, 색다르게 놀려고 오는 거니까. 〈진영〉

27세의 〈진영〉은 몇 달 전 친구와 잠시 아르바이트를 나갔던 서울 외곽의 룸살롱에서 문화충격을 겪었던 일화를 소개한다. '아줌마'들이 많은 업소이기 때문에 20대 중반 아가씨 두 명에게 관심이 쏠릴 것이라는 보통의 예상과 달리, 이들은 오히려 기피 대상이 되었다고 한다. '하드코어 업소'로 분류되던 당시의 업소를 찾는 남성들의 목적은 분명하기 때문이다. 〈진영〉의 설명에 따르면 '화끈하게', '색다르게' 놀기 위해 이 업소를 찾은 남성들은 어리다는 이유로 '빼기도 하고 도도한 척을 하는' 그와 친구를 싫어했다고 한다. 그렇다면 이 같은 업소에서 더 높은 소득을 보장받는 사람은 젊은 여성들이 아니라 '화끈하게 놀기 위해' 업소를 찾은 손님들의 요구를 수용해주는 '아줌마'들이다. 업소 등급의 부족분과 여성 가치의 부족분이 일치해야 남성 구매자가 중급 혹은 하급 업소를 찾는 이유가 실현되기 때문이다. 중·하급 업소에서는 손쉽게 수용되기 힘든 남성 손님의 성적 판타지가 실천될 수 있기 때문에, 이제 서열화된 성매매 산업 구조 내에서 중·하급 업소의 역할은 공고해진다.

이러한 맥락에서 나이가 아주 많은 여성이나 아주 체격이 큰 여성, 혹은 아주 마른 여성, 때로는 트랜스젠더 여성, 장애 여성과 같이 성매매 산업에서 흔하게 만나기 어려운 여성들의 시장이 존재하게 된다. 주요 연구참여자 중 가장 나이가 많은 〈이나〉는 칠순이 넘은 현역 '아가씨'로 현재 서울의 기지촌에서 일하고 있다. 이제 이 지역은 가끔 이곳을 방문하는 오랜 단골 외국인 비즈니스맨, 군속들을 제외하곤 아프리카나 아시아 이주민 남성이 이용하는 지역으로 변모했다. 5년 전부터 〈이나〉는 다양한 사기 사건에 연루되어 구치소 생활을 했고, 다시 이 지역으로 돌아왔지만 자신의 나이와 급격히 쇠락한 경기 때문에 이제는 하루에 손님 한 명을 받기에도 어려운 형편이 되었다고 말한다. 그는 과거 자신의 가게 '아가씨'였던 여성의 업소에서 일당 3만 원을 받으며 일하고 있다. 아주 간혹 손님을 많이 받은 날에는 주인이 '조금씩 돈을 더 얹어 준다'고 한다. 성매매 시장에서 흔히 보기 어려운 그의 나이는 역설적이게도 그에게 성매매를 통한 생계유지를 가능하게 만들어주는 요인이기도 하다. 나이 많은 여성에 대한 성적 판타지를 가진 손님이나, 가격을 고려하여 성구매를 하고자 하는 손님들이 그의 고객이 된다.

가장 하급 업소에서 가장 나이가 많은 여성이 받는 일당 3만 원이라는 가격은 강남 룸살롱에서 한 달에 1000만 원 이상의 수입을 거뜬히 올리는 젊은 여성들과의 '합리적 비교'라는 관념을 통해서 책정된 것으로 이해해야 한다. 또는 기지촌 지역에서 일하고 있는 43세의 〈수경〉의 말을 인용하자면, 이 가격은 '길에 다니는 예쁘고 젊은 여자들과의 비교' 속에서 책정된 것이다. 강남의 텐프로 여성들이 '텐프로'라 불리며 소비될 수 있는 이유는 모든 여성들의 '몸 가치'는 서열화될 수 있다는 믿음 때문이다. 그러므로 등급화된 성매매 업소들이 모두 특정한 수익을 달성할 수 있는 이면에는 여성들의 무수한 위계에 따른 가치 차이와 그것을 내면화해 구축한 물신적 믿음이 존재한다. 이후에 자세히 소개할 예정이지만 이러한 환경에서 〈이나〉는 조금이라도 더 자신의 가치를 높이기 위해 성형

수술이나 보톡스 시술을 계획 중이며 〈수경〉은 정기적으로 보톡스, 필러 주사를 맞고 있다.

　이렇듯 중·하급 업소가 공고화되는 이유는 남성 구매자가 중·하급 업소 여성들과 특수한 성적 판타지를 실천할 수 있다고 가정하기 때문이다. 하지만 '일탈적' 성적 행위의 매매 또한 한국 성매매 시장 내 여성 가치의 위계화 아래에서 이루어짐을 반드시 고려해야 할 것이다. 예컨대 트랜스젠더 성노동자인 〈성연〉은 '트랜스 러버'라 불리는 구매자 집단을 '가끔 가다 특이한 음식을 먹는 사람'에 비유하며, 사실은 '보통의' 이성애자 남성이라고 설명한다. 성매매는 단순히 개별 남성과 개별 여성의 성적 실천, 성적 계약의 문제가 아니라, 구매자로 동질화된 남성이 차별적이고 위계화된 가치를 가진 여성 개인과 이들에 대한 성적 판타지를 '공정 가격'으로 구매하는 관념의 문제다. 그렇기 때문에 성매매 산업이 그 규모와 신용을 유지·재생산하는 과정에서 성구매의 합리성이 구성되는 방식에 대한 고려가 필요하다.

　한편으로 한 업소 내 여성들 간 '초이스' 경쟁 혹은 '지명' 경쟁으로도 '진상' 손님이 만들어진다. '지명(특정 여성을 찾는 단골 손님)'이 업소에 오면 여성들은 '초이스'나 '순번'을 거슬러 일을 할 수 있다. 손님을 기다리는 시간을 단축할 수 있고 업소로부터 '지명비'도 받을 수 있기 때문에 지명 손님을 확보하기 위한 경쟁이 치열한 편이다. 다음은 유흥업소 포털 사이트 익명 게시판에 '역후기'라는 말머리를 달고 한 여성이 남성 손님에 대해 쓴 후기의 일부다.

초저녁부터 손님이 왔는데 지명 오빠였어요. 급 이상해져서 온 지명 오빠. 얼마 전까지만 해도 그렇게 매너 좋고 착한 사람이었는데 진상이 돼서 왔어요. 분명 나 없을 때 딴 언니한테 서비스를 받았겠죠. (…) 언니들이 오빠들 길 잘 못 들인다는 말이 맞는 거 같아요. 오빠한테 얘기했더니 모 아가씨가 그렇게 해보재서 했다고. 근데 그게 좋았다네요. 물론 그럴 수도 있긴 하지만 그 언니가 원망스럽기도 하고 해서 실장 언니한테 돌려달라고 얘기했어요. 오늘 세 시간 동안 나 고생시킨 거 생각하면 으~~~~ 그 언니한테 한소리 할라다 참았어요. 그래서 오늘 지명 하나 짤랐어요~ㅋㅋ (유흥업소 게시판 중 '아가씨 후기')

이 여성은 원래 자신의 '지명' 손님이었던 남성이 훨씬 허용적으로 서비스를 제공하는 다른 아가씨를 만난 후 '진상'이 되었다고 설명한다. 〈은주〉는 한 업소 안에서는 성적 서비스의 경계에 대한 규칙이 있는 편인데, 그 경계가 한번 흐려지게 되면 다른 아가씨들이 '피해를 본다'고 설명한다. 더 낮은 등급의 업소에서나 가능했던, 특정 업소에서는 허용되지 않았던 성적 실천이 허락되는 순간 이 업소는 강등되는 것이나 마찬가지라는 것이다. 경계를 넘는 서비스를 제공해준 여성들은 금방 입소문이 나서 '지명 손님'이 몰리게 되고 그 결과 다른 아가씨들도 같은 서비스를 제공해주지 않을 수 없게 된다. 결국 〈은주〉, 〈은아〉, 〈진영〉이 '변태'라고 평가한 유형의 구매자들은 성매매 산업의 재구조화를 통해 표준화되며 필수적인 구성 요소가 된다.

서열화에 순응해 얻는 '안정적 수입'

성산업 종사 여성들은 몇 차례의 이동을 통해 자신들의 '몸 가치'와 자신에게 '적합한 업소가 어디인지 알게 된다. 어떤 업소가 '적합하다'는 판단은 전적으로 여성들이 업소에서 안정적으로 거두어들이는 수입에 의거한다. '안정적인 수입'은 과거의 수입과 비교해 특별히 감소하지 않은 수입을 의미하며, 자신의 생활 규모를 유지할 수 있는 정도를 의미하기도 하고, 자신이 목표로 한 수입을 의미하기도 한다.

휴가철이고 그래서 경기가 좀 안 좋아서 예전에 비해 일 쉬지 않고 하려고 노력해요. (그래서 일주일에 몇 번 출근해요?) 저는 요새 일주일에 정~말 힘든 날 하루 빼고는 그냥 풀 출근. 어제 같은 경우는 지명 손님한테 자기 오늘 골프 치고 한잔하러 갈 건데 나올 수 있냐 그래서 어제 나간 거고. 그 가게는 토요일은 아예 영업을 안 하는데 가게에 손님이 있으면 그 담당 영업진만 나와서 영업하는 방식? 그런 날은 아무도 언니들이 출근을 안 하니까, 토요일은 아예. 그런 날은 보도 애들, 그런 언니들. 근데 좀 제가 다른 언니들보다 아무래도 그런 건 없지 않아 있는 거 같아요. 좀 독한 거 같아요. 그러지 않고는 돈 못 모으겠더라고요. (…) 한 300 정도는 그냥. 학자금 받았던 거랑, 집세랑 공과금, 이런 식으로. 방세가 이 동네가 비싸니까. (방 얼마짜리?) 500에 56만. 52만 원인데 관리비 4만 원 해서 56만 원. 더위를 너무 많이 타서 에어컨을 이번에 하루 종일 돌렸더니 전기세가 너무 많이 나온 거예요. 술 먹으면 너무 열 올라오고 더워서. 그래서 19만 원인가? (웃음) 저도 놀랐어요. 왜냐하면 제습기도 틀어놓고 공기청정기도 틀어놓고 그러니까 누진세 붙어서. 그리고 이제 많이 나가는 게 출근비. 〈강희〉

강남의 중·상급 룸살롱에서 일하고 있는 〈강희〉의 인터뷰에서는 '안정적인 수입'의 세 가지 의미가 모두 발견된다. 경기가 예전에 비해 좋지 않기 때문에 그는 출근을 거의 매일 하는 전략으로 안정적인 수입을 만들려고 노력하며, 그 액수는 집세와 공과금, 출근비를 감당할 수 있을 만큼이어야 하고, 학자금 대출을 빨리 갚는 것을 목표로 하고 있다. 이러한 기준 속에서 현재 〈강희〉가 벌어들이는 수입은 월 800만 원이다. 만약 경기가 더 나빠지거나, 생활비가 더 많이 들게 되거나, 학자금 대출 상환 기간이 얼마 남지 않게 되면 그는 자신의 생활 규모를 줄이거나 돈이 더 많이 돌고 있는 업소로 옮겨야 할지도 모른다.

여성들의 수입이 많다는 것은 남성 손님들에게 '초이스'를 많이 받았다는 의미이며, 그 결과 업소의 운영진으로부터 좋은 대우를 받은 것이라고 예상할 수 있다. 업소 운영진의 좋은 대우, 좋은 업소 환경 역시 여성들로 하여금 특정 업소의 '적합성'을 판별하는 또 다른 조건이 된다. 〈은아〉의 이야기에도 잠시 소개되었지만, 여성들이 업소 스태프와 '좋은 관계'를 맺는 것은 수익과 직결되는 일이기도 하다. 이들이 남성 손님에게 '예쁘고 서비스 좋은 아가씨가 있다'고 추천해주는 것만으로도 여성들의 '초이스' 확률은 높아지기 때문이다. 그러므로 업소에 높은 수익을 가져다주는 여성은 업소 스태프와 좋은 관계로 이어질 가능성이 높으며 이것은 다시 높은 수익으로 귀결된다. 반대의 경우 역시 마찬가지다.

나만 일 못하는 날이 있어. 또 어떤 때는 한 사람만 일하거나 두 사람만 일하는 날이 있어. 그런 날은 좀 눈치 보여. [내가] 좀 되게 우울해해. 그러니까 그런 거 같아. 걔네랑 연애하는 것도 아니고, 돈 벌려고 하는 건데도 불구하고 내가 좀 이렇게 관심을 못 받는다라는 그런 게 들면 좀… 좀 우울해하는 거 같아. 나는 처음에 왜 저러나? 그랬거든. 나만 일을 못 하는 날이 한 번인가, 두 번인가 있었어. 아다리가 안 맞아가지고. 기분이 나도 좀 약간 좀 거시기하더라고. 그치? 내 말대로 연애하는 것도 아닌데. 그냥 기분이 좀 가라앉아. 화장한 값도 아깝고, 공들이고 나온 게 아까워. (그럼 사장이 눈치 줘?) 은근슬쩍 편애하지. 사장 입장에서는 불러들여서 오는 애들을 조금 더 고맙게 생각하지. 은근 편애해. 돈도 빨리빨리 빼주고. 대부분 근데 작고 아담한 애를 좋아해. 결론은 외모야. 천상 여자다 싶은 그런 애들 있잖아. 저 긴 머리 있지? [건너편 테이블에 앉은 여성을 가리키며] 저만해 와꾸가. 44, 55. 〈진영〉

〈진영〉은 자신이 일하는 업소에서 7명의 여성들이 모두 비슷한 수입을 거두고 있지만, 같은 500만 원이라도 '노력해서 버는 돈이랑 쉽게 버는 돈이랑 다르다'고 말한다. 그가 이야기하는 '쉽게 버는 돈'은 외모 자원을 통해 얻는 돈이다. 손쉽게 '초이스'가 되지 않는 상대적 외모 수준은 우울감의 원천이 된다. 손님이랑 연애하는 것은 아니지만 관심을 못 받았다는 생각에 우울해지고, 또 출근 준비비를 들인 것도 아깝고, 사장의 눈치까지 보아야 한다고 말한다. 사장은 노력하지 않아도 '초이스'가 되는 여성들을 편애하고, 그런 차별적 대우 때문에 〈진영〉은 자신이 이 업소에 적합한지 고민하게 된다. 하지만 현재로서는 만족스러운 수입을 안정적으로 올리고 있기 때문에 업소 이동을 고민할 단계는 아니라고 답을 낸다. 업소에서 〈진영〉이 벌어들이는 수입은 자기만족뿐 아니라 사장의 눈치를 보지 않아도 되는 근거가 된다. 이 때문에 그는 특정 여성에 대한 사장의 편애가 직접적인 것이 아니라 '은근한' 것이라고 설명한다.

반면 〈은주〉는 업주가 직접적으로 편애해서 다니던 안마 업소를 인터뷰 직전 그만두었다고 한다. 그는 이 업소에서 만족스러운 수입을 거두고 있었으나 업주가 〈은주〉의 험담을 하는 것을 듣고 그만두었다고 한다. 그가 일하던 업소는 온라인 사이트를 자체적으로 운영하며 '작업(영업)을 잘하는' 업소였다. 장사가 잘되다 보니 아가씨들을 구하는 것이 어렵지 않았고, 이 때문에 업주는 여성들에게 '함부로' 했다고 한다. 결국 안정적인 수입을 올릴 수 있음에도 업소를 그만둔 것은 업주와의 갈등 때문이었다. 조금 아쉽기는 했지만 이 업소 말고도 아가씨를 구하는 업소는 많기 때문에 미련 없이 그만둘 수 있었다고 〈은주〉는 말한다. 다양한 업소의 선택지 속에서 '자유롭게' 떠났다고 설명하는 것이다. 그러나 그것은 업소의 부당한 대우가 사후적으로 만들어낸 자유다.

여성들이 자신에게 적합한 업소를 판별하고 그곳에서 일정 시간 동안 일을 하겠다고 결심하는 것은 전적으로 자신들이 달성하고자 하는 '수입'에 근거한다. 업소 환경 역시 여성들의 수입에 따라 달라지기 때문에 여성들이 업소를 이동하거나 정착하는 가장 중요한 요인은 수입이라고 볼 수 있다. 그렇다면 만약 낮은 등급의 업소로 이동하게 되면 여성들의 수입은 감소하는 것일까. 여성들의 수입 역시 서열화된 업소 시스템과 마찬가지로 서열화되었다고 보아야 할까.

이 책의 답변은 '그렇지 않다'이다. 업소의 서열화는 단순한 등급이 아니다. 앞서 살펴보았듯 업소의 서열화는 남성의 구매 '합리성'과 관련이 있으며, 이 때문에 중·하급 업소도 '일탈적 성적 실천'이 가능하다는 이유로 구매자를 확보한다. 중·하급 업소의 여성이기 때문에 적은 돈을 받고 더욱 허용적인 성적 서비스를 제공할 것이라고 간주하는 것이다. 그 결과 여성 개인 간 차이는 있겠지만, 거시적으로 볼 때 중·하급 업소는 상급 업소와 비슷한 규모의 수입을 달성할 수 있게 된다.

그래도 돈을 제일 많이 쓰는 아이들은, 이 동네에서는 안마 시술소 애들이 돈을 제일 많이 써요. (그 얘기는 돈을 제일 많이 번다는 이야기?) 안마 시술소 애들이 거의 월급 같은 거 따지면 3000만 원도 된다고 했어요. 그 정도로. 왜냐하면 애들이 24시간 일하고, 8만 원 정도 일당을 하루에 준다고 하더라고요. 한 건당 8만 원. 10개 하면 80만 원 아니야. 한 달. 텐프로 애들도 3000 받으면 많이 받는 거예요. 그러니까 뭐 강남 쪽에서 현찰로 명품 사는 애들은 다 얘네들. 그리고 고급 빌라 사는 애들도 거의 다 안마 시술소 애들. 자기는 보름밖에 못 살잖아요, 그 집에서도. 그래도 최고급, 최고급, 최고급. 돈이 흔하니까. 〈부동산 이씨〉

〈부동산 이씨〉는 안마 업소에서 일하는 아가씨들이 텐프로 업소에 나가는 아가씨들만큼 돈을 많이 번다고 이야기한다. 〈은주〉와 〈은아〉 역시 같은 이야기를 했다. 안마 업소가 화장, 헤어, 옷 준비 등 출근 준비비가 덜 들기 때문에 오히려 '더 남는 장사'이기도 하다는 것이다. 하지만 안마 업소에서는 더 강도 높은 노동을 10시간 이상씩 해야 하며, 서열상 '하급' 업소이기 때문에 남성들의 태도도 훨씬 조심성이 없다. 인터뷰 도중 '변태'들이 얼마나 많은지 모르겠다며 분노를 터뜨리는 이들도 안마 업소에서 오래 일한 경험이 있는 〈은주〉, 〈은아〉, 〈진영〉이었다.

여성들은 자신의 '몸 가치'를 조절하는 과정에서 수입 등을 통해 자신의 가치를 내면화하고, 등급화된 성매매 산업의 스펙트럼 안에서 자신에게 최대의 수입을 보장해줄 수 있는 최적의 업소를 찾아낸다. 업소 이동에는 업소의 등급을 넘나드는 이동도 포함된다. 각 업소에서의 수입은 그리 크게 차이 나지 않기 때문이다. 업소의 등급에 따른 수입 차이는 자신의 외모 조건의 부족분을 내면화하는 선에서 더욱 허용적이고 추가적인 서비스를 통해 메우기 때문에, 여성들의 수입은 대체로 일정해진다.

대체로 일정한 여성들의 수입은 곧 업소 및 업주의 수입과도 밀접하게 연관된다. 결과적으로 서열화된 성매매 업소 간의 수익 규모는 큰 틀에서 일정해진다. 성매매특별법 제정 이후 성매매 산업에서는 신용의 확대를 통해 규모를 키운 대형 업소가 출현했고, 이를 기점으로 업소들이 위계화되고 서비스 상품이 분화하면서 현재와 같이 세분화·서열화되었다. 더 나아가 성매매 산업은 다양한 상품과 장치들을 통해 확대된 신용을 유지·재생산하고 있다. 업소의 서열화는 여성을 합리적으로 구매할 수 있게 했고, 남성들의 성적 욕망을 전부 포용하는 방식으로 중·하급 업소가 분화되었으며, 여성들이 안정적 수입을 거두기 위해 업소를 이동하는 과정에서 업소의 신용은 재생산되고 있다. 이것은 다시금 성매매 업소가 자신들이 벌어들일 미래 수익에 의거해 대출을 받는 기반이 된다.

그러므로 성매매 문제를 해결하기 위해서는 단순히 부풀어 오른 풍선을 누르는 데 급급해할 것이 아니라 사회의 금융화에 대해 이해할 필요가 있다. 또한 금융화된 성산업 내 여성들의 삶을 분석하기 위해서도 자유·강제의 단순하고 이분법적인 논의를 넘어 금융자본이 성매매 경제를 경유하며 확대되는 현실에 대한 해석이 선행되어야 할 것이다. 4부에서는 더 이상 포주의 사적 노예는 아니지만 증권화된 부채의 연결망 속에서 하나의 담보물로 놓인 여성들의 경험을 살펴보며 여성들이 변화된 성매매 경제를 어떻게 인식하는지 알아본다.

4부

'자유'를 관리하는
여성들

자유가 정치적 삶에서 경제적 삶으로 재배치되면서 자유는 경제적 삶에 내재된 불평등의 대상이 되고 동시에 불평등을 유지하는 데 일조하게 된다. 국민주권에의 참여와 법치를 통한 평등의 보장은 승자와 패자라는 시장 공식으로 대체된다. 자유 그 자체도 시장원리에 종속되어 삶의 질, 존재적 자유 데모스에 의한 통치 보호와의 연결고리가 제거된다.

— 웬디 브라운, 『민주주의 살해하기: 보수주의자의 은밀한 공격』, 배충효·방진이 옮김, 내인생의책, 2017, 50쪽.

9장

이 시대 젊은 여성 채무자의 도덕적 형상

성매매로의 '합리적' 진입

이제까지 살펴본 내용을 통해 우리는 경제의 금융화 국면에서 신용이 확대되며 성매매 산업이 재구조화되는 방식을 살펴보았다. 성매매 업소들은 서열화되어 군집을 이루는 방식으로 서로를 보완하며 수익을 극대화하고 있으며, 이 구조 속에서 여성과 여성의 몸은 유일한 잉여의 원천이 되었다. 여성의 몸은 더욱 정교해진 '합법적' 논리에 의해 착취됨에도 불구하고, 포주와의 인격적 예속 관계가 표면상 사라졌다는 이유로 여성들은 이전에 비해 더 많은 자유를 확보하게 된 것으로 오인한다. 이 장에서는 이러한 성매매 산업의 재구조화 속에서 여성들에게 주어지는 자유의 가능성과 맞물려 성판매 여성들이 주체화되는 양상에 대해 살펴보고자 한다. 이는 궁극적으로 이 시대 여성들이 금융자본의 확대재생산과 현금흐름을 유지시키는 가장 말단의 담보물이 되는 과정과 그 안에서의 경험을 드러내는 작업이 될 것이다.

제일 먼저 할 질문은 '왜 여성들은 채무자가 되는 방식으로 계속 성매매 산업에 참여하는가?'이다. 여성들은 이전 시대에 성매매를 통해 100을 벌 수 있었다면, 최근에는 성매매에서의 수입과 더불어 '신용'을 끌어오면서 1000을 벌 수 있다고 계산한다. 그러므로 여기서는 신용이 만들어낸 이 같은 착시 효과를 합리화하는 기제가 무엇인지 살펴본다.

최근 20대 청년층이 저신용등급으로 하락하는 비율이 전 연령대 중 가장 높게 나오는 등 청년층의 신용 문제가 사회문제로 대두되고 있다. 이는 늘어난 대학등록금으로 인한 학자금 대출과 밀접하게 관련된다.[1] 하지만 청년 채무 문제의 원인으로 신용교육 부재로 인한 개인의 건전치 못한 소비와 저축 습관이 지적되면서 신용교육 강의를 대학의 교양필수 과목으로 만드는 것과 같은 표면적인 해법이 제기되고 있다.

이 시대 부채 문제를 자기 책임의 문제로 개별화시키는 해법은 대졸 취업률이 60%대로 집계되는 현실 속에서 제대로 된 해결책이 되기 어렵다. 졸업 후 학자금 대출의 상환이 가능할지 여부조

1　학자금 채무 문제와 청년 빈곤 이슈에 대해서는 천주희(2016)의 연구를 참고할 수 있다. 2001년부터 2011년까지 10년 동안의 누적 물가상승률(37.2%)을 훨씬 상회하는 등록금 누적 인상률(국공립 70.3%, 사립 55.8%)로 인해 현재 대학등록금은 연간 500~1300만 원 수준에 이른다(이준호·박현정, 2012: 106). 투명사회를 위한 정보공개센터(2014)가 한국장학재단에 정보공개를 요청한 자료에 따르면 2009년부터 2013년까지 학자금 대출을 받은 8523명이 555억 8500만 원을 갚지 못해 가압류·소송·강제집행의 법적 조치를 당했다.

차 불투명한 이러한 상황 속에서 '한 살이라도 젊었을 때 이 문제를 해결하고자' 성매매 산업에 들어오는 여성들도 증가하고 있다. 최근 강남 룸살롱에서는 대학의 기말시험 기간만 되면 출근하는 아가씨들이 줄어들어 영업이 어려울 정도라고 한다. 늘어난 대학등록금 때문에 성매매 산업에 진입하는 여성들이 늘고 있다는 것은 사실로 보인다. 하지만 이러한 현실은 종종 부채로 인해 벌어진 여성들의 '성윤리' 문제로 지적된다.

신용 문제가 폭발했던 2002년 소위 '신용카드 대란' 이후 대부업의 등록 및 금융 이용자에 관한 법률의 시행을 앞두고 법제처에서 이 법령의 입법 배경과 경과를 해석한 자료를 내놓았다. 자료에 따르면 이때 중요한 입법 배경 중 하나가 신용카드의 사용으로 인해 "미성년자들이 유흥업소에서 몸을 파는" 문제였다(이익현, 2002). 이처럼 개인 부채 문제가 여성에게 적용될 때는 '성윤리'의 문제로 번역되면서 사회문제로 등장하는 경우가 보통이다. 그러나 이 같은 지적에는 여성들의 채무자로서의 역할에 의존해 조직화되고 있는 경제의 금융화라는 구조적 차원의 분석이 누락되어 있다. 또한 현재 개인의 주체성을 구성하는 경제적 합리성, 도덕의 원칙이 어떻게 작동하고 있는지 역시 간과하고 있다.

여기, 대학 또는 대학원에 다니며 학자금 대출 문제를 해결하기 위해 강남 룸살롱에 진입한 두 사람, 〈강희〉와 〈강은〉의 이야기에 주목해보자. 그중에서도 〈강은〉은 이 책의 주요 연구참여자 15명 중 단기간의 성매매를 통해 돈을 모은 후 성매매를 그만둔 유일한 사례다. 이 두 사례는 이 시대 대학생들이 대출금 상환을 위해 성매매 산업에 진입하는 것이 도덕적 타락의 문제가 아니며, 오히려 합리적이고 도덕적인 판단에 의거한 실천임을 보여준다. 그들처럼 민주적으로 확대된 신용을 활용하여 자신의 빈곤 문제를 스스로 타개하고 경제주체로 거듭나는 것만큼 시대의 강력한 도덕률은 없어 보인다.[2]

　　서울 소재 4년제 대학을 다니던 〈강희〉는 대학 초년생 시절 금융 특화 부도심 지역의 바bar에서 일을 시작했다. '대출금 갚는 건 꿈에도 생각 못하고 용돈을 벌 생각으로' 바에 들어갔다고 한다. 하지만 이후 '착석 바(룸이 아닌 홀에서 손님을 접대하는 바)'로 업소를 옮기자 학자금 대출을 갚고 나머지 등록금도 벌어 대학을 졸업할 수 있게 되었다. 이에 용기를 내서 대학원에 진학했고 강남의 룸살롱으로 진입했다. 그가 공부를 계속할 수 있겠다고 계산한 것은 성매매 산업에서 돈을 벌어본 경험에서 비롯된다. 〈강희〉는 7년 전 바에 들어가서 2년 동안 바텐더로 일하다가 5년 전 '착석 바'로 옮겨 3년 반 정도 일했고, 1년 반 전부터 강남의 룸살롱에서 일을 시작했다. 업소를 이동하는 단계마다 그는 '유사한 노동'에 비해 월등

2　　일단 이 둘은 모두 재학 중에 이자를 갚아야 했던 사례이다. 졸업 후 소득 수준과 연동하여 원리금을 상환하도록 하는 '취업 후 상환 학자금 대출 제도(2010년 1학기)'가 시행되기 이전에 학자금 대출을 받았기 때문이다. 또한 〈강은〉 외에 현재 자산이 플러스인 사례로 〈성연〉과 〈은아〉, 〈수경〉이 더 있는데, 액수가 적은 〈성연〉을 제외하고 〈은아〉와 〈수경〉은 〈강은〉과 달리 모두 10년 이상 성매매 산업에 종사했으며 재산을 형성하는 데 각각 사실혼 관계의 남자친구와 '스폰'의 역할이 절대적이었다.

히 많은 돈을 더 벌 수 있다는 계산을 했다.

> (지금 돈은 □□□[착석 바]에서보다는 많이 벌고 있어요?) 네. 많
> 이 벌죠. 아무래도. 근데 △△△[바]에 있었을 때도 학생이 벌
> 수 있는 페이치고는 많이 벌었었거든요. 근데 훨씬 더? (그럼
> □□□에서는 언니 학교 다니면서?) 대학교 다니면서, 그러면서
> 다녔죠. 그래서 그때는 처음에는 대출금 갚을 생각은 못 하
> 고 생활비나 버는 알바 개념으로 있다가, 거기서도 지명이 높
> 아지면 인센[인센티브]을 많이 주기 싫으니까 매니저 직급으로
> 돌려버려서. 그래서 거의 학교를 안 다녔죠. 나중에 후회했죠.
> 그래서 대학원 가겠다고 결심했는지도 몰라요. (웃음) 그래도
> 다행히 대출금은 내고 또 등록금도 내고 그때 벌었던 돈으로
> 또 학원 다니면서 자격증 따고. 〈강희〉

〈강희〉는 처음에는 성산업에 대한 정보가 전혀 없었기에 학자
금 대출을 갚을 생각은 미처 하지도 못하고 생활비나 벌자는 계산
으로 친구를 따라서 간 '바'에서 일을 시작했다. 하지만 이후 '착석
바'로 옮기면서 생각보다 많은 돈을 벌게 되었고 그 결과 학자금 대
출도 전부 상환했다. 심지어 자격증도 따고 나머지 등록금도 낼 수
있게 되어 대학을 졸업할 수도 있었다. 하지만 학교생활을 성실히
하지 못했다는 후회, 등록금을 계속 충당할 수 있다는 경험적 자신
감으로 대학원 진학을 결심하게 된다. 그리고 착석 바에서 일할 바

에야 아예 룸살롱으로 들어가서 일을 하는 것이 낫겠다고 판단하게 되었다.

룸살롱과 달리 오픈된 공간에서 지정 손님의 술 시중을 드는 '착석 바'는 '2차'에 대한 강제는 없지만 손님을 안정적으로 유치하기 위해 여성들에게 '지명 손님' 경쟁을 시켰다. 이 과정에서 손님을 '지명 손님'으로 만들기 위해 개별적인 '2차' 협상이 이루어지기도 했다. 한 달 치 통계를 내서 1등, 2등, 3등을 정하고, 이들에게만 월급 외에 지명 손님 주대酒代의 일부를 인센티브로 돌려주는 방식으로 경쟁을 붙이다 보니 스트레스가 심했다고 한다. 결국 많은 노력을 기울인 결과 마침내 〈강희〉가 업소에서 '독보적인 1등'이 되었지만 업소 측은 '지명이 높아지면 인센티브를 많이 주기 싫으니까' 그를 '매니저(운영진) 직급으로 돌려'버렸다. 〈강희〉는 매니저로서 업소 관리도 하고 개별적으로 지명 손님 관리도 하는 등 이중 노동에 시달리다가 '룸살롱에서는 지명 손님 관리 같은 거 안 해도 된다기에 [룸살롱으로] 넘어왔다'고 설명한다.

업소는 다양한 규칙을 만들어서 여성들이 더 많은 돈을 가져가도록 경쟁을 시키는 듯하지만, 정작 실제 이들이 가져가는 돈이 많아질 경우 또 다른 규칙을 만들어 예상했던 돈을 가져가지 못하도록 만드는 경우가 종종 있다. 대표적으로 영업이 잘되는 업소에는 '출근비'라는 명목으로, 여성들이 업소에 출근하는 모든 날, 적게는 2000원에서 많게는 5만 원까지 돈을 내도록 하는 규칙이 있다. 여성들이 받는 봉사료의 일정 부분을 마담이 떼 가는 것과 별도로 업소는 중간관리자의 월급 명목으로 '구좌비(입사보증금)' 혹은 '마담 MT비'를 부과하는 것과 마찬가지로 '출근비' 규칙을 만들어낸다. 그 밖에 곗돈, 지각비, 결근비 등 갑작스럽게 만들어진 규칙들 때문에 업소에서 일정 기간 일하려던 여성들의 계획은 좌절되는 경우가 많다.

(대학 신입생 시절 △△△[바] 갔을 때는 돈이 필요했어요? 어떤 계기로?) 돈도 필요했고. 그다음에 이제 사귄 친구 따라서. '야, 술도 마시면서 돈도 벌 수 있어', '술 마시면서 돈 안 써도 된다', 그래서 갔는데. 그때 어울렸던 친구, 걔는 지방에서 올라와서. 그래서 이제 막 다니기 시작했는데 아무래도 사람이 돈이, 이거 푼돈보다 조금조금씩 더 많이 주는 데 가다 보니까 이제 착석 바, 착석 바 가고. 착석 바랑 룸이랑 똑같은데 이제 지명 관리 안 해도 된대, 해서 이제 룸 오고. 근데 와보니까 똑같죠. (웃음) 〈강희〉

〈강희〉는 대학 새내기 시절 '술 마시면서 돈 안 써도 된다'는 학교 동기의 권유로 그와 함께 바에서 일을 시작했지만 '착석 바'로, 또 룸살롱으로 옮기는 과정에서 그 친구와도 연락이 끊어졌다고 설명했다. 그러면서 인터뷰를 마무리하기 직전 '부모님이 부자가 아니었던 지방에서 올라온 그 친구' 역시 '이런 데서 일하고 있지 않을까 하는 생각이 든다'고 말했다. 그 친구와는 바까지는 함께 진입했지만, 그리고 친한 친구들에게도 '밤에 바에서 일하는 것'까지는 말할 수 있지만, 그 이상의 성적 서비스를 제공하는 업소에서 일하는 것은 친한 친구들과도 나눌 수 없는 비밀이 된다. 친구들은 보통 룸살롱은커녕 바에서 일하는 것도 이해하지 못하지만, 〈강희〉는 그들이 대출금에 대한 걱정이 없고 용돈이나 벌면 되는 상황이기 때문에 자신을 이해하지 못한다고 일축한다.

그가 처음 바에 진입했을 때 최초의 계산은 '술 마시면서 돈을 안 써도 된다' 정도였다. 처음 착석 바에 진입했을 때는 '대출금을 갚을 생각도 못했다'고 한다. 다만 바에서 착석 바로, 그다음에는 룸살롱으로 이동하면서 '푼돈보다 조금조금씩' 더 많이 주는 곳으로, 하는 일은 비슷하지만 현재 업소보다 돈을 많이 주는 곳으로 이동했을 뿐이다. 여기서 자신이 제공해야 하는 성적 서비스의 경계가 조금씩 넓어지는 것은 계산에 포함할 필요가 없다고 판단했다. '어차피 손님들은 늘 선을 넘기 때문'이다. 여성들에게 성매매 경제는 수입을 통해 구분될 뿐, 성적 서비스로 나누는 경계는 명료하지 않다.

이처럼 성산업은 여성들에게 조금씩 돈을 더 주면서 조금씩 더 산업 내부로 들어올 것을 제안하고 있었고, 학교는 더 공부하고 싶으면 대출을 받아서라도 등록금을 마련하라고 요구하고 있었다. 강남 룸살롱의 대기실에 노트북으로 과제를 작성하는 여자 대학생이 많다는 이야기는 이런 맥락에서 이해해야 한다. 내게 '나중에 저도 언니처럼 박사과정 하고 싶어요'라고 말한 〈강희〉는 자신이 룸살롱에서 일하지 않았다면 석사과정은 꿈도 꾸지 못했을 것이라고 이야기한다.

다음은 학자금 대출 문제를 해결하고자 더욱 적극적인 방식으로 강남의 룸살롱에 진입한 〈강은〉의 사례다. 그는 학자금 대출을 해결하고자 1년 전부터 성매매 산업에 대한 정보를 미리 조사하고 결심을 굳힌 후 룸살롱에 진입해서 자신이 제한한 시간인 6개월 동안 일을 하고 800만 원을 벌어 성산업을 떠났다.

사실 여기 이제 이 일 시작할 때 굉장히 고민을 많이 했어요. 한 1년? 그러니까 1년 동안, 1년 동안 일단 학자금은 밀린 거죠. 한 학기 학자금이 470만 원이에요. 1년이면 1000만 원이죠. 근데 요새 사립대학은 기본 그래요. ○○대학교는 780이에요, 아마. 그게 과마다 다른데 저는 미대를 다녔거든요. 미대는 더 비싸요. 그런데 450만 원만 대출받겠어요? 한 600만 원 대출받아야 될 거 아니에요. 용돈도 하고, 집에서 용돈 받는 게 안 되니까. 그 누구는 속 편하게 그냥 그러면 넌 공부를 열심히 해서 장학금을 받을 생각을 해야지. 장학금 그거 아무나 받나? 학과 인원이 40명인데 그중에 3명만 장학금을 줘요. 1, 2, 3등. 그 1년을 고민했어요, 아무튼. 근데 이제 학자금을 모을 수 있는 가장, 가장 단기간에 그렇게 할 수 있는 거는 이 일밖에는 없더라고요. 지방대생 받는 최저임금 가지고는 턱도 없어요. 졸업해도 비전은 없어요. 나이만 먹는 거예요. 누

가, 그거는 그거랑 똑같아요. 너 최저임금으로 집, 아파트 한
채 마련해. 이거랑 똑같은 거예요. 아무튼 그래서 이제 이 일
을 시작하게 됐죠. 〈강은〉

〈강은〉은 1년 동안 밀린 학자금 대출과 앞으로의 학자금을 마
련할 최선의 '기회'를 고민한 결과 강남에서 일을 시작하게 되었다.
그는 아버지가 갑작스럽게 명예퇴직을 하게 되면서 1년 동안의 대
학 등록금을 대출받게 되었고 이때 '돈이 없어서 우울했고', '사회
에 대한 막연한 불안감'이 생기게 되었다고 말한다. 대략 1000만 원
의 빚이 생긴 순간 이를 정면 돌파해야겠다는 결단을 하게 되었고,
1년 동안 고민하면서 인터넷 카페에 들어가 많은 정보를 수집한
이후 강남 업소에 나오게 되었다고 한다.

〈강은〉의 사례에서 볼 수 있듯이 어떤 이들에게 학자금 대출
은 성공적인 미래를 위해 현재의 시간에 집중할 수 있도록 만들어
주는 동력이 아니다. 이자를 내야 한다는 실질적 부담, 미래에도 그
다지 안정이 보장되지 않을 것이라는 계산은 오히려 '하루라도 어
릴 때' 돈을 갚아야 한다는 조바심을 만들어낸다. 그는 소득이 없
는 대학생이 등록금을 마련해야 하는 상황을 최저임금으로 아파트
를 마련해야 하는 것에 비유한다. 이는 대학생에게 '위험'을 감수하
라며 '위험한' 노동시장으로 내모는 힘과 관련 있다.

더욱 중요한 것은 현재의 금융화 국면에서 학자금 대출 제도
가 학생들의 학습권을 보장하기 위한 제도가 아니라 이자와 수수

료, 투자수익을 수취하기 위한 전형적인 '빈곤 산업poverty industry'의 일종이라는 것이다. 2005년 7월 '학술진흥 및 학자금 대출 신용보증 등에 관한 법률'의 개정을 통해 학자금대출유동화 제도가 도입된 이래 대출 여부의 문제, 금리의 문제, 만기의 문제는 한국주택금융공사가 발행하는 학자금대출유동화증권Student Loan Backed Securities: SLBS의 수익과 결부된다(이창용·오승곤, 2010). 학자금 대출 채권 역시 증권화되어 투자자들의 투자수익을 가능하도록 하는 수단이 된 것이다. 오늘날 "부채로 충당되는 교육은 최소한의 자산을 가진 이들로부터 가장 부유한 사람들에게 순 자산을 이전하는 데 기여하는 가장 믿을 만한 요소가 되었다"(Ross, 2014: 1183)는 사실을 부인하기는 어렵다.[3] 학자금 대출은 대학생들의 삶 전체를 금융자본의 이윤을 실현시킬 부채의 회로에 포박한다.

〈강희〉와 〈강은〉에게 학자금 대출의 압박은 짧은 시간 안에 어떻게든 해결해야 하는 '문제'로 다가온다. 한편 성매매 산업은 이들이 여타 특별한 초기 비용 없이 '자연 상태'의 젊은 몸을 이용해 큰돈을 벌 수 있다고 선전한다.

(어떻게 찾았어요, 처음에?) 검색으로, 검색으로 찾았어요. 인터넷으로, 인터넷에 많이 뜨니까. 지금이야 네이버에서 제제를

---

[3]   앤드루 로스는 미국에서 학자금 대출로 발생한 이익은 정부 부채를 줄이는 데 사용되고 있으며 그 부채의 상당 부분은 이라크에서 벌어진 불법적인 전쟁과 거대 은행의 비합법적인 긴급구제에 쓰이고 있다고 지적한다(Ross, 2014: 1206).

걸었지 그때는 안 걸었으니까. 그게 2년 전, 3년 전 이야기일 거예요. 그래서 1년 동안 정보를 많이 봤어요. 그래서 카페 한 세 군데 이렇게 타다가, 지금 두 군데는 기억이 안 나요. 아, 한 군데는 '텐프로 이야기'였나? 어, 근데 내 주제에 텐프로 갈 수는 없고, 이제 그나마 박 오빠가 운영하는 카페가 커뮤니티가 활성화가 잘되어 있었고, 팀장이라는 사람도 되게 꾸준히 글 올리면서 자기 일기처럼 막 일 얘기도 되게 구체적으로 써놓고, 그러니까 아무래도 신뢰가 가죠. 1년 동안 커뮤니티에 계속 들어가니까 어, 이 사람은 계속 있네? 해서 한번 면접 보러 가볼까? (…) (특별히 처음 시작할 때 난 테이블만 보는 데 가야겠다. 이런 생각은?) 아 그렇게 하면, 이제 1년 동안 눈팅[게시글만 읽는 것]을 한 결과, 그렇게 하면 돈이 안 된다는 거를 봤기 때문에. 그리고 그러면 술을 더 많이 먹어야 하잖아요. 난 차라리 [2차를] 하는 게 낫지. 〈강은〉

가게는 이제 막 오픈해서 솔직히 장사는 잘되는 편이야. 피크 때 언니들 20명씩은 항상 모자라면 잘 되는 거 아닌가? 너처럼 일자리 구하는 언니는 장사가 잘되기를 바라잖아? 나 역시 면접 오는 언니가 몸매 좋고 이쁘길 바래. 그러니까 우리 딱 중간에서 쇼부 보자. 적당한 외모만 챙겨 와. 평균 페이는 책임져줄게. 40장에서 60장까지는 웬만하면 다들 벌어간다. 잘 나가는 애들은 80장에서 100장 꾸준히 벌어가고! 그 이하로

버는 애? 당연히 있지. 어쩔 수 없잖아. 살 빼든가! 미용실 가
서 투자 좀 하던가. 진짜 답 없으면 성형하자. 난 진짜 시켜줄
랑께! 전화해. 010-××××-×××× 이것저것 물어보고 오지
말고 직접 와! 용기 내서 속는 셈 치고 왔다가 니 인생이 달라
질 수 있다! 다 해준다. 신용불량, 학자금 및 대출금 있든 말든
신용 개후지든 말든 강남에서 유일하게 나는 해준다!! 단 뚱
땡이는 이제 안 해줄라고. ×× 저번 달에 뚱땡이 오 자매 2달
안에 10킬로 뺀다고 약속해서 믿고 성형해줬더니 더 쪄서 왔
어ㅋㅋㅋㅋㅋ (…) 〈박팀장 온라인 광고 글(일부 맞춤법 수정)〉

〈강은〉은 〈박팀장〉의 온라인 카페를 알게 되어 1년 동안 게시
글을 읽으며 '매춘사회화' 과정을 거친 후 〈박팀장〉에게 면접을 보
러 갔다. 그는 업소에 진입하기 이전부터 이미 2차를 나가지 않으
면 '돈이 안 된다'는 것을 알고 있었다고 한다. 그리고 '내 주제에 텐
프로는 갈 수 없었다'고 말한다. 이들은 자신이 가진 외모 조건에
대한 '객관적'인 판단 아래, 자신이 가진 '젊음'이라는 조건을 믿고
강남의 룸살롱에 진입하게 된다. 〈강희〉 역시 착석 바에서 룸살롱
으로 옮기겠다고 결심한 이후 '룸 알바'라는 키워드로 인터넷 검색
을 했다고 한다. 이전 시대 여성들은 친구의 꾐, 업주의 회유 때문
에 업소에 진입했지만, 오늘날 여성들은 인터넷에서의 오랜 정보 검
색과 검토를 통해 오해나 환상을 갖지 않은 채 현실적인 계산에 기
반해 성매매 산업에 진입하는 경우가 흔하다. 각 업소에 대한 평판,

업소 시스템에 대한 정보, 업소 여성들의 (역)후기 글을 검토하고 해당 업소에서의 일과 수입을 계산해 업소에 진입한다. 〈박팀장〉 역시 '진솔한 태도'로 여성들의 흥미를 불러일으키고자 한다. 자신은 모든 여성이 업소에서 돈을 많이 벌어갈 수 있다는 '허위 과장 광고'를 올리지 않는다고 거듭 강조한다.

〈박팀장〉은 '적당한 외모'의 여성이면 '평균 페이'는 책임질 수 있다고 이야기한다. 하루 40만 원만 계산하면 20일 출근에 800만 원의 수입을 올릴 수 있다는 것이다. 만약 '적당한 외모'에 미달하는 여성이라면 '성형 대출'을 받을 수도 있다고 광고한다. 그렇다면 '적당한 외모' 혹은 '그에 미달하는 여성'들 중 어떤 여성이 업소에서 일을 시작하게 되는 것인가. 그것은 바로 '돈'을 필요로 하는 여성이다. 〈박팀장〉이 '신용불량', '학자금 대출'을 언급하는 데서 알 수 있듯이 업소에 진입할 것이라고 가정되는 여성은 바로 '채무자-여성'이며, 업소에서 타깃으로 삼는 여성 역시 이들이다.

해마다 터무니없는 비율로 인상되어 지금에 이른 대학 등록금은 2013년 한 해 56만 명의 대학생 채무자를 만들어냈으며, 그 결과 여자 대학생의 경우 거대한 인구 유입을 필요로 하는 현재의 성매매 산업에 주요한 인입 집단이 되었다. 이전 시대와 같은 방식의 '마이킹'이나 '선불금'을 동원하지 않아도 이미 '빚이 있는 젊은 여성'인 이들이 업소의 타깃 집단이 되지 못할 이유는 없어 보인다. 동시에 이 여성들, 자신의 대학 공부를 위한 비용을 스스로 책임지겠다는 결심으로 자신의 '몸 가치'가 가장 높은 시기에 강남 유흥업소에 진입해 스스로 '기회'를 만든 이들을 누구보다 '합리적인 계산'을 하는 이 시대 '젊은 여성 채무자'의 도덕적 형상이 아니라고 말하기는 어려워 보인다.

'합리적' 채무자가 된 여성들

'대학생 채무자'로서 성매매 업소에 진입한 〈강희〉와 〈강은〉이 업소에 들어온 후 또 다른 대출을 받지 않는다는 보장은 없다. 다행히 〈강은〉은 비록 2시간이나 걸렸지만 집에서 업소까지 기차 출퇴근을 했기 때문에 방 보증금을 대출받지 않을 수 있었다. 반면 〈강희〉는 지난 학기에 잠시 학교에 다니면서 작품전 준비 비용이 모자라 사채업자에게 300만 원을 대출받았다고 한다. 이들은 부채 문제를 해결하고자 하는 적극적인 기획 속에서 기간을 한정하고 업소 생활을 시작했다. 하지만 일단 성매매 업소에서 일을 시작하게 되면 먼저 돈을 빌려주겠다고 나서는 다양한 회사, 브로커들을 만나게 되고 또 다른 '부채 전쟁'이 시작된다. 또한 이들이 학자금 부채를 모두 상환하고 얼마간의 돈을 모아 성공적으로 성매매산업을 떠났다고 하더라도 또 다른 대출을 받아야 하는 일이 생길 수도 있고, 대출이 문제를 일으켜 다시 업소로 돌아갈 가능성도 배제하기 어렵다. 〈다혜〉는 미래의 자신에게 이런 일이 생길 수도 있다고 이야기하면서 '[업소 생활을] 모르고 살았으면 좋았을 텐데'라는 생각이 든다고 말한다.

나는 지금도 그런 생각을 하거든요. 내가 만약에 결혼을 해서 애를 낳았는데 그 애기가 백혈병이나 무슨 병에 걸려서 막 되게 아파요. 그런데 내가 만약 업소 생활이나 이런 생활을 모르면 그런 쪽으로 생각도 하지 않을 테지만 내가 이미 이런 거를 알기 때문에 그런 일이 생겼을 때는 분명히 그쪽에서 돈을 벌려고 생각할 거란 말이죠. 그럼 '아, 참 내가 몰라도 될 거는 모르고 살았으면 좋았을 텐데'라는 생각도 하고 그러는데. 〈다혜〉

업소 여성들은 자신의 몸을 통해 거액의 돈을 만들어본 경험이 있다. 이러한 경험을 적극적인 의미로 해석하자면 '돈을 벌 수 있다는 자신감'일 것이다. 여성들이 업소에서 일하면서 다양한 종류의 대출을 받는 것은 이러한 자신감에 기인한다. 전통적으로 업소 여성들에게 주어졌던 사채업자로부터의 대출, 최근의 제2금융권, 캐피탈회사에서 제공하는 '아가씨 대출' 외에도 여성들은 개인 신용의 확대를 통해 다양한 규모와 종류의 대출 상품을 사용할 '기회'를 얻게 되었다. 이들은 돈을 벌어보았다는 자신감에 근거해서 대출을 받아 다양한 상품의 '소유자'가 된다. 하지만 다양한 대출 상품은 여성들로 하여금 성매매 산업에서의 노동을 지속하게 하는 강제력이 되기도 한다. 자동차 담보대출, 주택 담보대출, 신용카드론과 같은 제1금융권과 제2금융권으로부터의 대출이 여기에 해당된다.

대표적인 사례로 집 한 채와 자동차 두 대를 담보대출, 혹은 신용대출로 구입한 〈주현〉의 경우를 살펴보기로 한다. 그는 18세부터 룸살롱에서 일을 하다가 20세에 이미테이션 가방 사업을 시작했는데, 몇 차례의 단속 때문에 2년 만에 3억이 넘는 빚을 떠안게 되었다. 이를 갚기 위해 성매매 산업에 재진입하여 8년이 넘는 시간 동안 지방의 룸살롱과 서울의 안마 시술소 등에서 일을 했고 재작년에야 그 돈을 모두 상환할 수 있었다. 그리고 이 빚을 전부 상환한 직후, 주택 담보대출과 신용카드론으로 1억 1100만 원을 대출받아 인천에 위치한 빌라를 1억 5500만 원에 구매했으며, 초기 비용 없이 자동차 할부 대출로 본인의 K7, 아버지의 카니발까지 총 두 대의 자가용을 구입했다. 그 밖에 부산의 룸살롱에서 일하는 동안 머물렀던 오피스텔의 보증금 1000만 원을 카드론을 통해 대출받은 바 있다. 〈주현〉의 현재 총부채 현황은 〈표 6〉과 같다.

이로써 현재 〈주현〉이 매달 이자와 원금으로 상환해야 하는 돈은 약 300만 원이며 그중에서도 주택 담보대출은 무려 35년 동안 상환해야 한다. 다음은 그가 주택을 구매하게 된 계기에 대한 설명이다.

이 빚을 다 까고 나니까, 정리를 하고 나니까 약간의 해이해짐 같은 거 있잖아. 일하기도 싫고. 그렇다고 공장에 들어가서

120만 원, 150만 원 벌 수는 없으니까. 그러면 통장에 남아 있는 거를 다 쓰게 되니까. 집이 그때 당시에, 내가 집 사기 전에 2000에 50만 원짜리에 살았거든. '집을 사야겠다'라는 생각이 딱 드는 거야. 계속 이사를 다녀야 했었거든. '안 되겠다, 집을 사야겠다' 해서, 인터넷을 뒤지니까 요즘 개발하는 데 많잖아. 빌라 같은 데, 신도시 같은 데. 그래서 인천 가서 '봐보자' 해서 몇 군데 보니깐 내가 마음에 드는 집이 있어. 지금 집. 우리 집이 있는 거야. (빌라?) 응, 그래서 1억 1100만 원 대출받고, 나머지는 다 뭐 내가 있던 돈으로 하고. 그러고 나서 또 작년에 차 사고. 차도 어차피 대출이지만, 캐피탈을 껴갖고 샀지만. (웃음) (집값 돈은 다 갚았어요?) 아니, 안 갚았지. 계속 갚고 있는 거지. 35년 상환해야 돼. (웃음) 내가 더 갚을 수는 있는데 제대로 이자랑 뭐 이렇게 하면 35년 상환 나오는 거더라고. 아, 죽을 거 같아. (웃음) 〈주현〉

표 6 〈주현〉의 부채 현황

	대출 총액	이자＋원금 상환액(월)
주택 담보대출(N은행＋A캐피탈)	1억 1100만 원	60만 원
자동차 담보대출, K7(H캐피탈)	3000만 원	85만 원
자동차 담보대출, 카니발(H캐피탈)	2000만 원	60만 원
신용대출, 부산 오피스텔 보증금(S카드론)	1000만 원	90만 원
총계	**1억 7100만 원**	**295만 원**

〈주현〉은 스무 살 이래 집안의 실질적 가장이었다. 그가 사업으로 큰 빚을 안게 되자 안산의 '보증금 30만 원짜리 지하 단칸방에서 네 식구가 빚쟁이들한테 시달리면서' 살았다고 한다. 오랜 시간 성매매 업소에서 일을 하며 겨우 어려움을 극복했는데 이후 '약간의 해이해짐' 같은 것이 생겼다고 한다. 이에 '자발적 강제 장치'를 만들고자 인천의 한 빌라를 주택 가격의 70% 이상을 부채로 얻어 구매했다. 그는 눈가가 촉촉해진 채, 맨 처음 단칸방에 가게 되었을 때 어머니, 새아버지, 오빠와 넷이서 '펑펑 울었다'는 이야기를 했다. 그리곤 '거의 10년 만에 집을 사서 갔으니까 엄마 완전 좋아하지!'라고 말하며 크게 소리 내 웃기도 했다. 이는 〈주현〉이 성매매 산업 안에서 자신의 몸을 이용해 돈을 만들어보았다는 자신감과 관련이 있다. 이제부터 만들어내는 부채를 통해서는 '소유자'가 될 수 있다는 계산도 작동하고 있다. 〈주현〉의 자신감은 지난 10년 동안 서열화된 방식으로 재편된 성매매 산업 안에서 자신의 몸 가치를 계산하고 이를 통해 돈을 만들어낼 수 있는 최적의 업소를 찾게 된 것과도 관련이 있다.

나는 룸살롱이 돈 많이 번다고 생각 안 하거든요. 우선적으로 꾸며야 돼, 룸살롱은. 꾸미는 것도 많고, 술도 먹어야 되고. 나는 술을 많이 먹으면 좀 개가 되는 그런 게 있어가지고. 또 술 먹고 2차 가려고 하면 또 얼마나 힘들어. 내가 다 해봤는데 정말 힘들어. 아, 그거 못할 짓이야 진짜. 그리고 어린 체력하고 지금 체력하고 또 틀리니까. 그리고 술 안 마시면 괜찮다 하는데 술 마시니까. 나는 솔직히 안마에 있는 아가씨들이 더 잘 번다고 생각하지. 업소에 있는 아가씨들이, 나는 룸 아가씨들이 잘 벌어서 잘됐다, 그런 소리 한 번도 못 들었어. 내 주위에 안마하는 언니들은, 그 언니들도 돈 잘 벌고, 돈 많이 못 벌고 나처럼 욕심 없어도 꾸준히 모아놓고 살아. 전세 8000짜리에 가서 살고. 근데 룸에 있는 아가씨들 보면 1000만 원에 100만 원짜리 살고. 200만 원짜리 살고. 그러면서 콜때기[업소 여성들이 이용하는 자가용 택시. 보통 강남 내 1회 1만 원] 타고 다니고, 그러면서 미용실 가서 머리하고, 그리고 명품 사갖고 와서 앞에서 치장해서 보여주려고 하고 그러는데, 내가 보기에 그 아가씨들 만약에 1000만 원 벌면, 진짜 순수 자기한테 쓰는 거는 거짓말 안 하고 700은 쓰는 거 같아. 근데 우리는 그런 거는 아니거든. 우리는 진짜 빚만 없으면 모으기만 하면 진짜 잘 모으거든. 〈주현〉

인터뷰를 시작할 때 〈주현〉은 '성매매를 통해 돈을 좀 벌었는지' 궁금하다고 연구자가 운을 떼자 자신이 최적의 인터뷰 대상자라며 자신감을 내보였다. 오랜 업소 생활에도 돈 한 푼 없이 힘들게 사는 여성이 많지만, 자신은 이들과 달리 '돈을 좀 모았다'는 것이다. 일단 본인이 돈을 모을 수 있었던 첫 번째 이유로 룸살롱이 아닌 안마 업소에서 일했다는 것을 꼽는다. 〈주현〉은 룸살롱에서도 오래 일해봤지만 안마에 비해 돈을 벌기 어렵다고 말한다. 룸살롱에서 일하는 여성들은 유독 심한 '초이스 경쟁' 때문에 외모에 더 많이 신경을 써야 하고 이 때문에 출근을 준비하는 데 나가는 돈이 많기 때문이다. 게다가 술을 마시는 것을 선호하지 않는 개인적인 특성 때문에 안마 업소가 적합하기도 했다. 안마 업소는 서열화된 업소군 중 '하급'에 속하는 업소지만 '욕심 없이', 외모를 꾸며 '보여주려고 하는' 마음 없이 오로지 합리적으로 계산한다면 안마 업소를 선택할 수밖에 없다는 것이다.

그는 자신의 몸으로 최대의 수익을 낼 수 있는 최적의 업소를 알게 된 이후 돈을 만들어내는 또 다른 방법을 습득한다. 이것은 〈주현〉이 말한 '돈을 좀 모았다'는 자부심을 보충하는 수단이 된다. 확대된 소비자 신용을 통해 '간편하게' 대출을 받는 방법을 알게 된 것이다. 그는 업소 밖의 금융기관으로부터 부채를 만들어내면서 자신의 재무 상태를 관리하고 통제하는 '합리적 경제인', '금융 주체'로 거듭나는 경험을 하게 된다. 업주에 의해 부채가 조절되었던 이전 시대와 달리 자신이 스스로 부채를 조절할 수 있다는 자신감을 체험한다.

(만약 마이너스면 어떻게 해요?) 나는 거의 대출받는 편이니까. 내가 좀 부족하다 싶으면 대출받아서 메꾸고, 그다음 달부터 메꾸고 시작하니까. (대출은 어떻게?) 신용대출, 캐피탈, 뭐 이런 거지. 아니면 카드론. (이자는?) 나는 신용이 좋다 보니까 요

번에 1000만 원 땡겼는데 9.9% 주더라고. 하하하하. 나는 ○○카드론. 그렇게 주던데? 나는 좀 싸게 받는 편이니까. 나는 군이 내가 막 일수한테 갈 필요가 없어. 캐피탈하고 금융기관하고 안 되기 전에는 일수를 안 땡기지. (보통 어디?) □□캐피탈, △△캐피탈, ○○캐피탈 그런 거 있잖아. 담보, 주택 담보, 신용대출 이런 거. 신용대출도 캐피탈에서 다 받아요. (그럼 언니가 가요?) 아니지. 전화 통화로만 하는 거지. 내 신용이 다 있으니까, 큰 회사니까. □□회사에서 하는 □□캐피탈. 그러니까 나는 거의 일수를 써본 적이 없는 거야. (그럼 언니 이번 달 300 빈다, 그럼 제일 먼저 어떻게 해요?) 300 빈다, 그러면 카드론 봐야죠. 카드론 보고 얼마까지 땡길 수 있나 보고 여유 있게 300이 필요하면 400 빼버리고. (왜 400 빼?) 100만 원 여유자금. 혹시나 모르는 내 여유자금. 우리 직업이 딱 고정적으로 일하는 직업이 아니라서 막말로 오늘 일 계속 하다가도 다음 날 잘릴 수도 있어. 그만둘 수도 있고. 그러니까 그런 여유자금? 혹시나 해서? 그런 여유자금이 좀 필요하니까. (그럼 카드론 안 되면 캐피탈 전화하고?) 응. 일수는 어차피 100에 20이잖아. 100일 안에 갚아야 하는 거니까. 근데 나 같은 경우는 그런 게 아니니까. (이건 어떻게 갚는데?) 내가 개월 수 잡으면 돼. 3개월이면 3개월, 6개월이면 6개월, 1년이면 1년. 그거를 빌릴 때 체크하는 거야. '나 이렇게 갚을게요' 하면. 〈주현〉

〈주현〉은 사채업자의 일수가 아닌 대기업 계열의 캐피탈, 신용 카드론을 쓰고 있다는 점에서 자신의 금융 경제활동에 자부심이 있다. '신용이 좋은' 자신은 '일수한테 가서' 서류를 작성할 필요 없이 '전화 통화로만' 1000만 원이나 되는 돈을 '저금리'로 빌릴 수 있다고 자랑스레 이야기한다. 개인 신용을 전산망 안에서 체계적으로 계산하는 '큰 회사'와의 거래를 통해 그는 스스로의 삶을 계산하고 통제하는 '성숙한' 경제활동을 하고 있다고 생각하게 된다.

그러나 경제활동에서의 신용을 "개인의 과거 경제활동 행태와 현재의 경제 능력"에 기반을 두고 "미래에 이 사람이 빚을 상환할 수 있는지에 대한 가능성을 판단"하는 것, 개인의 "부채 상환 능력, 지불 능력"이라고 정의한다면(이명식·김정인, 2007: 17) 〈주현〉의 신용은 전적으로 과거 15년간 성매매를 통해 벌어들인 수입에 근거하며, 그에게 신용이 주어지는 상황은 '노동 없이도 돈을 만들어내는 개인의 존재'에 의존해 팽창하는 최근의 금융 경제 메커니즘 그 자체다. 그가 "미래에 대가를 확실히 상환할 것이라는 신뢰"(같은 책, 19)를 가진 '믿을 수 있는' 사회 구성원이 될 수 있었던 이유는 그의 성매매를 통한 금전거래 내역 혹은 외상거래 내역에서 비롯된다. 그는 성매매를 통해 이 사회의 경제적 시민권을 얻을 수 있었다.

〈주현〉은 15년이 넘는 성매매 경험을 통해 여러 담보와 신용의 조합으로 한 번에 끌어 쓸 수 있는 돈의 액수가 크다는 것을 알게 된다. 그 결과 그는 자신의 노동력, 주어진 시간에 의거해 살아가는 것이 아니라 자신이 확보할 수 있는 돈에 의존해 살아가게 된다. 이러한 돈은 그간 자신과 가족이 누리지 못했던 '안락함'을 선물한다. 부채가 상환되는 시간 동안은 일을 그만둘 수 없다는 점에서 이 '안락함', 소유자로서의 '만족감'은 오로지 그의 성노동을 통해서만 보장될 수 있다. 또한 그가 지불하는 이자와 수수료를 통해 창출되는 카드 업체와 캐피탈 업체의 높은 수익 역시 그의 성노동을 통해 달성될 것이다.[4] 나아가 그의 '주택저당채권'을 포함한 다양한 채권이 유동화된 증권의 형태로 발행되어 투자 은행에서 팔리게 되면서 그의 몸은 이 시대 투자자들의 투자수익 원천이 되기도 한다.

> 그리고 나 차 샀어. 레이. 이거 하면서 왔다 갔다 해야 하니까.
> (할부로?) 초깃값은 얼마 안 들어요. 10만 원. 근데 나 금방 갚
> 을 거 같아. (그래서 얼마씩 할부가?) 내가 34만 원씩 5년 할부
> 끊었는데 너무 길어가지고 그냥 다 갚아버리려고. 〈진영〉

이러한 현금의 흐름 속에 배치된 이들의 미래는 부채 경제 속에서 채무자 일반이 직면하게 되는 그것과 다르지 않을지도 모른다. 다만 다른 점이 있다면 이들은 자신의 몸을 통해 돈을 벌어본 경험, '자신감'을 경험했다는 것이다. 그 결과 이들은 '자발적 채무

---

4 〈주현〉은 자신에게 주어진 9.9%의 '파격 금리' '혜택'을 자랑하지만 (인터뷰 당시 대부업체 법정 최고금리는 34.9%) 사실상 이러한 '파격 금리'를 통한 현금 서비스 확대 경쟁으로 또다시 과중 채무자가 양산될 확률이 높다. 카드 업체와 캐피탈 업체는 이자와 수수료를 통해 막대한 수익을 낸다. 2012년 카드사가 현금 서비스와 카드론으로 벌어들인 수익만 14~15조 원에 이른다고 한다(한국경제, 2013).

자'가 되기를 주저하지 않는다.

현재 이전 업소와의 갈등으로 새로운 업소를 구하는 〈주현〉은 자신이 구축한 현금의 흐름 속에서 벗어날 수 없기 때문에 잠시라도 일을 멈출 수 없다. 그는 조건만남 어플리케이션을 통해 프리랜서로 성매매를 하면서 하루 50만 원가량의 수익을 올리고 있다. 지방의 룸살롱에서 월 500만 원 이상을 벌고 있는 〈진영〉은 자신이 10대 시절과 달리 차 한 대쯤은 손쉽게 뽑을 수 있는 사람으로 성장했다는 사실을 내게 자랑스럽게 전하고 있다.

〈강희〉와 〈강은〉이 대학생이 될 수 있는 '기회'를 얻고, 〈주현〉과 〈진영〉이 풍요로운 '소유자'가 된 배경에는 '민주적으로' 확대되고 있는 신용, 그리고 이러한 신용을 안전의 메커니즘으로 삼고 있는 '신용 사회'가 있다. 신용평점 모델 등 다양한 기법이 '신용 사회'를 만드는 과학적이고 체계적인 수단으로 사용된다고 알려졌지만 사실상 신용은 무차별적으로 확대되었고, 그 결과 현대 사회는 신용 사회인지 탈신용 사회인지 구분할 수 없게 된다. 이러한 (탈)신용 사회는 결국 신용평점이 낮은 사람들에게 리스크를 부과한다는 명목으로 이자와 수수료를 과당 책정하고 이들의 삶 전체를 이윤의 원천으로 수탈하는, 합법적 약탈을 일삼는 곳에 지나지 않을 것이다.

주요 연구참여자 중 신용카드 연체로 '신용불량자'가 된 사례는 〈가희〉, 〈이진〉, 〈이나〉가 있으며, 〈다혜〉 역시 신용카드 연체로 '신용불량자'였지만 현재는 개인파산·면책을 받은 상태다. 이들에게는 공통점이 있는데, 바로 2000년대 초반 카드 모집인을 통해 여러 종류의 신용카드를 만들었고 업소, 제2금융권, 제3금융권에서 불어난 빚을 메우기 위해 신용카드 현금 서비스를 이용해 '카드 돌려막기'를 하면서 '신용불량자'가 되었다는 점이다. 결국 이들은 다시 사채업자, 캐피탈 업체, 업주, 동료 등으로부터 가능한 최대한의 돈을 빌릴 수밖에 없었고, 이를 다시 '카드 돌려막기'에 사용했다. 여신금융업체로부터 확대된 신용은 매춘 인구 충원의 중요한 기제가 되는 동시에, 수만 명의 매춘 인구는 신용 사회의 사회적 관계를 만들어내는 담보물이 된다는 것을 알 수 있다.

그러므로 여성들이 현재 확보한 기회 역시 상환의 '약속'이 지켜지지 못했을 때 언제든 자신이 가진 모든 것을 빼앗길 수 있다는 또 다른 '약속'에 의해 보호되는 찰나의 기회다. 이들에게 주어진 사회적 인정과 안락한 시간은 성노동을 통해 제공되고 있으며, 역으로 성매매 산업 역시 채무불이행의 나락으로 떨어지기 쉬운 이들을 매춘 인구 충원의 주요 대상으로 확보하면서 번성하고 있다. 현재 성매매 경제는 금융 경제와의 경계를 허물며 상호 보완적 관계를 맺는 방식으로 몸집을 키우고 있다.

10장

누구를 위한 자기 투자인가

이익 실현의 회계학

금융화 시대 성매매 여성들은 '민주적으로' 확대된 신용을 활용하여 대학(원)생이 되거나, 자산 소유자가 될 수 있었다. 하지만 신용을 통해 제공된 부채는 결국에는 상환되어야만 한다. 상환될 것이라는 기대에 근거해 신용 체계가 발명된 것이기 때문이다. 이제 우리는 여성들이 채무 상환을 위해 성매매 산업에서 벌어야 하는 돈을 계산하고 이를 위해 강구되는 구체적인 전략을 살펴볼 것이다.

여성들은 소득이 없는 상태임에도 갑작스럽게 신용을 제공받았다. 이들의 채권을 상품화할 수 있는 금융 기술에 의해 이들의 '부채 상환 능력'에 대한 판단이 이루어졌기에 가능한 일이었다. 문제는 원리금 상환에는 항상 만기가 있다는 것이다. 라파비차스 (Lapavitsas, 2007)는 신용은, 그것의 사회적인 성격에도 불구하고, 언제나 특정 은행과의 지불 약속의 바운더리 안에 존재하기 때문에 사적인 성격을 지니기도 한다고 분석한다. 이런 측면에서 볼 때 신용의 반대는 위험risk이 아니라 상환repayment이라는 것이 그의 주장이다.

그러므로 여성들의 신용에 근거해 (혹은 신용에 근거하지 않고 무차별적으로) 부채가 주어진 순간 이들은 부채 상환의 만기일, 채무 상환이라는 '책무성'을 요구받는다. 이때 책무성accountability은 책임감responsibility과는 구별되는 것으로 회계accounting와 연관되는 엄정함, 이에 대한 의식 및 태도를 가리킨다(Giri, 2000). 포주와의 대면적 '부채 관계'에서 여성들은 성실하게 일하는 책임감 있는 모습만으로 자신의 역할을 다할 수 있었지만, 금융화된 성매매 산업 안에서 여성들은 책무성에 의거해 자신의 만기일을 계산하고 부채의 지불 약속을 유념하며 제한된 시간 동안 효율적으로 구체적인 액수의 돈을 만들어내야 한다. 이러한 책무성은 금융적 제도와 실천이 사회화되는 과정 속에서 채무 상환의 도덕률과 같은 도덕 담론과 결합한다.

강내희(2014: 466)는 금융화 시대에는 각종 사회 조직에서 구성원 통제를 위한 관리회계가 작동하고, 개인의 책무성이 강조됨으로써 "계산하는 주체calculating subject"가 등장한다고 분석했다. 개인이 자신이 처한 갖가지 상황을 위험으로 산정할 필요성이 높아지기 때문이라는 것이다. 같은 맥락에서 이 책은 이러한 계산적 인간의 등장이 미래의 삶에 기반해 현재의 신용이 주어지는 환경에서 미래의 자신이 달성해야 하는 수익을 현재의 자신이 끊임없이 예측해야 하는 현실과 관련이 있다고 본다. 이러한 미래 수익은 자신이 속한 경제적 장과 밀접하게 연관되기 때문에 빈곤한 여성들은 위험을 무릅쓰고 최대한의 수익을 낼 수 있는 성매매 산업으로 진입하고 있다.

여성들이 성매매 산업에서의 미래 수익을 계산하는 방식을 알아보기 위해 다시 〈강희〉의 사례로 돌아가도록 하자. 1년 6개월 동안 '바', '착석 바', '룸살롱'에서 일을 한 결과 그는 학자금 대출을 모두 상환했다. 이제 현재의 룸살롱에서 일하면서 6개월 안에 대학원 학자금 대출 남은 것을 갚고 남은 학기의 학자금 및 생활비 6000만 원을 모으는 것을 목표로 하고 있다. 강남의 중상급 정도의 룸살롱에서 일하고 있는 〈강희〉는 과연 계획대로 이 돈을 모아 다시 학교로 돌아갈 수 있을까. 6개월이란 시간은 3학기 동안의 대학원 등록금과 생활비를 충당하기에 충분한 시간인가. 혹은 목표로 한 금액이 터무니없이 많거나 적은 것은 아닌가. 그의 '수입/지출 내역'을 검토하면서 그가 3개월 동안 모으고자하는 돈의 내역에 대해서 살펴보기로 한다.

(언니, 등록금 정도면 한 달이면 버는 거 아니에요?) 한 달이면 버는데, 작품전 준비할 돈이랑 학교 다니면서 생활할 돈? 다음 학기 이제 3학기잖아요. 그럼 3학기, 4학기, 5학기 다녀야 하는데 3학기부터 보통 언니들이 논문 준비를 하더라고요. 논

문 준비하는데 그런 게 있어요. 교수님이 자기랑 해외를 한 번 나가기를 바라세요, 그 주제에 대해서 조사하러. 그래서 얼마가 들지도 모르고. 돈이 너무 많이 들어서. 이번에도 한 언니 논문 쓸 때 보니까 거의 일본에 교수님을 모시고 갔다 왔는데 3일 갔다 왔는데 300이 깨졌다는 거예요. 근데 그 정도는 생각하고 있어야 하니까. 그리고 한 학기마다 작품전 할 때마다 100만 원, 200만 원 우스우니까. 벌 수 있는데 6개월 동안이라도 바짝 벌어야 생각하는, 이번 학기 휴학하게 된 이상. 이제 11월 겨울 다가오잖아요. 겨울에는 손님들 더 많아지니까. 그때 한 살이라도 젊을 때 바짝 벌고 빨리 돌아가야죠. 너무 오래 있으면 또 편해서 가기 싫다는 생각도 해요. 내가 굳이 대학원까지 다니는데도 낮에 일하면 한 달에 100~200 버는데, 내가 왜? 내가 왜? 이런 식으로 생각해요. 그리고 대학원 끝나고 끝이면 상관없는데 저도 언니처럼 박사과정 하고 싶고, 더 하고 싶고 하니까 돈을 생각 안 할 수 없죠. (언니, 대학원 복학해서 한 달에 필요한 생활비 얼마라고 계산해요?) 200만 원이요. (왜 그렇게 많이 잡아요?) 언니는 그거보다 안 들어요? 〈강희〉

〈강희〉는 인터뷰 내내 미술대학에서는 논문을 준비하고 매 학기 작품전을 하는 데 생각보다 많은 돈이 든다고 강조한다. 〈강희〉가 설명한 대로, 각 학기 등록금을 500만 원으로, 논문 쓸 때 교수님을 모시고 해외에 나갈 돈을 최대 300만 원으로, 매 학기 작품 전 할 때 드는 돈을 최대 200만 원으로 계산하고, 한 달 생활비를 200만 원으로 계산한다면, 대학원을 졸업하기 위해 필요한 돈은 5800만 원이니 〈강희〉의 계산은 정확해 보인다.

표 7 〈강희〉가 졸업을 위해 마련해야 하는 돈

```
        500만 원(등록금) × 3학기
    +   200만 원(작품전) × 2학기
    +   300만 원(논문 준비비)
    +   200만 원(생활비) × 18개월
    =   5800만 원
```

하지만 나는 그에게 작품전 비용이나 논문 준비비, 생활비에 대해서 과당 계산한 것이 아닌지 질문했다. 〈강희〉는 '벌 수 있을 때, 한 살이라도 젊을 때 바짝 벌어야 한다'는 말을 반복할 뿐이었 다. 또 송년회가 몰리는 연말이라는 대목을 그냥 지나칠 수 없다고 말했다. 그는 지금이 석사학위를 받는 데 필요한 돈을 마련할 수 있는 유일한 시간이라고 가정하고 있는 것이다. 만약 석사학위를 받은 후 미래 수입이 안정적일 것이라는 확신이 있다면 그는 남은 학기 등록금 역시 학자금 대출을 받아 학교로 돌아갔을 것이다. 하 지만 그는 자신의 미래 수입을 기대할 수 없다는 것을 인지하고 오 히려 현재 룸살롱에서의 시간만이 자신의 미래를 지속할 수 있도 록 해주는 초석이라고 판단한다. 이러한 계산은 여성 노동시장이

점점 불안정해지는 현실과 밀접한 관련이 있다.

현재 한국 노동시장이 직면한 문제는 심각한 수준으로, 일단 청년층이 노동시장으로 진입하는 것 자체가 어렵다는 점이 여러 연구와 조사에서 공통적으로 지적되고 있다. 2014년 대학졸업자 취업률이 IMF 경제위기 직후인 1998년보다 더 낮은 것으로 조사되는 등, 대학졸업자는 쏟아지지만 취업률은 계속 낮아지고 있다 (정혜진, 2015). 이런 배경에서 졸업을 유예하는 것이 대학졸업예정자들에게 하나의 상식적인 대안으로 자리 잡고 있다.[5]

이러한 현실은 취업 이후 미래의 시간을 가치 있는 시간으로 만들고자 비용을 들여 현재 대학생으로서의 시간과 신분이 만료되는 시점을 유예하고 있는 것으로 분석할 수 있다. 〈강희〉 역시 현재의 시간이 미래를 지배한다고 판단하고 있다. 다만 대학 초과 등록자와 다른 점이 있다면 미술전공자로서 숙련 기간 이후의 수익보다 여성으로서 '한 살이라도 젊은' 나이에 달성할 수 있는 수익이 더 높다고 판단한 것이다. 〈강희〉는 '내가 군이 대학원까지 다니는데도 낮에 일하면 한 달에 100~200 버는데, 내가 왜?'라고 반문한다. 대학원까지 다니지만 결국 '낮일'을 하게 되면 수입은 기대할 수 없다는 것이다. 그의 현재 계산에 따르면 여성 노동에서의 임금 차

---

5   재학생 1만 명 이상 대학 중 2011년 이전에 '졸업유예 제도'를 도입한 26개 대학의 졸업 유예 신청자는 2011년 8270명에서 2013년 14975명으로 약 2배가량 증가했다(심재휘·김경근, 2015). 게다가 여자 대학생의 초과 등록률이 남자 대학생의 초과 등록률보다 높은 것으로 나타나고 있다(이재성, 2015). 여자 대학생은 남자 대학생보다 더 오래 학교에서 교육받지만 더 적게 노동시장으로 흡수되고 있는 것이다.

이는, 학력이 변수로 개입하는 것이 아니라 일의 종류, 즉 '낮일'이나 '밤일'이냐가 변수가 될 수 있다.

주요 연구참여자 대다수에게서 같은 인식을 발견할 수 있다. 학력을 특별한 자원으로 가지고 있지 못한 여성들은 '백화점에서 미소를 잃지 않고 일해봐야'〈진영〉, '공장에서 15시간씩 근면하게 노동해봐야'〈주현〉, 〈가희〉, '학습지 교사로서 담당 학생들의 어머니들한테 시달려봐야'〈강은〉, '[트랜스젠더 여성이라는 이유로] 차별을 받으면서 일해봐야'〈성연〉라는 단서가 노동 조건에 붙는다. 성매매 산업에 종사하는 것은 항상 다른 노동 조건과의 비교 속에서, 경제적 계산 속에서 선택된다.

(다른 일 해본 적 있으세요?) 낮에 [미술] 강사 했었는데 많이 힘들더라고요. 밤일이랑 비교해서 힘든 게, 틀리게 힘들어요. 밤의 일은 그냥 정신적으로 사람 관계에서 스트레스보다 그냥 술 먹고 힘든 거고 낮의 일보다 몸이 힘들고. 그렇게 틀린 거죠. 그리고 부담감, 내가 이거 안 하면 초이스 밀릴 것 같다는 부담감. 낮일, 밤일 다 힘든데, 돈벌이가 되니까 아마 밤일을 하지 싶어요. 강사 해서는 돈이 안 돼요. 한 달에 120 벌어도 많이 버는 건데 못 살아요, 저는. 〈강희〉

저 백화점 꽤 오래 일했죠. 4년? 일이 싫은 건 아닌데 아이, 사람들한테 치이니까. 그리고 남자들이 더 까칠해요, 언니. 기장

수선해달라고 하는데, 센티까지 말을 해요. 2센티, 뭐 폭은 몇 센티. 옷마다 다 틀려서, 스타일이 다 틀려서, 그렇게 센티로 하면 안 되거든. 수지침으로 입어서 집는 게 제일 나은데, 있는 척은 더럽게 하고 싶으니까 그냥 와서 되게 도도하게 밑엔 2센티, 카브라 넣어서. 이렇게 한 번 접는 게 카브라에요. 카브라 넣어서 2센티. 이 지랄 하고 나서 마음에 안 들면 또 와서 지랄해. 내가 분명히 2센티라고 했는데 이거 2센티 아니라고. 그럼 또 뜯어서 수선비 주고 또 다 해줘야 해. 돈 얼마 번다고. 〈진영〉

〈강희〉는 자신의 미술 관련 전공을 살려 학원에서 강사 아르바이트를 했던 경험이 있다. 대학 취업률 조사에서 예체능 계열 취업률은 매년 최하위를 기록하는데 이는 고용과 직결되지 않는 '예술' 활동이 가진 특성도 있지만 동시에 〈강희〉와 같이 저임금, 시간제, 임시직으로 취업 인구에 포함되지 않는 이들이 많기 때문이기도 하다. 학원에서는 한 달에 최대 120만 원을 버는데 그 돈으로는 학자금 대출을 갚으며 자신의 생활을 유지하기 불가능하다고 〈강희〉는 잘라 말한다.

〈진영〉은 티켓다방에서 일하던 10대 시절부터 나와 10년이 넘게 친분을 유지하고 있다. 몇 년 전 대형 백화점 남성복 매장에 취업하고 드디어 '떳떳하게 살게 되었다'며 첫 월급으로 나에게 밥을 사기도 했다. 하지만 일이 힘든 것에 비해 월급이 너무 적다고 불평을 많이 했고 사실상 가장이었던 〈진영〉은 이 때문에 종종 주말이나 휴일에 노래방 '알바'를 나가지 않을 수 없었다. 결국 '좋은 일자리를 소개받았다'며 백화점 일을 접고 지방 군부대 인근의 룸살롱에 취업한다는 이야기를 들었고 그로부터 몇 달이 지난 후에 그를 만나게 되었다.

〈진영〉은 백화점에서 고객을 대면하는 일을 하면서 일에 대한 전문성은 인정받지 못한 채 손님들이 쏟아내는 불평을 말단에서 고스란히 들어야만 했다고 말했다. 백화점에서 '손님은 왕'이었고 비정규직 판매원인 〈진영〉은 자신이 판매하는 옷에 대한 전문적 견해는 내보이지 못한 채 취향이 까다로운 손님들의 불평을 그저 들어줘야 했다. 〈진영〉은 취약한 노동 환경 속에서 그저 까다로운 고객을 '왕'으로 만들어주는 일을 해야 했다. 백화점에서 일하는 간접고용 비정규직 여성 노동자로서 〈진영〉은 남성 정규직 대 여성 정규직, 그리고 여성 정규직 대 여성 비정규직, 그리고 심지어 여성 직접고용 비정규직 대 간접고용 비정규직이라는 고용 위계상 가장 하층에서 다양한 차별을 동시에 경험해야 했다(최인이, 2009). 무엇보다 백화점에서는 월 130만 원가량의 수입밖에 올릴 수 없었다. 결국 그는 백화점에서 4년을 넘기지 못하고 룸살롱에 재유입되었다. '딱 1년만 일해서' 자동차 담보대출 비용도 모두 상환하고 3000만 원의 창업 자금을 마련할 계획이라고 한다.

〈강희〉 역시 '너무 오래 있어서 [이 생활이] 편해지기 전에' 그러니까 올해 말까지만 바짝 돈을 번 후 이곳 사람들과의 연락을 모두 끊고 '사회'로 돌아갈 계획이다. 사람들의 시선을 통해 '밤일'과 '낮일', '여기'와 '사회'를 명확하게 구분하고 있는 그는 강남의 룸살롱에 있는 이 시간을 자신의 미래를 위해 필요한 돈 6000만 원을 저금하는 일시적 시간으로 분명하게 의미화한다. 그러므로 '여기'에서 알고 지내는 친한 언니, 룸살롱 영업실장인 남자친구도 모두 '이 바닥 뜨면 정리'해야 하는 사람들이다. '여기'는 '사회'에서 '가치를 갖지 못했던' 자원을 이용해 많은 돈을 만들어낼 수 있는 곳이다. 자신이 '본래적으로 가지고 있는 자원'이 최대한의 교환가치를 실현하는 장에서, 자신이 부여한 6개월의 시간 동안, 〈강희〉는 매달 800만 원이 넘는 돈을 저금할 것을 결심한다.

현재 〈강희〉는 다른 업소의 영업실장으로 일하고 있는 남성과 연애 중인데 그의 감시 때문에 '2차'를 나가지 못하고 있다. 강남 중급 룸살롱의 테이블비(T/C)는 2시간 10분에 9만 원이다. 하루 평균 4개의 테이블을 본다고 했을 때 〈강희〉는 하루 평균 36만 원을 벌 수 있다. 이 4개의 테이블도 '애프터 언니들['2차'를 나가는 여성들] 한테 밀리는 경우가 있기 때문에' 목표가 달성되지 않으면 '2부 업소'에 나가서라도 목표로 하는 4개의 테이블을 보고 귀가한다. '2부 업소'는 비교적 최근에 등장한 운영 형태로, 가게 임대료를 절약하기 위해 '1부 업소'의 영업이 끝나면 새로운 영업진들이 들어와 늦은 저녁 시간에서 낮 시간까지 저렴한 가격으로 영업을 하는 업소다. '1부 업소'의 영업진들이 영업을 마치고 이용하는 경우가 많아 여성 종사자들이 이용할 수 있는 '호스트바'로 운영되는 경우가 많다.

'2차'를 못 나가는 상황이니 '독함' 무장하는 수밖에 없다고 말하며 '독하지 않으면' 돈을 모을 수 없다고 잘라 말한다. 이 때문에 일반택시 기본요금 거리의 미용실에 갈 때도 버스를 타고 이동하고 있으며 일주일에 하루 정도만 빼고 매일 업소에 출근하는 편이라고 한다. 이렇게 열심히 일할 경우 〈강희〉가 한 달에 벌 수 있는 돈은 864만 원이다. 864만 원을 고스란히 6개월 동안 모은다고 계산할 때, 목표로 한 6000만 원에는 미달하지만 '연말 대목'을 고려한다면 목표 수익에 무난하게 도달할 것으로 보인다.

표 8 〈강희〉의 한 달 수입과 지출

〈강희〉의 한 달 수입	9만 원 × 4테이블 × 6일 × 4주 = 864만 원
〈강희〉의 한 달 지출	300만 원(생활비) + 10만 원(출근준비비) × 24일 = 540만 원
잔액	324만 원

하지만 그가 현재 지출하는 생활비는 300만 원 정도로 남은 학자금 대출 상환 비용과 집세, 공과금 등이 여기에 포함된다. 여기에 더해 출근을 위해 매일 미용실에서 머리를 만지고, 메이크업을 받고 렌탈샵에서 옷을 빌려 입는 등의 준비비가 하루 10만 원이므로 월 240만 원이 고정적으로 나간다. 그러므로 〈강희〉가 매달 지출해야 하는 비용만 총 540만 원이기 때문에 그가 최대한으로 저금할 수 있는 돈은 324만 원뿐이다. 그가 목표로 한 6개월 동안 사

실상 2000만 원 정도를 모을 수 있을 뿐이다. 6000만 원이 있어야 대학원 생활을 마무리할 수 있다는 계산에 따르면 그 돈은 현재의 지출이 유지될 경우 1년 반 동안 모아야 하는 금액이다. 그는 현재 자신의 지출액을 계산하지 않고 목표액을 설정한 것으로 보인다. 과거 착석 바에서 일한 경험에 대해서도 얼마의 비용이 지출되었는지 계산하지 않은 채 매달 400만 원을 벌었다고만 설명했다. 어떤 비용도 지불되지 않은 상태의 몸과 시간이 바로 소득으로 환산된다고 계산했기 때문이다. 다시 말해 자신이 이익을 내기 위해서 비용이 지불되어야 한다는 것을 고려하지 않은 결과다. 다음으로는 여성들이 이러한 이익을 위해 지불해야 하는 비용에 대해 좀 더 살펴본다.

'여자 되기'의 비용

여성들이 매춘 경제 속에서 매춘을 통해 이익을 창출하기 위해서는 먼저 지불해야 하는 비용이 있다. 이는 '아가씨가 되기 위한 비용'으로 이 책에서는 이를 여성들의 "재여성화" 전략이라고 정의한다(Hossfeld, 1991; Mohanty, 2012[2002]: 278에서 재인용).[6] 대표적으로

---

6   캐런 호스펠드는 실리콘밸리의 제3세계/이주 여성들이 작업장에서 '어머니이자 주부'로 자리매김되며 부수적으로 노동자가 되는 "재여성화 전략(refeminization strategies)"에 대해 분석한 바 있다. 이 책에서는 호스펠드의 정의를 따라 성매매 업소에서 여성들이 스스로를 상품성 있는 '매춘 여성'으로 만드는 전략을 이러한 "재여성화 전략"이라고 정의한다.

출근을 위해 미용실에서 머리를 손질하고, 화장을 받고, 옷(홀복)을 구입하거나 빌려 입는 비용이 이와 관련 있다. 나아가 여성들은 다이어트를 하고 성형을 함으로써 자신의 몸 가치를 상승시키고자 한다. 이 책에서는 이러한 외모 관리에 '투자'하는 비용을 여성들의 '원료 구입비'라고 본다.

'원료 구입'에 대한 개념은 여성 연예인 지망생 및 신인들의 성형 경험을 분석한 김현경(2014)의 연구에서 차용했다. 그에 따르면 연예인 지망생 및 신인 여성 연예인들은 영상으로 재현되는 이미지를 위해, 혹은 기획사의 요구나 제작 과정상의 요구에 따라 '카메라에 잘 받는 얼굴로의 변형'을 수용했다. 이때 여성들은 자신의 몸에 대한 이미지 상품화에 성공하기 위해 "원료raw material로서의 몸"을 인식하고 있음을 알 수 있다(같은 글, 20).

하지만 이 책에서는 성판매 여성들이 외모 관리를 통해 자신의 '원료로서의 몸'에 투자한다고 해석하는 것이 아니라 초기 비용을 들여 '원료로서의 몸'을 구입하는 것 자체를 투자 비용 지출의 과정으로 분석한다. 연예인 지망생들이 자신이 가진 자원에 따라 투자 정도를 결정하는 데 비해, 매춘 여성들에게 '초기 투자 비용'은 훨씬 필수적으로 요구되고 있다. 그것은 업소에서 요구하는 '재여성화 전략' 그 자체가 곧 다양한 미용 상품을 소비해야 하는 과정이라는 의미다. 이는 이 시대 성매매 여성들에게 제공하기 위해 형성된 다양한 상품 시장 및 대출 시장과 연관된다. 또한 여성들은 이러한 '투자'로 인해 증가한 차익이 훨씬 빠르게 회수될 것이라 기대할 수 있기 때문에 적극적이고 자발적으로 투자 과정에 참여한다.

성판매 여성들의 다양한 외모 관리 비용 지출내역을 살펴보기 위해 다시 〈강희〉의 사례로 돌아가보자. 다음은 그의 한 달 지출액에서 큰 비중을 차지하는 '출근 준비비'에 대한 설명이다.

메이크업 4만 5000원. (언니가 하는 거랑 달라요?) 좀 틀린 거 같아요. 아무래도, 속눈썹도 붙여야 되고, 그다음에 워낙 아예 너무 틀린 사람이 되니까. 그리고 머리도 2만 5000원. 이렇게 하면 7만 원. 그리고 렌탈이 싼 데는 2만 5000원. 또 괜찮은 데는 3만 원. 한 번 출근할 때 10만 원 정도. (옷은 하나 사서 계속 입으면 안 되는 거야?) 옷이 그것밖에 없냐고 뭐라고 해요. (손님은 매일 오는 게 아니잖아?) 그렇죠. 근데 또 그런 거 있어요. 언니들끼리 좀 그러는 거? 명품이 아니어도. 여기서는 돈 버는 사람이 정말 렌탈, 미용실, 메이크업 언니들이 돈 버는 거 같은 게. (웃음) 손님은 매일 오지 않지만 언니들 사이에서도 아, 쟤는 맨날 똑같은 옷 입어. 이런 식으로 그러고. 또 만약에 옷을 못 입고 또 이쁘지가 않아요, 그러면 말도 안 시키고. 진짜 그래요. 심지어 여기서도 이런 데 올라가면 더 심하겠죠. (옷 스타일은?) 옷 스타일이 다 틀려요. 저는 그나마 많이 안 드는 거예요. [스마트폰으로 '홀복' 렌탈 사이트 보여주는 중] 이 사이트가 제가 렌탈하는 곳이거든요. 옷을 살 수도 있고, 렌탈할 수도 있고. 이렇게 파인 옷은 초이스 잘 되려고 입어요, 언니들이. 근데 저는 가슴이 없어서 못 입어요. (웃음) (언니가 좋아하는 스타일은 어떤 건데요?) 저는 이런 거나[핑크 미니 원피스], 여성스러운 거[하늘색 러플 원피스]. 또 이런 종류도 입고[하얀색 홀터넥 원피스]. 요새 언니들이 이렇게 롱치마를 잘 입어요[옆트임 H라인 롱스커트]. 저는 근데 더 짧아 보인다고 해서 안 입고. 언니들은 이런 식으로 많이 입어요. (아니 근데 한 다섯 벌 있으면) 돌려서 입기도 하는데. 언니들 딴에는, 저도 하니까 뭐라고 할 수가 없는 게. 거기 옷에 맞춰 하는 액세서리. 여기서는 다 주니까. 내가 굳이 세탁을 안 해도 되니까. 그리고 담배 냄새가 너무 많이 배니까. 그래서 차라리 렌탈하는 돈이 낫다, 이렇게 생각하는 것도 있고. 이런 옷을 세탁기에 막 돌릴 수도 없으니까. 〈강희〉

지출을 줄이기 위해 미용실에도 버스를 타고 간다는 〈강희〉는 매일 지출되는 준비비 10만 원에 대해서는 여러 가지 이유에서 조금도 줄일 수 없다고 답변한다. '강남 에이스들의 선택'이라고 홍보하는 홀복 렌탈 사이트를 보여주면서 요새 가장 유행하는 스타일의 옷이 무엇인지 한참 설명해주었다. 그는 매일 다른 옷을 입어야 하는 이유로 업소 내 다른 여성들의 시선을 꼽고 있다. 인터뷰가 끝난 이후에는 출근 준비가 완료된 자신의 모습을 핸드폰으로 찍은 사진을 보여주며 'S컬이 어울려요, C컬이 어울려요?', '머리 색은 밝은 색이 어울려요, 진한 색이 어울려요?', '옷은 홀터넥이 어울려요, 민자 나시가 어울려요?'와 같은 질문을 쉴 새 없이 이어갔다. 〈부동산 이씨〉는 인터뷰 중에 '이곳 여성들이 매일 공주가 되는 것을 즐긴다'라고 이야기했는데, 이는 그가 성매매 산업의 작동 방식을 자세히 알지 못하기 때문에 할 수 있는 단순한 설명이다.

성매매 산업에서의 '재여성화 전략'은 업소 주변의 미용·의류 상품 업체의 상품 판매 전략과 일치한다. 룸살롱 밀집 지역에 위치한 미용실, 의류 렌탈 업체에서는 이 업계의 '유행'을 주도하고 있다. 여성들이 다른 여성들과의 경쟁'에서 앞서기 위해서는 일단 다른 이들과 외적으로 유사하여 "통과passing"[7]하되, 거기에 더해 '다른 매력'을 가져야 한다는 것을 의미한다. 옷과 헤어, 메이크업에는 유행이란 것이 있고, '유행'의 코드가 '예쁘다'라는 평가의 감각을 지배한다. 의류 렌탈 업체, 혹은 의류 제작 공장에서 제공하는 '유행'의 범위 안에서 룸살롱 여성들의 '통과' 여부가 결정된다. 〈강희〉는 인터뷰 시간 동안 요새 특별히 유행하는 옷, 다른 여성들이 많이 입는 옷에 대해 설명을 오래 하는데, 이는 바로 '통과'를 염두에 둔

---

7   길먼(Gilman, 2003[1999])은 서구에서 초기 미용 성형 수술을 필요로 한 사람들은 매독과 같은 성병으로 코를 잃게 된 사람들로, 이들의 근본적인 동기는 "통과하고(passing)" 싶은 열망이었다고 설명한다. '통과'라는 생각은 자신이 동일시하고 싶거나 동일시해야 하는 집단의 일원처럼 보이는 것으로, 이것이 미용 성형 수술의 기본적인 이념 구조를 이룬다고 설명한다. 성매매 종사 여성들이 성형에 대한 비용지출을 포함해 여러 미용 상품을 구입하는 일은 상품성 있는 무리의 여성들 사이에서 일단 '통과'되고 싶은 열망이라고 이해해야 할 것이다. '상품성 있는 여성'이 되고자 하는 여성들의 열망은 성매매 업소의 '재여성화 전략'과 맞닿는다.

것이며 그 범주 안에서 자신의 외모에 더 어울릴 만한 옷을 선택하는 것이 중요하다. 게다가 의류 렌탈 업체에서는 세탁도 해주고, 액세서리도 함께 제공해주고, '강남 지역 당일 퀵배송'과 같은 '편리함'을 제공하니 이러한 업체를 이용하지 않을 이유가 없다고 판단하는 것이다.

〈강희〉는 '초이스 과정'을 통과해야만 비로소 '밤일'을 하며 시간을 유예한 목적을 달성할 수 있다. 다시 말해 이 과정을 통과해야만 비로소 그의 시간은 수입과 연결될 수 있다. 동시에 '초이스 과정' 자체가 곧 다른 여성들과의 경쟁을 의미하기 때문에 같은 업소에서 일하는 동료 여성들의 시선도 쉽게 무시할 수 없다. 그렇다면 〈강희〉가 6개월의 시간 동안 '팔아야 하는 것'은 '시장에서 구입한 원료를 가공한 것'이라고 볼 수 있다. 이러한 원료 구입비가 곧 〈강희〉의 투자 비용이 된다.

〈강은〉은 룸살롱에서 돈을 벌기로 한 시간 동안 자신의 시각이나 판단보다는 업소의 실장이나 손님의 시선을 전적으로 신뢰하겠다고 선택했다. 이 역시 '통과'를 염두에 둔 것이라고 볼 수 있다.

그 일을 할 때도 이제 초이스 잘 되려면 [박팀장에게] '너는 네 가슴을 부각시켜'라고 이야기 들었다고 그랬잖아요. 진짜 그렇게 했죠. 그래서 뽕을 두 개씩 넣었어요. 여기다가 두 개씩 넣어서 골을, 골을 최대한 많이, 그렇게 하고. '너 머리 짧으면 아줌마 같으니까 머리 길게 해.' 그럼 머리 길게 했죠, 웨이브 넣고. 속눈썹 꼭 붙이고. 화장하고 안 하고의 차이가 굉장히 크니까. 그런 그게 일단 외적인 초이스? 그리고 옷을 입을 때도 일단 골은 당연히 파이고, 초이스가 잘 되는 옷이 있었어요. 하얀색 장미, 그러니까 장미 문양… 레이스? 장미 레이스에 V자로 파인 거. 어, 짧은 치마, 그리고. (자기 옷이었어요?) 샀어요. 그거랑 비슷한 걸 그 의상 이모한테 빌려서 입었었는데 반응이 좋았거든요. 그래서 비슷한 걸 찾아서 사서 입었어요. 그거랑 핑크색 바니걸 드레스가 있어요. 그러니까 홀터넥인데, 진짜 거기다가 토끼 머리띠만 하면 바니걸이야. 핫핑크색, 눈에 확 띄는 거, 남들 잘 안 입는 거. 그래서 나중에 초이스되고 나서 이야기했을 때, '오 핫핑크' 이러더라고요. 그 색을 좋아하는 손님은 그 색을 보고 초이스할 수도 있고. 〈강은〉

〈강은〉은 룸살롱에서 일하는 동안은 원래의 자신이 아닌 완벽하게 다른 자아를 갖겠다고 결심하고 목표를 단 하나로 압축한다. 6개월 안에 최대한 많은 돈을 모으는 것. 이를 위해서 손님들의 안목을 꿰고 있는 업소 실장들의 평가를 모두 받아들이겠다고 결심하고 〈박팀장〉이 외모에 대해 조언한 것을 그대로 수용한다. 마치 〈강희〉가 '이 바닥'과 '사회'를 구분했던 것처럼 업소에서의 규칙이 '사회'와는 다른 방식으로 구성되어 있다는 것을 전제로 하기 때문이다. 그래서 업소의 초이스 규칙을 더 잘 아는 실장의 시선을 신뢰하고 헤어, 메이크업을 준비한다. 〈강은〉 역시 '의상 이모'가 제공하는 옷은 '통과'될 수 있는 범위 안에 놓이는 것이기 때문에 그중에서 자신을 돋보이게 하는 의상을 선택해 자신이 직접 구입한다. 그가 〈강희〉와 다른 점은 결국 구매력이 '남성 손님들의 시선'과 직결된다고 믿기 때문에 '다른 여성'들의 시선은 신경 쓰지 않고 자신이 구입한 옷을 매일 입었다는 점이다.

'초이스'될 수 있는 외모를 만드는 '재여성화' 과정 자체는 헤어, 메이크업, 홀복과 같은 미용 상품 구입 과정과 다르지 않다. 〈강은〉의 '핫핑크 바니걸 드레스'가 본보기가 되듯, 이 같은 '투자' 비용은 '초이스'를 통해 빠르게 차익으로 돌아온다.

텐프로 아이들은 비~싼 브랜드의 청바지 같은 거 입어요. 퀄리티 높은 그런 옷들을 입고요. 밑으로 내려갈수록 티가 나는 그런 옷들을 입어요, 파진 옷들. 텐프로 애들은 손님들이 그렇게 싼 티 나는 거 싫어하니까 청바지, 그냥 세미 정장 같은 거 입고 다닌다거나요. (재킷 하나 걸친?) 응응, 그 대신 좋은 재킷, 이름 있는 그런 재킷. 〈부동산 이씨〉

홀복 더럽게 비싸요. 딱 정해놓은 건 없는데 저 잠깐씩 일할 때는 단색 위주로 많이 입었거든요. 근데 여기는 어린 애들이 많아서 그런지 군인 상대라서 그런지 되게 화려한 옷이 많아졌어요. 그러니까 빤짝이도 많고, 막 털 달린 뭐 그런 것도 많고. 막 새빨간 것도 있고. 요즘에 저도 홀복 좀 샀는데 가을까

지만 해도 7만 원 했었거든요. 똑같은 나시야. 근데 겨울옷이
라고 만 원 더 받아. 하하하하. 엄청나지 진짜. 〈진영〉

〈부동산 이씨〉는 '스타일의 차이'가 고급에서 저급으로 분류되는 업소의 등급과 관련이 있다고 설명한다. 여성들이 업소의 등급에 따라 다른 표지의 옷을 입는 것은 각 업소의 여성들이 하루에 벌어들이는 수입이 다르기 때문에 생기는 차이이기도 하고 여성들에 대한 구별을 만들어내는 업소 등급화 전략에 따른 차이이기도 하다. 예를 들어 〈강희〉가 속한 중급 업소의 여성들은 하루 3만 원 정도를 내고 브랜드가 없는 옷을 대여해 입지만 쩜오 등급의 업소에 속한 여성들은 하루 8만 원 정도를 내고 브랜드가 있는 옷을 대여해 입는다. 중간급 업소의 여성이 브랜드가 있는 의류를 렌탈하는 것은 타산이 맞는 일도 아닐뿐더러 무엇보다 '초이스'를 위해 좋은 전략이 아니다. 〈부동산 이씨〉는 이를 '밑으로 내려갈수록 티가 나는 옷', 즉 하급 업소에 속하게 될수록 노출이 심한 옷을 입는 경향이 있다고 표현하고 있다. 〈진영〉의 업소에서 입는 홀복이 그러한 형식에 가까울 것이다.

옷을 통해 표지를 구분하는 것은 일차적으로 해당 여성이 '어떤 서비스를 제공할 것인지'를 알리기 위해서다. 상급 업소와 중·하급 업소는 여성들의 서비스가 남성의 요구를 허용하는 정도에 따라 구분되기 때문이다. 반면 베트남의 현대 성산업의 구성과 작동을 연구한 킴벌리 호앙(Hoang, 2015)에 따르면 베트남 업소

의 여성들은 어느 나라의 손님을 상대할 것인지에 따라 이상적 체현embodied ideals을 달리한다고 분석한다. 여성들은 접대받는 남성의 국적에 따라 각기 다른 방식으로 베트남을 대변한다는 것이다. 예를 들어 베트남의 상급 업소는 한국 비즈니스맨을 동반한 엘리트 베트남 남성을 주로 접대하기 때문에 이 업소에 속한 여성은 '한국 스타일'로 성형을 하고 메이크업을 하며 "범아시아적 모더니티"를 체현한다. 이를 통해 베트남이 얼마나 경제적으로 성장했는지 보여주는 역할을 하는 것이다. 반면 저예산의 서구 남성 배낭 여행객이 찾는 하급 성매매 업소의 여성들은 '제3세계 의존성'을 체현한다. 어두운 피부 화장과 이국적인 메이크업, 전통 복장을 통해 서구 남성으로 하여금 '진짜 베트남'을 체험하고 있다는 환상을 준다는 것이다(같은 글). 이러한 인종화 전략은 외국인 남성의 성구매 의존도가 높은 베트남 성매매 산업의 특수성에 기인한 것이다. 내국인 남성의 성구매 비중이 훨씬 높은 한국 사회에서는 제공되는 서비스의 차이, 업소 가격의 차이에 따라 여성들의 의류 선택이 달라지는 특징이 있다.

그렇다면 여성들의 투자 비용을 결정하는 것은 단순히 '예쁜 옷'이나 '명품'을 구입하고 치장하고자 하는 의지가 아니라 자신을 특정 등급 업소에 속한 '아가씨'로 연출하는 것과 관련된다. 자신의 업소를 찾은 남성 손님들의 요구가 이러한 '연출'의 근거가 된다. 그러므로 여성들의 원료 구입비, 투자 비용은 특정 등급의 '재여성화' 과정 그 자체이며 이 때문에 모든 '아가씨'들이 이러한 비용지출을 피할 수 없게 된다. 이것은 그저 특정한 장에서 요구하는 의미를 새기는 '여자 되기'의 한 과정이다.

우리가 항상 얘기할 때 이러거든. 나는 평범한 아가씨, 직장을 다니는 아가씨. 이렇게 얘기하고 만나니까. 우리 만나서 물어보는 게 '그럼 무슨 일 해?', '어디서 지내고 있어?' 그럼 '어, 나는 언니랑 지내고 있어' 아니면 '친구랑 지내고 있어' 그리고. 무슨 일 하냐고 물어보면 '어, 동대문에서 옷 팔아' 이렇게 얘기하니까. (손님들은 직업이 있는지 왜 물어봐?) 모르겠어. 허허 허허. 지들이 데리고 살 것도 아닌데. 모르겠어. 업소 아가씨들하고 좀 다르게 느껴지나 봐. 업소는 진짜 직업여성이고, 우리는 직업여성이 아니고, 지들한테는. 그럼 약간 색다른 느낌? 근데 우리는 약간의 자격지심 같은 거 있잖아. 우리가 화장을 좀 진하게 하면 나를 이상하게 생각하지 않을까, 이런 자격지심이 있는데. 파인 옷 입으면 '아, 좀 많이 파였나?' 그래서 어쨌든 나는 파인 옷 좋아하는데 이 일 하려니까 평범한 아가씨처럼 보이는 옷을 또 사야 돼. 머리도 그렇고. 〈주현〉

헤어스타일에 대해 이야기 나누던 중 〈주현〉은 위와 같은 이야기를 해주었다. 그의 헤어스타일은 원래 '야한 색'의 긴 머리였는데 얼마 전 단발로 자르고 파마를 했다고 한다. 헤어스타일을 바꾼 계기는 업소를 구하는 잠시 동안 프리랜서로 조건만남을 하고 있기 때문이다. 조건만남을 위해서는 '평범한 아가씨'라는 연출이 더 유리하다. 남성들은 '직업여성이 아닌 평범한 여성'에게서 오는 '색다른 느낌'을 얻고자 조건만남을 하기 때문이다. 그렇다 보니 〈주현〉은 원래 짧은 치마나 가슴이 많이 파인 '야한 옷'을 좋아하지만 '평범한 아가씨'처럼 보여야 해서 '업소 아가씨가 아니라는 표지'를 다시금 구입해야만 했다고 말한다. 헤어스타일을 바꾼 것과 마찬가지 이유다.

여성들이 비용을 들여 연출해야 하는 여성성은 그들의 본래적 여성성과 관련이 있는 것이 아니라 그들이 '자연적으로' 배치되었다고 여겨지는 업소의 등급, 이 업소를 찾는 남성 손님의 취향과 요구에 따라 결정된다. 여성들의 소비는 특정한 경제적 장 안에 머물기 위해 요구되는 일종의 진입 비용이다. 이러한 진입 비용은 여성들이 각각의 장에서 남성이 구매하고자 하는 상품의 표지를 적절하게 선택해 체현하는 것을 의미한다. 각각의 업소와 상황 속에서 여성들은 초이스 가능한 여성으로 거듭나기 위해 연출 비용, 원료 구입비를 투자하고 있다.

또다시 〈강희〉의 사례로 돌아가보자. 6000만 원을 모으기 전까지 일을 하겠다고 결심한 〈강희〉가 과연 6개월 안에 이 돈을 모을 수 있을지 요원해 보이는 이유는, 그가 '원료 구입비'를 고려하지 않은 데다 최근에는 성형수술까지 진지하게 고려하고 있기 때문이다.

[피부 관리에 대해 이야기하던 중] 차라리 그 돈을 모아서 한 번에 성형을 하자, 이런 생각을 해요. (언니도 성형하고 싶은 생각 있어요?) 많죠, 맨날 하죠, 많이 하죠, 언니. 거울 보면서. (어디?) 저는 이마랑, 코랑, 눈은 안 건드리는 게 좋겠고, 턱? 요새는 다 계란형이잖아요. 가게에 있다 보면 언니들이 다 똑같이 생겼는데 그 똑같은 걸 다 따라가려고. 보다 보면 한 번씩 흔들려요. 가끔씩 손님들한테 굴욕적으로, '야, 너 이상하게 생겼어', '야, 너 못생겼으면 일이라도 제대로 잘해라' 이런 식으로 손님들이 얘기하면, 이런 소리는 나한테만 하는 거 같고. 한 마담은 너 정말 웃기게 생겼다고, 손님들 앞에서 굴욕적으로 얘기를 해요. 그럼 거기 있던 언니들도 다 웃어. 그럼 그 순간 '아, 더럽게 치사해. 다 때려치우고 성형하고 다시 올까?' 이런 생각? [함께 일하는 여성들이 SNS에 올린 사진 보여줌] 다 이렇게 생겼잖아요. (이 언니들이 더 인기가 많아요?) 웅, 완전. (성형 미인들이구나) 근데 남자들 생각에서는 내 여자가 아니니까 관리된 여자를 원하죠. 그리고 손톱도 너는 왜 안 하냐고, 그런 식이야. 이렇게 가슴도 크고, 이 언니 정도가 되어야지만 그냥 아 몸매 좋네, 이 정도. 이 언니 초이스 잘 돼요. 영업진도 이런 언니들 데려가는 거 훨씬 좋아하고. 거의 이 정도가 돼야 돼요. (너무 말랐네. 안 먹는 거야?) 모르겠어요. 그러니까 안 가르쳐줘요. 근데 다 이런 애들 사이에 있다 보니까 나 혼자만 동떨어진 느낌? 간혹 자연스러운 아가씨를 좋아하는 손님들이

있어서 지명이 되긴 하는데 그러기 전에 일반적인 손님들이
안 좋아하다 보니까, 좀 많이 스트레스를 받죠. 〈강희〉

여성들의 '재여성화 전략'에서 최고의 투자는 다름 아닌 성형
수술이다. 잘 알려져 있다시피 한국의 성형 시장은 세계적인 규모
로 알려져 있는데, 그중에서도 강남에만 2500개가 넘는 성형외과
가 자리할 정도로 성형 시장의 강남 집중도가 높은 편이다. 강남이
성형 시장의 메카가 된 것은 강남 유흥업소 여성 종사자들이 잦은
성형을 하는 점과도 밀접한 관련이 있다. 경력 15년의 강남 성형외
과 상담실장은 한 여성지와의 인터뷰에서 첫째가는 단골손님 직업
군으로 '유흥업소 종사자'들을 꼽는다(하은정, 2012).[8]

이 책의 주요 연구참여자 15명 중 〈성아〉를 제외한 모두가 성
형수술 경험이 있었다. 또 대부분의 여성이 향후 추가적인 성형수
술 계획이 있다고 밝히기도 했다. 〈강희〉 역시 성형수술에 대한 이
야기가 나오자 '딱 6개월만 일을 더 할 것'이라는 결연한 태도는 사
라지고 '다 때려치우고 성형하고 다시 올까'라고 묻는다. 이런 생각
을 하는 이유는 손님들이 '관리된 여자'를 원하기 때문이라고 한다.

그의 설명에 따르면 '관리된 여자'는 '내 여자'의 대항적 개념이

---

[8]   국제미용성형수술협회(ISAPS)의 2011년 통계에 따르면 한국은 인구 1000명당 성
형수술 13.5건을 기록해 세계 95개국 중 1위를 기록했으며, 2013년 같은 단체 자료에 따
르면 한국 여성 5명 중 1명은 성형수술을 하는 것으로 알려졌다. 이로써 한국 성형 시장
은 45억 달러(5조 원)로 세계 성형 시장(200억 달러)의 4분의 1을 차지할 정도로 규모가
크다고 한다(경향신문, 2014)

다. 그렇다면 '관리된 여자'는 곧 강남의 룸살롱에 가면 만날 수 있는 여자가 될 것이다. 앞서 〈은아〉가 강남 룸살롱에 일을 나왔을 때 한 손님이 '나도 이왕이면 강남 왔는데 다른 사람 앉혀보고 싶다'고 말하며 '뺀찌'를 놓은 일화를 살펴본 바 있다. 그가 '앉혀보고 싶은' 여자는 바로 '강남의 룸살롱에 가면 만날 수 있는 여자'일 것이다. '자연스러운 아가씨' 느낌의 〈강희〉가 손님들이나 마담으로부터 '이상하게 생겼다'는 평가를 받고 홀로 '동떨어진 느낌'을 받는다는 것에서 알 수 있듯이 〈강희〉가 성형을 하고자 하는 이유는 룸살롱에서 '통과'되고 싶은 열망 때문이다. '초이스'를 기반으로 작동하는 성매매 산업 안에서 여성들은 '통과'되어 구매 욕망을 불러일으키는 상품이 되기 위해 성형을 필수적인 투자 항목으로 계산하고 있다. 또한 여성들이 성형 이후 '관리된 얼굴'을 갖게 되었을 때 '영업진들의 스카웃에 의해' 상급 업소로 진입도 가능하고 '초이스도 잘 되기' 때문에 '편한 업소 생활'을 기대할 수 있게 된다.

그러나 '이 바닥'의 삶과 '사회'의 삶이 분리되어 있다고 믿는 이들의 논리로 보면, '이 바닥'에서 '통과'하기 위해 성형을 하는 것은 이들을 점점 '사회'로부터 멀리 떨어지도록 만드는 행위이기도 하다. 무엇보다 투자 비용과 관련해서는 더욱 그러하다. 〈강희〉가 원하는 대로 이마와 코, 턱 성형수술을 하게 된다면 비용이 2000만 원은 들 것이며 무엇보다 최소 2달 정도는 붓기 때문에 일을 할 수 없게 된다. 결과적으로 〈강희〉는 목표했던 6000만 원을 모으기 위해 룸살롱에서의 생활을 연장할 수밖에 없다.

여성들의 성형 실천은 몸의 변형을 통해 '업소 아가씨 되기'라는 재여성화를 적극적으로 수행하는 것으로 볼 수 있으며, 그 결과 이들은 점점 더 성매매 산업에 결박된다. 여성들 자신이 성매매로 인한 수익을 모두 가져가는 구조가 아님에도 이러한 '투자' 비용이 모두 개인에게 전가된다는 점을 고려할 때, 과연 누가 이 투자로 인한 수혜자가 되는지 질문하게 된다.

최근의 성형 풍조에 대해 페미니스트 연구자들은 신자유주의 시대 자기계발의 통치합리성 속에서 여성들이 자신들의 경쟁력을 높이기 위한 적극적인 실천 전략으로 성형을 한다는 분석을 내놓는다(태희원, 2012; 김고연주, 2010; 이소희, 2007). 그러나 이러한 분석은 여성들의 '자기 투자'가 누구의 이익 실현으로 이어지고 있는지에 대한 분석으로 나아가야 할 것이다. 이에 다음에서는 이러한 투자 비용은 어디서 나오며 어떻게 회수되는지 살펴보도록 한다.

자기 투자라는 함정

신용의 '안전망' 안에서 생존하기 위해 여성들은 부채 상환의 만기일을 계산하게 되고, 시간 대비 빠른 이익을 만들어내기 위해 투자 비용이 필요하다는 것을 인식하게 된다. 여성들은 다양한 투자 비용을 지출해 그것을 원료로 빠른 시간 안에 또 다른 수익을 거두고자 기대하는 것이다. 여기서는 이러한 투자 비용 역시 확대된 신용, 다양한 대출 상품, 새로운 금융 혁신을 통해 충당된다는 점을 보여주고자 한다. 이를 통해 성매매 산업에서 여성들의 자기 투자 실천이 단순히 여성들의 개인적 생존 전략이 아니며 금융자본의 축적 전략 속에서 조직되는 실천임을 검토하고자 한다.

앞서 〈박팀장〉의 '아가씨 모집 광고'에서 간략하게 확인했듯이 최근 매우 빈번하게 목격되는 '성형 대출'은 성매매 산업 안에서 여성들의 자기 투자 비용에 자금을 대여해주는 대표적인 대출 상품이라고 볼 수 있다. 이 상품을 통해 업소 측에서는 여성들이 대출금을 갚는 동안 자신의 업소에서 일을 해야 하므로 '강제력'을 마련하는 효과가 있으며, 여성들 입장에서는 원료 구입비를 대출받아 자신에게 투자함으로써 수월한 '초이스'를 통해 향후 더 많은 수익을 기대할 수 있다. '성형 대출'은 여성이 일하고 있는 업소·업주에게 간단한 확인을 거친 후 성형수술 비용을 대출해준다는 점에서 '아가씨 대출'의 연장선상에 있다.

그럼 이자는 없냐구?? 당연히 있지!! 이자 없는 성형 대출 지원해주는 데 있으면 나 좀 소개시켜줘 봐ㅋㅋㅋㅋㅋ 나도 좀 갈아엎게ㅋㅋㅋㅋㅋㅋㅋㅋ 하지만 이자는 생각보단 저렴해! 원금의 월 2.5%를 내는 거야. 다들 적어도 초딩 졸은 했을 테니 산수 계산은 생략할께! 그 대신 내가 정해준 성형외과에 가야 해. 걱정하지 마. 강남에서 이름 있는 병원이니까. 성형 지원받고 싸이즈 업그레이드하면 보통 본판이 원래 좋고 기럭지 몸매 비율 좋은 한두 명은 텐프로급 되는 거고 나머지 여덟아홉 명은 그냥 우리 가게 아가씨 싸이즈 기준으로 볼 때 상급이나 에이스급으로 진화하는 거다ㅋㅋㅋㅋ 니가 돈 2000, 3000 들 이면 누구나 다 텐프로급 될 거라는 근거 없는 자신감은 버려ㅋㅋㅋㅋㅋㅋ 내가 지난 6년 동안 아가씨들 100여 명 성형시켜 봐서 알아ㅋㅋㅋㅋ 상환 기간은 어느 정도냐고? 1년 줄게. 천천히 갚아. 수술하고 회복하면 닥치고 열일해라! 2000만 원? 진짜 니가 건강하고 강한 의지를 가지고 회복해서 싸이즈 올리고 출근 열심히 하면? 방세 내고 마더 파더 용돈 충분히 드리고 카카오톡 게임 랭킹 때문에 현질 졸라 해서 핸드폰 비 50만 원씩 나와도 쓸 꺼 다 써도 3달이면 충분히 갚는다! 성형 지원받고 싸이즈 올리고 와서 월 기본 1500만 원 못 벌면 그건 니가 졸라 불성실하거나 니 몸뗑이가 이 일을 하면 안 되는 저주받은 몸뗑이거나 아니면… 성형이 잘못 나왔겠지ㅋ ㅋㅋㅋㅋㅋㅋㅋㅋ〈박팀장 구인 글〉

위의 구인 글은 여성들이 성형수술을 통해 유흥업소에서 일종의 프리패스free pass, 즉 '무료입장권'을 가질 수도 있다고 광고한다. 여성들이 간혹 텐프로 업소에 가거나, 업소에서 에이스가 될 수 있는 것처럼 설명하는 것이다. 그러나 성형수술은 이제 룸살롱에서 돈을 벌고자 하는 여성들에게 필수적인 투자가 되었으며 동시에 성형수술을 하고자 하는 여성들을 룸살롱으로 불러들이는 효과를 낳기도 한다는 것을 볼 때,[9] 이미 성형수술을 한 여성들 사이에서 다시금 가치의 분류 체계가 작동될 것이라고 예상할 수 있다. 성형수술은 사실상 성매매 산업에의 '무료입장권'이 아니라 '필수적 진입 비용'일 뿐이다. 그럼에도 많은 여성이 계속 성형수술을 하는 것은 언젠가는 상급 업소, 텐프로에 진입 가능한 프리패스를 가질 수 있다는 열망에서 비롯된다. 하지만 이러한 열망은 텐프로가 얼마나 편하게 일할 수 있는 업소인지를 설명해주는 것이 아니라 불만족스러운 현실만을 계속 보여줄 뿐이다. 위의 글은 텐프로에 진입하기 위해서는 '본판이 원래 좋고 기럭지 몸매 비율이 좋은' 여성이어야 한다고 설명하는데, 최근 여성들이 근육을 잘라내 목을 길게 만들고, 허리를 얇게 만들고, 심지어 키가 커지는 수술까지 하는 것으로 보아 여성들은 자기 투자 비용의 반복적인 지출을 통해 언젠가는 프리패스를 얻게 되고 이를 통해 자신의 상황이 나아질 수 있다고 믿는다는 걸 알 수 있다.

위의 글에서 〈박팀장〉이 '성형 대출을 지원해준다'고 한 것은 사실 성형 대출을 '알선'해준다는 의미다. 여기에는 크게 두 종류의 알선이 포함된다. 하나는 캐피탈사 같은 계약 대부업체를 알선해주는 것인데, 〈박팀장〉은 자신이 '이름이 알려진 사람이라 전화 한 통으로' 대출을 받을 수 있는 업체가 있다고 너스레를 떤다. 사실 그

---

9   여성들이 성형수술 자금을 사채업자, 혹은 브로커에게 빌린 뒤 돈을 갚지 못해 대출업자로부터 '유흥업소에 취직하라'라는 협박에 시달린다는 것은 여러 언론을 통해 전해진 바 있다(김병채, 2008).

의 명성은 수많은 여성을 대부업체에 소개해 성형을 알선하는 과정에서 획득한 것일 테다. 또 하나는 위의 구인 글에서 '내가 정해 준 성형외과'라 설명되는 '계약 성형외과'로의 알선이다.

먼저 성형외과와의 공모에 대해 설명하면, 최근 성형외과에서 '대외사업부' 혹은 '마케팅팀' 등 전담부서까지 두고 성형 브로커들과 거래를 한다는 사실이 이미 널리 보도된 바 있다. 이에 대해 병원관계자들은 경찰에서 강남 지역에만 679곳의 성형외과가 난립하는 현실에서 '그렇게라도 해서 환자를 유치해야 할 만큼 사정이 어려웠다'고 진술한다(조동주, 2013). 기사에 따르면 경찰에 붙잡힌 브로커들은 지난 5개월간 유흥업소 종업원과 대학생 등 260명에게 성형수술을 알선해주고 수수료 7억 7000여만 원을 챙겼다고 한다. 이때 성형외과에 상담을 받으러 온 여성들을 대상으로 성형수술 부위를 추가하도록 권유한 뒤 대출업체를 소개해주는 방식이 사용되었다.

〈그림 7〉은 이 기사에 제시된 성형 브로커 관계도로 이를 통해 한국 사회의 성매매 업소가 성형산업을 지탱하는 주요한 축으로 작동하고 있음을 알 수 있다. 하지만 아래 그림에는 '여성'이 보이지 않는다. 사실상 수술 비용의 30% 이상에 달하는 브로커 수수료, 대출금이 건네지는 단계에서 추징되는 10%의 선이자 등 증가하는 모든 비용이 수술을 받는 여성에게 전가되는 구조다. 실제로 2015년에 병원으로부터 수수료와 이자 명목으로 수술비의 43% 금액을 요구한 '강남 성형외과 브로커'들이 입건되기도 했다(김동규,

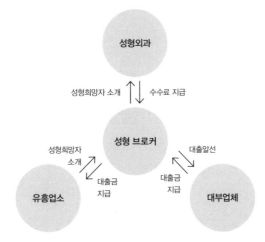

그림 7 　　　　　　　　　　　성형 브로커 관계도

성형외과

성형희망자 소개 　　　수수료 지급

성형 브로커

성형희망자
소개　　　　　　　　　　대출알선

대출금
지급　　　대출금
지급

유흥업소　　　　　　　　　　　　　**대부업체**

출처: 조동주(2013)

2015). 이 같은 비용은 모두 여성들의 수술비로 다시 돌아오게 된다.

　　유흥업소에서 성형 대출을 받아 하는 성형은 보통 '양악수술'을 포함해 얼굴 전체를 성형하는 것을 말한다. 이미 눈, 코, 이마 등 '간단한 성형'을 한 〈미연〉, 〈은주〉, 〈주현〉이 현재 고려 중이라는 '성형수술' 역시 안면윤곽술 혹은 '양악수술'을 뜻한다. 〈강희〉 또한 안면윤곽술의 일종인 '광대 및 사각턱 축소 수술'을 하고 싶다고 이야기했다. '양악수술'은 상악과 하악을 잘라내 분리한 뒤 이 둘을 재배치하여 고정하는 대수술로 여성들은 이 수술을 하면 적어도 두 달은 일을 하기 어렵다. 때로는 얼굴 성형 외에 '가슴 확대 수술'이 동시에 이루어지기도 한다. 그러므로 여성들이 성형수술 비용을 대출받아 성형한다는 것은 회복기 동안의 생활비라든가, 다른 대출금이 있을 경우 그 이자를 내기 위해 대출을 또 받아야 한다는 의미다.

〈박팀장〉은 성형수술 비용이 '보통 2000만 원이고, 눈, 코, 입, 안면윤곽, 턱, 치아교정, 지방흡입, 가슴까지 하면 3000만 원까지 간다'고 설명하는데, 이 돈은 생활비와 이자를 제외하고 한 달에 300만 원씩 갚는다 해도 원금만 10개월을 꼬박 갚아야 하는 큰돈이다. 또 그의 글에는 월 2.5% 이자만 명시될 뿐 원금의 10%에 달하는 대출 수수료에 대한 설명은 없다. 2000만 원의 성형 대출을 받는다고 가정했을 때, 수수료 200만 원을 제하고 원금 2000만 원에 대한 이자를 1년에 걸쳐 상환한다고 하면 연 40%의 높은 이자를 내는 것이다. 하지만 〈박팀장〉은 구인 글에서 3개월이면 충분히 갚는다고 설명하며, 성형 수술 후에는 한 달에 1500만 원 이상의 수입을 충분히 올릴 수 있다고 부추긴다. 여성들이 성형수술로 이익을 거두기 위해서는 수술에 성공해서 이후 '초이스'에 문제가 없어야 한다. 하지만 대략 1년 정도의 원리금 상환 기간을 포함해 다양한 종류의 수수료, 회복 기간 동안의 생활비, 기존의 대출금과 그 이자를 해결하려면 예상보다 오랜 시간 성매매 산업에 머물러야 할 것이다.

여기에 채권추심을 겸하는 대부업자가 개입하는 이유는 '유흥업소'라는 안전지대가 있기 때문이다. 이들은 여성들이 성형수술 후에 성매매 업소에서 일을 하기만 하면 원리금 상환에 대해 걱정할 필요가 없다. 성형수술을 마친 여성은 '관리된' 여성으로 성매매 업소에서 '초이스'될 가능성이 훨씬 커질 것이라고 기대되기 때문이다. 또한 굳이 이러한 가능성이 높아지지 않더라도 여성들이 적당한 '등급'의 업소에 속하게 되면 일정한 수익을 올릴 수 있음을 8장에서 살펴본 바 있다.

> 그 사람들이 돈을 쓰는 거는 이 언니들을 믿고 하는 것보다 저를 믿고 하는 거잖아요. 이 언니가 사고가 났을 때 그거를 책임을 질 수 있는 능력이라든가. (그럼 보증서를 직접 쓰세요?) 저는 이름이 알려진 사람이라 전화 한 통으로. (언니가 도망가면 물어줘요?) 그것도 되게 달라요. 멤버팀장이라도 급이라는 게 있어요. 저 정도 되는 클라스? 이 정도는 사고가 났다고 그 돈을 물지는 않아요. 자기네들이 끝까지 그걸 받아보려고 해요. 왜냐하면 이 사람들이 나한테 그렇게, 내가 거래를 끊어 버리면 이 사람들도 많이 손해를 보는 거거든요. 그래서 만약에 사고가 나면 뒤처리까지도 스스로 최대한 하려고 해요.
> 〈박팀장〉

대부업자들이 〈박팀장〉을 '믿고' 여성들에게 돈을 빌려준다는 설명은 엄밀히 말하면 〈박팀장〉을 경유해서 여성들이 성매매 업소에서 일한다는 것을 '확인하고' 돈을 빌려준다는 뜻이다. 만약 원리금이 상환되지 않는 '사고'가 나도 〈박팀장〉은 아무런 책임을 질 필요가 없다. 대부업체가 '뒤처리', 즉 채권추심을 통해 여성들과 직접 '사고'를 해결할 능력이 있기 때문이다.

우리는 앞서 '불량채권'들이 상품화되는 시장에 대해 살펴보았다.[10] 여성들의 다양한 대출 채권이 증권화되어 수익을 내는 상품으로 거래 가능한 상황에서 성형외과로부터 높은 수수료도 기대할 수 있고, 여성들로부터 고리대 이자도 수취할 수 있는 '성형 대출' 상품은 삼중의 이익을 기대할 수 있는 상품이 된다. 신용의 확장을 통해 여성들은 모두 성형할 수 있는 기회를 얻게 되었고, 이는 과포화 상태에 이른 성형외과 시장을 유지하는 동력이 된다. 한 명의 여성이 성형수술을 받으면 수많은 사람에게 각종 수수료를 통한 이익이 발생하는 환경에서 여성들을 성형 시장으로 보내려는 힘은 점점 강해질 것이고, 성형수술을 받은 여성들은 그만큼 증가할 것이며, 손님들의 시선에서 '통과'되어 '초이스'되기 원하는 여성들의 열망은 점점 더 실현되기 어려워질 것이다.

금융화 시대 무차별적으로 확대된 신용은 거의 모든 사람에게 화폐 소유의 기회를 선물한 듯 보인다. 이제 많은 사람은 부채를 지

10　여성들을 상대로 영업하는 많은 업종은 채권관리 부서를 따로 두고 있다. 이전 시대 상품을 판매하던 업체들은 이제 채권양도, 채권추심의 업무를 병행하며 금융기관의 형태로 변모하고 있다. 최근 유흥업소 여종업원들의 의류 채권이 문제로 제기되기도 했는데, 유흥업소에서 일할 당시 옷을 구입하거나 대여하면서 발생한 외상값이 채권의 형태로 계속 양도되어 급기야 '성매매 경험을 완전히 잊고 살고 있는' 여성에게 청구되는 일이 발생한 것이다(표정선, 2012: 18). 대표적으로 O의류업체는 유흥업소 여성들에게 외상으로 옷을 판매하거나 대여하고 외상값을 받아내기 위해 '채권관리부'라는 부서를 따로 두고 있는데, 이런 경우에는 '외상값'으로 판단되는 것이 보통이기 때문에 채권 무효 소송도 어렵다고 한다.

렛대 삼아 자산도 소유하고 투자도 하는 등 자신의 더 나은 미래를 스스로 기획할 수 있게 되었다. 마침내 "계급 관계의 화폐적 재구성"(Bonefeld and Holloway, 1999[1995]: 314)에 이르게 된 것 같다. 이런 측면에서 '채무자 주체' 또는 '빚진 주체' 중 다수는 '투자자 주체'와 겹치게 된다(강내희, 2014: 470).

동시에 자기 투자 채권은 상품화되어 다른 투자자의 투자 대상이 되기도 한다. 과연 내가 생산한 잉여가치에 대한 착취가 아니라 내 삶 자체가 이윤의 원천이 되는 수탈이 일어나는 것이다. 여성들에 따른 차별적 가치가 전체 성매매 업소를 작동하는 원리가 되는 상황에서 많은 수수료와 이자를 지불하면서 부채를 차입해 자기 투자를 하는 일은 계속 일어나게 된다. 자기 투자는 자기 삶의 안전장치를 스스로 마련하라는 개별화된 명령에 의해 이루어지는 것 같지만, 이는 채무자 전체의 삶에 대한 수탈을 통해 이 사회의 안전장치를 마련하는 구조에 기인하기 때문이다. 이렇듯 성매매 산업을 중심으로 복잡하게 얽혀 있는 자기 투자의 회로 속에서 실제적인 현금 흐름을 만들어내는 사람은 오직 매춘 여성뿐이다.

이익의 원천인 '남자의 지갑'

앞서 성매매 산업이 재편되는 과정에서 '아가씨'와 손님과의 시공간을 안정적으로 조성하는 데 모든 에너지가 집중되고 오직 이를 위해 업소 내 다양한 종사자들의 분업이 이루어지는 것을 살펴보았다. 업소 구성원 중 유일하게 '아가씨'만이 남성 손님을 접대하는데, 바로 이를 통해 유일하게 성매매 산업에서의 실제적인 이익이 실현되기 때문이다. 여성들 역시 자신에 대한 일상적 '투자' 가능 비용을 마련할 수 있는 유일한 시간은 '여성의 몸'과 남성의 화폐가 교환되는 시공간, 룸살롱 종사 여성들에게는 보통 룸살롱 룸(접대)과 호텔 룸(2차)에서의 시간이 된다.[11] 업소에서 실제적인 수익은 남성의 임금에서 나와 지불되며, 이 임금을 이전시키는 일을 하는 유일한 사람은 성매매 산업의 말단end market에서 남성들을 상대하는 여성들이 된다.

> 외상은, 우리 사장은 되게 약은 게. (여자야?) 남자. 외상을 계속 줘. 계속 주고 이제 체크를 하는 거예요. 얘 언제 제대하나, 이런 식으로. (외상 장부 따로 달아놔?) 엑셀로 따로 이렇게 하던데? 하하하하 (…) 근데 손님들한테 돈 내라고 재촉하라고 한 번씩 시키기는 해. 너무 많이, 500 이상씩 되면. 제대하면서 퇴직금 받은 거 싹 꼴아박고 가는 애들 있다니까. (퇴직금 얼마?) 1000만 원. 1000만 원 싹 꼴아박고. (그거 안 내고 튀는 애들은 없어?) 안 내고 튀기 전에 관리를 하지 사장이. 〈진영〉

---

11 유흥산업의 '1차'로 알려진 젠더화된 룸 접대 과정을 섹슈얼리티의 거래가 이루어지는 '2차'와의 연관 속에서 분석한 연구로는 황유나(2020)의 연구를 참고하라.

〈진영〉은 비무장지대와 맞닿은 군사도시 내 군인을 상대로 영업하는 룸살롱에서 일하고 있다. 이 룸살롱에서 유일한 수익의 원천은 군인들의 월급이다. 사장은 군인들에게 '외상'을 주는 방식으로 영업을 하다가 외상값이 많아지면 한 번씩 상환을 '재촉'한다고 한다. 그러나 사장이 군인들의 퇴직금을 계산하면서까지 '외상'을 내주기 때문에, 외상은 언제나 충분히 제공된다. 이 업소 사장의 주요한 역할 중 하나는 외상값을 관리하고 회수하는 일이다.

〈진영〉은 최근 '다이어트 병원'에 다니면서 지방분해 주사를 맞고 다이어트 약을 처방받아 복용 중이다. 그 밖에 일주일에 한 번씩 시내에 나가 손톱을 관리받고, 마사지를 받고, 머리를 다듬는다. 그 역시 이러한 비용을 '투자'라고 이야기한다. 〈진영〉이 자신에게 '투자'하는 이유는 남성 손님으로부터 '초이스'를 자주 받기 위함이다. 여성들은 한정적인 노동 시간 내에서 '남는 시간 없이' 반복적으로 테이블을 돌아야 수익을 극대화할 수 있다. 자신의 '몸 가치(가격)'를 높이고 이것이 교환되는 '시간'을 단축하는 일이 여성들의 수익을 증가시키는 데 가장 중요한 일이 된다. 이는 여성들이 '투자' 비용을 회수하는 돈벌이 과정과도 관련된다.

(그럼 직업군인만 오는 거야?) 응, 병사들은 못 오지. 돈이 너무 큰데. 그리고 우리도 받지 않고. 왜냐하면 돈이 없으니까. 보통 둘이 오면 100만 원 쓰고 가는 거야, 애프터까지 해서. 그럼 아가씨들은 26만 원 벌고 사장은 한 병당 20만 원씩인데

그게 둘이, 만약에 남자 둘이 와서 한 병을 먹어요. 근데 둘
이 애프터를 나가고 싶잖아. 그러면 한 병 값을 더 계산을 하
고 나가야 하는 거야. 그래야 사장은 계산이 맞으니까. (각 1병
으로 해야?) 어어어어. 해야지 애프터 내보내주는 거지 그렇게
안 하면 안 내보내. (그럼 술값만 떼는 거야 사장은?) 응. 그래도
한 병에 20만 원씩이니까. (…) 그리고 우리가 두 병 비우는데
넷이 먹으면 한 시간도 안 걸려요. 좀 술 많이 먹고 왔다 싶으
면 우리가 술 작업 엄청 하면 30분 안에도 끝나. 기본 두 시간
을 넣어줘요. 근데 만약에 네 명이서 왔다. 네 병 치우는데 두
시간 정도 걸리겠다. (두 병이 한 시간 정도 걸린다는 거잖아?)
아니지. 그게 사람이 많으니까 눈이 많으니까 많이 못 버리니
까 시간이 좀 걸리는 거지. 〈진영〉

〈진영〉이 일하는 룸살롱에서는 업소 내 서비스비(T/C)와 '2차'
비용을 합친 26만 원은 아가씨가, 양주 한 병에 해당하는 비용
20만 원은 업주가 갖는 방식으로 수익 분배가 이루어진다. 손님 입
장에서 보면 모텔값을 포함해 일인당 대략 50만 원이 넘는 돈이 있
어야 이 업소에 올 수 있다. 이 때문에 '월급을 받는 직업군인'만 올
수 있는 업소라고 한다.

남성 손님은 50만 원을 내고 '아가씨'와 가능한 한 오랜 시간
을 보내기를 바란다. 하지만 여성들은 그 반대다. '2차'에 해당하는
시간은 이미 정해져 있으니, 〈진영〉이 일하는 업소 시스템에서 시

간을 단축할 수 있는 유일한 방법은 룸 안에서 술을 빨리 마시는 것이다. 여성들이 '술집'이라고 말하는 룸살롱에서는 할당량만큼의 술을 빼줘야 하는 것이 여성들에게 주어진 임무다. 그가 현재 일하는 룸살롱에서 손님은 여성과 양주 한 병을 마셔야 2차를 나갈 수 있다.

〈진영〉은 대략 일주일에 6번, 각 26만 원에 '2차'를 나가서 일주일에 150만 원 정도의 고정적인 수입을 올리며, 간혹 하루에 '2차'를 두 번씩 나가는 일도 있으므로 한 달에 최소 500만 원의 수입을 올린다. 하루에 '2차'를 두 번 나가는 것은 한정적 시간을 가장 효과적으로 사용해 이익을 거두는 방법이다. 이 때문에 〈진영〉이 룸살롱에서 남자 손님들과 술을 마시는 일에서 가장 강조하는 것은 '속도'다. 술을 버리면서 동시에 마셔주는 것을 '술 작업'이라고 하는데, 이렇게 하면 20만 원짜리 양주 두 병을 아가씨 두 명이 손님 두 명과 30분 안에도 끝낼 수 있다고 한다. 업주는 아가씨들을 모아놓고 손님들에게 술을 들키지 않고 버리는 법을 따로 가르쳐 주기도 했다. 업소에서 술 버리는 기술이 요구되는 것은 손님이 빠르게 많은 술을 마실 것이 권장된다는 의미다. '투자 회수'에서 중요한 것은 시간을 단축하는 것이며, 여성들은 매 순간 손님을 대면하는 시간을 단축하기 위해 노력한다.

그럼 일부러 이제 일행들 있을 때 '오빠 우리 분위기 좋은데 우리 먼저 올라갈까?' 시간 타임이 짧아지잖아요. '어차피 술 많이 마실 거 아니면 그냥 올라가자. 애간장 태우지 말고 그냥 올라가자.' 이렇게 해서 원래는 두 시간이에요. 정확히는 1시간 50분. 근데 그렇게 하면 한 시간 안에도 끝날 수 있죠. 들어가서 인사하고 얘기하다가, 통한 거 같으니까 올라가자고. 그렇게 하면 두 타임 뛸 거 한 타임에 끝낼 수 있잖아요. (그럼 룸에 다른 손님들은?) 응, 이제 양해를 구하죠. 아, 우리 먼저 올라갈게요. 사람들이 오히려 와~ 부러워해요. 그리고 다른 언니들도 더 좋죠, 그렇게 하면. 왜냐면 앉아 있는 거 싫거든. 아우, 그러면 우리도 빨리 올라가자. 이렇게 하면은 더 좋은 거잖아. 어쨌든 목적은 그거 아니야, 술 먹으러 온 게 아니라. 그쪽도 응, 목적 달성해서 좋고, 우리도 시간 빨리 끝나서 좋고. 근데 이제 룸 많이 다녀본 사람들은 안 돼요. 눈치를 딱 채. 아, 얘가 시간 빨리 채우고 딴 사람, 돈 벌려고. 〈강은〉

내가 여기서 이런 얘기를 하면 모순된다고 생각하겠지만 개들은 진짜 빨리 끝내려고만 하기 때문에 그런 태도가 너무 싫고, 또 돈도 아깝고. 그게 못해도 20만 원은 한다고요. 아무튼 개인적으로 업소 여자들은 무조건 빨리빨리 혈안이 되어 있어서 업소에는 웬만하면 안 가려고 해요. 개인적으로 정말 싫어해요. 〈손과장〉

후기 자본주의 성거래의 특징을 연구한 번스타인(Bernstein,

2007)에 따르면 이 시기 성매매의 경제적 계약 관계는 감정적 진정성, "경계 지어진 진정성bounded authenticity"을 포함하는 특성이 있다고 한다. 그는 이러한 현상의 원인을 도시 홍등가가 아니라 조용한 거주 지역의 이목을 끌지 않는 실내 사업으로 성거래의 새로운 시장이 재위치된 데서 찾는다. 그 결과 소비자로서의 남성뿐 아니라 여성들도 점차 상업적으로 매개된 상호 인격적 관계가 주는 특별함, 쾌락, 감정적 얽매임에 참여한다는 것이다.

하지만 〈강은〉의 설명을 분석해보면 이러한 '경계 지어진 진정성'은 이를 제공하는 사람과 제공받는 사람에 따라 그 의미가 극명하게 다르다는 것을 알 수 있다. 여성들이 감정적 진정성을 제공하는 일에 참여하는 이유는 남성 구매자의 교류에 순응적인 모습을 보임으로써 자신의 접대 '시간'을 단축하기 위해서다. 〈강은〉에게는 손님과 '유사 연애 관계'로 재빨리 진입하는 것이 자신의 노동 시간을 단축하는 데 가장 중요하다. 그는 함께 룸에서 술 마시는 시간을 줄이고자 손님에게 '어서 2차를 나가자'고 재촉한다. 이것은 남성 손님을 성적으로 자극하면서도 가장 설득력 있는 방식으로 자신의 제한된 시간을 활용하고자 하는 전략이다.

하지만 이런 방법은 룸살롱에 자주 오는, '눈치'가 있는 손님에게는 사용하기 어렵다. 이들은 여성들이 시간을 빨리 건너뛰고자 하는 이유를 알고 있기 때문이다. 자칭 '성매매 전문가'라고 자신을 소개한 〈손과장〉이 바로 이런 '눈치'가 있는 사람이다. 그는 자신은 사람들과의 감정적 교류를 더 중시하는 사람이기 때문에, 업무

상 '성매매 전문가'가 되었지만 개인적으로는 성의 거래 관계와 상황을 좋아하지 않는다고 말한다. 그의 말이 진실인지 아닌지는 여기서 전혀 중요하지 않다. 중요한 것은 이런 '눈치'가 있는 남성들에게는 시간을 단축하기 위한 여성들의 전략이 통하지 않는다는 사실이다. 게다가 〈손과장〉과 같은 태도는 여성들에게 두 배의 노력을 요구한다. 〈강은〉의 이야기에 따르면 '어차피 목표는 2차'면서 오랜 시간 대화, '애인 모드'를 제공해주길 바라는 것은 여성들에게는 더 많은 시간과 노력을 요하는 일이기 때문이다. 사실상 일없이 '예약'을 핑계로 〈미연〉을 찾아온 〈손과장〉은 여성들의 시간을 '공짜로' 사용하려고 한다는 점에서 여성들에 의해 '로맨스 진상'으로 분류된다.

'로맨스 진상'은 자신이 마치 '스폰'이나 '애인'이 되어줄 것처럼 사적으로 연애를 걸어오는 남성들을 지칭한다. 물론 〈다혜〉나 〈수경〉처럼 업소 안에서 실제 '스폰'을 만나 고정적인 생활비 지원을 받는 여성들도 많다. 하지만 이들처럼 실제로 살 곳을 마련해주고 생활비를 지급해주는 경우가 아닌 '좌절된 스폰'은 바로 '로맨스 진상'이 된다. 이들은 아가씨들을 화대를 지급하지 않고 '공짜로' 성관계를 맺을 수 있는 '여자 친구'로 만들려고 하기 때문이다. '로맨스 진상'이라는 신조어까지 만들면서 여성들이 이들을 경계하는 이유는 여성들의 '지명 손님 관리' 과정에서 '로맨스 진상'이 만들어질 가능성도 농후하기 때문이다.

여성들은 업소에서 대기하는 시간을 절약하기 위해 일하지 않는 시간 동안 남성 손님들에게 시간과 노력을 쓰기도 한다. 앞에서도 언급했듯이 여성들은 '지명 손님'이 오면 대기 시간을 절약할 수 있기 때문에, 영업시간 외에 손님을 만나주거나 손님에게 관심을 쏟으며 '지명'을 받기 위한 노력을 기울인다. 또 많은 업소가 '지명비'를 책정해 여성들에게 지급하고 있다.[12] 여성의 시간을 10분 단위까지 계산해서 지급되는 '지명비'를 통해 알 수 있듯이 빠르게 돌아가는 룸살롱의 테이블 회전 속도 안에서 여성들의 시간은 이익 실현을 위한 가장 중요한 변수이다.

> 내가 밖에서도 한 번씩 만나주거든요. 우리 사장은 그동안 밖에서 절대 만나주지 말아라. 그래야지 온다. 근데 내 친구랑 나랑은 [생각이] 틀린 게 그래도 밖에서 차라도 한 잔씩 마셔주고 어? 밥이라도 한 번씩 먹어주고 그래야지 오는 거지. 무슨 맹탕. 〈진영〉

> (그럼 언니는 지명을 만들기 위해 어떤 노력을 해요?) 연락? 문자? 카톡? 가끔 이렇게. 어제 왔다 가셨다 그러면, 그 사람들은 출근을 할 거 아니에요. 낮 시간에, 점심때쯤에 한 번 깨갖

---

12 〈박팀장〉 업소에서 '지명비'는 기본 3만 원이다. 보통 손님들이 먼저 와서 여성들을 기다리는데 만약 여성이 손님을 기다려야 할 때는 최초 대기 30분까지 기본 지명비 3만 원을 지급하고, 그 뒤로 10분당 1만 원씩 지명비를 추가한다. 만약 지명 손님이 예약을 하고 여성이 한 시간 기다리게 되면 9만 원을 지명비로 더 받게 되는 것이다.

고 기프티콘으로 한 번 보내드리는 거예요. 어제 너무 감사했다고 하면서, 그런 식으로? 커피 같은 거. 시원하게 한잔하시고, 해장은 잘 하셨냐고. 문자라도 하나 카톡 하나 해주면 아무래도 여기서는. 그게 바에서는 너무나 당연한 거지만 룸에서는 그런 언니들이 없기 때문에. 그럼 손님들이 좋아하고 또 영업진들도 좋아하고. 그럼 한 방이라도 더 볼 기회가 생기고. 그런 노력? 근데 꼭 그러면 전화 계속하고 카톡 계속 보내는 손님들이 있어요. 조절해야죠. 〈강희〉

〈진영〉은 인터뷰 당일 20대 남성이 인터뷰 장소까지 데려다줬다고 이야기했다. 누구인지 물으니 '지명 손님'이라고 대답하면서 이렇게 '밖에서도 한 번씩 만나주고' 해야 업소에서 자신을 '지명'한다는 것이다. 하지만 〈진영〉의 업주는 남성 구매자들이 아가씨들과 밖에서 따로 만나 성매매를 할까 봐 여성들의 외출을 항상 감시한다. 이 업소의 수익 배분 구조상 업소 밖에서 이 둘이 만나면 자신에게 할당되는 술값 없이 '2차'가 이루어질 수도 있기 때문이다. 그러나 〈진영〉은 이것이 어디까지나 룸살롱에 손님이 방문하도록 만드는 전략이라고 항변한다. 또한 〈강희〉는 자신을 찾은 손님에게 다음 날 꼭 휴대폰으로 문자나 '기프티콘'을 보내준다고 한다. 하지만 업장 외부에서 '실제 연애 관계'로 이어지지는 않도록 '조절해야 한다'고 강조한다. 업장을 벗어나는 순간 여성들은 '공짜' 데이트 파트너로 전락할 수 있기 때문이다.

결국 여성들은 이들의 섹슈얼리티가 '매매되는 것이 전제인 의미망' 안에 머물러야 한다. 그리고 그 의미망 안에서 남성들이 최대한 '짧은 시간' 안에 최대한 '많은 돈'을 쓰게 하는 것이 여성들의 역할이다. 남성 노동자의 임금은 성매매 산업을 돌고 있는 현금의 유일한 원천이며, 이것이 성매매 산업의 확장된 신용을 재생산하도록 하는 유일한 경제적 자원이기 때문이다.

그리고 얘네들은 1일, 15일 월급 타요. 그럼 그때 잠깐 빤짝이고 그리고 안 나와. 하루 만에 돈 다 쓴다는 거야. 그러니까 미국도 프라플럼이지. 돈 벌러 미군이 왔지, 여기 우리한테 돈 쓸라고 그런 거 아니잖아. 워낙 잘 꼬시니까. 삐끼 하면 '아, 얘는 좀 바보 같다.' 그러면 '너도 이리 와. 같이 마시자.' 그리고. 친구 데려와서 개네들은 많이 써요. 돈 쓸 때는, 100만 원도 넘게 써요. (양주?) 양주도 마시고, 와인도 마시고, 그 밖에 다른 뭐 서비스를 원하면. 그리고 개네가 해달라는 서비스를 얘기할 때마다 돈이 계속 올라가니까. 근데 개네들은 모르고 쓰는 거 아니에요. 자기네가 얼마 썼나 알아요. 우리는 개네들이 원하는 대로 그대로 해줘요. 카드를 쓰니까, 현금을 안 쓰고. (그럼 맨 마지막에 한 번 긁어?) 아 중간중간. 뭐 조금 만져주다가 [앞에 앉은 내 팔뚝을 살살 주무르면서 이야기함] 기분 좋아하면 어… 뭐라 하지? 영어를 잊어버렸는데. [간드러진 목소리] 더… 조금만 더 돈 쓰면 안 될까?' 아니면 '지금 목마른데 술한 잔만 사줘.' 그러면 '얼마? 하우머치?' 그러잖아요. 그러면 '10만 원? 20만 원?' 그러잖아요. 그러면 '오케이' 하는 애들도 있고 '익스펜시브' 그러면 조금 더 만져줄 테니까, 여기를 더 해줄 테니까 20만 원, 20만 원씩 더 40만 원. 그러면 '오케이.' 사장한테 카드 주면 사장은 거기서 40만 원에 20% 더 크레 딧카드는 붙이거든요. 군인들은 솔직히 들어와서 금방 끝나지를 않아요. 그래서 고생을 좀 하지. 힘든데 그만큼 돈을 쓰니까. 그리고 어쩌다 들어오지 맨날 들어오는 게 아니야, 군인은. 어쩌다 운 좋게 들어오지. 운 좋게 들어와도 가격이 안 맞으면. 군인 애들은 힘이… 빡세게 하기 때문에 뭐 그냥… 웬만한 금액 갖고는 안 해요. 술 사준다거나 기타 서비스를 원하는 경우 힘들게 하기 때문에. 걔네들이 술이 취한 상태잖아, 군인들이. 그럼 둘이 붙지 않으면 혼자서는 안 돼요. 〈수경〉

미군을 상대로 기지촌 클럽에서 일하는 〈수경〉은 술과 서비스를 더 많이 파는 방법에 관해 이야기한다. '바보 같아 보이는' 군인이 있으면 '꼬셔서' 술을 파는데 이들은 자주 나오지는 못하고 월급을 받고 클럽에 와서 돈을 많이 쓴다고 한다. 이 때문에 〈수경〉은 이들이 월급을 최대한 많이 쓰고 가도록 '원하는 것을 그대로 해준다.' 한 명의 손님이 들어오면 여성 '둘이 붙어서' '꼬시기도' 하는 등 '고생'을 하지만 '그만큼 돈을 쓰니까' 계속해서 서비스를 제공하고 이에 대한 지불을 요청한다. 이런 날 업소 여성들의 모든 신경은

'바보 같아 보이는' 미군 남성의 임금, 월급, 그의 신용카드에 쏠린다. 여성들이 제공하는 정서적·육체적 서비스에 남성들이 돈을 지불해야 한다고 가정되는 장소에서 여성들의 '모든 서비스'는 현금과 직접 교환된다.

(언니는 단골 관리하는 스타일 아니야?) 아니야! [단호] (웃음) 그러니까 나 같은 스타일을 좋아하는 사람들은 굉장히 좋아하고, 재밌다고, 아니면 재수 없다고. 실장한테 그러는 거지, 왜 이렇게 싸가지가 없냐고. 근데 한 가지 그거, 서비스를 잘 해줄 수 있다, 얘를 완전 뻑 가게 해줄 수 있다, 그런 게 있으니까는 손님들이 다들 니가 이 정도를 하니까. 외모로는 안 되니까. 〈은주〉

〈은주〉는 다른 여성들처럼 남성들에게 문자를 보내고, 전화를 거는 부가적인 노력을 굳이 하지 않아도 자신에게 손님들이 찾아온다고 말한다. 자신은 업소에서 손님들을 완벽하게 만족시키는 서비스를 제공하기 때문에 부가적인 노력을 기울이지 않아도 된다고 설명한다. 그는 제한된 시간 동안 손님과 '유사 연애 관계'는 전혀 맺지 않은 채 오직 성서비스에만 집중하는 전략을 취한다. 자신의 '외모'를 보고 다시 찾는 손님은 없겠지만 자신의 '서비스'에 만족하고 다시 찾는 '지명 손님'은 있다는 것이다.

〈은주〉를 포함한 다른 여성들이 제한된 시간 동안 업소에서 최대한의 수익을 내기 위해 자신만의 방식으로 노력하는 것과 달리, 업소 수입은 자신의 수입에서 큰 부분을 차지하지 않는다고 말하는 여성들도 있다.

'일을 하면서 내가 돈을 벌어야겠다'라고 생각한 적은 단 한 번도, 생각한 적은 없는 거 같아요. 일을 해서 어떻게 돈을 벌어요? 사람이, 아니 여자가. 개, 돼지도 아니고. 어떻게 그거를 해서 돈을 그렇게 벌어요? 그냥 빚 때문에도 그렇고 어쩔 수 없이 일을 할 뿐이고, 돈을 버는 건 그냥 눈먼 돈을 집어삼키는. 그걸 돈을 번다고 해야 하나, 아니면 그냥 같이 나눠 쓰는 재미를 느낀다고 해야 하나. (그러면 업소는?) 업소는 나에게 돈을 벌어서 그런 곳이 아니라, 그런 남자들을 만나게 해주는 곳. 〈다혜〉

〈다혜〉는 다른 여성들에 비해 부채의 규모가 크다는 특징이 있다. 그는 과거 업소에서 진 빚과 카드회사에 진 빚의 합이 2억이 넘었던 시절이 있다. 〈다혜〉는 업소 생활을 오래 했지만, 업소에서 일을 해서 돈을 벌어야겠다는 생각을 해본 적은 없다는 다소간 의아한 이야기를 했다. '여자가 일을 해서 어떻게 돈을 버는지?' 오히려 내게 질문했다. 〈다혜〉에게 업소는 돈을 버는 곳이 아니라 '눈먼 돈'을 집어삼키기 위한 곳이다. 이러한 전략은 〈다혜〉의 부채 규모가 자신에게 '한정된 시간'을 모두 사용해도 갚을 수 없는 정도이기 때문일 것이다.

결국 '남성의 돈', 그중에서도 '눈먼 돈'을 '나누어 써야', 이 빚
은 모두 상환될 수 있다. '눈먼 돈'은 '주인 없는 돈'이기도 하다. 실
제로 인터뷰한 많은 여성들은 룸살롱과 같은 접대가 이루어지는
업소에서 남성들이 결코 '자기 돈'을 쓰는 것이 아니라고 말한다. 공
식적으로 집계되는 한국 사회 '접대비'의 규모는 9조 원을 넘어선
지 오래다.[13] 룸살롱은 접대가 '선물'로 제공되는 장으로 남성들은
상대 남성에게 여성을 선물하며, 혹은 여성들에 의한 '접대'를 선
물하며 유대를 공고히 한다. 여성들을 매개로 남성들의 공적 친교
를 가능하도록 하는 '접대비'는 남성들의 임금에 포함되지는 않지
만 남성들이 일터에서 일할 수 있는 환경과 지위를 만들어내는 돈
이다. 〈다혜〉는 '눈먼 돈'의 출처와 흐름, 목적을 간파하고 자신의 몸
을 타고 흘러가는 이러한 돈을 '집어삼키는 것'이 자신이 할 수 있
는 최선의 역할이라고 설명하는 것이다.

> (눈 먼 돈을 어떻게 감지할 수 있어요?) 그거요? 그냥 그런 애들
> 이 있어요. 그냥 일하다 보면은, '너 뭐 빚 많냐?' 이렇게 던져
> 보는 애들이 많아요. 근데 그런 애들을 다 상대를 하면 귀찮거
> 든요. 내가 가진 빚이 얼마고 어쩌고저쩌고, 나의 가엾은 이야

---

13   물론 접대비가 모두 성매매 업소에서 사용된 것은 아니다. 2015년 유흥업소에서
사용된 법인카드의 공식적 사용금액은 1조 1천억 원을 넘었고, 룸살롱에서만 6772억 원,
단란주점에서 2013억 원, 요정에서 1032억 원이 결제되었다(김동호, 2016).

기를 이렇게 해서 얘한테 얼마를 건져야겠다. 이렇게 작업을 염두에 두고서 하면 되게 귀찮고 그런데, 그렇게 던지는 애들 중에서 병신같이 보이는 애들이 있어요, 그냥 느낌. 나는 내가 감지하는 돈은, 내 친구 중에 하나는 정말 잘나가는 애들만 찍어요. 그러니까 검사나, 고위직, 아까 전에 이야기한 그 스님 아들처럼 진짜 돈 많은 애들. 근데 내가 감지하는 돈은 병신 같은 애들 돈, (웃음) 좀 노가다 십장이나 막 이런 애들이나 뭐 그런 애들 돈. 아니면 결혼 못 하고서 성격이 지랄 같아서 혼자 사는데 돈 쓸 줄 몰라서, 원래 돈 없는 애들이 더 잘 쓴 다고 하잖아요, 막 빚 만들어서 쓰는. (여유로운 데서 나오는 돈 은 아니구나?) 근데 그런 애들이 무식하게 잘 써요. 그렇게 큰 돈이 아니고서는. 저는 절대 내 돈 주고서 명품, 지갑 하나 못 사거든요. 근데 그냥 먹고, 하루 놀고 이런 거는 잘 쓰거든요. 남자들도 똑같은 거 같아요. 단지 단위가 조금 더 커지기 때 문이지. 뭐 '몇 억 내봐' 이런 거는 못 써도, '야, 나 돈 필요한 데 2000만 원만 줘 봐' 이런 거. 그런 거는 [잘 써요]. (2000만 원?) (웃음) 처음에는 그냥 막 던져요. 막 던지면서 '니가 나 정 말 좋아하면 그런 것도 못 해주냐?' 내가 너무나 그걸 당연하 게 생각을 하잖아요. 그러면 이 남자도 내가 그걸 너무나 당 연하게 생각을 하고 있다는 게, 그게 행동이나 말투로 나오니 까 마치 그게 당연한 것처럼 생각을 하겠죠? 〈다혜〉

〈다혜〉는 어떻게 '남자의 지갑을 내 지갑으로' 만들 수 있는지, 어떻게 '눈먼 돈'을 '집어삼킬 수 있는지' 설명한다. 〈다혜〉에게 돈을 번다는 것은 술을 팔고, '지명 손님'을 만들고, 성노동을 제공함으로써 가능한 것이 아니라 남자의 지갑을 열어야 가능한 것이다. 그렇다면 그에게 노동의 장소로서 성매매 업소란 최소한의 생활 유지를 위한 '푼돈'을 버는 곳이고, 빚이 있기 때문에 '어쩔 수 없이 일할 뿐인 곳'이다. 그리고 동시에 자신을 위해 지갑을 열어줄 남자를 만나는 장소로도 의미화된다. 위의 인터뷰에서 언급되는 남성들은 검사, 고위직, 스님 아들, '노가다'인데 이들은 각각 '접대비', '상속비', '쓸 줄 모르는 돈'을 가지고 있는 자들로 해석된다. 그는 이런 돈을 '눈먼 돈'이라고 지칭하는 것이다. 〈다혜〉의 현재 스폰을 제외하고 과거 자신의 스폰 중에 '잘나가는 애들'은 없었다고 말한다. 그러나 '돈을 쓸 줄 모르는', '빚을 만들어서 무식하게 잘 쓰는' 남자들이 그에게 큰돈을 내주었다고 말한다.

〈다혜〉는 15년 이상을 이러한 현금의 흐름 속에서 살아왔다. 〈다혜〉가 업소와 금융권에 진 거액의 부채에도 불구하고 특별한 상환 계획 없이 지낼 수 있었던 이유는 자신의 차용증을 계속 부채와 교환하며 성매매 산업을 회전하는 화폐와 함께 이동하기를 망설이지 않았기 때문이다. 또 이러한 부채는 어느 날 '남자의 지갑'을 갖게 되는 순간 일부 상환될 수 있었다. 앞서 소개했듯이 〈다혜〉는 미국 금융계의 유명 인사를 '스폰'으로 두고 있다. 지금은 이 '남자의 지갑'에서 나오는 돈 대략 400~500만 원을 매달 정기적으로 받는 대신 업소에 나가지 않고 있다. 돈에 포함된 의무 사항은 스폰이 원하는 시기에 미국이나 싱가폴, 한국 등 그가 원하는 장소에서 그를 만나야 하며 그가 원하는 시간에 그와 통화를 하는 것이다. 그의 '현지처'가 되는 조건인 것이다.

〈다혜〉가 지닌 삶의 방식은 다른 여성들과 차이가 있는 것처럼 보이지만 사실상 이윤의 직접적인 원천이 '남자의 지갑'이라는 점에서 전체 성매매 종사 여성들과 유사하기도 하다. 금융화 국면에서 거대한 규모로 팽창한 성매매 산업을 떠받치고 있는 유일한 현금은 '남자의 지갑'에서 나와 여성의 '몸 가치'와 교환되고 있다. 이러한 '지갑'에서 돈을 꺼내 유통시키는 역할이 바로 성판매 여성들의 임무이며, 이들에게 임무를 부여하는 채권은 증권화되어 또 다른 수익을 창출하고 있다. 즉 성매매 산업은 여성의 몸 노동을 통해 이익을 거두는 동시에 '매춘 여성'의 몸 노동을 강제하는 수단을 통해 또다시 이익을 거둠으로써, 이전 시대와 비교해 여성들을 더욱 교묘하고 다층적으로 결박시키는 효과를 낳는다.

몸 노동이라는 한계

앞서 우리는 성매매 산업에서 여성들이 최대의 이익을 실현하기 위해 자기 투자를 하며 자신의 시간을 관리하는 것을 살펴보았다. 문제는 여성 개인의 처지에서 보았을 때, 최대한의 수익 창출은 언제나 가상의 목표로만 존재할 뿐, 실제 달성은 불가능하다는 점이다. 많은 선행 연구가 성판매 여성들의 '나이'와 '소득'의 반비례 관계에 대해 설명했다(엄상미, 2007; 원미혜, 2010; 박순주, 2013). 여성들은 나이가 들면서 대체로 가격 하락의 궤도에 놓이게 된다. 여성들은 '성매매에서 나이는 중요하지 않다'고 이야기하기도 하지만, 이는 오히려 여성이 나이가 들면서 나이를 가늠할 수 없게 하기 위한 외모 관리가 더욱 필수적이라는 의미다. 성매매 산업 안에서 나이가 들면서 여성들은 자기 투자 비용을 늘리거나, 업소 등급을 낮추고 서비스를 높여주는 과정을 반복할 수밖에 없게 된다.

> 그 사람들도 진짜 돈을 벌면, 성형도 중독이어서, 계~속 이제 관리를 해야 하는 거야. 나이 들면 들수록 무조건 진상 처리로 가잖아, 어디 가나. 그러니까 그렇지 않기 위해서 나이 들어도 계속 투자를 하는 거야, 이 생활을 계속하려면. 예전에 일할 때 나이 마흔 넘은 언니가 있었는데 애도 있어, 다 큰 애도 있는데. 어렸을 때, 일찍이 이혼해서 자기가 먹고 살라니까 이런 일을 했는데 나이가 많고 하니까 안 되잖아, 일도 없고. 해봤자 진상들. 그러니까 자기가 안 해도 되는 서비스까지 막 해가면서 악착같이. 딸 키워야 되니까. 불쌍한 사람들 되게 많아. 〈은아〉

많은 여성들이 자신과 함께 일한 적 있는 '나이 많은 여성들'에 대한 기억을 떠올리며 스스로에게 주문을 걸듯 빨리 일을 그만두어야 하는 이유를 대곤 한다. 〈은아〉는 같은 업소에서 오랫동안 함께 일했던 '마흔이 넘은' 여성에 관해 이야기하면서 나이가 많은 여성은 '무조건 진상 처리' 업무를 하게 된다고 설명한다. 아무리 많이 성형하고 아무리 열심히 '관리'를 해도 결국 나이가 들어서 '이 생활을 계속하려면' '진상' 손님이 왔을 때 이들의 요구를 받아주는 수밖에 없다는 것이다. 홀로 딸을 키워야 했던 그 여성은 '이 생활'로 돈을 벌기 위해 '악착같이' 일을 할 수밖에 없었다.

동시에 여성들은 자신의 시간과 가격을 조절하면서 강박적으로 일할 때 몸의 한계에 직면하기도 한다. 이는 여성들이 수행하는 노동의 성격, 즉 '몸 노동'의 유한성에서 기인한다. 여성들은 제한된 시간 안에서 가장 많은 손님을 만나 최대한의 수익을 창출하고자 강박적인 노력을 기울이지만 몸의 물리적 한계로 이러한 계획은 언제나 좌절된다. 자신을 중심으로 빠르게 순환하는 돈의 회로에서 물리적 한계에 직면하게 되었을 때, 여성들은 부채 상환의 도덕률이나 채권자에 의한 채무 상환의 압박 때문에 또다시 부채를 끌어오게 된다. 때로는 업소나 사채업자가 현금 흐름을 유지하기 위해 여성들에게 '결근비'를 메우도록 하거나 이자를 채근하므로, 여성들은 '몸 노동'의 유한성에 직면하는 동시에 오히려 더욱 일을 중단할 수 없는 상황에 놓인다.

처음에는 빚이 몇백 있었는데, 그러니까 다 까갈 때 얘[애인]

를 만났는데. 또 밑에 좀 뭐가 아파서, 쉬니까 또 땡겨서 메꾸고 메꾸고 그래야 하는 거죠. 그렇게 일수 땡겨서 쓴 게 걸린 거야. 그래서 남자친구가 갚아줬어. (…) 하다가 아프면 일을 못 하니까 좀 쉬고 이러면, 그게 하루에 11만 원 이러면, 일하면서 내기에는 내가, 체력 좋은 사람들은 열심히 해서, 일하면서 벌고 이렇게 하면 되는데. 나는 욕심도 없었고 언니, 나는 그런 생활 하면서 욕심도 없었으니까 나는 하루에 30만 벌어도 괜찮아, 이러고 일을 했었는데. 아프고 이러면 열흘을 쉬어버리면 돈 100만 원이 밀리는 거잖아. 〈은아〉

〈은아〉는 자신이 결코 욕심을 내서 큰돈을 벌겠다는 마음이 아니었음에도 아파서 일을 쉬는 동안 밀린 일수가 100만 원으로 불어나 있었다고 설명한다. 돈의 순환 회로 안에 있을 때는 이런 속도가 빠르다고 생각되지 않지만 모든 문제는 돈의 순환 회로 밖으로 나오면서, 즉 일을 쉬기 시작하면서 생긴다. 방세도 내야 하고, 가족들에게 갑작스러운 사고가 생기기도 하고, 자연스레 일수는 못 내게 되고, 대부업자는 계속 독촉하고, 결국에는 지금까지 밀린 이자를 얹어서 차용증을 다시 쓰거나 다른 대부업체와 계약을 해 돈의 순환 속도를 유지해야 한다. 지출해야 하는 돈이 많아 차질이 생기다 못해 빌린 돈의 원금은 점점 커진다. 이들은 몸이 아플수록 더욱 일을 그만둘 수 없는 역설적인 상황에 부딪치게 된다.

〈은아〉 역시 산부인과 질병 때문에 몸의 한계를 느껴 쉬는 동안, 그간 찍고 있던 일수 때문에 다른 곳에서 돈을 빌려 메우는 방식으로 생활할 수밖에 없었다고 설명한다. 밑 빠진 독에 물 붓기식 회전 대출은 결국 남자친구의 개입으로 끝날 수 있었다.

음, 나는 그다지 막 일을 열심히 해서 돈을 많이 버는 그런 사람을 못 본 거 같아요. 정말 어쩌다가 한두 명? 그리고 일을 열심히 해서 돈을 벌다가도 꼭 몸에 탈이 생기더라고요. 술집에서 일하면 술병, 안마에서 일하면 밑에 탈 나고. 그러면 돈을 아무리 많이 벌어봤자 소용없거든요. 그렇게 탈 나서 며칠 또 일 못 하면 돈 까먹고. 그러느니 거기서 어느 정도 생활비벌고 그냥 남자 하나 잘 물어서 나 필요한 거 사고, 쓰고, 그게 좀 더, 확실히 효과적이지 않나? (웃음) 그리고 일을 많이하면 할수록 성격은 버리잖아요. 난 그다지 내가 성격을 버린거 같지 않거든요. 이 일을 오래 한 것치고? 그렇게 성격을 안버릴 수 있었던 이유 중에 하나가 내 몸이 그렇게 힘들지는 않았으니까. 〈다혜〉

자신에게 주어진 시간 동안 열심히 일을 했지만 거액의 부채를 상환할 수 없었던 경험 때문에, 〈다혜〉는 언제나 여성들에게 열심히 일할 필요가 없다고 조언한다. 열심히 해봐야 오히려 몸에 탈이 나서 결국 돈을 회전시키는 데 더 큰 지장만 초래할 뿐이라는것이다. 그러니까 업소 일은 몸이 상하지 않는 선에서, 의무적으로

만 할 뿐이고, 모든 노력은 업소에서 남자를 잡는 것, 남자의 지갑을 여는 것에 기울여야 한다고 주장한다. 그렇게 해야 부채 문제를 해결하고 업소 일도 그만둘 수 있다는 것이다.

또한 오랜 시간 업소 일을 한 여성들은 공통적으로 '슬럼프'가 있었음을 고백한다. 개인에 따라 그것은 '물리적인 아픔'이기도 하고 '우울증'이기도 하고 '나태함'의 시간이기도 하다. 개별적으로 자신의 경험을 다르게 해석하기는 하지만, 대부분은 공통적으로 '슬럼프'를 경험했다고 증언한다.

업주들한테는 아가씨 하나하나가 다 돈이니까 가지 말라고. 근데 도저히 못 하겠다고, 이건 아닌 거 같다고, 못 버티겠다고, 너무 힘들다고, 소름 끼친다고. 너무 많이 하니까, 별의별 손님도 다 상대하니까. 또 한편으로는 일해보니까 거기서 되게 잘나가는 언니가 부럽기도 하지만, 와, 대단하다는 생각도 드는 거예요. 이게 슬럼프에 한번 빠지면 진짜 못 버티겠는 순간이 오고, 진짜 남자들이 너~무 싫고 막 이런 순간이 오는데, 그런 거 잘 버티는 언니들 보면. 그러니까 [남자 손님들이] 여자 대우를 안 하잖아요. 그러니까 애초에 여자가 아니잖아요. 그러다 보니까 너무 막 대하고, 이런 거? 배려해주지 않고. 딱 이거잖아요, 내가 너 돈 주고 샀으니까, 이런 거잖아요. 나도 그런 생각해서 그냥 내 스스로도 비참해질 때도 있는 거지만. 진상, 그때 당시에는 진상도 워낙 많고. 워낙 진짜 심했던

거 같아요. 〈가희〉

무거운 거 들면 안 돼. 근데 수술하고 나서 물을 끓여서 마시
면 좋다고 그러더라고. 근데 물을 끓이고 들려면 힘써야 되잖
아. 그때 여기가… 탁. 그거는 수술도 안 되고, 임파부종 한번
생기면 수술도 안 되고 죽을 때까지 가지고 가는 거야. 아무
튼 나는 무거운 것도 못 들어서 음식점에서도 일을 못 해. 갈
비탕 집에서 일하고 싶은데 그릇이 무겁잖아. 할 수 있는 일이
없어. 〈숙희〉

16세에 청량리 성매매 업소에서 일을 시작한 〈가희〉는 비교적
이른 시기에 이러한 '슬럼프'를 경험했다. 17세 즈음인 1999년도경
미아리 유리방으로 이동한 〈가희〉는 '슬럼프'에 빠져서 일을 계속하
기 어려웠지만, 결국 빚 때문에 일을 그만둘 수 없었던 일화를 전
한다. 유리방에서 '별의별 손님도 다 상대해야 하면서' 결국 '못 버
티겠는 순간이 왔지만' 일을 그만둘 순 없었다고 한다. 결국 함께
일하던 여성이 〈가희〉 대신 업주에게 항의해서 업소를 빠져나올 수
있었다.

16세에 인신매매되어 용주골에서 성노예 생활을 했던 〈숙희〉
는 미군 남편을 만나면서 비로소 자신이 스스로 수입을 관리하며
일하게 되었다. 하지만 남편과 이혼을 하고 홀로 아이 둘을 키우며
살아가던 중 유방암 3기 진단을 받게 된다. 지금은 유방암 수술 후

변해버린 몸과 체력 때문에 업소에서 일할 수 없음은 물론이고, 무거운 것도 들 수 없어 편의점이나 음식점에서도 일할 수 없다. 노동할 수 없는 몸이 되었지만 친언니가 마련해준 경기 북부 지역의 작은 아파트 때문에 기초생활수급도 받지 못하고 있다. 그나마 남은 재산인 집을 담보로 돈을 대출받아 수술비로 사용했기 때문에 집을 팔아봐야 전세금도 마련하기 어렵다. 현재 초등학생, 중학생 아이들을 포함한 세 가족의 생계가 위태로운 상태다.

이처럼 여성들은 유한한 신체 능력으로 인해 갑작스럽게 일하지 못하게 되는 순간을 맞이한다. 자신의 신체 능력을 고려할 새 없이 각종 채무 만기일의 굴레 안에서 살다가 이러한 순간이 닥쳤을 때는 이미 다른 방도를 찾기 어려운 상태인 경우가 많다. 〈숙희〉는 유방암을 발견할 당시 의사가 '10년도 더 된 사이즈'라고 이야기했다고 한다. 하지만 이들과 부채 관계로 얽힌 사람들은 여성들이 '한계 있는 몸'을 가졌다고 생각하지 않는다. 여성들을 중심으로 거대한 부채 회로가 쉼 없이 돌아가기 위해서는 여성 몸과 여성들의 차용증 역시 쉼 없이 돌아가야만 한다. 아래 〈사채업자 박씨〉의 인터뷰를 통해 이러한 사실을 확인할 수 있다.

지금 술집 경기가 단속 때문에 굉장히 안 좋아요. 애들이 얼마를 벌어야지 최하 자기 생활비 할 수 있냐 하면, 기본으로 20은 벌어야지 하루에 자기 먹고 쓰고, 다만 월세 조금 모으고 수금도 좀 해주고, 최소한 20은 벌어야지 되는데. 요즘 술

집 경기가 전에 비해서 3분의 1, 많게는 반이 줄었어요. 경기가 그만큼 안 좋아요. 〈사채업자 박씨〉

〈사채업자 박씨〉는 최근 강남 지역 성매매 업소에서 이루어지는 '단속'을 성매매 업소를 중심으로 한 부채 관계나 현금 흐름을 방해하는 중요한 요인으로 꼽는다. 그 밖에 '휴가철', '불경기', '월드컵 시즌' 등도 방해 요인으로 꼽힌다. 〈사채업자 박씨〉는 돈을 만들어내지 못하는 어떤 다양한 이유가 있더라도 여성들이 '기본으로 20은 벌어야' 한다고 생각한다. 방해 요인만 없다면 여성들은 얼마든지 많은 돈을 만들어낼 수 있다는 가정이 작동하는 것이다. 이때 '20만 원'은 여성의 최소한의 재생산 비용이면서 동시에 성매매 업소로 확대된 신용의 최소한의 재생산 비용이다. 이는 앞서 〈은아〉가 본인은 욕심이 없으므로 하루에 30만 원만 벌어도 괜찮다고 말한, 그 '30만 원'과 같은 돈이다. 그러나 '20만 원', '30만 원'이라는 기준은 여성 개인의 신체적 한계를 고려하지 않은 채 설정된 것이다. 그렇다면 결국 이 돈은 무슨 일이 있어도 여성들이 '막아야 하는 돈', 언제든 부채로 전환될 수 있는 돈이다. 여성들은 한계 상황에 처하게 되더라도 자신들이 순환시키는 돈의 회전 속도를 유지해야 한다는 명령에 잠식되며, 이것이 바로 '하루 20만 원', '30만 원'이라는 기준이다.

자살하는 사람들 많아요. 저는 실제로 목매달고 죽은 애 보기도 했고. 그냥 항상 하는 얘기가 그거예요. '살려고 온 바닥인데 너가 인생이 너무 힘들고 죽기 직전에 썩은 동아줄이라도 한번 잡아보려고 온 곳이 여기인데 여기서 살려고 왔는데 왜 결국에 죽냐' 그렇게 하늘로 편지를 보낸 적도 있어요. 제정신에 할 수 있겠어요? 내가 몸을 파는 건데? (…) 그러니까 여기는 다 정신병으로 얽히고, 얽히고. 굉장히 많아요. 돈 때문에 와서 결국 자기가 영혼까지 팔아버렸는데 죽어버리는 애들이 수도 없이 많아요. 여기가, 강남구가 세계에서 자살 비율이 전 세계 1등이에요. 실제 저 이사 갈 때도 조심조심 가요, 귀신 사는 집 안 가려고. 실제로 귀신하고 살아보기도 했으니까요. 여기는 되게 슬픈 동네예요. 진짜 죽어나가는 애들이 어마어마해요, 살인 사건도 많고. 그 살인 사건들이 대부분 다 화류계에서 나는 것들이니까. 뉴스에서 나오는 역삼동, 애인이 어쩌구, 다 화류계. 재작년에 크게 난 것도 저희 가게였거든요. 불과 몇 달 전에 여자친구 목 졸라 죽여서 자수한 사람도 저희 가게 영업진이었고. 되게 많아요. 〈박팀장〉

슬럼프가 그거예요. 가면증후군. 하면서도 좀 있었죠, 하면서도 좀 있었는데, 이제 워낙 돈 생각하고 일하고 바쁘다 보니까 생각할 겨를이 없었던 거지. 나중에 내 사적인 시간이 생기니까 그때서야 온 거죠, 교통사고 후유증처럼 그렇게. 교통사고 딱 당했을 때는 어, 벌떡 일어났다가 나중에 한 일주일 있으니까 갑자기 시름시름 앓는 것처럼. 말을 못 한 게, 말을 못 한 게 큰가 봐요. 진짜, 쏟아낼 데가 없다는 게. 근데 어쨌든 감정을 해소할 데는 필요하고. 그때는 증상이 뭐, 어쨌든 부모님한테는 착한 딸이고 싶었으니까 착한 딸 코스프레를 하다가 나는 아니고 싶은데 이제 그거랑 부딪히면서, 일을 했던 기억들이랑 부딪히면서 집에 있는, 반항심이 그때 왔나? 집에 있는 음식은 아무것도 먹지 않았어요, 냉장고에 있는 것도. 그러니까 내가 무언가를 먹었다는 걸 남에게 보여주는 게 싫었어요. 내가 뭔가를 행위를 하고 있는 걸 남들이 보는 게 싫었어요. 그래서 진짜 집에선 물도 안 마셨던 거 같아. 밖에 나와서 조금조금 먹고. 한 달 만에 5kg가 빠졌어요. 그쯤 되니까 이제 좀 심각해지기 시작했죠. 〈강은〉

〈박팀장〉은 강남을 일컬어 '정신병으로 얽혀 있는 동네'라고 이야기한다. 룸살롱의 '아가씨 대기실'에서는 언제든 수면제와 우울증 약을 빌릴 수 있다고 말하기도 한다. 실제로 성매매 산업에 종사하는 많은 이들이 정기적으로 정신과에 가서 상담을 받고 약을 처방받는다. 이것은 성매매 종사자들이 정신적으로 문제가 있다는 이야기가 아니다. 정신과 진료실이 성매매 산업에서 발생하는 어떤 문제들을 치료하는 하나의 '창구'로서의 역할을 하고 있다는 의미다. 정신과 상담과 처방 약은 이들의 심신의 안정과 정서적 복지를 담당하는 수단으로 작동한다. 이들은 의료산업에서 제공하는 치유 상품으로 자신의 상처를 치료할 수 있다고 판단하며 슬럼프를 '극복'하고자 한다. 6개월 동안의 강남 생활을 마치고 학교로 다시 돌아간 〈강은〉 역시 '화류계' 생활을 끝낸 후 제일 먼저 찾은 곳이 정신과였다.

하지만 이들의 문제는 다른 데 있다. 좁게 이야기하면, 이들이 슬럼프같이 정서적이며 신체화된 한계에 봉착했을 때도 일을 멈출 수 없다는 점이 진짜 문제다. 그렇지만 앞서 살펴보았듯이 여성들은 성매매 산업으로 확대된 신용을 재생산하고 유지시키는 유일한 부속품이다. 게다가 이러한 신용은 여성 개인에게도 부과되어 여성들이 스스로 '투자' 비용을 지출하도록 강제된다. 여성들은 이 두 개의 신용을 유지하기 위해 사회적 노동을 수행하는 중이지만 이러한 노동은 여성들의 사적 채무로 인한 노동으로 분석되고 있다.

만약 성매매 여성들이 이자와 수수료, 원금 상환의 명령을 거부하고 현금 순환을 멈춘다면 자본이 부여한 성매매 산업의 신용이 가진 허구적인 속성이 드러나게 될 것이다. 물론 이런 일이 일어나기는 쉽지 않다. 왜냐하면 여성들은 자신에게 확장된 신용을 통해 계속 부채를 만들어내면서 또 다른 부채를 통해 부채 상환의 약속을 미루고, 찰나의 자유를 개인적으로 확보할 수 있기 때문이다.

11장

'자유로운' '파산 불가능한' 주체

화폐, '자유의 화신'

이 책의 주요 연구참여자 중 인신매매되어 오랜 시간 감금, 학대, 폭력에 시달린 〈숙희〉를 제외한 모든 여성은 '자유'라는 언표를 통해 적극적으로 자기 정체성을 규정하고자 했다. 인터뷰 내내 복잡한 '부채 관계'의 그물망을 해체하고 결합하며 부채의 회로를 설명해준 이들이 '어쨌든 자유롭게 살았다'라는 말로 자신의 삶을 요약하는 것은 무슨 의미일까. 이제 이들이 말하는 '자유'의 의미에 대해 해석해보기로 한다.

16세에 가출 후 업소 생활을 시작한 〈가희〉는 '신문 광고지'를 보고 직접 청량리에 있는 성매매 업소로 면접을 보러 간 케이스다. '일을 하다 사고가 난 아빠 때문에 슬퍼하는 엄마를 보면서 돈을 많이 벌어서 행복하게, 어둡지 않게 살고 싶다'고 생각하게 되었다고 한다. 청량리 유흥주점, 미아리 유리방, 강남의 보도방, 룸살롱 등 다양한 업종에서 일하던 〈가희〉는 20대 중반 술집에서 만난 여성으로부터 자신과 함께 포르노그래피 영화를 찍으러 필리핀에 가지 않겠냐는 제안을 받게 된다.

첫 영화를 찍는 조건으로 800만 원을 받기로 했고 '나중에는 더 받을 수 있다'는 이야기를 들었다고 한다. 결국 〈가희〉는 이 여성과 함께 영화를 찍기 위해 선지급금 400만 원을 받고 필리핀에 갔다. 하지만 함께 간 여성과 불화가 생겼고, 그 과정에서 그가 자신을 업자에게 소개해주는 대가로 3000만 원을 받았다는 사실을 알게 되었다. 믿었던 지인에게 배신당했다는 생각에 '견딜 수 없어서' 결국 한국 대사관을 찾아가서 도움을 요청했고 홀로 귀국을 했다. 계약보다 일찍 귀국하게 되어 나머지 돈 400만 원은 받지 못하리라 생각했는데 감독에게 전화가 와서 약속했던 돈을 다 받게 되었다고 한다. 〈가희〉는 비행깃값 등 필리핀으로 이동하느라 지출된 경비를 제외하고 나머지 돈은 모두 어머니께 드렸다고 이야기했다.

(근데 그렇게 힘들게 일해서 돈 번 거 엄마 주는 거 괜찮아요?) 네, 저는 뭐 그냥. 저도 근데 벌 때만큼은 그냥 남부럽지 않게, 라고 해야 하나? 내가 그렇게 막 쓰고 싶은 만큼 쓴 생활도 해 봤잖아요. (뭘 샀어요?) 뭐 특별하게 그런 거 없지만, 그냥 뭐 먹고 싶은 거 버는 동안은 다 먹어보고. 뭐, 원래 명품 이런 거 관심도 없으니까 비싼 거 그런 건 안 사봤지만 내가 입고 싶은 거 눈치 안 보고 다 사서 입어도 보고. 친구들 만나면 사주

고 싶으면 사줘도 보고. 왜 또 얻어먹는 사람이 더 좋은 거 같지만 사실 사주는 사람이 더 기쁜 거잖아요. 내가 그만큼 당당한 거니까. 친구도 사주고 싶은 거 사줘보니까 그거에 대한 기쁨도 누려보고. 그리고 또 자유, 자유? 그런 자유롭게 살고 싶은 그런 게 되게 있었던 거 같아요, 어렸을 때부터. 그래서 엄마한테 주는 것도 별로. 그만큼 엄마가 저 때문에 많이 고생하셨잖아요. 그렇게 많이 준 것도 아니고. 전혀 후회도 없고 그런 거 같아요. 〈가희〉

이렇게 받게 된 돈을 어머니에게 모두 준 게 아깝지 않냐는 질문에 〈가희〉는 전혀 그렇지 않다고 답변했다. 이유인즉슨, 자신은 자유롭게 살아보았지만 자신이 누린 자유의 대가로 어머니가 고생하셨으니 돈을 드리는 것이 후회스럽지 않다는 것이다. 16세 이래 10년 이상 성매매 업소에서 일한 경험을 그는 '자유'라는 단어로 요약한다. 이때 '자유'는 '남부럽지 않게' '눈치 안 보고' '당당하게' '기쁘게' 돈을 쓴 것으로 증명된다.

더 엄밀하게 말하면, 이때의 '자유'는 자신의 욕망을 충족할 수 단을 갖게 된 것을 의미한다. 그러므로 '자유'를 경험할 수 있었던 업소 생활은 곧 먹고 싶은 것, 입고 싶은 것, 친구에게 사주고 싶은 것을 모두 살 수 있었던 시기다. 비록 10년 넘는 업소 생활 동안 돈은 한 푼도 모으지 못했지만, 최소한 지출은 마음껏 해보았다는 의미이기도 하다. 이때 '화폐'는 곧 "자유의 화신"(Mooers, 2001)이 된다.

(같이 살자고 안 해? 스티브는?) 어… 결혼하자고 하죠. (언니 생각은?) …하고 싶은가 봐. 그 사람한테 전화하고 나서 기분이 좋아졌어, 온다니까 일본으로. 근데 언니는 말이라도 진심으로 말해주잖아. 근데 사람들은 그런 얘기하면 그걸 너무 질투라고 할까? 그 사람이 '쟤는 뭔데 그런 행운이 있을까', '쟤는 뭔데 그런 자유가 있을까' (자유?) 자유롭게 여기저기 왔다 갔다 하는 거잖아. 사람들이 그렇게 생각해갖고 이번에 일본 가는 얘기는 안 하려고. 〈수경〉

(언니는 좀 더 상위 업소로 가고 싶은 생각은 없어요?) 위로 가고는 싶어요. 여기 있는 모든 언니들이 성형을 하고 예뻐지고 싶어 하는 이유가 위로 가서 돈을 더 많이 벌고 싶고 그래서 더 자유로워지고 싶어 하는데. 저도 가고는 싶죠, 가고는 싶은데. 저는 이쁜 편이 아니어서 거의 밀빵으로, 영업진이 그냥 밀어갖고 넣어서 앉히는 거. (초이스 안 된다고?) 네, 왜냐하면 이 바닥에서는 저도 뚱뚱한 편인데 살 빼란 소리를 들어요. 뚱뚱하다고 살 빼라고. 화류계에서는 얼굴이 못생긴 거는 용서되는데 여자가 뚱뚱한 거는 용서 못 받는 거라고. 정말 마른 애들을 선호하죠. (언니 몇 킬로?) 49kg. 〈강희〉

미국인 '스폰'의 현지처 역할을 하는 〈수경〉은 자신이 가진 '자유' 때문에 같은 동네에서 일하는 여성들이 자신을 질투한다고 이야기한다. '스폰'을 만나기 위해 미국, 일본 등을 오가는 '자유'를 질투한다는 것이다. 결국 〈수경〉의 '자유'는 '스폰'을 가졌기 때문에 달성된 것이다. 한편 〈강희〉는 상급 업소로 이동해서 '자유'를 갖고 싶다고 이야기한다. 예뻐진 후 상급 업소로 진입해서 돈을 많이 벌어 '자유'를 갖고 싶다고 욕망의 순서를 언급한다. 이들이 사용하는 '자유'라는 낱말의 의미 역시 〈가희〉의 그것과 다르지 않다. 이동, 여행, 소비 등의 '욕망을 실현할 수 있는 수단'으로서 돈을 갖게 된 것을 '자유'로 설명하고 있다. 자신이 만들어낼 수 있는 최대한의 수익을 계산해 성매매 업소에서 일을 시작한 이들에게 '자유'는 오직 성매매 산업을 중심으로 한 화폐 흐름의 연결망 안에 있어야 달성될 수 있는 '자유'다.

이들이 이처럼 '자유'를 추구하고 그것을 지키고자 하는 이유는 성매매 산업 안에서 구속적 인물과 장치들이 보이지 않게 변화한 것과 관련이 있다. 그간 포주와의 대면적 관계에서 발생해 포주에 의해 '조절'되던 부채 관계는 새로운 금융 기법과 다양한 대출 상품의 등장으로 비대면적·비인격적인 형태의 부채 관계로 전환되었다. 이런 측면에서 이들은 인격적 예속 상태에서 벗어나 자유롭게 자신의 재무 상태를 관리하는 주체로 거듭났다고 스스로 정체화하게 된다. 대표적으로 다양한 대출 상품을 통해 주택과 자동차를 구입한 〈주현〉의 경우, 확대된 신용을 통해 소유자 정체성을 획득하자 평생 '빚쟁이'들에게 쫓겨온 자신과 가족의 삶을 '승리의 역사'로 재구성했다. 〈주현〉은 이제 그 '승리의 역사'를 계속 이어가야 할 임무를 떠맡았고, 그와 한배를 탄 가족은 이러한 '자유'의 시간을 유예하고자 모두가 숨죽이며 그의 일에 훼방 놓지 않고자 애쓴다. 이처럼 성판매 여성들에게 '자유'는 자신의 신체를 담보로 구축한 자유이며, 따라서 이러한 자유는 자신의 신체를 담보로 순환되는 화폐의 흐름을 벗어나면 달성되기 어렵다.

스스로를 '성노동자'라 적극적으로 호명하며 성노동자 운동에 앞장서고 있는 〈성아〉 역시 성매매를 통해 '자유'를 달성할 수 있었다고 이야기한다. 그는 성노동을 시작한 이후 가족으로부터 독립할 수 있게 되었는데, 이를 통해 '가족들의 시야에서 좀 더 자유로울 수 있게 되었'고 이야기한다. 이때 '자유'는 성노동을 통해 독립적인 삶을 영위하기 위한 조건이자 효과로 의미화된다. 독립 이후 성노동으로 돈을 벌어야만 했기 때문에 가족들의 시야에서 자유로울 필요가 있었고, 동시에 성노동을 통해 돈을 벌며 가족으로부터의 자유를 달성할 수 있었던 것이다.

다음은 역시 스스로를 '성노동자'라 호명하는 〈성연〉의 이야기이다. 그는 처음 트랜스젠더 카페에 가입해서 사진을 올리고 활동을 시작할 때만 해도 남자 회원의 '만나자'는 말이 무슨 의미인지 알지 못했다고 한다.

(처음 손님 만났을 때 기억나요?) 네. 그게 11월 28일인가 29일인가 그랬는데요. 제가 트랜스젠더 카페 가입해서 그냥 사진 올리고 그러던 때였는데 이제 한 어떤 남자가 만나자고 해서.

(…) 거기에서 쪽지를 받고 마침 시간이 있어서 가봤어요. 그분이 택시를 타고 오길래 제가 택시에 같이 타서 어 그냥 '압구정 로데오 거리 데려다주세요.' 하고 커피숍으로 끌고 갔거든요. 같이. 그분이 이제 좀 황당해하더라고요. 일단 40대였고 트랜스젠더랑 만나서 이렇게 커피숍에 들어온 게 처음이라고. 보통은 그냥 바로 모텔로 가거나 그런다고. 제가 그 소리를 듣고는 '바로 모텔로 간다고? 그런 게 어딨어?' 그랬죠. (일부러 커피숍으로 끌고 간 거였어요?) 저는 그냥 당연히, 얘기를 하려면 어딜 들어가야 하니까. 사람 많은 커피숍으로 먼저 가면 되는 거지 뭐, 그런 생각으로 끌고 간 거였는데, 자기는 조건만남인 줄 알았다 그렇게 말을 해서. 말을 했고, 그러면서 이제 서로서로 얘기를 하는데 그분 직업 얘기도 듣고, 그러면서 딱히 나쁜 사람 같진 않고, 그래서 이제 조건만남인 줄 알았다고 하지 않았냐, 그럼 얼마 주려고 그랬냐, 그러고 떠봤는데 10만 원이라는 큰돈을 제시하기에. 그게 평균이라고 하더라고요, 트랜스젠더들에게는. 평균 10만 원이라서 저한테도 10만 원을 주려고 했다, 그래서 뭐 안 될 거 있나, 그냥 오케이 그러고 갔어요, 모텔에. 거기서부터 왕십리로 갔던 거 같은데. 그냥 왕십리 모텔에서 이제 딱 들어가서, 그냥 제가 그 남자 입으로 한 번 딱 해주고 10만 원을 받았죠. (웃음) 그리고 계속 얘기 조금 더 하다가 그냥 그대로 끝났어요. (10만 원은 어디 쓰셨나요?) 그 10만 원은… 음… 잘 기억이 안 나네요. 바로 쓴 거 같

긴 한데, 옷을 샀던가? 옷이었나, 화장품이었나 기억은 안 나
는데 옷이었던 거 같아요. 〈성연〉

〈성연〉은 처음 손님을 만났을 당시 그를 '손님'이라고도 인식하
지 못했다고 이야기한다. '만나자'는 제안의 의미를 몰랐기 때문에
이러한 만남에 가격이 매겨졌다고 생각해보지 못했다. 이에 그는
'손님'에게 가격을 물어보았고 '10만 원이라는 큰돈'이 트랜스젠더와
의 성매매에서 정상가격으로 책정되어 있다는 것을 처음으로 알게
되었다. 이것은 처음으로 자신의 몸 혹은 몸 노동이 일정액의 화폐,
혹은 옷이나 화장품과 교환될 수 있다는 것을 체감하게 된 순간이
다. 성매매를 통해 이러한 순간을 경험하는 것에 대해 김은정(2010:
50)은 "교환가치의 학습"으로, 민가영(2008: 92)은 "젠더화된 비공식
자원의 (최초의) 사용"으로 설명한 바 있다. 이 책에서는 비슷한 맥
락에서 성매매 시장에서 자신의 몸 가치에 해당하는 '가격을 인지'
하는 것이라고 해석한다.

〈성연〉은 자신의 몸 가치에 대한 '가격 인지' 이후 자신의 몸을
통해 '욕망 충족의 수단'을 획득할 수 있다는 사실을 알게 된다. 그
는 '성전환 수술'에 필요한 돈을 직접 마련해야만 했다. 〈성연〉이 실
제로 '성노동'을 통해 '자유'를 실현할 수 있었다고 직접적으로 이야
기하지는 않았으나, 성노동을 통해 자신이 원하는 것을 달성할 수
단으로서의 화폐를 갖게 된 것은 다른 여성들이 말하는 '자유'와
맥락상 같은 의미다.

〈숙희〉를 제외한 연구참여자들은 모두 성매매를 통해 자유를 획득할 수 있었음을 주장하지만, 그중에서도 〈성아〉와 〈성연〉은 스스로를 '성노동자'라고 호명하지 않는 다른 여성들과 큰 차이를 갖는 지점이 있다. 이들은 자유를 획득하기 위한 선결 조건으로서의 투자 비용, 성매매 산업의 진입 비용을 고려하지 않는다.

그래서 아무튼 생계 문제를 생각해봤을 때 학교 다니면서 여타 아르바이트하기보다는 성노동을 하는 게 저한테 훨씬 더 힘이 덜 드는? 그런 게 있으니까? (힘이 덜 드는 게 무슨 의미죠?) 시간을 덜 쓰면서 더 많은 돈을 벌 수 있다는 얘기죠. 음, 그래서 근데 아까 얘기했잖아요, 외모 때문에 뺀찌 많이 먹었다는. 그래서 요새 다이어트 하고 있어요. 다이어트 생전 할 생각이 없었거든요. 그냥, 별로, 내 몸이 그런 거에 대해서 한 번도 그런 거를 가진 적이 없었는데 이게 돈인 거예요, 몸이 돈인 거야. 내 기술이나 이런 거는 드러나지 않고, 그건 이 시장에서는, 적어도 한국의 시장에서는 가치 있게 매겨지지 않는 거예요. 그러니까 일단 돈을 벌려면 몸을 줄여야 하는 거예요. 그러니까 다이어트를 하겠다고 마음을 먹고 있는 거예요. 하루에 1000kcal도 안 먹는 거 같아요. 요새. (웃음) 빨리 빼고 싶어가지고. 〈성아〉

〈성아〉는 여타의 아르바이트보다 성노동이 시간은 덜 쓰면서

'같은 돈' 혹은 '더 많은 돈'을 벌 수 있다고 판단했고, 이를 위해 단 한 가지 장애물을 극복하겠다고 결심한다. 그것은 '다이어트'다. 자신의 '기술'에는 가치가 매겨지지 않고 오로지 시각적인 몸에 가격이 매겨지는 현재의 성매매 시장은 불만족스럽지만 '일단 돈을 벌기 위해서' '몸을 줄이기로' 결심한다. 하지만 다른 여성들의 인터뷰와 〈성아〉의 인터뷰 간에 다른 점은 '다이어트를 결심'하게 된 것을 '투자 비용'으로 해석하지 않는다는 점이다. 이는 단순히 그가 시장에서 다이어트 상품을 구입하지 않았다는 소극적 의미만은 아니다. 그는 물론 성매매 산업에서 '몸이 돈'이라는 사실을 인지하고 있으며 '다이어트'를 결심한 이유도 그래서다. 하지만 이것은 〈성아〉에게는 자아를 '조정'해야 하는 '결심'일 뿐 이것이 자유의 반대급부로서의 비용, 경제 문제로 계산되지는 않는다.

（그럼 생활비로 돈이 필요한 건가요?) 저요? 지금? 아니요. 그렇죠. 그냥 엄마가 다 대주기 때문에. 어머니의 수입 상태는 상당히 부유하신 편이죠, 저는 그렇지는 않지만. (아, 그럼 어머니한테 받아서 쓰는 게 어머니한테 죄송스럽지는 않은?) 미안하진 않아요, 전혀. (그럼 여분의 돈이 필요한 건가요?) 음… 필요하긴 하죠. 왜냐하면 조치를, 외과적인 조치를 취하기 위해서는 돈이 필요하니까. 그거는 엄마가 내주거든요. 그러니까 엄마가 호르몬비를 대주는 건 어느 정도 풀어주고 자기 관리하에 두기 위해서 그런 거지, 무조건 다 자기가 돈을 대주고, 자기가

허가를 해주겠다, 그 뜻은 아니에요. 그러니까 성전환 수술에 대해서도 엄마랑 얘기를 했었는데 서른 넘어서 해라 그런 소리를 하기 때문에. 〈성연〉

〈성연〉의 사례에서 차이는 더욱 분명하게 드러난다. 〈성연〉은 대기업 임원급인 어머니와 함께 거주하며 어머니로부터 용돈을 받고 있어 경제적 형편이 좋은 편이다. 이 때문에 〈성연〉에게 조건만남으로 두세 시간에 10만 원씩 벌어들이는 돈은 '여분의 돈'이다. 이 '여분의 돈'은 호르몬 투여는 지지하지만 서른 이전에 외과적 수술을 받는 것은 지지하지 않는 어머니의 승인 없이도 '성전환 수술'을 할 수 있게 만들어주는 돈이다.

하지만 이러한 외과적 수술은 성매매를 위한 원료 구입비는 아니다. 그것은 가격으로 환산할 수 없는 그의 열망을 실현하기 위한 비용이다. 기지촌 활동 당시 내가 관찰한 바로는 외과적 수술을 마친 트랜스젠더 여성들은 수술 없이 호르몬 투여만 하는 트랜스젠더 여성과 비교해 성매매에서의 '가격'이 더 저렴했다. 몸의 '희소성'에서 '가격' 기준이 작동하는 것이다. 당시 업소에서 일하는 트랜스젠더 여성들은 수입 문제 때문에 외과 수술을 미루는 경우가 많았다.

〈성연〉 역시 성매매 산업에 진입하는 '투자' 비용을 (자신이) 부담하지 않는다. 이 역시 시장에서 '아가씨'가 되기 위한 상품을 구입하지 않는다는 소극적인 의미만은 아니다. 앞서 살펴보았듯이 성판매 여성들에게 다이어트나 성형은 미래의 화폐 흐름을 재조정하기 위한 기획이며, 자신의 미래 수입이 이미 계산되어 신용으로 제공된 상황에서 미래를 재배치하는 것은 다시금 현재의 신용을 재조정해야 하는 문제였다. 이들은 다이어트를 결심하거나 성형을 결심할 때 언제나 새롭게 구축되는 부채 관계에 포섭되었다. 추가적 원료 구입비를 지출하는 방식으로 이러한 결심을 실현한 것이다.

다른 이들과 비교할 때 〈성연〉과 〈성아〉가 가진 가장 큰 차이점은 이들에게 부채가 없다는 점이며, 더욱 구체적으로는 이들에게 성매매는 정치적 문제이지 경제적 문제는 아니라는 점이다. 성매매 산업에서 발생하는 신용이 금융화된 사회적 관계와 질서를 보충하는 현실에서 성매매를 정의한다는 것은 단순히 이들이 '성노동자'인가 '성노예'인가, 혹은 이들은 자유로운가 그렇지 않은가와 같은 정체성 정의를 넘어서 누가 이 시대 금융화의 수단으로 증권화되고 있는가라는 자본의 문제로 옮겨와야 한다. 여성의 몸을 수단화하며 확대재생산되고 있는 자본은 자신의 몸을 담보로 사용하는 대가로 여성들에게 현재의 자유를 허락하지만, 동시에 여성들의 '기대수익'을 통해 그들의 미래를 포박하고 있다. 미래를 포박당한 여성과 포박당하지 않은 여성들 사이의 차이는 앞서 지적된 경제적 문제, 나아가 정치경제적 문제로 번역될 수 있을 것이다.

금융이 요구하는 자유의 비용

이 시대 성매매 여성들은 돈이 필요하거나 자금 회전에 문제가 생길 때 하나뿐인 자신의 몸을 여러 차원으로 쪼개어 현금 문제를 해결할 수 있다. 동시에 부채가 '자유' 획득의 수단으로 이용되는 상황에서 이들은 이후 거액의 이자와 수수료라는 형태로 '자유' 사용에 대한 비용을 지불한다. 자신의 몸을 '담보화'하거나 '몸노동'을 해 돈을 만들어내고, 부인 혹은 애인 역할을 통해 돈을 만들어내기도 하며, 심지어 '아가씨'로서 자신의 명의를 빌려주는 대가나 수수료를 통해 돈을 만들어내기도 한다. 우리는 조 모 씨의 '대출 사기' 사건에서 실제 발생하지 않은 '마이킹 대출'에 대해 일정액의 수수료를 받고 자신이 받은 대출인 양 명의를 제공한 여성들을 목격한 바 있다. 그렇다면 실제 계약의 당사자도 아니면서 자신의 명의를 제공한 여성들은 어떻게 되는 것일까? 만약 조 모 씨 사건이 검찰에 의해 수면 위로 드러나지 않았다면 J저축은행에 대출금을 변제해야 하는 사람은 누구일까?

KB저축은행은 J저축은행을 인수하면서 파산재단으로 '강남 유흥업소 특화대출' 상품 채권을 넘겼다. 보통 여성들의 차용증이 채권시장에서 거래되면서 이들은 직접 계약을 맺지 않은 신용정보회사에 부채를 변제해야 하는 책임을 갖게 된다. 현재는 삭제되었지만 과거 금융감독원의 자유게시판에는 이 같은 피해 사례 호소 글이 종종 발견됐다.

○저축은행에서 △△△호텔 지하에 있는 '□□'이라는 유흥주점에서 업주와 어떤 밀약이 있었는지는 모르나 저희 모두를 속이고 마이킹을 지불하는 과정에서 마이킹의 명목으로 대출이 진행되지 않는 조건의 종업원들을 마이킹이라고 속이고 아무런 설명 없이 여기 여기 싸인하라고 시켜놓고 종업원들이 이거 대출 아니냐 하고 반문하고 의심하자 가게(□□)에서 책임진다고 해놓고 안심시킨 뒤 일방적으로 가게를 폐쇄한 것으로 인해 종업원 모두가 아직까지 고통받고 있는데 이것이 정상적인 대출이라니 기가 막힐 따름입니다. 그리고 피해자들에게 단 한 번의 전화도 추가적인 조사 또한 하지 않고 ○저축은행에 일방적인 답변에 의해 결론을 내리고 일방적인 통보를 해온 것에 심히 화가 나고 억울하기 짝이 없습니다.

위의 '○저축은행'의 '마이킹 대출' 건에 대한 피해 호소 글에서 확인할 수 있듯이 채무자는 법원으로부터 지급명령서를 받으면 답변서를 법원으로 보내고 '채무부존재소송'을 진행해 해당 대출 건이 자신과 관련 없는 대출이라는 사실을 직접 소명해야 한다. 그러나 예금보험공사에서는 U신협의 '마이킹 대출' 채권을 인수한 이후 '안 되면 말고' 식으로 채권 회수에 나서기도 했다(2004가단41469, 2009다37251).

J저축은행에서 대출받은 73개 유흥업소 중 업주가 신용불량자인 곳도 36곳이나 된다고 하니(손효주, 2011), 결국 최종적으로 채무

상환의 의무를 지는 사람이 누구인지는 사실상 명확하다. 게다가 J 저축은행은 마이킹 대출을 내줄 때 선불금 액수에 해당하는 근보증서 및 약속어음을 받은 바 있고, 이것은 접대부 등이 일정 금액만큼 연대보증을 서는 인적 담보에 해당된다고 서울중앙지방법원 판결문 또한 명시하고 있다(2012고합262). 여성들을 업주의 연대보증을 선 인적 담보로 해석했다는 것은 만약 업주가 파산을 할지라도 여성들의 부채 변제의 의무는 없어지지 않는다는 의미다.[14] 여성들은 대출금이 지급되는 과정에서 지불한 거액의 이자, 수수료에 대해서는 상계相計하지 못한 채 원금 상환을 요구받게 된다.

하지만 잠적을 하거나 파산을 하는 방식으로 채권자에 의해 제공된 신뢰를 끊어내는 적극적 대응을 하는 소수의 여성을 제외하곤 많은 이들이 법원으로부터 지급명령을 받기 전부터 스스로의 재무 상태와 신용 상태를 관리하고 있었다. 자신들의 개별성이 소환되는 채권추심의 단계에 진입하기 이전에 이들은 부채를 상환하려는 노력을 게을리하지 않는다.

나는 좀 크게 빼팅[베팅]을 하는, 크게. 갑자기 이 집에서 큰 집으로 이사했을 때 그때 일수 땡긴 거야, 가구 산다고. (지금 몇 평인데?) 21평. 방 하나, 보증금은 500인데, 안에 또 다 가구

---

14   '파산절차가 개시된 채무자에 대하여 파산절차에 의하지 않고 행사할 수 있는 권리'에는 상계권, 보증인 등으로부터의 회수권 및 환취권, 별제권, 재단채권의 행상 방법 등이 있다. 이에 대해서는 오시정(2009a; 2009b)의 글을 참고하라.

바꾼다고. 그러니까 작은 평수에 살았던 가구들은 다 갖다 버리고 또 새로 싹. (어디다 갖다 버려?) 중고 팔기도 하고, TV 같은 건 뭐 아빠 주기도 하고, 그래서 1000만 원 들었지. (관리비는?) 많이 나오지. 그러니까 한 달에 여기 집값으로 한 100만 원? 나가는 거 같아. (…) (방세가 얼만데?) 80. 원래 이 집에 좀 작은 평수에 살았어. 500에 55였나? 아니다, 50. 제일 작은 평수 살다가, 살다 보니까 큰 평수로 옮기게 된 거지. 500에 80. (안 힘들어?) 힘들지, 목돈이 나가니까. 그런데 처음엔 좋았지. 잘 벌었으니까. (여기 좋은 오피스텔이잖아.) 지금은 싫어. (왜?) 더 큰 집 가고 싶어. 처음에는 여관에서 전전했을 때는 내 누울 자리 하나만 있었으면 좋겠다, 내 가구들, 왜냐하면 그때는 이삿짐센터에 짐을 맡겨놓은 상태였으니까. 멍멍이도 있었는데, 멍멍이랑 같이 살 데 있었으면 좋겠다. 애인이랑 쪼그만 방에서 살다 보니까 집도 있겠다, 일수도 없겠다, 돈 뭐 버는 대로 다 내 돈이니까. 그냥 다 갖다가 썼지. 그걸 갖다가 저금하고 이런 적은 없지. 저금이라는 거는 내 통장에는 300만 원? (웃음) 이게 최고 많이 꽂힌 그런 거 같아. 돈 있으면 일 안 하고. 돈 필요하면 미친 듯이 일하고 그런 거 같아. 〈은주〉

국내 및 해외의 다양한 지역의 온갖 유형의 성매매 업소를 경험한 〈은주〉는 스스로를 '템프로 빼고 다 가봤다'고 소개했다. 그는 일하던 업소 사장과의 마찰로 안마 업소를 그만두게 되면서 최근

자금 회전에 문제를 겪게 되었다. 현재 사는 집으로 이사를 하면서 부터 갑자기 한 달에 지출해야 하는 돈의 액수가 급격히 증가하게 되었고 급기야 다달이 나가야 하는 돈이 한 달에 1000만 원이 되었다고 한다. 그는 부채가 가장 컸던 시절 여관에서 살면서 '내 누울 자리 하나만 있었으면 좋겠다'는 생각이었고 열심히 일해서 겨우 빚을 정리한 후 다행히 보증금 500만 원에 월세 55만 원짜리 오피스텔에 들어올 수 있었다. 하지만 애인과 함께 오피스텔에 살면서 '일수도 없겠다, 돈은 버는 대로 다 내 돈이니' 더 큰 집에 살고 싶다는 생각을 하게 되었다. 돈을 굴리는 데 문제가 없던 시절이라 같은 건물에 있는 좀 더 넓은 평수의 오피스텔로 이사를 했다. 이전 집과 비교하면 월세가 30만 원 더 비싼 집이지만 일수도 없고 돈도 잘 벌던 시절이라 큰 문제가 없으리라 생각했다고 한다. 하지만 '돈 있으면 일 안 하고, 돈 필요하면 미친 듯이 일하고' 하며 살다 보니 모아둔 돈은 없는 상태라 이사 후 새집에 맞는 가구를 사기 위해 일수 1000만 원을 얻게 되었다. 이전에 살던 집에 있던 가구들은 '싹 다 갖다 버렸다'고 한다.

문제는 이사하고 얼마 지나지 않아 다니던 안마 업소에서 사장과의 갈등으로 일을 그만두게 된 것이다. 어쩔 수 없이 쉬는 기간이 생기다 보니 이사를 위해 빌린 1000만 원의 일수를 갚기가 어려워졌다. 모아둔 돈도 없으므로 일수를 갚고 월세 등에 지출해야 할 생활비도 필요하게 되어 월변으로 1200만 원을 더 빌리게 되었다. 〈은주〉는 스무 살에 장안동에 와서 겨우 빚을 청산하고 '자유의 몸'이 되었지만, 장안동에서 일한 지 11년이 지난 시점에서 2200만 원의 빚이 다시 생겼다.

이 원금 상환액, 혹은 이자 지불액 등 대출금에 대해 한 달에 고정적으로 드는 비용만 480만 원이다. 일수는 하루에 12만 원씩 갚아야 하니, 한 달이면 360만 원, 월변 이자만 한 달에 120만 원이 나가야 한다. 또한 추가로 월세 80만 원을 내야 하니 고정적으로 한 달에 지출해야 하는 돈은 560만 원이다. 여기에 비싼 오피스텔 관리비가 추가되고 특별한 벌이가 없는 남자친구와 생활하는 데 드는 식대 등의 비용이 추가되어 한 달에 1000만 원의 돈이 필요하다고 계산한다. 현재 자신이 일할 업소를 찾지 못한 〈은주〉가 매달 자신의 몸을 통해 만들어내야만 하는 돈은 1000만 원이다. 〈은주〉는 업소에 고용되지 않은 상태에서 일단 급한 불을 끄기 위해 신림동 여관촌에서 성매매를 시작했다. 가격이 낮게 책정된 지역이기 때문에 엄청나게 고된 노동을 해야 한다는 단점이 있지만, 수요가 많은 덕분에 하루 수입이 예측 가능한 장점도 있다고 한다.

(언니는 일단 다 카드?) 네, 일단은 다 카드로 쓰는 편이에요. 현찰은 항상 내가 통장에 다 넣는 편이어서. 그래서 다 카드로 쓰고 이번 달은 카드가 좀 많이 나왔다 그러면 좀 안 쓰는 편이고. 모자라면 친구한테 빌리거나 카드론, 아니면 열심히 조건[조건만남] 하던가. (그럼 카드값 나오기 전에 돈을 모아놔요?) 아니, 그냥 통장에 그대로 있다가. 결제일 전에 좀 계산

을 하긴 하지. 얼마가 모자라는지 보고 열심히 일을 한다든 지. 난 계속 현찰을 받으면 통장에 넣으니까. (그럼 지금은 어디 가게에 있지 않은 거죠?) 응, [〈은주〉랑] 같이, 밖에서. 하하 하하하. 〈주현〉

〈은주〉는 이후 신림동 여관촌 경기가 안 좋아지자 친구인 〈주현〉과 함께 스마트폰 채팅 애플리케이션을 통해 손님을 만나 손님의 차 안에서 성매매를 하는 '조건만남'을 하고 있다. 현재의 조건만남은 여관촌 성매매와 달리 관리자가 없어서 건당 5000원의 수수료를 낼 필요가 없다는 장점이 있지만 혼자 일하기엔 위험부담이 있다. 이에 둘이 함께 일하는 시간을 맞추면서 가끔 전화로 안부를 체크해준다고 한다. 이 둘은 각각 안마 업소와 룸살롱에서 업주와의 갈등 때문에 업소를 나와 다음 업소로 이동하기 전까지 잠시 동안 조건만남을 하는 상황인 것이다.

예상할 수 있듯이 다음 업소로 이동하기 전까지 위험한 일을 하면서도 일을 쉴 수 없는 이유는 이들이 계속 부채 상환을 해야 하기 때문이다. 〈주현〉의 경우 각종 대출금 이자 300만 원, 어머니 생활비 300만 원, 자신의 보험료 60만 원, 생활비 200만 원으로 한 달 고정 지출액이 850만 원이다. 그는 계산을 편리하게 하려고 대부분의 생활비 지출에 카드를 사용한다고 한다. 카드값이나 대출금 이자를 내야 하는 날짜가 되어 돈이 모자라면 친구에게 돈을 빌리거나 '카드론'을 받거나 더 열심히 조건만남 상대를 찾는다

고 한다. 그가 '자유롭게' 조건만남을 하고 있다고 판단하는 이유
는 이렇게 스스로 지출을 계산하고 관리하고 있기 때문이다.

〈주현〉은 하루에 자신의 몸을 통해 만들어낼 수 있는 현금을
대략적으로 예측하기 때문에 지출액이 계산되면 '며칠 일을 해야
되는지' 역으로 계산한다. 그런데도 자금 회전에 문제가 생길 때는
〈은주〉 같은 친구들과 서로 협조해서 돈을 융통한다고 한다. 그는
'신용카드와 대출 이자 결제 날짜들이 서로 다른' 비슷한 일을 하
는 여성들과 소액을 융통할 정도의 신뢰 관계를 형성하고 있어 다
행이라고 말한다. 더욱 큰돈이 필요한 경우에는 '카드론'을 사용하
면서 이러한 자금 회전을 유지하고 있다.

〈다혜〉는 현금 흐름을 유지하는 단계에서 신용카드 현금 서비
스를 사용하다가 '카드 돌려막기'의 늪에 빠진 경우다.

(그래서 카드 현금 서비스?) 그리고 그때는 ○○카드사랑 미친
것들이 아예 이름이 있더만요. 그 여자들 겨냥해서, 20대 쇼
핑하기 좋아하는 여자들, 부르는 이름이 있던데? 왜 레벨을 매
겨놓고. 그때 내가 ○○카드를 썼거든요. 근데 한도를 700을
다 썼어요. 그러면 또 마이너스 한도가 또 있었어요. 마이너
스 500까지 또 쓸 수 있는. (언니, 그래서 다 쓴 거구나?) 네, 그
때 이 신협 이거 터뜨릴 때, 브로커 끼고 대출받을 때는, 모든
카드에서 모든 현금 서비스 받을 수 있을 만큼 다 받고, 대출
받을 수 있는 만큼 다 받고. 그렇게 해가지고 터뜨리고. (돌려

막기 할 때 힘들지 않았어요?) (한숨) 돌려막기 할 때, 별로, 안 힘들었어요. 카드사에서 계산만 조금 잘하면 석 달에 한 번씩 한도를 올려주더라고요. 어찌나 잘 올려주는지. (웃음) 이미 만땅인데요. 나중에는 내가 얼만지도 몰라요. (그래서 그걸 이 번에 파산한 거예요?) 응. 〈다혜〉

〈다혜〉는 U신협에서 '유흥업소 여성 전용' 상품으로 대규모 대출을 일으킨 시기에 브로커를 끼고 대출을 받았고 이를 해결하기 위해 신용카드 현금 서비스를 받았지만 부채가 해결될 것 같지 않자 신협과 신용카드로 대출받을 수 있는 모든 한도의 대출을 받았다고 한다. 자신에게 부여된 신용을 다 사용한 후 '신용 사회'에서 잠적하기로 결심한 것이다. 당시 신용카드 현금 서비스 한도는 700만 원이었는데 '마이너스 한도'가 더 있어서 추가로 500만 원을 더 받을 수 있었다. 모든 카드를 한도까지 다 쓰고 카드 돌려막기를 할 당시에도 카드사는 3개월에 한 번씩 한도를 올려주었다고 한다. 마침내 더는 카드 돌려막기가 불가능해지자 〈은주〉는 '신용 사회'에서 잠적했다.

2000년대 초반 신용카드 사용이 적극적으로 권장된 결과 2003년 신용 위기로서 '카드 대란'이 일어났다. 이때 대거 양산된 한국의 '신용불량자'에 대해 연구한 김순영(2011)은 이들의 최초 연체 이유는 제각각이었지만 신용카드를 발급받고 연체를 하게 되면서 이들이 동일한 경로를 겪었다고 분석한다. 한 장의 신용카드로 생긴 부채를 갚지 못하자 카드 돌려막기를 시작하는데 사실상 '카드 돌려막기'는 원금에 이자를 가산하는 복리계산에 의거하기 때문에 빚이 기하급수적으로 늘어날 수밖에 없다는 것이다. 김순영은 그럼에도 불구하고 이러한 카드 돌려막기는 신용불량자가 되지 않겠다는 의지의 표현이며 어떻게든 부채를 갚고자 하는 채무자들의 노력의 결과로 분석되어야 한다고 설명한다(같은 책, 123~124).

> 그러니까 일이 또 꼬이면 계속 꼬여. 이 가게에서 일하다가 이가게 마음에 안 들고 뭐가 안 돼가지고 옮기게 되면은 쉬는 타이밍이 있고, 또 필요하고, 카드값 날짜는 다가오고 그러다 보면. 하여튼 신용불량자는 될 수가 없으니까, '신불'은 어릴 때 한번 해봤으니까. 지금은 신용에 대해서는 그건 좀 있지. 절대 돈은 못 모으되, 그거 갚으려면 뭐 일수가 그거 해가지고 내 신용상에 문제가 생기는 그거는 아니니까. 쉽게 땡길 수가 있는 그거잖아. 〈은주〉

〈은주〉와 〈주현〉이 현재 여관촌 성매매를 하고 조건만남을 하는 단 하나의 이유는 '신용불량자'가 될 수 없다는 이유 때문이다. 신용카드를 자신의 생활비 계산 도구로 사용하는 이들은 신용카드 결제일과 금융권 부채 이자 지급일을 준수하기 위해 잠시 업소를 떠난 상태임에도 성매매를 멈출 수 없다. 자신의 재무 관리에 대한 책무성은 자신에게 주어진 신용, 나아가 자신에게 주어진 '자유'

를 재생산하고자 하는 의지에서 나온다. 이들은 오히려 신용에 문제를 일으키지 않기 위해 사채 자금을 이용하기도 한다. 이제 사채 시장은 금융화된 경제를 순환시키기 위한 보충물로 사용되고 있는 것이다.

이처럼 여성들은 성경제sex economy에서 자신에게 부여된 신용 점수를 관리하기 위한 하나의 도구로서 인격적 대면 관계를 활용하기도 한다. 금융이 제공한 신용을 관리하기 위해 오히려 높은 이자를 지불하더라도 사채를 쓰는 것이다. 앞서 〈주현〉이 신용카드 결제일에 친구들에게 돈을 빌리는 것도 마찬가지다. 이를 통해 보았을 때, 이 시대 금융화된 성경제를 무리 없이 작동시키기 위해 여성들은 마치 과거처럼 친밀성의 경제intimate economy 영역에서의 자원을 도구로 동원하고 활용하고 있음을 살펴볼 수 있다. 동시에 노동이 없는 이들에게도 '민주적인' 방식으로 신용의 확장이 이루어진 결과 몸이 재산인 채무자들은 자신의 몸값이 가장 높은 가격으로 빠르게 지급될 수 있는 시장을 찾아 떠돌게 된다. '신용의 민주화'를 통해 확장된 신용은 '신용불량자'가 될 수는 없다는 공포를 통해 폐기될 수 없는 것으로 남게 되고, 그 몫은 담보물의 가격에 의존하게 된다.

오늘도 일 나가야 해. 여관발이 하러. 하나에 2만 원짜리. (2만 원?) 2만 원. 15분, 20분 타임에. (그건 어디서 전화 오는 거?) 아니, 신림동에 가면은 여관 골목이 있어. 거기 여관은 다 그런 여관이야. 일반 손님도 받긴 하는데 남자 손님들 오면 카운터에서 이모들이 '아가씨 불러줘?' 이러면 불러달라 그러면 이제 여관 이모들이 사무실에 전화를 해. 거기는 원래 출퇴근 시간이 정해져 있는 것도 아니고, 쉬는 것도 정해져 있는 것도 아니야. 내 자유. 자유롭게 일할 수 있어. 내 나가고 싶을 때 나가고, 말고 싶으면 말 수 있는 데. 그러니까는 저기가 지금 장사가 초장에, 여름쯤에 다녔을 때는 하루에 한 50은 벌었었는데, 지금 어느 순간 명절 끼고 이러면서 지금 최악으로 안 좋아진 거 같아, 심각하게, 갑자기 최근에. 그래서 하루에 50씩 버니까 어, 다닐 만하다. 근데 밑에 너~무 아프지. 하루에 20명, 25명을 해야 되는데 그걸 어떻게 하냐고. 그렇게 해서 명절에 장사가 너무 안되니까 그때 500을 땡긴 거야. 장사가 안되니까 돈을 땡길 수밖에 없는 거야. 이게 내가 쓴 거 카드값을 막고 생활을 해야 하니까. 그렇게 해서 다니다가 너무 장사가 안되고 질려버린 거야. 일하는 게. 완전 학을 뗀 거지. (대기는 어디서 해?) PC방 같은 데 있거나, 거기 다방, 쪼그만 커피숍 같은 거 있어. 그쪽 동네가 다 그런 동네니까 뻔히 알아. 기지배들 돌아다니면. 그러니까 거기서 커피 한 잔 시켜 먹고 왔다 갔다 하던가, 길바닥에 서 있던가, 자기 차에 있던가, 자기 자유. 모텔에 하루에 만 원씩 주고 대기를 하던가. (그럼 언니 갈 때 택시 타고 가?) 나는 차 가지고. (언니 차 있어?) 응. (웃음) 캐피탈. 〈은주〉

〈은주〉는 자신에게 주어진 신용을 유지하기 위해 한 달에 1000만 원을 만들어내는 일을 멈출 수 없다. 15~20분의 짧은 시간 동안 성매매를 하고 여관에서 받는 돈은 2만 5000원이다. 이때 5000원은 소개비 명목으로 출장 사무실에 주고, 〈은주〉는 2만 원을 갖는다. 이렇게 하루에 25명의 손님을 받게 되면 50만 원의 돈을 쥘 수 있게 된다. 〈은주〉가 한 달 고정적으로 지출해야 하는 금액 560만 원을 벌기 위해서는 대략 한 달에 11일을 일해야 하며, 카드값을 포함한 생활비 1000만 원을 만들기 위해서는 한 달에 20일을 일해야 한다. 20일을 신림동 여관촌에서 일하면서 1000만 원을 번다고 해도 손에 남는 돈은 없고, 생활비 카드값과 일수 원금 상환금, 월변 이자비, 자동차 담보대출로 모두 빠져나간다. 그럼에도 경기가 나빠지기 직전인 명절 전까지는 하루 벌이가 예상 가능하다는 점 때문에 〈은주〉는 신림동으로 향하고 있었다.

하지만 50만 원이라는 목표 금액을 계산하고 그것을 벌어들이는 데 감시나 규제의 시선이 없다는 점에서 〈은주〉는 이를 '자유'의 상태로 의미화한다. 대면 관계에 놓인 포주로부터의 선불금이 자신에게 주어진 유일한 신용이었던 시절과 달리, 이제 여성들은 '신용사회' 안에서 자신에게 부여된 신용을 통해, 혹은 업소에 부여된 신용을 통해 스스로 생존할 수 있게 되었다. 이제 채권자는 더 이상 여성들을 일상적으로 구박하고 때로는 폭력을 일삼던 '악덕 포주'가 아니라 번듯한 금융회사다. 일수업자가 채권자일지라도 채권의 상품화가 훨씬 손쉬워진 상황에서 일수업자는 더 이상 예전처럼 집으로 찾아와 협박하지 않는다.

　얼마 전 〈은주〉는 다른 여성이 일수 700만 원을 빌리는 데 연대보증을 선 건에 대해 신용정보회사로부터 '채권추심 수임사실 통지서'를 받았다고 한다. 모든 권리의 이전과 귀속이 서류로 전달되는 과정에서 채권자의 얼굴은 사라졌고, 〈은주〉는 훨씬 느긋한 태도로 이 사실을 내게 알려왔다.

　공식 신용을 관리하고자 최선을 다하는 그이지만 앞서 설명한 '불경기' 등의 변수로 인해 하루 50만 원을 벌 수 없는 일이 생기기도 한다. 명절 즈음 '장사가 너무 안돼서 결국 500만 원을 땡겨' 부채가 추가되었다.

　(850을 벌려면 도대체 하루에 얼마씩을 벌어야 한다는 소리야?) 벌어야 되는데 지금 며칠째 빵꾸야. 하하하하. 뭐 어제는 별로였지만 그제는 잘 벌었고, 그끄저께도 잘 벌었어. (잘 벌면 얼마?) 만약에 업소에 제대로 들어가 있다. 그러면 평균 잡아서 한 60에서 70 정도. 근데 지금 상황에서는 이렇게만 다닌다하면 한 40~50만 원 벌면 되지 않을까. 딱 얽매여 있는 데가 아니니까. 자유롭게 일하니까. 우리는 또 우리가 [핸드폰을 보며] 잡아야 하는 거잖아. 그러니까 한 40~50만 원 벌어야 되는데. (그럼 언니가 동네도 왔다 갔다 해야 해?) 아니 한자리에 있다가, 채팅하고, 그 사람들보고 오라고 하는 거야. 못 벌어. 지금 30도 못 버는 거 같아. 30 정도밖에 안 나오는 거 같아.

큰일 났어 지금. 마이너스야, 마이너스. 30 해서 20일 따지면
600밖에 안 돼. 마이너스야. 〈주현〉

〈주현〉은 업소에 있다면 하루 평균 60~70만 원 정도의 수입
을 올릴 테지만 현재 업소에 속해 있지 않기 때문에 기대 수입이
낮은 편이고 이 때문에 하루에 40~50만 원 정도 벌어야 현재의 소
비 규모를 겨우 유지할 수 있다고 계산한다. 하루에 9명의 손님을
만나 45만 원을 20일 동안 벌면 900만 원이 된다. 이 돈이면 저금
은 할 수 없어도 지출해야 하는 돈은 차질 없이 나갈 수 있게 된다.
그러나 하루 30만 원도 못 벌고 있어 〈주현〉은 걱정이 많다. 만약
200만 원의 돈이 부족하게 된다면 〈주현〉은 다시금 카드론을 받게
될 것이고 〈주현〉이 갚아야 하는 돈은 한 달에 850만 원을 넘을
것이다.

그럼에도 여성들은 부채 화폐가 제공하는 자유의 공간 속에서
자신의 삶을 통제하고 지배할 수 있다고 생각하면서 금융적 실천
을 통해 삶을 지속한다. 이러한 여성들의 삶은 "일상적 재생산의 금
융화"라 이름 붙이기에 손색없어 보인다(Federici, 2013[2012]: 186). 또
한 단순히 생활비를 마련하기 위해 부채를 일으키고 이를 상환하
기 위해 돈을 버는 것을 넘어, 이들은 자신에게 부여된 신용을 유
지하기 위해 자신의 시간, 몸 노동, 삶을 조절한다. 이는 성매매를
통한 금융화의 재생산이라고 볼 수 있을 것이다. 이러한 구조 속에
서 임금이 없는 여성들에게 신용이 제공되는 까닭은 그들이 겹겹

의 다종다양한 채권자의 유일한 물적 담보가 될 수 있는 몸을 가진 여성, '아가씨'이기 때문이다.

여성들에게 성매매는 '자유'의 조건들을 관리하고 조절하는 실천과 다름없었다. 이들은 자신의 '자유'를 확보하겠다는 적극적 의지로 부채를 사용하며, 여기에 부과되는 이자와 수수료 등의 비용을 개인적으로 감당해야 한다는 점을 내면화하고 있다. 이렇게 성매매 산업이 금융화되면서 산업 구성원에게 신용이 확장된 현실에서 파산은 여성에게 이 모든 현금 흐름을 멈추고 그 바깥에서 자유와 기회를 박탈당한 채 살아야 한다는 것을 의미한다. 이들은 자신이 획득한 기회와 자유를 유지하기 위해서 파산할 수 없는 상황에 놓인다. 이는 개인이 실제 파산절차를 진행할 수 없다는 뜻이 아니라 이들이 놓인 구조적인 환경을 살펴보았을 때 이들은 '파산 불가능한 주체'로 거듭나고 있다는 의미다. 이들은 '신용 사회'를 재생산하기 위해, 또한 자신의 신용과 자유를 재생산하기 위해 지금의 현금 흐름을 계속 회전시켜야 한다. 이들에게 파산은 스스로의 의지로 가능한 것이 아니라 자본에 의해 추방되는 것이다.

자신의 '자유'를 추구하고자 하는 과정에서 다시금 이들은 겹겹의 대출에 대한 단 하나의 담보물로 지정되어 있게 된다. 이들은 부채를 상환받고자 하는 다양한 채권자에게 둘러싸여 있지만, 이러한 현금 흐름을 스스로의 노력으로, '자유'를 구축하는 과정에서 만들어진 것으로 의미화한다. 자신의 삶을 수탈하는 채권자는 은폐되고 이들은 화폐가 가진 특수한 성격을 통해 소유자 주체로서 해방적인 순간을 맞이한다. 여성들은 '자발적 의지'에 의해 더욱 강하게 성매매 산업의 구조 속에 결박된다.

저는 손님들한테 너그러운 편이었어요. 그러니까 다른 언니들이 빼찌 놓은 손님들도 저한테 오고 그랬어요. 어쨌든 내가 원해, 뭐 자의든 타의든 어쨌든 내가 선택한 거잖아요. 내가 선택했으면 그거에 대한 책임도 내가 져야죠. 어쨌든 사람마다 정말 밑바닥, 저 벼랑 끝까지 내려갔다 온 사람들이 한 번씩은, 한 명씩은 있는 곳이 화류곈데. 아니 그럴 거면 애초에 들어오질 말든가. 〈강은〉

사업하는 손님들 그런 거 있어요. 이쁜데 잘 웃기도 하면 정말 땡큐지만 거기다 잘 주면 완전. (웃음) 이쁜데 안 웃는 거보다 안 이쁜데 웃는 친구들한테 있으면 좋은 기운을 받아서 자기 사업이 잘될 거 같아. 그래서 앉히는 손님들이 있어요. 진짜 잘 웃어야 돼요. 그래서 웃는 연습하는 언니들 많아요. 거울 딱 보고, 화장 다 하고 메이크업 다 한 상태에서 내가 어떤 표정이 이쁜지 알아야지만 초이스 들어갔을 때. 진짜 시간이 짧잖아요. 그렇게 노력하는 언니들. 〈강희〉

앉으면, 이제 단골 만드는 거에 집중. 거의 다 단골이니까. (단골 어떻게 만들어?) 그냥 연락 이빠이 해주면 돼요. 우리 사장

맨날 해주는 얘기가 여자친구처럼 대해주라고. 옆에 앉아 있는 사람이 내 남자친구다, 이렇게 세뇌하는 거죠. (웃음) 〈진영〉

여성들은 다양한 종류의 부채와 자신의 몸을 이용해서 최대한 많은 돈을 만들어내 화폐 회로의 움직임을 방해하지 않고자 한다. 이를 위해 〈강은〉의 경우는 가장 빠른 시간 안에 학자금 대출을 갚아야겠다는 계산, 6개월 안에 1000만 원을 만들겠다는 목표에 자신을 맡긴다. 이러한 목표는 진상 손님을 받아주고 서비스를 높여주는, 자신의 선택에 대한 책임감 있는 자세를 통해 실현된다. 〈강희〉는 손님들이 '초이스'할 만한 표정을 얼굴에 새긴다고 한다. 초이스에 걸리는 시간이 짧기 때문에 평소에도 연습을 거듭해야 한다. 〈진영〉은 일상적으로 '여자친구처럼 대해주는' 노력과 '옆에 앉아 있는 사람이 내 남자친구다'라는 최면을 통해 단골손님을 만드는 데 집중한다. 이러한 과정에서 슬럼프에 빠지거나 우울증이 찾아오면 빠르게 회전하는 현금 흐름에 몸을 맡기기 어려워진다. '이상적 체현'을 '재여성화'하는 전략을 통해 빠른 시간 안에 남성들의 임금을 이전해 수익을 거두고, 업소와 자신에게 부여된 신용을 재생산하는 것만이 오직 유일한 목표가 된다.

이들이 성매매에 참여하는 것을 노예 상태에 머무르는 것이라고 간주한다면 곤란하다. 이들은 모두 성매매를 하는 것이 자신의 '선택'이라고 이야기한다. 남성의 임금과 신용의 결합을 통해 자신에게 주어진 기회와 자유를 관리하고 연장하고자 진입 비용을 들여 '재여성화' 과정에 참여하는 것, 이들에게 성매매 '참여'는 그런 의미다. 그러므로 파산하지 않는 것 역시 자신에게 기회와 자유를 보장하는 현금 흐름을 도덕적이고 합리적인 태도로 지켜내는 '선택'이다.

이런 배경 속에서 성매매 문제는 여성 개인을 '탈성매매 여성'으로 만들어냄으로써 해결할 수 있는 것이 아니다. 한 명의 여성이 나간 자리는 현금 흐름을 방해하지 않으려는 노력을 기울이는 다른 여성의 성실한 몸에 의해 채워질 것이다. 금융화된 경제를 작동시키는 '부채 관계'를 통해 여성 일반을 끊임없이 부채의 회로 속으로 포섭하는 자본의 전략을 고려할 때, 구매자와 업주, 알선자를 법정에 세우는 것만으로 성매매 문제가 해결될 수 있다고 믿는다면 지나치게 순진하고 협소한 생각이다. 누가 업주이고 알선자인지 구분하기도 불가능하기 때문이다. 동시에 노동 없는 여성들에게 신용이 부여되고 있는 현실 체제를 직면하지 않고 이들을 자발적 성노동 참여자라고 인식하며 성매매 문제에 대해 단순히 탈규제의 해법만을 내놓는 것도 여성들의 몸을 담보화해 확대재생산하고 있는 부채 경제라는 동인을 간과하는 일이다.

금융화된 성매매 산업의 부채 관계에 적극적으로 진입하는 것을 자신의 기회이자 '선택'이라고 정의하는 여성들의 말은 이들이 오직 금융화된 성매매 산업 안에서만 신용을 획득하고 자신의 삶을 재생산할 수 있다는, 체제에 대한 자기 분석이기도 하다. 부채에 의존할 수밖에 없는 여성 인구를 만들어내고, 현금 흐름에 필수적인 존재로 여성들을 담보화하는 흐름에 개입하지 않고는 성매매 문제는 결코 해결할 수 없을 것이다. 매춘 여성의 몸과 미래 시간을 담보화하는 금융적 실천은 지금 우리 사회에서 이미 합법적이며 합리적인 경제적인 행위로 자리매김하고 있기 때문이다.

이처럼 4부에서는 금융화된 성매매 산업에서 여성들이 어떤 경험을 하는지, 이들은 왜 계속 채무자가 되는 방식으로 성매매 산업에 참여하는지 질문을 던졌다. 이를 위해 주요 연구참여자들이 신용과 부채를 이용하는 방식을 분석했고, 이를 통해 형성되는 주체성의 형식에 대해 규명하고자 했다.

하지만 자신에 대한 차입투자로 인해 발생한 채권과 이들에게 매춘 여성의 임무를 부과한 다양한 종류의 부채 채권이 유동화되어 다른 투자자의 투자 상품으로 거듭나고 있다는 점에서 결국 여성들의 삶 전체는 금융적 수탈로 귀결된다. 그럼에도 여성들은 자신에게 부여된 '자유'의 시간을 유예하고자 이러한 현금 흐름에 더욱 적극적으로 참여한다. 이들에게 '자유'는 자신의 욕망을 실현할 수 있는 수단을 갖게 되는 것이며, 성매매 산업이 이들에게 제공하는 부채만이 유일하게 그것을 가능하게 해주기 때문이다. 여러 겹의 부채가 빠르게 회전하는 가운데 신용을 관리하고 자유를 확보하고자 하는 여성들 스스로의 의지와 성매매를 통해 부채를 상환하라는 금융화된 성매매 산업의 명령이 결합해 여성들은 파산할 수 없는 상황에 놓인다. 여성의 몸을 수단화하며 확대재생산하고 있는 자본이 허락한 자유의 기회를 통해 이들은 '자유로운' '파산 불가능한' 주체가 된다. 성매매 종사 여성들은 '자유로운' '파산 불가능한' 주체로서 자유 획득의 비용을 개인이 지불하도록 만드는 자본의 전략 속에서 이 시대 금융화된 성매매 산업과 금융자본을 떠받치고 있는 합법적인 담보물이 되어 성매매 산업에 더욱 중층적으로 결박되고 있다.

나가며

성매매는 당사자 여성들에게 언제나 경제 문제였다. 성매매 여성들은 성매매를 지속하는 가장 중요한 이유로 경제적 곤궁과 돈을 꼽는다. 하지만 이 돈을 어떻게 해석할 것인가를 두고 두 개의 여성주의적 입장이 오랜 시간 경합해왔다. 한쪽에서는 여성들이 성노동을 통해 '소득'을 마련할 수 있다고 주장하고, 다른 쪽에서는 여성들이 성매매를 통해 '부채'에 사로잡힐 뿐이라고 주장했다. 여성들이 성매매에서 벌어들이는 돈을 해석하는 방식에 따라 여성주의 안에서 성매매를 문제화하는 전략, 실천, 제도 역시 극명하게 분기해왔다.

이 책은 성매매에 여성들이 참여하도록 만드는 경제적 요인은 무엇이며 그것이 성매매 산업에서 어떻게 구성되고 변화하는지 질문함으로써 여성주의 안에서 성매매를 보는 두 개의 경합 지점에 개입하고자 했다. 나아가 '부채 관계'라는 분석틀을 통해 현재의 성경제를 만들어내고 있는 경제적 변화가 새로운 여성 주체성 또한 만들어내고 있음을 밝히고자 했다. 마지막으로 지금까지의 내용을 정리하면 다음과 같다.

성매매 여성들의 부채는 단순히 성매매 산업에의 예속을 강화하기 위한 수단으로 포주에 의해 언제나 증액되기만 하는 것이 아니었다. 이들의 부채는 차용증과의 관련 속에서 다른 여성들의 차용증과 교환되거나 다른 업소로 이동할 수 있는 규모로 조절되어야 했고, 때로는 이자수익의 가능성 때문에 금리와의 관련 속에서 조절되기도 했다. 이 같은 부채 조절의 과정을 통해 여성들은 교환 가능한 몸, 즉각적으로 화폐화 가능한 몸을 갖게 된다. 여성들의 부채는 언제나 '부채 관계', 다른 여성들과의 부채의 연쇄 속에 놓임으로써 성매매를 작동시키는 동력이 되었다. 하지만 동시에 성매매 산업에서 여성 일반을 계속 유입시키고자 하는 부채 조절을 뒷받침하는 것은 여성들의 도덕경제적 실천이다. 전통적 양식의 '부채 관계'는 인격적 대면 관계에서 발생하는 신뢰에 의해 작동되기 때문에 여성들은 신뢰를 배반할 수 없으며 '남의 돈을 빌렸으면 갚아야 한다'는 부채의 도덕률에 의거해 부채를 상환하기 위해 노력한다. 이처럼 채권자에 의한 강제적 부채 조절과 채무자에 의한 자발적 부채 상환 의지가 결합하는 가운데 여성들은 성매매에서의 '부채 관계'에 참여하게 된다.

하지만 경제의 금융화로 인해 2000년대 초반 이후 성매매 산업의 작동 방식은 완전히 새로운 모습으로 전환되었다. 이즈음 제2금융권에서 '유흥업소 특화대출' 상품을 폭발적으로 만들어내는 것이 목격되는데, 이러한 대출 상품은 대출이 부실화될수록 역설적으로 끊임없이 새로운 대출을 발생시켜야만 했던 금융기관에 의해 수익성 좋은 상품으로 판단되어 기획되었다. 이제 성매매 여성들의 차용증 채권은 시중 은행으로부터 대출을 가능하게 하는 합법적인 문서로 통용된다. 이 같은 대출 상품이 만들어진 배경에는 '신용의 민주화'와 함께 새롭게 등장한 부채 경제, 이를 뒷받침하는 다양한 금융적 테크놀로지가 자리한다. 대표적으로 채권유동화 기법인 증권화 기법을 통해 여성들의 대출 채권은 집결되어 덜 위험한 상품으로 가공될 수 있었다. 새롭게 등장한 금융 기법은 성매매 업소의 형태까지 바꿔놓았다. 대출 채권의 집결을 통해 위험을 감소시키고자 하는 실천은 여성들의 집결을 필요로 하게 되었다. 그 결과 성매매특별법의 강력한 집행에도 불구하고 전례 없이 대형화된 성매매 업소가 탄생한 것이다.

대형화된 성매매 업소는 수익성을 극대화함으로써 자신들에게 확대된 신용을 재생산하기 위해 노력한다. 이들은 새로운 종류의 영업 방식을 도입하고, 여성의 '몸 가치'를 세분화해 이들에게 각기 위계적인 가치가 있다는 개념을 공고히 했으며, 이를 바탕으로 전체 성매매 업소를 등급에 따라 줄 세우기에 이른다. 이러한 과정을 통해 여성들에게 가격을 매기고 소비하는 실천에 '합리성'이 부여되었으며 그 결과 유기적인 군집으로 존재하는 성매매 업소는 모두 안정적이고 일정한 수익을 달성할 수 있게 되었다. 금융화 시대 성매매는 여성 몸 '증권화'를 통해 합법적인 금융 활동이 되었으며,

각 여성에게 차별적인 가치를 부여함으로써 합리적인 여성 구매 행위로 자리매김하게 된 것이다.

성매매 산업의 금융화로 이전 시대의 '부채 관계' 역시 변화했다. 더 이상 부채는 포주와의 인격적 대면 관계에서 발생하지 않았고 비인격적인 증권의 형태로 거래되면서 수익을 창출하게 되었다. 채권자가 보이지 않는 '부채 관계' 속에서 여성들은 자신의 신용과 부채를 스스로 관리하는 독립적인 경제적 주체로 거듭났다고 인식하며 성매매를 통해 기회와 자유를 획득할 수 있다고 믿는다. 이들은 성매매를 통해 학생이 될 기회를 마련하고 자산 소유자가 되는 기회를 마련한다. 하지만 이러한 기회를 마련하는 것 역시 부채와 무관하지 않다. 성매매 산업에는 언제나 진입 비용, 자기 투자 비용이 필요한데 여성들은 다양한 대출 상품을 통해 자신에게 차입투자를 한다. 그러나 이러한 채권이 다시금 유동화 시장에서 투자 상품화되면서 여성들의 삶 전체는 금융적 수탈의 대상이 된다. 그럼에도 여성들은 이자, 수수료 등의 비용을 개별적으로 상환하면서 자신에게 허용된 현금 흐름을 멈추지 않으려고 노력하는데, 그 흐름에서 파생되는 '자유'를 연장하기 위함이다. 이들에게 자유는 자신의 욕망을 실현할 수 있는 수단을 갖는 것이며 성매매 산업이 이들에게 제공하는 부채만이 유일하게 이들의 욕망을 실현할 수 있게 해준다. 결국 성매매 여성들은 몇 겹의 부채에 대한 '담보물'이 되면서 성매매 산업 안으로 더욱 중층적으로 결박되어 '자유로운' '파산 불가능한 주체'로 거듭나게 된다.

이 시대 성매매 여성들은 금융화된 성매매 산업의 유일한 담보물로서 '파산 불가능한 몸'을 가진 존재들이며, 이들이 벌어들이는 돈은 성매매 산업의 신용을 재생산하는 지표로서 역할을 하게 된다. 동시에 여성들 역시 부채 경제가 제공한 '자유'를 잃지 않고자 스스로의 재무 상태를 관리하며 성매매 산업의 신용 재생산, 나아가 사회적 신용의 재생산에 기여한다.

이상과 같이 이 책은 금융화가 확산된 역사적 과정에서 여성의 몸을 통해 잉여가치가 생산되는 방식이 변화한 것에 주목해 성매매 경제가 재구조화되고 새로운 '매춘 여성' 주체성이 만들어지는 과정을 분석했다. 부채를 통해 계급적 타협을 모색하고자 한 금융자본의 운동에 의해 성매매 경제는 성별화된 부채 인간을 새롭게 포섭하는 동시에 새로운 부채를 만들어내는 역할을 수행하며 금융 체계 안에서 합리화되고 합법화되었다. 성매매 경제는 이 시대 경제의 내부 말단에서 고유한 역할을 수행하고 있다.

과거의 포주처럼 여성들을 직접 착취하는 대신 여성들의 몸을 '담보화'함으로써 이들의 현재와 미래의 삶 자체를 수탈하는 현재의 성경제 안에서 여성들은 신용을 가진 경제주체로서 자율성을 갖게 된 것처럼 보인다. 그러나 실상 이들의 '몸 가치'의 권리는 여러 개로 쪼개져 자본의 흐름을 원활하게 하는 수단으로 저당 잡히고 담보화되면서 중층적으로 제한된다. 동시에 자본의 자유화와 더불어 '담보화'된 몸은 더욱 빠르게 처분되곤 한다. 최근 한국 여성들의 초국적 성매매가 증가한 것은 여성 몸의 이동성, 처분 가능성을 증가하게 한 경제적 변화와 맞물린 것이다(Kim, 2016).

우리는 이러한 변화의 중심에 '신용의 민주화'가 자리한 것을 살펴보았다. 사실 신용은 이 시대 자본에 대한 차별적인 접근도를 만들어내는 경제적 '신분제'의 문제라는 측면에서 언제나 성별화되어 있었다. 이는 여성(아내와 딸)의 순결은 남성 '신용'의 징표로 계산될 뿐(Greaber, 2011[2011]: 582) 여성들이 자신에 대한 권리를 스스로 가질 수 없었던 역사와 관련된다(Rubin, 1975: 175). 남성들은 서구의 산업화 시기 동안 권력의 새로운 영역에 대한 특권적 접근 기회를 일방적으로 얻어냈는데, 대표적으로 신용 거래는 기혼 여성에게는 배제된 채 발전했다(Walby, 1996[1990]: 273). 이 책의 제목으로도 지적되고 있듯이 마리케 드 괴데(De Goede, 2000)는 현대의 금융 구조에 근간을 제공하는 돈에 대한 지불 약속이 '신사의 윤리' 안에 내포되어 있음을 지적하기도 했다. 신용은 태생적으로 남성들의 것이었기 때문에 여성들에게는 쟁취의 대상이었다. 불과 1974년 미국에서 대출기회균등법The Equal Credit Opportunity Act이 제정될 때까지 미국 여성운동의 주요한 어젠다는 '여성들에게도 신용을!'이었음을 상기해볼 수 있다.

지금은 누구나 평등하게 신용을 갖게 된 것처럼 보인다. 성매매 여성들은 다양한 신용 교육과 '창업자금 대출' 등을 활용해 스스로 빈곤에서 벗어날 수 있다고 간주된다. "경제와 임파워먼트의 결합으로서의 자활"(김인숙, 2008) 사업이 제도적으로 확장된 것도 이러한 가정에서 출발한다. 여기서 신용은 여성들의 '탈성매매'를 가능하게 만들어주는 동력으로 의미화되지만, 이는 신용이 여성들을 성매매 시장으로 유인하는 동력이 되기도 한다는 점은 간과한 것이다. 또 성매매 산업에서 발생한 신용이 금융화된 사회적 관계와 질서를 보충하고 있는 현실 역시도 간과된다.

우리는 자본금 한 푼 없이도 신용을 통해 거대한 성매매 업소가 만들어지는 과정을 살펴보았다. 또한 여성 개인이 신용을 통해 주어진 부채 문제를 해결하기 위해서 성매매 산업에서 일하는 것을 살펴보았다. 이렇게 확대된 신용을 재생산하는 과정에서 여성이 각각 다른 가치를 가진다는 생각이 확산되고 가치의 차이가 폭발적으로 소비되는 것을 확인한 바 있다. 신용을 통해 모두가 자본에 접근할 기회를 갖게 된 것처럼 보이지만, 정작 여성들은 성매매 경제의 신용을 재생산하는 수단, 자신들의 채권과 함께 집결되어 신용 사회를 떠받치는 '담보물' 혹은 화폐 제조기가 되었다. '노동이 없는 존재'들에게 신용이 제공되는 현실 뒤에는 빈곤한 이들의 몸, 때로는 장기, 혈액 등 생명과 삶을 담보화하는 논리가 숨어 있다.

이 책은 여성 몸 '증권화'라는 개념을 통해 이 시대 신용에 대한 적극적인 의미 투쟁을 시도하고자 했다. 여성의 몸이 신용을 경유하면서 이 시대의 사회적 관계를 만들어내고 있는 원리로 작동하는 방식을 드러냈다. 동시에 '신용의 민주화'를 가능하게 한 금융 기법인 '증권화'에 채권추심의 과정이 포함되어 있음을 강조했다. 부채를 다시금 신용으로 계산해내는 증권화 과정 이면에 담보화라는, '신용 없는' 채무자를 예속하는 과정이 포함되어 있음을 드러낸 것이다. 이러한 논의를 경유한다면 이 시대 부채 경제, 금융화에 대한 여성주의적 문제제기는 단순히 여성들에게 신용이 차별적으로 제공되고 있다는 현실 진단을 넘어서야 할 것이다. 동시에 신용을 통해 여성들이 자활하여 탈성매매할 수 있다는 믿음과 실천도 재고되어야 할 것이다. 신용은 빈곤한 이들의 몸과 미래의 삶을 수익으로 계산하고 이를 담보 삼아 사회 안에 내재한 불평등을 가리는 수단으로 활용되고 있기 때문이다.

성매매를 성별화된 경제 체제의 문제로 구성하지 않는다면 구제된 여성 한 명의 빈자리를 다른 여성이 채우는 현실을 피할 수 없다. 또한 '노동 없는' 여성들에게 신용이 부여되는 현실에 도전하지 않으면 '여성의 매춘화'를 막을 수 없을 것이다. 그러므로 성매매 경험을 가진 여성들에 한정된 구제 활동과 임파워 활동을 넘어 성매매 문제를 이 시대의 '여성 문제'로 적극적으로 구성해야 한다. 동시에 금융화, 부채 경제, 신용의 민주화라는 최근의 변화가 여성들의 몸을 본원적 토대로 삼고 확대재생산하는 현실을 다양한 방식으로 문제화하는 후속 연구와 실천이 필요하다. 앞으로 현실 경제 체제에 대한 여성주의적 비판을 통해 성매매 문제 해결이 모색되길 바란다.

참고문헌

국내문헌

강내희(2014), 『신자유주의 금융화와 문화정치경제』, 서울: 문화과학사.

강준만(2011), 『룸살롱 공화국』, 서울: 인물과사상사.

고정갑희(2007), 「성노동자 투쟁은 시작되었다: 성노동운동의 쟁점과 방향」, 여성문화이론연구소 성노동연구팀 엮음, 『성노동』, 서울: 여이연.

_____ (2009), 「매춘 성노동의 이론화와 성/노동/상품의 위계화」, 《경제와 사회》, 제81호, 112~130쪽.

_____ (2011), 『성이론: 성관계, 성노동, 성장치』, 서울: 여이연.

고정갑희 · 이희영(2005), 「[쟁점 2] 성노동자와의 서면대담」, 《여/성이론》, 제13호, 138~146쪽.

국경희(2007), 「한국 성노동자 운동에 관한 연구」, 중앙대학교 사회학과 석사학위논문.

권김현영(2020), 『늘 그랬듯이 길을 찾아낼 것이다』, 서울: 휴머니스트.

권도연(2009), 「TV 대부업 광고와 젠더 담론: 기호학적 분석을 중심으로」, 이화여자대학교 언론홍보영상학과 석사학위논문.

김경미(2005), 「'피해'와 '보호'의 이중주: 성매매방지법을 넘어서」, 《여/성이론》, 제13호, 56~73쪽.

_____(2007), 「성노동에 관한 이름붙이기와 그 정치성」, 여성문화이론연구소 성노동연구팀 엮음, 『성노동』, 서울: 여이연.

_____(2010), 「일본에서 살해된 한국 성노동자의 죽음과 국경을 가로지르는 침묵의 카르텔」, 《여/성이론》, 제23호, 231~243쪽.

김경희(2002), 「90년대 정부와 여성운동의 여성정책 프레임에 대한 분석」, 《젠더와 사회》, 제1호, 11~39쪽.

_____(2003), 「한국여성운동의 참가의 정치: 1990년대 이후의 여성운동을 중심으로」, 《NGO연구》, 제1권 1호, 121~146쪽.

_____(2007), 「법제화 운동을 중심으로 본 한국여성운동의 제도화와 위기론」, 《사회과학연구》, 제15집 1호, 108~141쪽.

김고연주(2010), 「'나 주식회사'와 외모 관리」, 김현미 외 지음, 『친밀한 적: 신자유주의는 어떻게 일상이 되었나』, 서울: 이후.

김기웅(2008), 『가압류 가처분 지식쌓기』, 서울: 미래와경영.

김기태·하어영(2012), 『은밀한 호황: 불 꺼지지 않는 산업, 대한민국 성매매 보고서』, 서울: 이후.

김명록(2008), 「증권화(securitization)와 서브프라임 위기」, 《마르크스주의 연구》, 제5권 3호, 23~50쪽.

김문희(2006), 「성노동자운동의 이해와 과학화」, 서울대학교 여성연구소 기획, 이재인 엮음, 『성매매의 정치학: 성매매특별법 제정 1년의 시점에서』, 파주: 한울.

김미선, 정경숙, 김정원, 이효성(2013), 「[좌담회] 지속적인 성매매여성의 자립·자활을 위한 대안 모색」, 《여성과 인권》, 제10호, 47~76쪽.

김선화(2006), 「성판매 여성의 경험을 통해 본 성매매의 성별정치학: 성구매 남성과의 관계에서 비롯된 성적 침해와 빈곤의 상호연관성에 관한 연구」, 이화여자대학교 여성학과 석사학위논문.

김소연(2005), 「성매매 현장에서의 경험이 탈성매매 여성의 정신건강에 미치는 영향에 관한 연구」, 이화여자대학교 사회복지학과 석사학위논문.

김수환(1997), 「사회사업실천의 비전문적 속성」, 《사회복지개발연구》, 제3권
7호. 343~353쪽.

김순영(2011), 『대출 권하는 사회: 신용 불량자 문제를 통해서 본 신용의 상
품화와 사회적 재난』, 서울: 후마니타스.

김애령(2008), 「지구화 시대의 성매매와 한국의 「성매매방지법」」, 《경제와 사
회》, 제79호, 254~273쪽.

김애령·원미혜·황정임·백재희(2004), 『미래를 준비하는 여성들의 선택, 희
망, 의지: 성매매로부터의 탈주, 그리고 전업』, 서울: 막달레나의 집.

김연주(2010), 「신빈곤층 십대 여성의 성매매 경험과 자활에 관한 연구」, 연
세대학교 문화학협동과정 박사학위논문.

김영필(2012), 『저축은행은 왜 무너졌는가?』, 서울: 홍익출판사.

김용화(2010), 「성매매여성의 탈성매매 지원방안에 관한 연구: 성매매 방지
기금/예산 조성을 중심으로」, 성균관대학교 법학연구소, 《성균관법학》,
제22권 3호, 45~75쪽.

김윤희(2006), 「인천 숭의동 성매매 집결지에 대한 연구: 성매매방지법과 시
범사업에 의한 변화를 중심으로」, 서울대학교 여성학협동과정 석사학
위논문.

김은경, 최영신, 김성언, 김광준, 원범연, 최성호, 은기수(2002), 『성매매 실태
및 경제규모에 관한 전국조사』, 서울: 여성부·한국형사정책연구원.

김은경(2004), 「한국의 성매매 현황과 형사법적 대응실태」, 『성매매: 새로운
법적 대책의 모색』, 서울: 사람생각.

김은실(2001), 「성 산업 유입 경험을 통해 본 십대 여성의 성과 정체성」, 『여
성의 몸, 몸의 문화 정치학』, 서울: 또하나의문화.

_____(2011), 「'여성' 정책의 제도화를 통해 본 참여정부의 실험성: 국가 페
미니즘의 경험」, 서울대학교 사회과학연구원 기획, 강원택·장덕진 엮음,
『노무현 정부의 실험』, 파주: 한울.

김은실·김현영(2012), 「1950년대 1공화국 국가 건설기 공적영역의 형성과

젠더 정치」,《여성학논집》, 제29집 1호, 113~155쪽.

김은정(2010), 「저소득층 성매매 십대여성들의 성매매와 사회화 과정에 대한 일 연구」,《가족과 문화》, 제22권 3호, 31~72쪽.

김인숙(2001), 「사회복지실천의 탈계층화: 정체성의 확립인가? 정체성의 위기인가?」,《상황과 복지》, 제10호, 119~143쪽.

_____ (2005), 「한국 사회복지실천의 정체성」,《상황과 복지》, 제20호, 119~152쪽.

_____ (2008), 「'자활' 개념의 재구성에 대한 탐색: 성매매여성 자활 현장을 중심으로」,《한국가족복지학》, 제22권, 95~129쪽.

김인숙·이은영·하지선(2010), 「성매매피해여성의 자활 과정 척도 개발」,《한국사회복지학》, 제62집 1호, 55~81쪽.

김주원(2014), 「금융복지상담과 사회적인 것의 (재)형성」, 연세대학교 문화인류학과 석사학위논문.

김주희(2006), 「성산업 공간인 티켓 영업 다방 내 십대 여성의 '일'에 관한 연구」, 이화여자대학교 여성학과 석사학위논문.

_____ (2012), 「성매매 피해 여성은, 성노동자는 누구인가?」,『성의 정치 성의 권리』, 서울: 자음과모음.

김지혜(2010), 「성매매특별법의 입법과정에 대한 연구」, 이화여자대학교 법학과 석사학위논문.

김지혜(2013), 「여성성노동자 처벌조항 위헌제청과 성노동자의 권리」,《여/성이론》, 제28호, 227~234쪽.

김태선(2005), 「법은 성매매를 올바로 취급하는가: 선불금 사기죄를 중심으로」,《여/성이론》, 제12호, 69~85쪽.

김태성(1998),『사회복지전문직과 교육제도』, 서울: 소화.

김현미(2001), 「글로벌 사회는 새로운 신분제 사회인가?: 전지구적 자본주의의 확산과 '성별화된 계급'(gendered class)의 출현」,《진보평론》, 제7호, 76~96쪽.

_____(2010), 「글로벌 신자유주의 경제질서와 이동하는 여성들」, 《여성과 평화》, 제5호, 121~142쪽.

김현경(2014), 「연예인 지망생 및 신인의 성형 경험과 '이미지 상품-주체'의 형성」, 《여성학논집》, 제31집 2호, 3~32쪽.

김현선(2002), 「성매매의 폭력적 특성과 성매매피해여성의 외상후스트레스 장애」, 성공회대학교 사회복지학과 석사학위논문.

막달레나의 집(2002), 『용감한 여성들: 늑대를 타고 달리는』, 서울: 삼인.

문은미(2005a), 「성노동자운동, 낯설지만 인정해야 할 '현실'」, 《진보평론》, 제 26호, 164~175쪽.

_____(2005b), 「일단, 성매매 여성 비범죄화부터 시작합시다」, 《여/성이론》, 제12호, 35~49쪽.

_____(2009), 「성노동은 어떤 노동인가?: 친밀한 노동으로서의 성노동」, 《여/성이론》, 제21호, 10~26쪽.

민가영(2008), 「신자유주의 시대 신빈곤층 십대 여성의 주체에 관한 연구: 젠더, 계급의 상호성을 중심으로」, 이화여자대학교 여성학과 박사학위 논문.

민경자(1999), 「한국매춘여성운동사: '성 사고 팔기'의 정치사, 1970~98」, 한 국여성의전화연합 엮음, 『한국여성인권운동사』, 파주: 한울.

민주성노동자연대(2006), 「민주성노동자연대 출범선언문: 전국성노동자연대 한여연을 탈퇴하면서」, 서울대학교 여성연구소 기획, 이재인 엮음, 『성매매의 정치학: 성매매특별법 제정 1년의 시점에서』, 파주: 한울.

밀사·연희·지승호(2015), 『성노동자, 권리를 외치다: 밀사와 연희의 성노동 이야기』, 서울: 철수와영희.

박병양(1987), 「討論. 우리나라 社會福祉의 專門化 方案」, 대구대학교 사회복 지연구소, 《사회복지연구》, 제15호, 53~55쪽.

박순주(2013), 「성매매 여성의 '노동' 경험 인식과 그 맥락에 관한 연구」, 《상 황과 복지》, 제41호, 7~53쪽.

박윤정(2004), 「한국 여성복지정책의 문제점과 개선방안」, 《사회복지개발연구》, 제10권 1호, 1~36쪽.

박재석(2013), 「은행의 재무건전성 지표: BIS비율」, 《우정정보》, 제95권, 13~18쪽.

박정미(2011), 「한국 성매매정책에 관한 연구: '묵인-관리 체제'의 변동과 성판매여성의 역사적 구성, 1945~2005년」, 서울대학교 사회학과 박사학위논문.

박정은·윤영숙·서명선(1993), 『윤락여성의 사회복귀를 위한 지원방안연구』, 서울: 한국여성개발원.

박종우(1993), 「사회사업가의 전문직업적 정체성 연구」, 서울대학교 사회학과 박사학위논문.

박찬종(2014), 「한국 부채경제의 정치경제적 영향에 관한 연구: 국가, 금융, 기업 관계를 중심으로」, 서울대학교 사회학과 박사학위논문.

박창균(2010), 「1997년 경제위기 이후 가계신용 증가와 정책대응에 대한 평가」, 한국금융연구원, 《한국경제의 분석》, 제16권 1호, 99~144쪽.

백재희(2000), 「외국여성의 한국 성산업 유입에 관한 연구: 기지촌 필리핀여성을 중심으로」, 이화여자대학교 여성학과 석사학위논문.

백종만(1999), 「사회복지사 자격증 시대」, 《월간 복지동향》, 제15호, 48~50쪽.

백태승(2007), 「이자채권과 이자의 제한」, 《연세대학교 법학연구》, 제17권 2호, 1~32쪽.

변리나(1997), 「매매춘 실태와 그 동기」, 한국여성민우회 주최 정책토론회 『'매매춘 알선, 그 실태와 진단' 자료집』(1997. 8. 27).

변정애(2004), 「성매매의 고착기제 연구 : 탈성매매여성의 경험을 중심으로」, 가톨릭대학교 사회학과 석사학위논문.

변화순(2005), 「성매매방지법 시행효과와 성매매 종사자의 상황」, 《연세법학》, 제17집, 52~63쪽.

변화순·황정임(1998), 『산업형 매매춘에 관한 연구』, 서울: 한국여성개발원.

변화순·황정임·허나윤·최은영(2002), 『탈성매매를 위한 사회복귀지원 프로 그램 연구』, 서울: 여성부.

변혜정·민가영(2007), 「청소녀의 가출의미에 대한 연구: 계급정체성에 따른 성역할과 성경험을 중심으로」, 《한국여성학》, 제23권 1호, 5~37쪽.

서동진(2009a), 『자유의 의지 자기계발의 의지: 신자유주의 한국사회에서 자 기계발하는 주체의 탄생』, 서울: 돌베개.

_____(2009b), 「신자유주의 분석가로서의 푸코: 미셸 푸코의 통치성과 반 정치적 정치의 회로」, 문화과학사, 《문화과학》 통권 제57호, 315~335쪽.

_____(2011), 「이 윤리적인 사회를 보라: 신자유주의적 윤리로서의 정의」, 이택광 외 지음, 『무엇이 정의인가?: 한국사회, 〈정의란 무엇인가〉에 답 하다』, 서울: 마티.

_____(2015), 「착취의 회계학: 금융화와 일상생활 속의 신용물신주의」, 맑 스코뮤날레 집행위원회 엮음, 강내희 외 지음, 『다른 삶은 가능한가: 마 르크스주의와 일상의 변혁』, 파주: 한울.

서재호(2008), 「기초자치단체의 사회복지서비스 전달체계 개편에 대한 평 가」, 《한국거버넌스학회보》, 제15권 1호, 139~164쪽.

서제인(2014), 「한국 자본주의의 금융화와 신용불량자: 새로운 빈민주체의 형성과 관리」, 중앙대학교 석사학위논문.

송기원(1995), 「늙은 창녀의 노래」, 『인도로 간 예수』, 서울: 창작과비평사.

송태경(2011), 『대출 천국의 비밀: 내 빚더미에 감춰진 진실』, 서울: 개마고원.

신동원(2005), 「성구매 행위와 남성 성문화」, 숙명여자대학교 여성학협동과 정 석사학위논문.

신상숙(2008), 「제도화 과정과 갈등적 협력의 동학: 한국의 반(反)성폭력운 동과 국가정책」, 《한국여성학》, 제24권 1호, 83~119쪽.

_____(2011), 「신자유주의 시대의 젠더-거버넌스: 국가기구의 제도적 선택 성과 여성운동」, 《페미니즘연구》, 제11권 2호, 153~197쪽.

신용균·김규진·김종수·유영재·임영환(2004), 『대출채권의 유통시장』, 서울: 부연사.

신해영(2006), 「성매매 피해여성들의 사회복귀를 위한 심리정서적 및 사회적 지원의 평가연구: 성매매를 탈피한 여성들을 중심으로」, 경남대학교 사회복지학과 석사학위논문.

심재휘·김경근(2015), 「대졸 청년층의 초기 노동시장 성과 영향요인 분석: 대학 재학기간을 중심으로」, 《한국교육학연구》, 제21권 1호, 113~138쪽.

야마시다 영애(1997), 「식민지 지배와 공창 제도의 전개」, 《사회와 역사》, 51권, 143~183쪽.

양기진(2011), 「상호저축은행의 부동산 프로젝트 파이낸싱에 대한 소고」, 《기업법연구》, 제25권 4호, 299~328쪽.

엄상미(2007), 「중장년 성판매여성의 삶에 관한 연구: 콜라이찌의 현상학적 연구방법」, 중앙대학교 사회개발대학원 사회복지학과 석사학위논문.

엄혜진(2006), 「1980년대 후반 '인신매매' 담론을 통해 본 성매매의 의미 구성」, 《여/성이론》, 제14호, 110~145쪽.

여성가족부(2006), 『2006년도 여성권익증진사업 운영지침』, 서울: 여성가족부.

_____ (2013), 『2013 여성 아동 권익증진사업 운영지침』, 서울: 여성가족부.

_____ (2015), 『2015년도 여성가족부 소관 예산 및 기금운용계획 개요』, 서울: 여성가족부.

_____ (2020), 『2020년도 여성가족부 소관 예산 및 기금운용계획 개요』, 서울: 여성가족부.

여성부(2004), 『2004년도 권익증진사업안내』, 서울: 여성부.

_____ (2005), 『2005년도 권익증진사업안내』, 서울: 여성부.

여성의전화(1985), 『인신매매와 매춘여성』, 서울: 여성의전화.

여성인권중앙지원센터(2006a), 『여성인권중앙지원센터 매뉴얼 시리즈 1: 꿈꾸는 삶을 만드는 사람들을 위한 자활지원가이드』, 서울: 여성인권중앙지원센터 종이학.

_____ (2006b), 『여성인권중앙지원센터 매뉴얼 시리즈 2: 상담 매뉴얼』, 서울: 여성인권중앙지원센터 종이학.

_____ (2006c), 『여성인권중앙지원센터 매뉴얼 시리즈 3: 법률지원 매뉴얼』, 서울: 여성인권중앙지원센터 종이학.

_____ (2006d), 『여성인권중앙지원센터 매뉴얼 시리즈 4: 의료지원 매뉴얼』, 서울: 여성인권중앙지원센터 종이학.

오김숙이(2008), 「집창촌 여성들의 하위문화는 존재하는가」, 《여/성이론》, 제18호, 60~78쪽.

오시정(2009a), 「파산절차가 개시된 채무자에 대하여 파산절차에 의하지 않고 행사할 수 있는 여러 권리(1)」, 전국은행연합회, 《The Banker》, 2009년 4월 16일 발행.

_____ (2009b), 「파산절차가 개시된 채무자에 대하여 파산절차에 의하지 않고 행사할 수 있는 여러 권리(2)」, 전국은행연합회, 《The Banker》, 2009년 5월 19일 발행, 58~66쪽.

오유석(2009), 「동대문 밖 유곽: '청량리 588' 공간 구성의 역사와 변화」, 《서울학연구》, 제36호, 101~135쪽.

오장미경(2005) 「여성운동의 제도화, 운동정치의 확대인가 제도정치로의 흡수인가」, 《여성과 사회》, 제16호, 8~34쪽.

오진욱(1997), 「부실채권 증권화 가능하다」, 《LG 주간경제》, 1997년 5월 21일, 9~12쪽, www.lgeri.com (검색일: 2015년 6월 12일).

오혜란(2004), 「성매매방지법 제정과정에 영향을 미친 요인에 관한 연구: 거버넌스 관점과 여성단체의 역할을 중심으로」, 《여성연구》, 제67호, 37~80쪽.

우순열(2006), 「탈성매매 여성의 자활지원정책에 대한 여성주의적 연구: 탈성매매 여성의 경험을 중심으로」, 계명대학교 여성학대학원 석사학위논문.

원미혜(1997), 「한국사회의 매춘여성에 대한 통제와 착취에 관한연구」, 이화여자대학교 여성학과 석사학위논문.

_____ (1999), 「우리는 왜 성매매를 반대해야 하는가」, 한국성폭력상담소 엮음,『섹슈얼리티 강의』, 파주 동녘.

_____ (2010), 「'성 판매 여성'의 생애체험 연구: 교차적 성 위계의 시·공간적 작용을 중심으로」, 이화여자대학교 여성학과 박사학위논문.

원숙연·박진경(2006), 「젠더-거버넌스의 가능성 탐색: 성매매방지법 제정과정을 중심으로」,《한국여성학》, 제22권 4호, 85~124쪽.

윤덕경·변화순·박선영(2005),『성매매방지법상 성매매피해자에 관한 연구』, 서울: 한국여성개발원.

윤문자(2004), 「'성매매여성 인권보호와 재활운동'을 생각한다: 성매매방지법 국회통과를 환영하며」,《한국여성신학》, 제56호, 4~8쪽.

윤은순(2007), 「일제 강점기 기독교계의 공창폐지운동」, 한국기독교역사연구소,《한국기독교와역사》, 제26호, 77~207쪽.

윤정숙(2004), 「'진보적' 여성운동의 전환을 위한 모색」,《창작과 비평》, 제125호, 55~69쪽.

이기영(2003), 「성매매 여성 재활을 위한 복지프로그램 연구」,《한국사회복지논총》, 제8호, 5~26쪽.

이나영(2009a), 「성매매 '근절주의'운동의 역사적 형성과 변화의 의미: 일제 강점기와 미군정 시기 폐창운동을 중심으로」,《한국여성학》, 제25권 1호, 5~34쪽.

_____ (2009b), 「여성주의 '성노동' 논의에 대한 재고」,《경제와 사회》, 제84호, 132~157쪽.

이동주(2008), 「한국 성매매 반대운동의 프레임 형성과 변화에 관한 연구: 1970~2005년 기간을 중심으로」,《사회연구》, 제9권 1호, 9~39쪽,

이명식·김정인(2007),『개인 신용평점제도: 이론과 실제』, 파주: 서울출판미디어.

이성숙(2006), 「한국 성매매 특별방지법에 투영된 페미니스트 오리엔탈리즘:

성노동자가 말할 수 있는가?」,《담론 201》, 제9권 2호, 107~138쪽.

이소아(2013), 「'성매매 알선 등 행위의 처벌에 관한 법률' 및 '성매매방지 및 피해자보호 등에 관한 법률' 전면 개정(안)의 취지 및 방향」, 새누리당 길정우 의원·민주당 남윤인순 의원·진보정의당 서기호 의원·성착취반대 및 성매매여성비범죄화 공동추진위원회(약칭 비범추위)·민변 여성인권위원회 공동 주최 『'2013 성매매방지법 전면개정을 위한 공청회' 자료집』(2013. 6. 14).

이소희(2007), 「몸 정치학: "날씬한 몸" 만들기의 수행성과 주체성의 역학」,《젠더와 사회》, 제7권 2호, 126~153쪽.

이승주(2009), 「집단적 성구매를 통해 구축되는 남성성과 남성들 간의 관계 맺기」, 이화여자대학교 여성학과 석사학위논문.

이영자(1997a), 「매매춘의 원인분석과 대책」, 한국여성민우회 주최 정책토론회 『'매매춘 알선, 그 실태와 진단' 자료집』(1997. 8. 27).

_____(1997b), 「성의 상품화」,《철학과 현실》, 제34호, 208~221쪽.

이은주(2003), 「사회복지실천의 전문성과 정체성 확립에 대한 고찰: 간접적 개입과 관련하여」,《상황과 복지》, 제16호, 203~245쪽.

이익현(2002), 「법령해설 및 심의결과: 대부업의등록및금융이용자보호에관한법률 및 시행령」,《법제》, 2002년 10월호, 37~52쪽.

이재성(2015), 「4년제 대졸자의 초과등록 현황 및 노동시장 성과」,《고용이슈》, 제8권 2호, 6~23쪽.

이준호·박현정(2012), 「취업 후 상환 학자금 대출제도가 중·저소득층 대학생의 학기 중 노동 및 학업활동에 미치는 처치-의도 효과 분석」,《교육행정학연구》, 제30권 1호, 105~134쪽.

이지민·홍창희(2008), 「성매매 여성들의 복합 외상 후 스트레스 장애」,《한국심리학회지: 상담 및 심리치료》, 제20권 2호, 553~580쪽.

이창용·오승곤(2010), 「자산유동화를 통한 학자금대출금리 결정에 관한 연구」,《한국경제연구》, 제28권 1호, 37~63쪽.

이창호(1990), 「한국 사회사업 정체성의 위기와 과제」, 《사회복지연구》, 제2권, 95~120쪽.

이하영(2009), 「성매매방지법 전후 시기의 반성매매운동과 성노동자운동 연구」, 성공회대학교 사회학과 석사학위논문.

이현재(2010), 「도시화와 성적 친밀성의 상품화: 서울의 키스방 서비스를 중심으로」, 《서울시립대학교 도시인문학연구》, 제2권 2호, 119~138쪽.

이현주(2010), 「성판매 여성의 자활과정에 관한 연구: 집결지 자활지원사업 참여 전·후 경험을 중심으로」, 성공회대학교 사회복지학과 석사학위논문.

이화여자대학교 젠더법학연구소(2013), 『젠더법학판례: 성매매』, 서울: 이화여자대학교 젠더법학연구소.

이효희(1998), 「10대 여성의 성적서비스 경험에 관한 여성주의적 접근: 유흥업소 경험을 중심으로」, 이화여자대학교 여성학과 석사학위논문.

이희영(2006), 「성노동자운동의 이해와 과학화」, 서울대학교 여성연구소 기획, 이재인 엮음, 『성매매의 정치학: 성매매특별법 제정1년의 시점에서』, 파주: 한울.

임종석(2004), 「성매매특별법이 금융회사에 미치는 영향」, 《NICE 신용평가 이슈리포트》, 2004년 12월 13일, 28~31쪽, www.nicerating.com (검색일: 2020년 7월 6일)

장수정·정재훈(2014), 「탈성매매 여성의 자활지원에 대한 여성주의적 함의: 탈성매매 여성을 위한 사회적 경제조직 사례 연구를 중심으로」, 《페미니즘연구》, 제14권 1호, 35~73쪽.

장필화·조형(1990), 「국회 속기록에 나타난 여성정책 시각: 賣買春에 대하여」, 이화여자대학교 한국여성연구원, 《여성학논집》, 제7집, 83~111쪽.

전재일(1987), 「우리나라 社會福祉의 專門化 方案」, 한국사회복지연구회, 《사회복지연구》, 제15권, 41~68쪽.

정미례(2003), 「자발과 강제의 이분법을 넘어서: 군산 성매매업소 화재 사

건」, 정희진 엮음, 『성폭력을 다시 쓴다: 객관성, 여성운동, 인권』, 파주
한울.

_____ (2010), 「성매매여성 비범죄화의 관점과 필요성에 대한 연구: 탈성매
매여성들의 목소리를 중심으로」, 성공회대학교 NGO대학원 시민사회
단체학과 석사학위논문.

_____ (2013), 「성매매방지법 전면개정의 필요성」, 새누리당 길정우 의원·민
주당 남윤인순 의원·진보정의당 서기호 의원·성착취반대 및 성매매여
성비범죄화 공동추진위원회(약칭 비범추위)·민변 여성인권위원회 공동
주최 『'2013 성매매방지법 전면개정을 위한 공청회' 자료집』(2013. 6.
14).

정상준(2011), 「신용과 경제성장: 대안적 접근」, 《사회경제평론》, 제36호, 7~
48쪽.

정재훈(2007), 「사회복지정책으로서 탈성매매여성 지원대책 도입에서의 여
성운동 역할 연구: 신사회운동론과 자원동원론 관점을 중심으로」, 《사
회복지정책》, 제30집, 393~422쪽.

정진성·한정숙·양현아·신상숙·정재원·김태연·박병일·한철수·이창수·김
강민·노현정·신혜수·안주엽·김은경·염유식·박숙란·이소아(2010),
『2010 성매매 실태조사』, 서울: 여성가족부·서울대학교 여성연구소.

정찬우·박창균·이시연(2012), 『상호저축은행 백서』, 서울: 한국금융연구원.

정태신(1993), 「한국사회사업 전문직화에 대한 일고찰」, 《한국사회복지학》,
제21권, 192~220쪽.

정희진(1999), 「죽어야 하는 여성들의 인권: 한국 기지촌여성운동사, 1986~
98」, 한국여성의전화연합 엮음, 『한국여성인권운동사』, 서울: 한울.

조성목(2012), 『머니힐링: 고리사채의 역사와 피해, 그 치유법까지』, 서울: 행
복에너지.

조순경(2000), 「한국 여성학 지식의 사회적 형성: 지적 식민성 논의를 넘어
서」, 《경제와 사회》, 제45권, 172~197쪽.

조영숙(2006), 「성매매방지법 제정운동 평가와 이후 과제」, 서울대 여성연구소 기획, 이재인 엮음, 『성매매의 정치학: 성매매특별법 제정 1년의 시점에서』, 파주: 한울.

조은주(2008), 「여성 하위주체에서 "성노동자" 운동으로」, 《경제와 사회》, 제 78호, 256~280쪽.

조정환(2009), 『미네르바의 촛불』, 서울: 갈무리.

조주현(1996), 「여성 정체성의 정치학: 80~90년대 한국의 여성운동을 중심으로」, 한국여성학회, 《한국여성학》, 제12권 1호, 138~178쪽.

조철민(2013), 「기독교청년회(YMCA)의 시민참여적 시민운동의 흐름: 시민 감시와 캠페인 활동을 중심으로」, 《기억과 전망》, 제29호, 225~262쪽.

조흥식(1997), 「매매춘 문제에 대한 사회복지적 개입」, 한국여성민우회 주최 정책토론회 『'매매춘 알선, 그 실태와 진단' 자료집』(1997. 8. 27.).

지주형(2011), 『한국 신자유주의의 기원과 형성』, 서울: 책세상.

차종천·김익기·김은경·진수명(1993), 『인신매매의 실태에 관한 연구』, 서울: 한국형사정책연구원.

천주희(2016), 『우리는 왜 공부할수록 가난해지는가』, 파주: 사이행성.

최민석(2011), 「1997년 경제위기 이후 일상생활의 금융화와 투자자 주체의 형성」, 서울대학교 사회학과 석사학위논문.

최민순(2006), 「성매매피해여성을 위한 미술치료: PTSD 외상 정도에 따른 치료형태의 차별성을 중심으로」, 명지대학교 표현예술치료학 석사학위 논문.

최수연(2012), 「해외로 인신매매된 성매매여성의 삶과 법적 지원의 한계」, 《여성과 인권》, 제7권, 64~74쪽.

최은영(2012), 「한국의 여성운동과 사회복지에 대한 일 고찰: 참여정부 시기까지를 중심으로」, 《생활과학논문집》, 제16권 1호, 1~9쪽.

최인이(2009), 「유통 서비스업 여성비정규직 노동의 성격과 차별 양상에 대한 연구: 백화점 간접고용 노동자의 사례를 중심으로」, 《한국사회학》,

제43집 1호, 89~129쪽.

최철웅(2013), 「일상의 금융화와 탈정치화의 정치」, 《문화과학》, 제74호, 284~311쪽.

최희경·정경숙(2009), 「집결지 성매매 여성 자활지원사업의 탈(脫) 성매매 효과에 관한 실증적 연구」, 한국사회복지정책연구원, 《사회복지정책》, 제36권 1호, 413~435쪽.

추주희(2009), 「섹슈얼리티를 자본화하는 성노동자의 '노동'에 대한 연구: 티켓다방과 '핸드플레이' 업소의 성노동자의 노동조건과 노동과정을 중심으로」, 《여/성이론》, 제20호, 128~153쪽.

캐럴라인 노마(2012), 「성매매 합법화가 인신매매에 미치는 영향: 호주의 사례를 중심으로」, 《여성과 인권》, 제7권, 17~29쪽.

태희원(2012), 「신자유주의적 통치성과 자기계발로서의 미용성형 소비」, 《페미니즘연구》, 제12권 1호, 157~191쪽.

표정선(2012), 「성매매와 사채시장의 관계 변화에 대한 사례분석과 논의」, 반성매매인권행동 이룸 주최 기획포럼 『성매매와 사채시장의 공모관계, 해체는 불가능한가』 자료집』 (2012. 7. 19).

한국교회여성연합회(1987), 『매춘 문제와 여성운동』, (민주화운동기념사업회 등록번호 00183972)

_____ (1988), 『여성과 관광문화: 제주지역 중심으로』, 민주화운동기념사업회 등록번호 00011020.

한국금융연구원(2013), 『가계부채 백서』, 서울: 한국금융연구원·금융위원회.

한국여성단체연합(1988), 「제국주의 성침탈과 여성」, 《민주여성》, 제5호, 13~18쪽.

허나윤(2007), 「성매매 여성의 '자활' 지금 어디에 서 있는가」, 『성매매 방지 현장의 실천과 쟁점』, 서울: 여성인권중앙지원센터.

홍석만·송명관(2013), 『부채 전쟁: 세계 경제 위기의 진실, 누가 이 빚을 갚을 것인가?』, 서울: 나름북스.

홍성철(2007), 『유곽의 역사』, 서울: 페이퍼로드.

홍현주(2013), 「성매매방지법 제정의 의미와 향후 정책방향에 대한 고찰」, 새누리당 길정우 의원·민주당 남윤인순 의원·진보정의당 서기호 의원·성착취반대 및 성매매여성비범죄화 공동추진위원회(약칭 비범추위)·민변여성인권위원회 공동 주최 『'2013 성매매방지법 전면개정을 위한 공청회' 자료집』 (2013. 6. 14).

황선웅(2003), 「금융자유화 시대의 소매금융: 노동의 불안정화를 고리대의 금융상품으로」, 《사회운동》, 제35호, 100~108쪽.

황유나(2020), 「유흥산업의 '1차' 영업전략과 여성의 "아가씨노동"」, 성공회대학교 NGO대학원 실천여성학전공 석사학위논문.

YMCA(1990), 『향락문화추방 시민운동 보고서』, 서울: YMCA시민자구운동본부.

해외문헌

Allon, Fiona(2010), "Speculating on everyday life: The Cultural Economy of the Quotidian," *Journal of Communication Inquiry*, 34(4): 366~381.

Altman, Dennis(2002), *Global Sex*, 이수영 옮김(2003), 『글로벌 섹스: 섹스의 세계화 침실의 정치학』, 고양: 이소출판사.

Barbagallo, Camille and Silvia Federici(2012), "Introduction," *The Commoner*, 15, http://www.thecommoner.org/ (검색일: 2020년 7월 6일)

Barry, Kathleen(1985), *Female Sexual Slavery* (New York, NY.: New York University Press).

_____ (1995), *The prostitution of sexuality*, 정금나·김은정 옮김(2002), 『섹슈얼리티의 매춘화』, 서울: 삼인.

Bernstein, Elizabeth(2007), *Temporarily Yours: Intimacy, Authenticity, and the Commerce of Sex* (Chicago, IL.: University of Chicago Press).

Bindman, Jo(2002), "An International Perspective on Slavery in the Sex Industry," Nancy Holmstrom(ed.), *The Socialist Feminist Project: A Contemporary Reader in Theory and Politics*, 유강은 옮김(2012), 「성산업의 노예제에 관한 국제적 조망」, 『페미니즘, 왼쪽 날개를 펴다』, 서울: 메이데이.

Bonefeld, Werner and John Holloway(1995), "Money and Class Struggle," Werner Bonefeld and John Holloway(eds.), *Global Capital, National State and the Politics of Money*, 이원영 옮김 (1999), 「화폐와 계급투쟁」, 『신자유주의와 화폐의 정치』, 서울: 갈무리.

Boris, Eileen and Rhacel Parreñas(2010), "Introduction," Eileen Boris and Rhacel Parreñas(eds.), *Intimate Labors: Cultures, Technologies, and the Politics of Care* (Redwood City CA.: Stanford University Press).

Brown, Wendy(2005), *Edgework: Critical Essays on Knowledge and Politics* (Princeton, NJ.: Princeton University Press).

_____ (2015), *Undoing the Demos: Neoliberalism's Stealth Revolution*, 배충효·방진이 옮김(2017), 『민주주의 살해하기: 보수주의자의 은밀한 공격』, 서울: 내인생의책.

Callon, Michel(1998), "The Embeddedness of Economic Markets in Economics," *The Sociological Review*, 46(S1): 1~57.

Clément, Alain and Ludovic Desmedt, 2009, "Medicine and Economics in Pre-classical Economics," Richard Arena, Sheila Dow, and Matthias Klaes(eds.), *Open Economics: Economics in Relation to Other Disciplines* (New York: Routledge).

Chapkis, Wendy(1997), *Live Sex Acts: Women Performing Erotic Labour* (New York, NY.: Routledge).

Choo, Hae Yeon(2013), "The Cost of Rights: Migrant Women, Feminist Advocacy, and Gendered Morality in South Korea," *Gender & Society*, 27(4): 445~468.

Cooper, Belinda(1989), "Prostitution: A Feminist Analysis," *Women's Rights Law Reporter*, 11(2): 99~119.

Cruikshank, Barbara(1999), *The Will to Empower: Democratic Citizens and Other Subjects*, 심성보 옮김(2014), 『시민을 발명해야 한다』, 서울: 갈무리.

Custers, Peter(1997), *Capital Accumulation and Women's Labour in Asian Economies*, 박소현·장희은 옮김(2015), 『자본은 여성을 어떻게 이용하는가』, 서울: 그린비.

Dalla Costa, Mariarosa(1995), "Capitalism and Reproduction," Werner Bonefeld, Richard Gunn, John Holloway and Kosmas Psychopedis(eds.), *Open Marxism: Volume III* (London: Pluto Press).

De Goede, Marieke(2000), "Mastering 'Lady Credit': Discourses of Financial Crisis in Historical Perspective," *International Feminist Journal of Politics*, 2(1): 58~81.

Delacoste, Frederique and Priscilla Alexander(eds.)(1998), *Sex Work: Writings by Women in the Sex Industry* (Pittsburgh PA.: Cleis Press).

Denning, Michael(2010), "Wageless Life," *New Left Review*, 66: 79~97, 서영표 옮김(2013), 「임금 없는 삶」, 『뉴 레프트 리뷰』, 제4권, 132~157쪽.

Diana, Lewis(1985), *The Prostitute and Her Clients* (Springfield, IL.:

Charles C. Thomas).

Donzelot, Jacques(1994), *L'Invention du Social: Essai sur le Declin des Passions Politiques*, 주형일 옮김(2005), 『사회보장의 발명』, 서울: 동문선.

Douglas, Mary(1966), *The Lele of the Kasai* (London: Oxford University Press).

Duménil, Gérard and Dominique Lévy(2000), *Crise et sortie de crise : ordre et désordres néolibéraux*, 이강국·장시복 옮김(2006), 『자본의 반격: 신자유주의 혁명의 기원』, 서울: 필맥.

_____(2003), *Economie marxiste du capitalisme*, 김덕민 옮김(2009), 『현대 마르크스주의 경제학』, 서울: 그린비.

Dworkin, Adrea(1979), *Pornography : Men Possessing Women*, 유혜련 옮김(1996), 『포르노그래피: 여자를 소유하는 남자들』, 서울: 동문선.

_____(1988), *Letters from a War Zone: Writings, 1976~1987* (London: Secker & Warburg).

Ellis, Frank(1988), *Peasant Economics: Farm Households in Agrarian Development* (Cambridge: Cambridge University Press).

Endnotes(2010), "Misery and Debt," Endnotes 2: Misery and the Value Form, http://endnotes.org.uk/issues/2 (검색일: 2020년 7월 6일).

England, Paula(1993), "The Separative Self: Androcentric Bias in Neoclassical Assumptions," Marianne A. Ferber and Julie A. Nelson(eds.), *Beyond Economic Man: Feminist Theory and Economics*, 김애실 외 옮김(1997), 「분리적 자아: 신고전파 가정의 남성중심적 편견」, 『남성들의 경제학을 넘어서: 페미니스트 이론과 경제학』, 서울: 한국외국어대학교 출판부.

Federici, Silvia(2004), *Caliban and the Witch: Women, the Body and Primitive Accumulation*, 황성원·김민철 옮김(2011), 『캘리번과 마녀:

여성, 신체 그리고 시초축적』, 서울: 갈무리.

_____ (2012), *Revolution at Point Zero: Housework, Reproduction, and Feminist Struggle*, 황성원 옮김(2013), 『혁명의 영점: 가사노동, 재생산, 여성주의 투쟁』, 서울: 갈무리.

Flowers, Amy(1998), *The Fantasy Factory: An Insider's View of the Phone Sex Industry*, 박범수 옮김(2001), 『판타지 공장: 내부자의 시선에서 본 폰섹스 산업』, 서울: 동문선.

Folbre, Nancy(2002), *The Invisible Heart: Economics and Family Values*, 윤자영 옮김(2007), 『보이지 않는 가슴』, 서울: 또하나의문화.

Fortunati, Leopoldina(1995), translated by Hilary Creek, *The Arcane of Reproduction: Housework, Prostitution, Labor and Capital*, 윤수종 옮김(1997), 『재생산의 비밀』, 서울: 박종철출판사.

Foucault, Michel(1997), *Il faut défendre la société: Cours au Collège de France, 1975~1976*, 김상운 옮김(2015), 『사회를 보호해야 한다: 콜레주드프랑스 강의 1975~76년』, 서울: 난장.

_____ (2004a), *Sécurité, territoire, population: Cours au Collège de France, 1977~1978*, 심세광·전혜리·조성은 옮김(2011), 『안전, 영토, 인구: 콜레주드프랑스 강의 1977~78년』, 서울: 난장.

_____ (2004b), *Naissance de la biopolitique: Cours au Collège de France, 1978~1979*, 심세광·전혜리·조성은 옮김(2012), 『생명관리정치의 탄생: 콜레주드프랑스 강의 1978~79년』, 서울: 난장.

Gilman, Sander L.(1999), *Making the Body Beautiful: A Cultural History of Aesthetic Surgery*, 곽재은 옮김(2003), 『성형수술의 문화사』, 고양: 이소.

Giri, Ananta(2000), "Audited Accountability and the Imperative of Responsibility: Beyond the Primacy of the Political," Marilyn Strathern(ed.), *Audit Cultures, Anthropological Studies in*

Accountability, Ethics and the Academy (London and New York: Routledge).

Graeber, David(2011), *Debt: The First 5,000 Years*, 정명진 옮김(2011), 『부채 그 첫 5,000년: 인류학자가 다시 쓴 경제의 역사』, 서울: 부글북스.

_____ (2012), "On Social Currencies and Human Economies: Some Notes on the Violence of Equivalence," *Social Anthropology*, 20(4): 411~442.

Haiven, Max(2011), "Finance as Capital's Imagination?: Reimagining Value and Culture in an Age of Fictitious Capital and Crisis," *Social Text*, 29(3): 93~124.

Haraway, Donna(1988), "Situated Knowledges: The Science Question in Feminism and the Privilege of Partial Perspective," *Feminist Studies*, 14(3): 575~599.

Harding, Sandra(1991), *Whose science? Whose knowledge?: Thinking from Women's Lives*, 조주현 옮김(2009), 『누구의 과학이며 누구의 지식인가: 여성들의 삶에서 생각하기』, 서울: 나남출판.

Hartsock, Nancy C. M.(1983), "The Feminist Standpoint: Developing the Ground for a Specifically Feminist Historical Materialism," Sandra Harding and Merrill B. Hintikka(eds.), *Discovering Reality: Feminist Perspectives on Epistemology, Metaphysics, Methodology, and Philosophy of Science* (Dordrecht: Reidel).

Harvey, David(1982), *The Limits to Capital*, 최병두 옮김(1994), 『자본의 한계』, 서울: 한울.

_____ (2000), *Space of Hope*, 최병두 외 옮김(2001), 『희망의 공간: 세계화, 신체, 유토피아』, 서울: 한울.

_____ (2005), *A Brief History of Neoliberalism*, 최병두 옮김(2014), 『신자유주의: 간략한 역사』, 서울: 한울.

_____ (2012), *Rebel Cities: From the Right to the City to the Urban Revolution*, 한상연 옮김(2014), 『반란의 도시: 도시에 대한 권리에서 점령운동까지』, 서울: 에이도스.

Haug, Frigga(1991), *Sexualisierung der Koerper*, 박영옥 옮김(1997), 『마돈나의 이중적 의미: 슬래이브걸과 일상적 성사회학』, 서울: 인간사랑.

Hilferding, Rudolf(1923), *Das Finanzkapital: Eine Studie uber die jungste Entwicklung des Kapitalismus*, 김수행·김진엽 옮김(2011), 『금융자본론』, 서울: 비르투.

Hirschman, Albert O.(1977), *The Passions and the Interests: Political Arguments for Capitalism before Its Triumph*, 김승현 옮김(1994), 『열정과 이해관계』, 서울: 나남출판.

Ho, Josephine(2000), "Self-Empowerment and 'Professionalism': Conversations with Taiwanese Sex Workers," *Inter-Asia Cultural Studies*, 1(2): 283~299.

_____ (2003), "From Spice Girls to Enjo Kosai: Formations of Teenage Girls' Sexualities in Taiwan," *Inter-Asia Cultural Studies*, 4(2): 325~336.

Hoang, Kimberly K.(2015), *Dealing in Desire: Asian Ascendancy, Western Decline, and the Hidden Currencies of Global Sex Work* (Oakland, CA.: University of California Press).

Hochschild, Arlie Russell(1983), *The Managed Heart: Commercialization of Human Feeling*, 이가람 옮김(2009), 『감정노동: 노동은 우리의 감정을 어떻게 상품으로 만드는가』, 서울: 이매진.

Hoggart, Lesley(2005), "Neoliberalism, the New Right and Sexual Politics," Alfredo Saad-Filho and Deborah Johnston(eds.), *Neoliberalism: A Critical Reader*, 김덕민 옮김(2009), 『네오리버럴리즘: 신자유주의는 어떻게 세계를 지배하게 되었는가?』, 서울: 그린비.

Hossfeld, Karen(1991), "United States: Why Aren't High-Tech Workers Organized?," Women's Working Worldwide(eds.), *Common Interests: Women Organising in Global Electronics* (London: Black Rose Press).

Illouz, Eva(2010), *Cold Intimacies: the Making of Emotional Capitalism*, 김정아 옮김(2010), 『감정 자본주의: 자본은 감정을 어떻게 활용하는가』, 서울: 돌베개.

Jeffreys, Sheila(1997), *The Idea of Prostitution* (North Melbourne: Spinifex Press).

Jobst, Andreas(2008), "What is Securitization?," *Finance & Development*, 47(3): 48~49.

Joseph, Miranda(2014), *Debt to Society: Accounting for Life under Capitalism* (Minneapolis, MN.: University of Minnesota Press).

Karim, Lamia(2011), *Microfinance and Its Discontents: Women in Debt in Bangladesh*, 박소현 옮김(2015), 『가난을 팝니다: 가난한 여성들을 착취하는 착한 자본주의의 맨얼굴』, 파주: 오월의봄.

Kempadoo, Kamala and Jo Doezema(eds.)(1998), *Global Sex Workers: Rights, Resistance and Redefinition* (New York and London: Routledge).

Kim, Elaine H. and Choi Chungmoo(eds.)(1998), *Dangerous Women: Gender and Korean Nationalism*, 박은미 옮김(2001), 『위험한 여성』, 서울: 삼인.

Kim, Joohee(2016), "Instant Mobility, Stratified Prostitution Market: The Politics of Belonging of Korean Women Selling Sex in the US.," *Asian Journal of Women's Studies*, 22(1): 48~64.

Langley, Paul(2006), "Securitising Suburbia: The Transformation of Anglo-American Mortgage Finance," *Competition & Change*,

10(3): 283~299.

_____ (2008), *The Everyday Life of Global Finance* (US: OXford University Press).

Lapavitsas, Costas(2007), "Information and Trust as Social Aspects of Credit," *Economy and Society*, 36(3): 416~436.

_____ (2009), "Financialised Capitalism: Crisis and Financial Expropriation," *Historical Materialism*, 17: 114~148.

Lazzarato, Maurizio(2011), *La fabrique de l'homme endette: Essai sur la condition neoliberale*, 허경·양진성 옮김(2012), 『부채인간: 채무자를 만들어 내는 사회』, 서울: 메디치.

Lerner, Gerda(1986), *The Creation of Patriarchy*, 강세영 옮김(2004), 『가부장제의 창조』, 서울: 당대.

MacKenzie, Donald and Yuval Millo(2003), "Constructing a Market, Performing Theory: The Historical Sociology of a Financial Derivatives Exchange," *American Journal of Sociology*, 109(1): 107~145.

MacKinnon, Catharine A.(1987), *Feminism Unmodified: Discourses on Life and Law* (Cambridge, MA.: Harvard University Press).

_____ (1993), *Only Words* (Cambridge, MA.: Harvard University Press).

McDowell, Linda(1997), *Capital Culture: Gender at Work in the City* (MA: Blackwell).

Manning, Robert D.(2000), *The Consequences of America's Addiction to Credit*, 강남규 옮김(2002), 『신용카드 제국: 현대인을 중독시킨 신용카드의 비밀』, 서울: 참솔.

Marazzi, Christian(2009), translated by Kristina Lebedeva and Jason Francis McGimsey, *The Violence of Financial Capitalism*, 심성보 옮김(2013), 『금융자본주의의 폭력: 부채위기를 넘어 공통으로』, 서울:

갈무리.

Martin, Randy(2002), *Financialization of Daily Life* (Philadelphia, PA.: Temple University Press).

Marx, Karl(2005), *Grundrisse der Kritik der politischen Ökonomie*, 김호균 옮김(2007), 『정치경제학 비판 요강 I권』, 서울: 그린비.

_____(1987), *Das Kapital* Ⅲ-2, 강신준 옮김(2010), 『자본 Ⅲ-2』, 서울: 길.

Meillassoux, Claude(1981), translated by Felicity Edholm, Maidens, *Meal and Money: Capitalism and the Domestic Community*, 김봉률 옮김(1989), 『자본주의와 가족제공동체: 여성, 곡창, 자본』, 서울: 까치.

Mies, Maria(1986), *Patriarchy and Accumulation on a World Scale : Women in the International Division of Labour*, 최재인 옮김(2014), 『가부장제와 자본주의: 여성, 자연, 식민지와 세계적 규모의 자본축적』, 서울: 갈무리.

Mohanty, Chandra T.(2002), "Women Workers and Capitalist Scripts: Ideologies of Domination, Common Interests, and the Politics of Solidarity", Nancy Holmstrom(ed.), *The Socialist Feminist Project: A Contemporary Reader in Theory and Politics*, 유강은 옮김(2012), 「여성 노동자와 자본주의: 지배 이데올로기, 공통의 이해, 연대의 정치」, 『페미니즘, 왼쪽 날개를 펴다』, 서울: 메이데이.

Mooers, Colin(2001), "The New Fetishism: Citizenship and Finance Capital," *Studies in Political Economy*, 66: 59~84.

Moon, Katharine H.(1997), *Sex Among Allies: Military Prostitution in U.S.-Korea Relations*, 이정주 옮김(2002), 『동맹 속의 섹스』, 서울: 삼인.

Muehlebach, Andrea(2012), *The Moral Neoliberal Welfare and Citizenship in Italy* (Chicago, IL.: University of Chicago Press).

Nagle, Jill(ed.)(1997), *Whores and Other Feminists* (New York: Routledge).

Negri, Antonio and Michael Hardt(2004), *Multitude: War and Democracy in the Age of Empire*, 조정환·정남영·서창현 옮김(2008), 『다중: 제국이 지배하는 시대의 전쟁과 민주주의』, 서울: 세종서적.

Norma, Caroline(2011), "The Koreanization of the Australian Sex Industry: A Policy and Legislative Challenge," *The Korean Journal of Policy Studies*, 26(3): 13~36.

O'Connell Davidson, Julia(1999), *Prostitution, Power and Freedom* (Ann Arbor, MI.: University of Michigan Press).

Parker, Gillian(1988), "Indebtedness," Robert Walker and Gillian Parker(eds.), *Money matters* (London: Sage).

Parreñas, Rhacel(2010), "Cultures of Flirtation: Sex and the Moral Boundaries of Filipina Migrant Hostesses in Tokyo," Eileen Boris and Rhacel Parrenas(eds.), *Intimate Labors: Cultures, Technologies, and the Politics of Care* (Redwood City, CA.: Stanford University Press).

Pateman, Carole(1988), *The Sexual Contract*, 이충훈·유영근 옮김(2001), 『남과 여, 은폐된 성적 계약』, 서울: 이후.

Peebles, Gustav(2010), "The Anthropology of Credit and Debt," *Annual Review of Anthropology*, 39: 225~240.

_____ (2012), "Whitewashing and leg-bailing: on the spatiality of debt," *Social Anthropology*, 20(4): 429~443.

Pheterson, Gail(ed.)(1989), *A Vindication of the Rights of Whores*, (Seattle, WA.: Seal Press).

Power, Michael(2005), "Enterprise Risk Management and the Organization of Uncertainty in Financial Institutions," Karin

Knorr Cetina and Alex Preda(eds.), *The Sociology of Financial Markets* (New York: Oxford University Press).

Preda, Alex(2005), "The Investor as a Cultural Figure of Global Capitalism," Karin Knorr Cetina and Alex Preda(eds.), *The Sociology of Financial Markets* (New York: Oxford University Press).

Procacci, Giovanna(1991), "Social Economy and the Government of Poverty," Graham Burchell and Peter Miller(eds.), *The Foucault Effect: Studies in Governmentality with Two Lectures by and an Interview with Michel Foucault*, 심성보 외 옮김(2014), 「사회경제학과 빈곤의 통치」, 『푸코 효과: 통치성에 관한 연구』, 서울: 난장.

Roberts, Nickie(1992), *Whores in History: Prostitution in Western Society*, 김지혜 옮김(2004), 『역사 속의 매춘부들』, 서울: 책세상.

Ross, Andrew(2014), *Creditocracy: And the Case for Debt Refusal* (New York, NY.: OR Books), Kindle e-book.

Rubin, Gayle(1975), "The Traffic in Women: Notes on the "Political Economy" of Sex," Rayna R. Reiter(ed.), *Toward an Anthropology of Women* (New York, NY.: Monthly Review Press).

Rubin, Gayle(1984), "Thinking Sex: Notes for a Radical Theory of the Politics of Sexuality," Carol S. Vance(ed.), *Pleasure and Danger* (Boston, MA.: Routledge & Kegan Paul).

Scott, James C.(1976), *The Moral Economy of the Peasant: Rebellion and Subsistence in Southeast Asia*, 김춘동 옮김(2004), 『농민의 도덕경제』, 서울: 아카넷.

Scott, Joan(1991), "The Evidence of Experience," *Critical Inquiry*, 17(4): 783~787.

Sokoloff, Natalie J.(1980), *Between Money and Love*, 이효재 옮김(1990),

『여성노동시장이론: 여성의 가사노동과 시장노동의 변증법』, 서울: 이화
여자대학교 출판부.

Thompson, Edward P.(1971), "The Moral Economy of the English
Crowd in the Eighteenth Century," *Past & Present*, 50: 76~136.

Truong, Thanh-Dam(1990), *Sex, Money and Morality: Prostitution
and Tourism in Southeast Asia* (London: Zed Books).

von Werlhof, Claudia(1985), "Why Peasants and Housewives do not
Disappear in the Capitalist World-System," Working Paper 68
(Bielefeld: University of Bielefeld).

_____ (2000), "'Globalization' and the'Permanent' Process of 'Primitive
Accumulation': The Example of the MAI, the Multilateral
Agreement on Investment," *Journal of World-System Research*,
6(3): 728~747.

Wacquant, Loic(1999), *Les prisons de la misere*, 류재화 옮김(2010), 『가
난을 엄벌하다』, 서울: 시사인북.

Walby, Sylvia(1990), *Theorizing Patriarchy*, 유희정 옮김(1996), 『가부장
제 이론』, 서울: 이화여자대학교 출판부.

Williams, Rhonda M.(1993), "Race, Deconstruction, and the Emergent
Agenda of Feminist Economic Theory," Marianne A. Ferber and
Julie A. Nelson(eds.), *Beyond Economic Man: Feminist Theory
and Economics*, 김애실 외 옮김(1997), 「인종, 해체, 그리고 페미니스
트 경제이론의 현안」, 『남성들의 경제학을 넘어서: 페미니스트 이론과
경제학』, 서울: 한국외국어대학교 출판부.

Wilson, Ara(2004), *The Intimate Economies of Bangkok: Tomboys,
Tycoons, and Avon Ladies in the Global City* (California:
University of California Press).

Zelizer, Viviana A.(2005), *The Purchase of Intimacy*, 숙명여자대학교

아시아여성연구소 옮김(2009),『친밀성의 거래』, 서울: 에코리브르.

上野千鶴子(2010),『女ぎらい: ニッポンのミソジニー』, 나일등 옮김(2012),『여성 혐오를 혐오한다』, 서울: 은행나무.

小倉利丸(1997),「売買春と資本主義的一夫多妻制」,『売る身体/買う身体: セックス ワーク論の射程』, 김경자 옮김(2006),『노동하는 섹슈얼리티』, 서울: 삼인.

佐藤嘉幸(2009),『新自由主義と権力: フーコーから現在性の哲学へ』, 김상운 옮김 (2014),『신자유주의와 권력: 자기-경영적 주체의 탄생과 소수자-되기』, 서울: 후마니타스.

藤目ゆき(1997),『性の歴史学: 公娼制度, 堕胎罪体制から売春防止法, 優生保護法 体制へ』, 김경자·윤경원 옮김(2004),『성의 역사학: 근대국가는 성을 어 떻게 관리하는가』, 서울: 삼인.

吉見周子(1982),「売娼の実態と廃娼運動」, 女性史総合研究會 編,『日本女性史4: 近代』, 東大出版社.

판결문

사건번호 2004가단41469 울산지방법원 판결문 (판결선고 2006. 4. 7.)

사건번호 2009다37251 대법원 제2부 판결문 (판결선고 2009. 9. 10.)

사건번호 2011고합1312 서울중앙지방법원 제25형사부 판결문 (판결선고 2012. 10. 12.)

사건번호 2011노3577 서울고등법원 제9형사부 판결문 (판결선고 2012. 7. 17.)

사건번호 2012고합262 서울중앙지방법원 제24형사부 판결문 (판결선고 2012. 7. 24.)

사건번호 2012노3666 서울고등법원 제5형사부 판결문 (판결선고 2013. 5. 16.)

사건번호 2013고합1424, 서울중앙지방법원 제26형사부 판결문 (판결선고

2014. 12. 19.)

사건번호 2013도6826 대법원 제2부 판결문 (판결선고 2013. 10. 17.)

보도자료

금융감독원(2006a), "사금융 이용실태 파악을 위한 설문조사 결과 분석", 금융감독원 비은행감독국 서민금융지원팀 보도자료, (2006. 6. 20).

금융감독원(2006b) "사금융 이용 여성의 불법 채권추심 피해 실태 분석", 금융감독원 비은행감독국 유사금융조사반 보도자료, (2006. 12. 18).

대검찰청(2011), "부산저축은행그룹 비리사건 기소 관련 설명자료", 대검찰청 중앙수사부 보도자료, (2011. 5. 2).

서울중앙지방검찰청(2011), "'양은이파'재건조직 40명 적발, 6명 기소: 서민을 괴롭히는 폭력조직 끝까지 추적, 엄단", 서울중앙지방검찰청 보도자료, (2011. 12. 30).

서울중앙지방검찰청(2012), "'어제오늘내일(YTT)'의 성매매알선·탈세 등 중간수사결과: 88,000회 성매매알선, 30억원 탈세, 4,800만원 뇌물공여 등", 서울중앙지방검찰청 보도자료, (2012. 9. 28).

기타 자료

경향신문(2014), "미용 목적 성형수술 가장 많이 한 나라는?",《경향신문》, 2014년 7월 31일.

경향신문(2011), "'포항 괴담' 확산…유흥업소 여종업원들 자살 이어져",《경향신문》, 2011년 7월 3일.

김경학(2013), "[탐사보도 '세상 속으로'] 접대비 8조원 시대, 룸살롱 가보니…",《경향신문》, 2013년 2월 1일.

김동규(2015), "'후불 성형을 아시나요?' 강남 성형외과 브로커 적발",《연합뉴스》, 2015년 5월 7일.

김동호(2016), "1% 대기업이 접대비 33% 지출…룸살롱에 5년간 4조원 '펑펑'", 《연합뉴스》, 2016년 9월 27일.

김병채(2008), "고리대출 '덫' 놓는 성형외과, 사금융업체 연계 성형 권유…브로커 '온라인 알선' 활개", 《문화일보》, 2008년 1월 24일.

김세원(1989), "폭력·퇴폐 추방 主婦 역할 기대", 《동아일보》, 1989년 7월 11일.

김순덕(1988), "도색잡지 退廢映畵 AIDS 등 '저질 미국文化 추방하자'", 《동아일보》, 1988년 10월 14일.

김일우(2014), "회원 21만명 성매매업소 광고 사이트 적발", 《한겨레신문》, 2014년 11월 19일.

김종목(2011), "'기업형 조폭'과 '조폭형 기업인'", 《주간경향》, 제1126호, 2011년 2월 22일.

김지선(2012), "[잠입취재] 본지 여기자의 '텐프로 면접' 체험기", 《일요시사》, 2012년 11월 30일.

남은주(2012), "'나는 성매매를 선택했다': 성노동자 4명 자신의 노동을 말하다…"'창녀'라는 낙인에서 구해준 것은 탈성매매가 아니라 노동자라는 자각이었다", 《한겨레21》, 917호, 2012년 6월 28일.

뉴스1(2012), "[전문] 조현오 경찰청장이 밝힌 '룸살롱 황제' 이경백 사건, 《뉴스1》, 2012년 4월 27일.

뉴스1(2013), "초대형 풀살롱 강남 '야구장' 성매매 적발", 《뉴스1》, 2013년 3월 17일.

박석철(2008), "성매매 여성 '빚 때문에 못 벗어나': 울산성매매피해상담소 '업주 처벌 강화 해야'", 《오마이뉴스》, 2008년 9월 23일.

박용현(1997), "고액과외는 지금(2): 짓눌리는 학부모들" 《한겨레신문》, 1997년 6월 5일.

박종서(2012), "KB지주 '아가씨 대출' 아깝네", 《한국경제》, 2012년 5월 28일.

박효재(2012), "제일저축은행, 룸살롱 업주에게 1500억 원대 불법대출", 《경향신문》, 2011년 9월 30일.

박훈상(2010), "'나만 믿어, 화류계 스타 만들어줄게': 대형 룸살롱 에이전시 '솔깃한 유혹'", 《주간동아》, 2010년 9월 13일.

반성매매인권행동 이룸(2014), "2012, 2013년 상담통계와 분석", http://www.e-loom.org/fileboard/22 (검색일: 2020년 7월 6일).

반준환(2004), "'예쁘지 않으면 "마이킹"도 못써요': [성매매특별법 한 달] 지금 룸살롱 단란주점에선 무슨 일이", 《머니투데이》, 2004년 10월 25일.

사미숙(2013), "[왜냐면] 성노동자 권리에 관심 없는 성매매방지법", 《한겨레신문》, 2013년 10월 7일.

손효주(2011), "황당한 제일저축銀… '女종업원 담보' 유흥업소에 1546억 대출", 《동아일보》, 2011년 10월 1일.

오진욱(1997), "부실채권 증권화 가능하다", 《LG 주간경제》, 1997년 5월 21일, 9~12쪽, www.lgeri.com (검색일: 2020년 7월 6일)

유성렬(2012), "SPC(특수목적법인)는 무엇이며 저축은행 부실과 무슨 관련 있나", 《동아일보》, 2012년 5월 14일.

유신모(1998), "'돈만 준다면…' 거품시대 못 잊는 여성들 賣春 급증 무너지는 '性域'", 《경향신문》, 1998년 8월 26일.

이재욱(2015), "하루 1188건…대부업 TV광고 단박에 줄어들까", 《한겨레신문》, 2015년 4월 29일.

임원기(2013), "지하경제 양성화에 반발한 룸살롱 사장들…국세청, 봉사료 年1억 넘는 곳에 개별소비세", 《한국경제》, 2013년 9월 13일.

장재완(2005), "성매매여성들의 가장 큰 고민은 '빚': 대전여민회 성매매여성 상담소 1년 상담내용 분석 결과", 《오마이뉴스》, 2005년 9월 23일.

정락인(2011), "이국 땅 '수렁'에 빠진 한국 여성들: '호주 원정 성매매' 배후 조직 실체 추적", 《시사저널》, 1157호, 2011년 12월 22일.

정혜진(2015), "지난해 대졸 취업률 IMF 때보다 낮았다", 《서울경제》, 2015년

4월 8일.

정희완(2013), "법원, 유흥업소 선불금 '마이킹' 담보효력 인정", 《경향신문》, 2013년 1월 20일.

조동주(2013), "대부업체 끼고 유흥업소 여성 '후불제 성형' 유치전", 《동아일보》, 2013년 8월 6일.

조미덥(2013), "[빚 권하는 사회, 대부업 광고 방어막이 없다] 업계 1위 러시앤캐시 TV광고 하루 402회, 2위 산와머니는 72회", 《경향신문》, 2013년 11월 21일.

조성곤·전정윤(2004), "'굿머니 사건'이란", 《한겨레신문》, 2004년 2월 13일.

조순경(2004), "'성매매 경제론' 유감", 《일다》, 2004년 11월 8일, http://www.ildaro.com/ (검색일: 2015년 6월 12일).

조해수(2012), "룸살롱업계 기린아 이경백, '황제' 등극에서 몰락까지", 《시사저널》, 제1173호, 2012년 4월 10일.

최영철(2009), "'강남 하드코어 룸살롱? 오래 못 갑니다': 최초 룸살롱 주식회사 CEO 김성렬 씨가 본 '화류계 변천사'", 《주간동아》, 2009년 1월 20일.

최창현(2011), "대구성매매여성 최대 고민은 '빚 문제'", 《뉴시스》, 2011년 9월 5일.

투명사회를 위한 정보공개센터(2014), "오늘의 정보 공개 청구: 국가장학금 받기는 어렵고, 신용불량자 되기는 쉬운 저소득층 대학생 현실", https://www.opengirok.or.kr/4052 (검색일: 2020년 5월 11일).

한국경제(2013), "카드사, 신용등급별 대출금리 공개한다", 《한국경제》, 2013년 11월 7일.

한겨레(2004), "경찰, 성매매 특별단속 첫날 138명 검거", 《한겨레신문》, 2004년 9월 23일.

하어영(2011), "피도 눈물도 없는 추심의 세계에 뛰어들다", 《한겨레21》, 제865호, 2011년 6월 14일.

하은정(2012), "성형-3: 재수술 명의를 만나다", 《우먼센스》, 2012년 8월 1일, https://m.post.naver.com/viewer/postView.nhn?volumeNo=83 54079&memberNo=6345811 (검색일: 2020년 5월 11일).

홍성철·박정훈(1997), "빗나간 허영심 '돈의 노예' 전락", 《동아일보》, 1997년 5월 30일.

KBS(1999), "마카오로 가는 여인들", 〈추적 60분〉, 1999년 5월 13일 방영.

레이디 크레딧

성매매, 금융의 얼굴을 하다

1판 1쇄 2020년 7월 27일
1판 4쇄 2024년 4월 10일

지은이 김주희
펴낸이 김수기

펴낸곳 현실문화연구
등록 1999년 4월 23일 / 제2015-000091호
주소 서울시 은평구 불광로 128, 302호
전화 02-393-1125 / 팩스 02-393-1128 / 전자우편 hyunsilbook@daum.net
ⓗ blog.naver.com/hyunsilbook   ⓕ hyunsilbook   ⓧ hyunsilbook

ⓒ 김주희
ISBN 978-89-6564-255-8 (93330)

이 도서의 국립중앙도서관 출판예정도서목록(CIP)은
서지정보유통지원시스템 홈페이지(http://seoji.nl.go.kr)와
국가자료종합목록 구축시스템(http://kolis-net.nl.go.kr)에서 이용하실 수 있습니다.
(CIP제어번호: CIP2020028488)

이 저서는 2017년 정부(교육부)의 재원으로 한국연구재단의 지원을 받아 수행된
연구임(2017S1A6A3A01079727).